Brasil em Questão

A Universidade e a Eleição Presidencial

40 anos
UnB à frente!

Brasil
em Questão

A Universidade e a Eleição Presidencial

Organizador Geral

Lauro Morhy

Co-organizadores

Marcos Formiga
Regina Marques
Adler Andrade
Tânia Costa

Universidade de Brasília
Laboratório de Estudos do Futuro/Gabinete do Reitor
Editora Universidade de Brasília

2002

Equipe Editorial:
Profª. Drª. Wânia de Aragão-Costa (Preparação de Originais)
Belª. Carmem Galvão (Revisão)
Fernando Brandão e Franklin Cruz (Editoração Eletrônica)
Formatos Design Gráfico (Projeto Gráfico)
Formatos Design Gráfico (Capa e Aberturas sobre ilustrações de Richard Cook - *Getty Images*)

Impresso no Brasil.

Direitos exclusivos para esta edição:
Editora Universidade de Brasília
SCS Q. 02, Bloco C, N° 78
Ed. OK, 2° andar
70300-500 Brasília-DF
Tel: (0xx61) 226-6874
Fax: (0xx61) 225-5611
editora@unb.br

Ficha catalográfica elaborada pela
Biblioteca Central da Universidade de Brasília

B823

Brasil em questão: a universidade e a eleição presidencial / Lauro Morhy (organizador). – Brasília : Editora Universidade de Brasília, 2002.
512p.

ISBN 85-230-0700-8

1. Política – Brasil. 2. Governo: estrutura: política. 3.
Cidadania. I. Morhy, Lauro.

CDU – 32(81)

Agradecimentos

O trabalho coletivo é, sempre, resultado dos esforços de ponderável número de pessoas que se comprometem por acreditarem no objetivo final proposto. Somos gratos a todos que contribuíram para o êxito do Fórum *Brasil em Questão*.

Em especial, nosso reconhecimento aos palestrantes que ousaram apresentar e discutir questões inquietantes dos nossos dias, e propor caminhos para o Brasil.

Nominalmente, agradecemos ao grupo consultivo do Fórum: Adler Andrade, Amado Cervo, Antônio José Escobar Brussi, Benício Viero Schmidt, Cristovam Buarque, Dércio Munhoz, Dóris Faria, Érico Paulo Siegmar Weidle, Flávio Rabelo Versiani, Henrique de Sousa Novaes, Jacques Velloso, José Flávio Sombra Saraiva, José Geraldo de Sousa Júnior, Lúcia Merces de Avelar, Marcel Burstyn, Marcos Formiga, Michelângelo Giotto S. Trigueiro, Noraí Romeu Rocco, Pedro Tauil, Regina Marques, Rodrigo Caetano, Sophia Wainer, Tânia Costa, Thérèse Hofmann Gatti, Timothy Martin Mulholland, Vamireh Chacon, Viviane Coutinho Sabino.

Expressamos nossa gratidão aos colaboradores da Universidade de Brasília que ofereceram relevante apoio, sem o qual não teria sido possível a realização do Fórum *Brasil em Questão* e a publicação deste livro – especialmente Decanato de Ensino de Graduação; Decanato de Extensão; Decanato de Assuntos Comunitários; Departamento de Música/IDA; Cerimonial; Prefeitura do Câmpus; Assessoria de Comunicação; Assessoria de Assuntos Internacionais;

Centro de Informática; Núcleo de Multimídia e Internet do Departamento de Engenharia Elétrica, CPCE, Gabinete do Reitor, Editora da Universidade. Também agradecemos aos músicos que se apresentaram no início dos debates e à Escola do Futuro da USP.

LAURO MORHY
REITOR DA UnB

Sumário

Apresentação

Diariamente, somos bombardeados, de forma literal, por notícias alarmantes do "risco Brasil", ameaças de ataques especulativos à moeda brasileira, contínuos movimentos de desvalorização de títulos públicos brasileiros. O cenário internacional confuso potencializa nossas incertezas. Lá de fora, não nos chegam boas notícias, apenas ameaças. Daqui de dentro, somente notícias negativas ganham visibilidade no Exterior. A economia internacional e a mídia externa são madrastas temíveis e tentam-nos expor ao ridículo e a turbulências constantes.

Internamente, o cenário é mais ameno, mas não menos preocupante. O empresariado cobra, com certa razão, o "custo Brasil". A carga tributária de 34% do PIB Nacional não apresenta retorno em serviços socioeconômicos de qualidade; ao mesmo tempo, uma taxa de juros de 18,25% inibe o crescimento e não estimula o investimento e, tampouco, cria novos empregos nas quantidades necessárias. Nesse panorama, os problemas sociais crescem e as frustrações acumulam-se.

Nessa dura realidade, a UnB não se rende e não se acomoda. O Fórum *Brasil em Questão*, iniciativa do Laboratório de Estudos do Futuro da UnB, foi idealizado para buscar respostas às grandes questões nacionais a partir de pertinentes reflexões acadêmicas.

O primeiro resultado é agora apresentado após cinco meses de profícua discussão, realizada em onze debates temáticos, acionando 43 especialistas das mais diversas origens regionais, diferentes formações profissionais, pluralidade política e ideológica, e visões nem sempre convergentes sobre respostas reclamadas pela população em seus crônicos problemas, quase sempre inerentes, ainda, ao subdesenvolvimento. As contribuições aqui contidas não são únicas, nem necessariamente as mais corretas. Este, sem dúvida, é esforço comprovado de busca e pesquisa sob forma de livro. E um livro é um meio e, não, um fim. É um bom começo para despertar outras consciências, mentes e corações, pensando e pulsando Brasil.

O ano de 2002 para todos que fazem a UnB – seus alunos, seus professores, seus servidores e toda a comunidade brasiliense – é um ano especial e pleno de significado. Há quarenta anos, das mentes privilegiadas de Anísio Teixeira e Darcy Ribeiro, nascia uma criativa e inovadora revolução educacional brasileira: a Universidade de Brasília. Ao completar suas primeiras quatro décadas de existência, a UnB traz, ao povo brasileiro, um presente sob a forma de um conjunto de idéias que é verdadeira imersão em sua própria realidade complexa, plena de desafios estruturais, histórico-culturais e socioeconômicos, em busca de saídas construtivas para nossos impasses.

O Fórum *Brasil em Questão* tem-se constituído em rico e promissor diálogo sobre o País contemporâneo. Os participantes mais constantes têm sido os estudantes – mais de 1500 inscritos – que fazem seus questionamentos, dando vida às discussões sempre em sua irrequieta juventude e ativa participação questionadora. Simultaneamente às reuniões presenciais, foram usadas todas as tecnologias disponíveis para agregar mais participantes e levar a todos os rincões do País o que se passava na Universidade de Brasília, pensando o futuro como subsídio à escolha do dirigente máximo da Nação. Foi exemplar o papel desempenhado pelos colegas da Escola do Futuro da USP, que participaram de todas as discussões, por meio de videoconferência, eliminando-se, assim, todas as distâncias físicas. A plataforma eletrônica digital da UnB disponibilizou, pela Internet, em tempo real, assegurando, também de forma assincrônica, todas as contribuições e opiniões emitidas por meio do nosso Portal. Os espaços abertos pelos jornais da Capital Federal muito contribuíram com as notícias da cobertura dos eventos e, principalmente, com a publicação, quase semanal, dos artigos. Ao *Correio Braziliense*, ao *Jornal de Brasília*, à *Gazeta Mercantil*, à *Tribuna do Brasil*, ao *Jornal da Comunidade* e a todos os jornais do Entorno, Tv Câmara, Tv Senado, Radiobrás, CBN e demais veículos de comunicação, os nossos agradecimentos por levarem ao público os diferentes enfoques elaborados na Universidade sobre a eleição presidencial deste ano.

Como Reitor, quis não apenas estimular a realização do *Brasil em Questão*, mas, sobretudo, participar de todas as mesas dos debates e interagir em três ocasiões distintas: na abertura do Fórum, no tema "Educação, Ciência e Tecnologia" e no tema "Universidade Brasileira". Creio que esta foi a forma mais efetiva, nas comemorações dos quarenta anos da UnB, de reunir a comunidade universitária e a sociedade, para juntos refletirmos, em verdadeiro exercício de cidadania.

O lançamento do livro *Brasil em Questão: A Universidade e a Eleição Presidencial* não encerra o Fórum e, sim, a sua primeira etapa. Dando prosseguimento, os candidatos à Presidência da República participarão da segunda etapa do Fórum apresentando suas idéias e respondendo aos questionamentos aqui contidos. A presença de cada um dos candidatos está prevista para os dias 7, 14, 21 e 28 (quartas-feira) de agosto de 2002. A Editora da UnB lançará, antes das eleições, um segundo volume contendo as respostas e as opiniões dos aspirantes à Presidência da República.

A UnB está em Brasília – Capital do Brasil, e é aqui que vive e mora o Presidente da República. Daqui administra o País. A localização geográfica ímpar da UnB, sua excelência acadêmica reconhecida e comprovada, fazem aumentar, continuamente, suas responsabilidades com o futuro do País e com o destino de todos os brasileiros. A cada dia que passa, Brasília e a sua mais representativa instituição universitária aumentam seus vínculos com toda a Nação e seu Povo. Temos problemas sim, mas inúmeras e possíveis soluções.

Em seus 40 anos – a UnB à Frente de seu Tempo registra de forma impressa e eletrônica, uma Lição de Esperança e de Credibilidade em nosso País. Aqui está um Brasil sem retoque, um verdadeiro MANIFESTO À BRASILIDADE. Todos estão convocados. Leiam e assinem este MANIFESTO e elejam o Brasil.

Brasília, 24 de julho de 2002.

LAURO MORHY
REITOR DA UNB

Abertura do Fórum

Lauro Morhy

Abre-se, neste momento, o debate nacional sobre as eleições gerais de 2002, de iniciativa da UnB. Os desafios propostos ao Brasil, neste início de século, são muitos. Por um lado, a integração do País aos setores mais dinâmicos da economia internacional impôs, ao longo da década de 90, um menor grau de autonomia interna para a determinação dos interesses nacionais. Por outro, o resgate de nossas expressivas dívidas sociais não se completou, e amplos segmentos da população permanecem à margem dos benefícios do desenvolvimento socioeconômico.

O Brasil necessita de uma transição e essa transição tem de ser feita no sentido de restabelecer a capacidade de autonomia e de autocomando da sociedade brasileira sobre seu próprio destino. O Brasil necessita, hoje, colocar-se à altura dos desafios contemporâneos, para conseguir transformar-se.

Em uma experiência ainda juvenil de jogo democrático, vamos realizar, em nova fase histórica, pela quarta vez consecutiva, a escolha do dirigente máximo do País. É motivo para uma ampla reflexão e, por que não dizer com todas as letras, é motivo também

---

Lauro Morhy é Reitor da Universidade de Brasília (UnB), no segundo mandato consecutivo (1997/2001). Doutor em Biologia Molecular pela Escola Paulista de Medicina (Unifesp). Realizou a determinação da primeira estrutura seqüencial de uma proteína no Brasil (feijão *Vigna unguiculata*), usado na alimentação popular. Fundou o Centro Brasileiro de Serviços e Pesquisas em Proteínas e criou o Programa da Avaliação Seriada (PAS).

para comemoração. Nesta inédita puberdade democrática, respira-se o ar puro. Sob as "asas da liberdade", o País vai às urnas em outubro.

No momento, ao saudar os nossos convidados, quero propor-lhes os fundamentos mais básicos do Debate. Eleição, como sabemos, até etimologicamente, significa escolha, predileção ou preferência. As preferências exercem-se entre alternativas postas em confronto. As alternativas, é preciso bem conhecê-las para assumir dentre elas uma opção fundada. É uma tal opção que conduz a uma decisão responsável, no caso, o voto em um candidato e o que ele representa.

Votar como vamos fazer é, na prática, manifestar as escolhas sobre o destino da "cidade do homem", da civitas. Votar resulta ser, desse modo, um ato cívico - um ato cívico por excelência.

É preciso, pois, desvelar, desvendar as diferentes propostas ou plataformas eleitorais, na sua íntegra. Quer dizer: tirar o véu (ou venda) que encobre as propostas aos olhos da maioria dos eleitores. Mais do que simplesmente revelá-las, aliás, é imprescindível debatê-las, colocá-las em questão.

As eleições presidenciais de 2002 trazem a oportunidade de discutirmos propostas, projetos e alternativas para o futuro de nosso País. Nenhum fórum mais apropriado para esse questionamento do que a universidade. Nenhuma universidade mais vocacionada para essa missão do que a UnB. A UnB, por seu peso específico e por ser a Universidade da Capital, é uma universidade capital para esse fim. A UnB, portanto, não foge à sua responsabilidade e propõe o debate eleitoral de 2002. Um debate de alto nível, alicerce para o esclarecimento e o convencimento.

Para esse fim, a UnB escolheu onze temas que parecem condensar os assuntos centrais. Convida, por óbvio, políticos, empresários, trabalhadores, intelectuais, lideranças sociais para discorrer sobre eles. E convoca os seus professores, estudantes e funcionários, para se juntarem à discussão. Espera, inclusive, ao final, estabelecer um espaço e um momento para os próprios partidos. Se possível, mesmo para os candidatos, ao menos os notoriamente mais viáveis.

Propõe-se, para tanto, um calendário que permita avançar a tempo nessa necessária meditação. Entende-se, também ao mesmo tempo, que a perspectiva a ser trabalhada não é só a da conjuntura, vai muito além dela. É, sobretudo, a perspectiva da contextura da Nação, nas suas características e dimensões maiores, orgânicas. É, do mesmo passo, a compostura técnica, política e moral a ser assumida nesse contexto. Para arrematar e a tudo dar consistência, é por fim a propositura da viabilidade de cada proposta. Pois é de alternativas sobre um Projeto Brasil que se trata, não de teses ou doutrinas in abstracto.

Propositalmente, iniciamos a primeira parte da série de debates *Brasil em Questão* com o tema Brasilidade, para lembrar que o País e a Nação precisam ainda mais deste sentimento que anda com escassez visível, e que deverá perpassar os onze temas das mesas redondas, de hoje até o dia 17 de julho. Quisemos, por isso, que na abertura deste fórum se delineasse toda a abrangência do debate. Essa abrangente concepção tem a ver com uma definição básica de brasilidade: brasilidade enquanto sentimentos, propriedades e características do ser brasileiro - diverso e, no entanto, uno. Os modos de ser-se brasileiro e de como influir para o bem coletivo e pessoal dos brasileiros.

Brasilidade como sentimento de amor ao Brasil. Brasilidade como sentimento que motiva a Universidade de Brasília e sua comunidade a se engajarem no debate sobre os grandes temas correlacionados ao destino de todos os brasileiros.

Neste fórum, a tônica das contribuições será sempre construtiva.

Deve-se ir além da tendência e competência brasileiras de elaborar diagnósticos e assumir posições contrárias. Em *Brasil em Questão* não haverá ganhadores nem perdedores. O compromisso de todos será buscar, pluralisticamente, soluções para os grandes e até crônicos problemas brasileiros.

Iniciemos, então, essa grande reflexão, essa meditação coletiva nacional a que partidos, candidatos e eleitores responsáveis são chamados. Esse é o exercício espiritual sobre os destinos da república brasileira que o processo eleitoral impõe!

Brasilidade

Roberto Freire

Artur da Távola

Aspásia Camargo

Vamireh Chacon

20 de fevereiro

Brasilidade: a superação do nacionalismo estreito

Roberto Freire

A eleição presidencial de 2002 é, indubitavelmente, um momento de intenso debate. Os candidatos à Presidência, as forças políticas e a sociedade precisam definir as alternativas e as respostas aos inúmeros desafios colocados ao País.

Há, hoje, uma crise do Estado. Há dívidas financeiras e sociais, tais como a reforma agrária que ainda não se completou e o analfabetismo que ainda não foi superado. Essa série de dívidas terá de ser debatida nesta disputa eleitoral. Para refletirmos sobre essas questões, é necessário, entretanto, discutir, sob uma perspectiva contemporânea, o conceito de Estado-Nação. Quando ele surge?

O Estado-Nação é fruto da Revolução Francesa. O conceito não existia, portanto, antes do século XVIII. É tão recente que a Itália e a Alemanha só se definiram como nações no século XIX.

À consolidação do Estado-Nação correspondeu o surgimento do conceito de nacionalismo. Este conceito gerou, no século XX, duas guerras mundiais. Toda uma visão tradicional de mundo, do nacionalismo contrapondo-se ao imperialismo, teve sentido e ainda

---

Roberto Freire é Senador da República pelo PPS–PE, no segundo mandato consecutivo; é o Presidente do Partido Popular Socialista (PPS). Bacharel em Direito pela Faculdade de Direito de Recife, é advogado e procurador-autárquico do Instituto Nacional de Colonização e Reforma Agrária (Incra). Ex-deputado estadual pelo Movimento Democrático Brasileiro (MDB). Membro da Assembléia Nacional Constituinte, em 1988, e ex-deputado federal por quatro mandatos consecutivos.

mantém algum sentido – ainda que marcada por contradições.

O termo "nacionalismo" associou-se, ainda, na primeira metade do século XX, às ideologias racistas, contribuindo para a fundamentação do nazismo. Dessa forma, ainda que haja um certo entusiasmo, hoje, em se discutir nacionalismo, como se ele correspondesse a uma valorização do "culturalmente autêntico", próprio do país, em contraposição ao estrangeirismo, não deve ser esquecido que a exacerbação do conceito de nacionalismo pode produzir, seja no Brasil, seja no mundo, o que de pior existe nas relações humanas: do antagonismo de etnias e de raças ao fascismo e ao nazismo.

O debate europeu atual sobre nacionalismo centra-se, fundamentalmente, nas leis de imigração. Para o capital, nenhum controle; para os indivíduos, controle total, fortalecendo, assim, concepções nacionalistas de mundo.

Promover essa discussão implica, portanto, procurar o fundamento do Estado e sua conformação cultural. Isso implica falar de soberania, conceito relacionado à discussão sobre os processos de integração e de globalização. Soberano será o Estado que se integrar de forma ímpar na afirmação de sua identidade, e não o que se apartar. É o contrário do que ocorria no início da era dos nacionalismos e que se afirmou, de forma até radical, em momentos de exacerbação nacionalista.

Nesse contexto, quando o Brasil passou a existir?

Nossa sociedade mestiça, caracterizada por extraordinária multiplicidade cultural e diversidade regional, é nova; não tanto no Nordeste, em especial em Pernambuco, ou na Bahia; ou mesmo ainda em Minas e no Rio de Janeiro.

Nossa diversidade define-se nos séculos XIX e XX, a partir do processo de imigração em massa de europeus para o centro-sul do País. No Brasil, a formação do Estado-Nação está intimamente associada a esse processo, de formação de nossa identidade.

A afirmação da soberania brasileira não se dará se não tiver a capacidade de pensar no Mercosul como espaço fundamental para sua afirmação. Esse é um debate que está presente quando se discute Mercosul, Alca, relação com a União Européia, relações entre os blocos econômicos internacionais; ou quando afirmamos a nossa identidade cultural e as nossas expressões culturais nesse mundo de cultura de massas.

É nesse sentido que o conceito de brasilidade pode substituir a questão do nacionalismo. Brasilidade é uma afirmação muito mais cultural do que econômica, pois pode não ter o sentido de exclusão que o nacionalismo econômico tem, necessariamente, das fronteiras, da visão do mercado interno, da autarquização.

A globalização não representa uma queda do neoliberalismo, mas é um processo inerente à própria cultura humana. Toda a história da humanidade é história de integração, socialização, internacionalização, globalização, ou outro nome que se queira dar. Esse é um processo inexorável e é bom que seja assim.

É esse processo contraditório induzindo, em alguns momentos, paradoxos e angústias, o debate fundamental a ser feito. Não vamos entender o Estado e a reforma do Estado brasileiro se não tivermos a compreensão de como é esse novo mundo e como nele devemo-nos situar.

O termo brasilidade deve ser assumido não naquele sentido de lutas regionalistas, de discriminações contra o estrangeiro. Afinal, temos de eliminar o conceito de estrangeiro: somos seres humanos fraternos; entre nós, não importa onde nascemos, que língua falamos, que cor de pele temos.

O nosso interesse não pode ser o da exclusão, mas o da integração. Brasilidade é uma boa oportunidade para isso, não podemos ficar no confronto e na exclusão. Temos de buscar a integração, reafirmando o que é nosso. A brasilidade deve ser, portanto, construída a partir de nossa identidade cultural, afirmação das contribuições para esse mundo fraterno que queremos construir.

TEMAS CORRELATOS

Espaço Brasileiro

Na Assembléia Constituinte, houve um grande debate sobre os povos indígenas. Havia movimentos de algumas organizações não-governamentais que queriam utilizar no texto constitucional o termo "nações indígenas". Houve um debate meio subterrâneo, não foi tão aberto, mas a idéia que estava implícita era uma idéia de reafirmação de pequenas etnias, pequenas nações. Eu não sou paranóico nem conspiracionista, no que diz respeito à Amazônia – mas aquela era uma discussão subterrânea interessantíssima, porque, ao tempo em que se vive um intenso processo de globalização (e poderia ler-se massificação, homogeneização de culturas e fim das identidades), nunca se viu tanta afirmação de identidades particulares, tanta pequena nação reafirmando-se. Seja com sua cultura de "Estado Nacional", seja com uma cultura anterior a ele. Quem conhece os Bálcãs? É a história de mil anos de luta entre sérvios, croatas, macedônios, toda uma história de conflito fundada na religião, na cultura, na língua, na existência como etnia separada, particular, diferenciada da sociedade englobante.

Pois bem: na Assembléia Nacional Constituinte, o debate sobre nação vinha com a carga de que, em algum momento, no concerto das nações, poder-se-ia admitir a independência dessas pequenas nações no seio do Brasil. Essa era a discussão subterrânea. Então, meu voto foi povos indígenas, não tenha dúvida. Não tenho essa paranóia de que a Amazônia tenha de ficar trancada. Ninguém tranca mais coisa alguma. A Amazônia tem de ser por todos descoberta. Assim como todo o mundo deveria abraçar também o problema da África, criado pelas potências colonialistas, ao dividirem o território sem respeitar a história ancestral do continente. Para mais bem dominar, criaram a miséria que hoje conhecemos todos. A responsabilidade deve ser revelada, e todos têm de preocupar-se com a resolução dos graves problemas daqueles povos.

Da mesma forma, todos podem preocupar-se com a Amazônia – preocupar-se, mas a Amazônia é território que recebemos dos nossos antepassados e sobre o qual a nossa responsabilidade é maior. Precisamos discuti-la não na visão de museu antropológico, mas numa visão humanista, em que os homens e mulheres ali vivam mais bem do que atualmente. O desenvolvimento pode e deve chegar-lhes, sem violência, com a capacidade de integrá-los à brasilidade sem ferir a especificidade cultural que carregam. A Amazônia é nossa e deve continuar a ser um território onde a brasilidade se realiza e se reforça.

Cotas de vagas para negros

Primeiro eu quero esclarecer que, quando se fala em cotas, está-se falando em discriminação positiva. Pondero que os Estados Unidos tinham uma obrigação: a de repassar para nós no Brasil a sua experiência de políticas públicas de integração dos negros, em particular a política de cotas, adotada após a década de 60 e que se insere no contexto do combate ao racismo e à discriminação. Não como modelo a ser seguido necessariamente, mas como conjunto de decisões, atitudes, obstáculos, sucessos e fracassos, enfim, como processo de informação.

Há vários anos essa discussão está presente nos debates travados no interior das forças democráticas e cresceu por ocasião da comemoração dos 500 anos de descobrimento do Brasil, quando a questão negra ganhou nova dimensão, incluindo com sugestões inéditas de indenização pelo trabalho escravo que vitimou tantos africanos e, depois, descendentes nacionais. Por definição, as cotas, de alguma forma, são patrimônio do ideal de solidariedade dos democratas e das esquerdas.

Causa espécie o posicionamento manifestado por alguns democratas de vários matizes contrários às cotas. Distanciando-se da própria tradição de solidariedade, e mesmo recorrendo a argumentos com aparência robusta, tais pessoas acabam de braços dados com o conservadorismo e com a visão de que apenas o desenvolvimento e o progresso podem resolver os dilemas nacionais. Em países injustos como o Brasil, com distorções sociais criadas e consolidadas ao longo de extenso período histórico, apenas o desenvolvimento econômico não basta para superar certas iniqüidades e perversidades como é o caso da discriminação racial. Exige, para isso, também, políticas públicas afirmativas – e a discriminação positiva das cotas seria uma delas.

Basta olhar para todos os lados, para as nossas universidades, Forças Armadas, instituições, entidades, empresas publicas e privadas, nossa burocracia, enfim, a sociedade falante, pensante e mandante para ver que as mazelas da escravidão ainda estão presentes na quase total ausência dos negros nesse nosso meio. Os negros moram nos piores lugares nas cidades, detêm os piores empregos, percebem os menores salários, sofrem mais doenças, têm piores índices de analfabetismo, menos tempo nas escolas, menor expectativa de vida. Se tomarmos como exemplo a mulher negra, a situação é mais dramática ainda, porque ela é atingida por um processo duplo de exclusão – ou de hierarquização descendente. De gênero e etnia.

O Estado brasileiro e suas instâncias políticas, sociais e econômicas apresentam desgraçadamente uma única cor, esmagadoramente branca. Isso não corresponde absolutamente à nossa realidade. Cabe, portanto, dar à República a cor da vida e aí, não tenho dúvida, se destaca o negro.

Muitos críticos das cotas querem colocar a questão do negro no bojo de políticas de combate à pobreza. Ora, a pobreza não tem cor, atinge a todos, assim como a violência, que também não guarda necessária nem diretamente relação com a pobreza.

O horizonte da democracia racial deve ser buscado. Talvez, sejamos o país com forte presença negra, a par de outras etnias, que reúne as melhores condições para atingir este objetivo. Entretanto, não podemos correr o risco de ficar "esperando Godot". O Estado e a sociedade precisam agir positivamente para antecipá-la no tempo, impedindo que preconceitos se consolidem ainda mais nos decênios que virão. A adoção da política de discriminação positiva em contraposição a discriminação negativa existente em nossa sociedade é urgente. As cotas – uma das expressões daquela política – são instrumentos de intervenção pontual e passageiros no cenário de uma longa história. A sociedade brasileira deve encampá-la de forma irresoluta, em nome da democracia e da verdadeira liberdade.

Somos um país de muitas cores – na bandeira, na plumagem dos pássaros, nos estandartes das escolas de samba e clubes de frevo, nas camisas do time do coração de cada um, na composição social, na natureza, na rua e na vida. Elas devem também estar na República!

Reafirmando o compromisso com a utopia

Todas essas questões de que temos tratado podem parecer muito particulares, mas não são. Estão inseridas num projeto utópico coletivo: a necessidade de superação de discriminação histórica contra minorias e de afirmação da brasilidade, que até aqui tem-se construído como um conceito abrangente e caloroso, de uma identidade que não exclui, não recrimina o diferente, mas expande-se para alcançar outras culturas e acolhe contribuições humanistas de todos os povos.

Essa construção otimista da realidade reafirma o caminho que nós, da esquerda, sempre traçamos, e que também nos confere uma identidade de grupo: o caminho da utopia. Precisamos estar atentos à reelaboração do mundo, ao seu constante progresso – não no sentido econômico, mas no sentido humanitário. A utopia que abraçamos engloba a ampliação dos direitos, a realização do homem na sua plenitude, o sonho da igualdade. Exige também o fim de quaisquer manifestações de violência, o fim da manipulação e da exploração do homem pelo homem.

Nossa utopia desconhece fronteiras e desconhece o conceito de estrangeiro: porque nela todos os homens são igualmente dignos e destinados à felicidade. Mas o reconhecimento da igualdade, na dignidade e no direito de ser feliz, não nos impede de proclamar também o reconhecimento da diferença. De que cada cultura possa aportar, para a humanidade, suas realizações éticas e estéticas. Nessa utopia, a brasilidade ganha lugar, com suas manifestações e tradições, para tornar mais rica a aventura humana na Terra.

Na minha concepção, a brasilidade é um conceito que abarca uma inserção positiva nos mercados, afirmando nossos interesses, ao tempo em que traduz nossos valores, o que somos.

QUESTÕES AOS CANDIDATOS À PRESIDÊNCIA DA REPÚBLICA

Gostaria de saber o que pensam os presidenciáveis sobre formas de conciliar a integração, com seu caráter homogeneizador, ao lado da afirmação de particularidades sociais, políticas e econômicas. E como se deve encaminhar o País para a construção dessa brasilidade.

Do México ao Japão: Brasil e Brasilidade

Artur da Távola

Em 1970, o Brasil foi campeão mundial de futebol. Cantava-se "noventa milhões em ação, pra frente Brasil do meu coração" e o Brasil inteiro cantou essa canção. Estávamos na ditadura.

Hoje somos 170 milhões: crescemos mais de cem por cento. Aqueles que viveram no Brasil das décadas de 1960 e 1970 sabem como este País mudou e o que aconteceu, em largas linhas, nesse período, concomitantemente a um crescimento populacional da ordem de 80 milhões de pessoas.

Nesse período, o mundo vivia a Guerra Fria. E o que foi a Guerra Fria? Um período de estupidez da humanidade. Promoveu-se a Guerra no Vietnã. Eliminaram-se gerações inteiras de classes políticas em países como o Brasil, a Argentina, o Chile, o Uruguai, entre outros. Emergiram, ainda, os conflitos no Oriente Médio.

Qual era a ideologia prevalecente? Era a seguinte: a Terceira Guerra Mundial é inevitável, os países têm de se alinhar com uma tendência. Essa foi uma tese defendida pelos EUA. Com ela, os EUA interferiram diretamente na queda do governo João Goulart e

---

Artur da Távola é Senador da República pelo PSDB–RJ. Bacharel em Direito pela Pontifícia Universidade Católica (PUC) do Rio de Janeiro em 1959. Dedica-se, também, às atividades de jornalista, radialista, escritor e professor. É escritor e produtor de programas musicais da rádio MEC e da Senado. Ex-deputado estadual pela Guanabara (1962) e exilado político na Bolívia e no Chile. Ex-deputado federal pelo PMDB–RJ. Fundador do PSDB em 1988.

na implantação, nos anos 60, da ditadura militar que se prolongou no Brasil até o início da década de 1980 – concentrando enormes e incomensuráveis poderes e deveres nas mãos do Estado.

O que mais acontecia no Brasil? Incentivou-se, por meio da ditadura, uma política perversa de concentração de renda. O Brasil é hoje um dos países com maior concentração de renda em todo o Planeta, tendo ultrapassado a etapa em que o próprio capitalismo a concentra para se expandir.

O que mais aconteceu no Brasil nessa época? Houve um processo avassalador de urbanização e crescimento. O Brasil, que era um país essencialmente agrário, em apenas trinta anos passa a ser urbano. Ocorreu, portanto, uma transformação profunda. Nas cidades, por exemplo, houve uma excessiva e explosiva concentração urbana, caracterizada pela falta de emprego, condições de educação, saúde e saneamento básico para seus habitantes.

Esse crescimento desordenado contribuiu para o surgimento da crise do Estado no Brasil. O poder público, por não ter capacidade de organização e aglutinação, entrou em falência, perdeu a capacidade de investimentos, deixou de ter recursos até para prover as necessidades básicas na área da educação, saúde, segurança. Até hoje sofremos o efeito desse processo.

O crescimento da concentração de renda e o processo acelerado de urbanização foram acompanhados pela ausência de reforma agrária – uma das causas do êxodo do campo –, ampliando, assim, a crise do Estado, caracterizada pela falência do poder público.

Qual é a tradução dessa falência no âmbito da esfera pública – este que é um conceito de direito comercial? Afinal, uma empresa quando vai à falência, fecha e salda, ou não as suas dívidas com os credores. Um país não fecha, o nome da falência é dívida: são a dívida interna e a externa, as quais o Brasil vem administrando nos últimos anos e que ainda são um peso para o dinamismo da própria sociedade brasileira.

Há um outro ponto fundamental. Nesses trinta anos, deu-se a entrada da cultura de massas na sociedade brasileira – o grande adversário da diversidade cultural prodigiosa deste País.

A cultura de massas é responsável por uma ideologia, por uma pasteurização dos modelos de conhecimento. Precisa operar pela simplificação ou por sínteses pouco expressivas. A cultura de massas passou a ter um predomínio absoluto na vida brasileira, praticamente em todos os segmentos, incluindo no Congresso: antigamente, era o Congresso que pautava a mídia; hoje é a mídia que pauta o Congresso.

Operante, a cultura de massas construiu uma verdadeira muralha chinesa, um verdadeiro bloqueio a tudo aquilo que foi objeto da Brasilidade. Naturalmente, não podemos ser fechados ao que é do mundo. Ao contrário. Mas não podemos deixar de ter contato com este País, que cria e produz diversidade e riqueza culturais.

Como dizia Gramsci, a cultura de produção do centro impõe às regiões mais longínquas comportamentos e hábitos que vão, de alguma maneira, diluindo as estruturas naturais. Esse processo, contudo, não pode ser onipotente, porque o que é profundo em um povo não pode ser retirado.

A cultura de massas tem o poder de eliminar uma série de elementos fundamentais para o desenvolvimento de uma sociedade autônoma. A capacidade de reflexão, por exemplo, desapareceu da vida brasileira. A universidade, nesse contexto, é um recanto de reflexão, isolado e triste, que vê barradas as possibilidades de democratização de seu próprio pensamento.

A cultura de massas fez desaparecer, ainda, alguns valores essenciais de comportamento, ligados à ética e à estética. Houve uma padronização do valor estético. Chegamos ao máximo dessa contemplação ao ver grande sucesso dos atuais programas de TV, denominados reality show. Que realidade?! Esta é uma visão de mundo que está colocada a serviço do consumismo: uma visão de mundo de erotismo barato, sem valor, orientada por padrões estranhos à nossa cultura.

Além disso, a sociedade de consumo tornou-se o paradigma do desenvolvimento. Hoje, o consumo é a ideologia exclusiva do desenvolvimento, diferente do que ocorria em 1964, quando o nacionalismo a ela estava associado. Isso define uma série de comportamentos da vida brasileira.

Outros temas foram incorporados, nesse período, à agenda brasileira: a comunicação por satélite, que globalizou o mundo; o mercado financeiro on-line e internacional, que pode determinar quedas econômicas de países, criando, em 24 horas, crises agudas para as soberanias nacionais.

No entanto, houve, nesse período, escassas iniciativas no campo social.

Ao fazer esse diagnóstico simplificado da realidade do País, verifica-se que os processos não se dão de acordo com as nossas vontades, ideologias ou visão de mundo. A nossa ideologia, por exemplo, é uma visão de dentro para fora. A realidade, contudo, expande-se de fora para dentro. E essa realidade precisa ser mais bem estudada também dentro da Universidade.

Dessa forma, podemos indicar os três grandes problemas do Brasil: a inflação, a crise do Estado e a miséria. A inflação foi combatida. A crise do Estado, graças à colaboração do Congresso, foi enfrentada por meio da reforma administrativa, do ajuste e das leis de responsabilidade fiscal, bem como por vários outros mecanismos dessa ordem.

Felizmente, o Brasil está abandonando a idéia do Estado máximo e não está entrando na idéia do Estado mínimo itinerante, mas, sim, na idéia do Estado socialmente necessário (expressão de

Noberto Bobbio), ou seja: nem o Estado mínimo dos liberais, nem o Estado máximo dos totalitários. Vale dizer que esse Estado não é factor, mas intermediador das relações sociais. Essa é uma transformação profunda, pela qual o Brasil está passando, embora seja, muitas vezes, difícil de ser aceita, já que a velha idéia do Estado paternalista permanece na sociedade brasileira.

Se há milagre brasileiro, este refere-se ao fato de o País não se ter fragmentado ao longo do seu processo histórico. O Brasil, pelo contrário, criou uma identidade comum. A identidade cultural é a marca deste País de três raças, deste País que não se fechou à colonização de vários outros povos; deste País que conseguiu uma unidade que não se desfez. "Quem faz a cultura é o povo e, portanto, a nação." O termo nacionalidade compõe-se de regiões, mas não se divide a unidade da diversidade. Esse é um dos conceitos mais modernos de cultura.

Essa identidade comum é vivida, muitas vezes, em torno de momentos como a eleição presidencial de 2002, ou em torno de momentos esportivos como uma Copa do Mundo. De todo modo, o Brasil é um País que tem, efetivamente, um espírito próprio, uma unidade. É um país orgulhosamente mestiço, onde há pluralidade dentro da identidade da língua, do idioma e dos objetivos comuns que somos capazes de construir. Esse é o sentido da brasilidade que devemos buscar.

Manifesto à Brasilidade

Aspásia Camargo

De diferentes maneiras temos manifestado, ao longo do tempo, nossa identidade brasileira. Ela é fundamental para a nossa auto-estima, fonte mobilizadora de energia e confiança no futuro. É ela que pode garantir espaço mais digno neste mundo cada vez mais integrado pela comunicação, pela tecnologia e pelo conhecimento.

No mundo globalizado, quanto mais fácil o reconhecimento, tanto maior a simpatia, quanto mais forte e expressivo for o cartão de visitas, maior a receptividade e as oportunidades de penetrar em espaços comuns à nova convivência planetária.

A logomarca, tão criticada nos últimos tempos, vale para as empresas; por que não valeria para os países?

Precisamos de nossa carteira de identidade cultural, mais além do símbolo tradicional da nossa bandeira.

Para muitos desavisados, cultura é apenas conhecimento geral acumulado. Sabemos, no entanto, como nos ensinaram nossos mestres antropólogos, que cultura são modos de fazer, de pensar e sentir típicos de uma comunidade humana; cultura é a

---

Aspásia Camargo é Doutora em Sociologia pelo Instituto de Altos Estudos em Ciências Sociais da Universidade de Paris. Especialista em Sociologia do Desenvolvimento, realiza pesquisas relacionadas ao movimento ambientalista. Atua na Secretaria Geral da Presidência da República e é representante da Agenda 21. Trabalhou no Instituto de Pesquisas Econômicas Aplicadas (IPEA) e na Secretaria Executiva do Ministério do Meio Ambiente.

manifestação mais simples e elevada de nossa humanidade universal. O grande Franz Boas, inspirador de Levi-Strauss e Gilberto Freyre foi quem definiu o grande postulado: as culturas humanas, em sua imensa diversidade, são equivalentes. Nem superiores, nem inferiores. Apenas únicas em sua originalidade e, portanto, diferentes. As combinações variam de lugar para lugar, de povo para povo. Mas, as categorias são universais, comuns a toda humanidade. Aquilo que nos faz iguais e que nos faz diferentes.

E o que nos faz, a nós brasileiros, iguais e diferentes? Somos uma extraordinária composição de raças que, a despeito dos preconceitos, não rejeita o seu sangue. E que constituiu, só muito recentemente (há apenas 70 anos) a sua identidade, assumindo com orgulho este amálgama de portugueses, índios e negros. Fomos, de fato, paridos – como todas as comunidades humanas – a partir de um MITO FUNDADOR, gerado em uma época em que o racismo predominava como filosofia da história, hierarquizando as raças e defendendo a idéia tão anti-brasileira de que a miscigenação diferencia a espécie.

Esta engenharia mitológica, infundida aos poucos, ao longo do século XIX, e adotada pelos intelectuais modernistas, foi um tanto banalizada por certo tempo. Parecia ter virado estereótipo, mas agora voltou à moda. A pós-modernidade alimenta-se, especialmente, da idéia de DIVERSIDADE, do multiculturalismo, da coexistência, do respeito à diferença e do culto às manifestações culturais originais – ou até mesmo exóticas. Nesse terreno, somos imbatíveis. Nada mais singular, único e imprevisível do que o Brasil e o seu carnaval, a festa de Parintins, o Bumba-Meu-Boi, a Festa de São João de Caruaru e Campina Grande – inequívocas manifestações da nossa vocação para a alegria.

Nacionalismo Competitivo

Brasilidade parecia uma palavra fora de moda. Os mais jovens talvez nem saibam o que isso quer dizer. Muitos repetem que a Nação, hoje, é fato superado, a ser inevitavelmente tragado pela onda de globalização que destrói as referências e identidades nacionais em nome de uma cidadania e uma ordem planetárias. Mas não é bem assim. Nunca as identidades espaciais e regionais estiveram mais vivas, pois vemos os países com pretensões hegemônicas a reforçarem seus Estados, suas culturas e seus sentimentos nacionais.

São contundentes os exemplos dos EUA, na guerra contra o terrorismo, e da França, na defesa de sua política cultural contra a tentativa fracassada de uma legislação de abertura, infundida em favor dos EUA no coração da União Européia em Bruxelas. Os EUA exportam 6 bilhões de dólares com sua indústria de cinema e há um representante de seus interesses que cuida, apenas, do mercado consumidor brasileiro.

Na era da globalização, joga-se a guerra dos símbolos e a hegemonia das identidades. Os povos que não forem capazes de emitir sinais expressivos de sua existência, partilhando dos produtos de sua cultura com os demais povos, serão necessariamente obrigados a consumir – mesmo com indigestão e desconforto – os produtos da identidade alheia. É o que Marx chamou de alienação, inspirado em Hegel – os que compram indiscriminadamente a cultura dos outros. E Gramsci denominou hegemonia a capacidade de vender, com êxito, seus produtos e símbolos.

Estamos, portanto, na era do neonacionalismo, do nacionalismo para fora, competindo por espaços globais que permitam, a alguns, adquirir lugar na famosa integridade competitiva.

Entendi, em interpretação livre, que o desafio de hoje, proposto pela UnB, é desenvolver um manifesto e um programa que mobilizem as consciências e que envolvam os intelectuais, os pesquisadores, professores e os jovens em favor do fortalecimento de nossa personalidade cultural e política.

Se a missão é essa, vamos a ela:

Cultura com C maiúsculo, cultura como valor agregado.

O Brasil dispõe de rico patrimônio popular e imaterial, acervo vivo que estamos tentando preservar, dando seguimento à grande obra de Rodrigo de Mello Franco de Andrade e à de Mário de Andrade, pioneiros na valorização deste patrimônio.

Nas cidades históricas brasileiras Ouro Preto, Olinda, Salvador, São Luís e outras desenvolve-se fabuloso projeto, já aprovado, mas que precisa ganhar em agilidade, chamado MONUMENTA.

As formas mais reconhecidas e óbvias de brasilidade para as grandes massas é o futebol e a música. Quem não conhece Pelé, Ronaldo e tantos outros craques que brilham nos campos do mundo inteiro? Mas a indústria do futebol sofre, hoje, dos desmandos dos dirigentes de clubes. Queremos o nosso futebol campeão, livre dos cartolas do gangsterismo oficial dos espertalhões. E mais, queremos o esporte ao alcance do povo, já que os governos têm financiado quadras poliesportivas pelo Brasil afora, para revelar os nossos gênios olímpicos.

E por falar nisso, por que não dar bolsas especiais para grandes talentos, para as vocações precocemente assumidas, de qualquer raça, cor ou sexo? Nas áreas do esporte, das artes, das ciências e da cultura.

Na música, fomos e somos imbatíveis. Nossa música popular é reconhecida no mundo inteiro, desde que Tom Jobim e João Gilberto dedicaram alguns anos de suas vidas para globalizar a Bossa Nova. A partir dos EUA, sofisticaram-se os métodos, melhoraram-se os arranjos. As letras foram adaptadas com inteligência para o inglês e, nisto, Tom Jobim foi genial, pois as trabalhou com alguém não menos brilhante, Vinícius de Moraes, de quem recebeu colaboração fundamental. E nossa música ganhou o mundo.

Abertas as fronteiras, outros as ultrapassaram, aproveitando o marketing que consagrou o "estilo" brasileiro e o fato de a música ser uma linguagem universal.

A música pode projetar nossa brasilidade para fora e fundar nossa brasilidade para dentro. Quem não lembra da Rádio Nacional, que tornou popular e nacional o samba, o chorinho de Pixinguinha, que agora – para felicidade dos cariocas – tomou também conta de Brasília. E de Ari Barroso, que transformou a Aquarela do Brasil em segundo Hino Nacional, insuflando o amor à pátria no coração de cada brasileiro?

Na década de 30 e do nacionalismo da Era Vargas, convertemos aquele "amor envergonhado" pela inferioridade diante de outros povos em amor assumido. Foi uma década gloriosa – apesar da ditadura – e Vila Lobos foi a grande síntese da brasilidade. Descobrimos nosso folclore, nosso patrimônio histórico, a criatividade espetacular, vibrante e incontida que vinha do morro e que se espalhou pela avenida.

Setenta anos depois, eis a Broadway no Sambódromo em uma explosão de cor, de desordem organizada (que se parece ter inspirado na teoria do caos da física) e que repassa, nos temas de cada ano, a grande aquarela do Brasil.

O carnaval em grande estilo estendeu-se por todas as partes, nas escolas de samba de São Paulo, nos desfiles inspirados em Parintins. Somos criadores do maior espetáculo da terra: o samba, o axé, o frevo. No carnaval, para o mundo inteiro, o Brasil existe: música, artes cênicas, dança, artes plásticas e a arte total, como as festas de São João, que é teatro, música, comida, dança, folguedo.

No cardápio da pós-modernidade, nada nos fascina mais do

que a linguagem da comunicação e da mídia. Nossas Universidades – Brasília, inclusive – estão repletas de futuros comunicadores. Ganhamos prêmios internacionais de publicidade nos vídeos, no cinema, nas novelas, com Washington Olivetto, com a Rede Globo, com a Tv Cultura e com tantos outros criadores e veículos.

No mundo globalizado, a guerra da comunicação é cada vez mais decisiva. Ela hierarquiza os que produzem e controla as mensagens que o mundo consome, relegando, à mais completa insignificância, aqueles que se alimentam das grandes agências e monopólios internacionais.

Na era da informação, o mais importante é produzir e transmitir conhecimentos; é ensinar a pensar.

Estamos sendo permanentemente entupidos de dados; mas informação, mesmo, temos poucas, freqüentemente manipuladas pelo jogo dos interesses políticos, nacionais e internacionais. Financiar a produção de informação, promover a pluralidade de idéias e o debate, envolver os jovens nas grandes polêmicas. Questionar as idéias prontas e pré-formatadas: eis uma política para a juventude que envolve a formação do pensamento crítico dentro dos colégios e universidades e, depois, fora delas.

Universidade e Cultura

Eu nunca entendi porque nossas escolas e universidades não estimulam o teatro amador – tão barato e tão profundamente educativo – e que tem sido, nos países desenvolvidos, o caminho natural para a formação cultural e para a projeção de talentos artísticos.

Eu nunca entendi por que não jogar com mais ousadia as pró-reitorias de extensão das Universidades brasileiras em ousadas cruzadas e catequeses públicas, em um país de analfabetos, no qual a Universidade é um oásis propagador de capacitação e de cultura em seu entorno, em suas áreas de influência, nas comunidades mais pobres e junto à sua juventude.

Será que o tão propalado déficit educacional brasileiro, que inclui os próprios professores, não poderia se valer de programas de extensão de caráter cultural para superar, com mais sedução e charme, os saberes que não circulam por nossas fracas instituições de ensino? Um programa chamado "Cultura para a Educação, Universidade e Comunidade" ancorado na metodologia Paulo Freire – internacionalmente consagrada – esta, a grave carência de nossa cidadania.

Consumo e Alienação

A conivência com o uso abusivo do inglês é a maior praga cultural da nossa sociedade de massas. Vamos convidar o Aldo Rebelo, incansável defensor de nossa língua, para visitar a Barra da Tijuca no Rio de Janeiro. Ali, de uma ponta a outra, todos os letreiros estão em inglês. No principal templo de consumo, o N.Y. City Center, a Estátua da Liberdade recebe-nos de braços abertos. Os pobres à margem da Linha Vermelha logo entenderam o que a classe média parece relutar em entender. Partiram para o ataque e tentaram destruir o ícone da identidade nova-iorquina. O inglês e os valores da cultura americana têm penetrado e alterado fundamentalmente nossos hábitos e costumes. Transformar um *shopping* em ponto de encontro é reduzir as relações humanas a práticas mercantis e o desejo à busca do consumo compulsivo e inócuo. Uma parafernália de roupas que se esgotam na próxima estação. O templo de consumo é o lugar da obesidade programada , dos sorvetes, pizzas, refrigerantes, hambúrgueres e batatas fritas, de sabor e textura que parecem feitos de plástico.

O *fast food* como modelo cultural é a decadência das práticas, a ascensão da antipolítica, pois, desde milênios, os seres humanos compartilham da pausa programada nas refeições. Comer rapidamente, olhando para a parede de uma lanchonete é prática que renuncia à velha condição humana.

O golpe no *fast food* foi dado pela comida a quilo, que graças à Deus, veio do hábito dos brasileiros que valorizam o feijão com arroz, as saladas, os sucos de frutas, que lhes oferece a sua generosa natureza.

Meio Ambiente

E por falar em Natureza, é bom lembrar que foram nosso recursos naturais que embasaram as nossas primeiras manifestações conscientes e adultas de nacionalismo. A floresta é a dominante na bandeira brasileira. E está também no Hino Nacional; sem falar que ela lá estava, bem antes de nos tornarmos Nação e Povo.

Somos o país da megadiversidade e o maior PIB ambiental do planeta. Este patrimônio impõe-nos responsabilidades e uma liderança internacional que devemos honrar perante nós mesmos.

O casamento do Meio Ambiente com a Cultura é um velho sonho de José Aparecido, que queria reunir, em um só, os dois ministérios que compartilham o mesmo prédio na Esplanada.

O importante é construir uma carteira de projetos conjuntos que valorize o Meio Ambiente nas cidades com densidade cultural e histórica. E valorize tanto as manifestações culturais como ecoturismo das regiões agraciadas pela grandeza do seu meio ambiente.

No século XXI, os museus são escolas vivas. Museus de ciência e de meio ambiente podem enriquecer os grandes parques nacionais brasileiros.

O patrimônio ambiental e cultural brasileiro é uma riqueza inestimável do povo deste país. Antes de ser despesa, é solução, fonte permanente de alternativas para promoção da qualidade de vida da nossa sociedade. O patrimônio brasileiro tem a vastidão de um MAR SEM FIM, na expressão de Fernando Pessoa. E merece, dos dirigentes, dos políticos e de toda a sociedade, todo o cuidado, o apreço, a engenhosidade e a arte para transformá-lo em alavanca de progresso, de prazer e de paz.

Conclamamos pois, todos os barsileiros e brasileiras a assinarem este manifesto e a cobrar dos futuros dirigentes da Nação seu fiel cumprimento!

Brasilidade Ameaçada

Vamireh Chacon

A identidade nacional é uma história, não é uma essência, mostrou-a muito bem Octávio Paz no seu livro *O Labirinto da Solidão*. A identidade vale mais pelo que não revela do que pelo que revela. Precisa ter sua consciência dinamicamente renovada, atualizada, embora com os olhos tanto no futuro quanto no passado. A nação é o povo de hoje, ontem e amanhã. Quem não sabe de onde vem não sabe para onde vai.

Não há caráter nacional fixo como destino inexorável e, sim, identidade cambiante nas formas, porém com a mesma seiva originária que vem das raízes profundas. Quem faz a cultura é o povo, demonstra-o com tanta intensidade e firmeza Ariano Suassuna em nossos dias. Povo de hoje com o de ontem, nossos ancestrais, com o de amanhã, nossos descendentes, todos juntos na construção da nação brasileira. Do passado, herdamos o fruto do seu trabalho e a consciência nacional do seu brio; ao futuro, nós, povo de hoje, temos de retransmitir fortalecido esse duplo legado.

Vamireh Chacon é Diretor do Instituto de Ciências Políticas e Relações Internacionais da Universidade de Brasília (UnB). Doutor em Direito pela Faculdade de Direito da Universidade Federal de Pernambuco (UFPE). Pós-doutor pela Universidade de Munique e de Colônia (Alemanha) e pela Universidade de Chicago (EUA), é autor de vários livros, entre eles: *História dos Partidos Brasileiros*; *Vida e Morte das Constituições Brasileiras* e *Estado e Povo no Brasil*.

Machado de Assis, que sempre teve extraordinária sensibilidade para o social e o político (ao contrário do que dizem alguns dos seus críticos), em 24 de março de 1873, publicava seu artigo "Instinto de Nacionalidade", no qual, em síntese, afirmava: "Esta outra independência não tem Sete de Setembro nem Campo de Ipiranga; não se fará num dia, mas pausadamente, para sair mais duradoura; não será obra de uma geração nem duas; muitas trabalharão para ela até perfazê-la de todo".

A nacionalidade compõe-se de regiões, não se subdivide. Permanece íntegra também no Brasil, como Sílvio Romero muito bem entendeu e explicou já em 1888: "não sonhemos um Brasil uniforme, monótono, pesado, indistinto, nulificado, entregue à ditadura de um centro regulador das idéias". "A grandeza futura do Brasil virá do desenvolvimento autonômico de suas províncias, hoje estados. Os bons impulsos originais que nele aparecerem, devem ser secundados". Não se trata, portanto, de separatismo, "é apenas afirmar a unidade na multiplicidade": missão do federalismo brasileiro, sem esquecer o município, raiz espacial e especial da árvore da nacionalidade.

A nacionalidade está, mais uma vez, ameaçada em meio à suposta novidade do que vem-se chamando com tanto estardalhaço de globalização, mas que não é propriamente nova. Os historiadores das civilizações, como um todo, há muito demonstram a existência de expansões de centros econômicos e de decisão política, desde os primeiros impérios da Antigüidade até a construção do que Fernand Braudel e Immanuel Wallerstein denominaram de "economias-mundo", porque o cobrindo por completo. Estas podem ser identificadas a partir da Revolução Comercial do século XVI promovida por Portugal e Espanha, seguida pela França, Holanda, Inglaterra, em sucessões competitivas (incluindo à mão armada), até os Estados Unidos em nossos dias, após as derrotas parciais do

Japão, Alemanha e Itália na Primeira Guerra Mundial, totais na Segunda.

Hoje, a brasilidade está ameaçada por fora e por dentro em nosso projeto de nação. Como sempre – as anteriores globalizações o comprovam – haverá muitos globalizados e poucos globalizadores. Em meio a toda nossa solidariedade internacional, mais do que nunca necessária e urgente, sempre lembremos a posição da nossa contribuição, a começar pela situação interna, base e fundamento do nosso desempenho externo.

Uma casa dividida não sobreviverá. Tem-se de cuidar, com prioridade, da qualidade de vida para o brasileiro, construtor da brasilidade. Todas as grandes economias mundiais fundamentam-se em amplo e sólido mercado interno, fonte também de paz social e principal realimentador da ciência e da tecnologia nacionais. Educação básica e saúde para todos: eis o ponto de partida.

Não se pode ficar vendendo empresas estatais para inúteis esforços de cobertura de *deficit* e juros da dívida interna. O que acontecerá quando da venda da última estatal, sem cabal reforma do Estado nas causas do *deficit* crônico? A resposta está na atual situação da Argentina na pior crise da sua história, em pleno começo de outro século, recebendo a pesada herança negativa do passado tanto antigo quanto recente. Atentemos para o potencial maior impacto da assimetria: a crise no Brasil seria muito pior do que na Argentina, pelas muito maiores população e economia brasileiras.

Atentemos, também, ao panorama do mundo em busca de integrações, nem sempre verdadeiras. Veja-se o lado da dívida externa. O Brasil precisa fazer valer politicamente seu peso econômico internacional. Afinal estamos, apesar de tudo, entre as dez maiores economias do mundo, até mesmo pela exportação de produtos tecnológicos com cada vez maior valor agregado, não nos descuidando, concomitantemente, da agricultura e dos serviços.

Só com economia e sociedade fortes internamente e fazendo-se valer internacionalmente é que poderá haver autêntico combate à violência local e mundial: a paz é fruto da justiça.

Brasil no mundo

Samuel Pinheiro Guimarães

Oliveiros Ferreira

Amado Cervo

6 de março

Por um verdadeiro Estado

Samuel Pinheiro Guimarães

As características da inserção do Brasil no mundo e de sua política externa dependem das tendências e das características do cenário e do sistema internacional. As tendências desse cenário se inter-relacionam e têm caráter duradouro. Em primeiro lugar, vivemos uma extraordinária aceleração do progresso científico e tecnológico, em que o estoque de conhecimentos dobra a cada sete ou dez anos. O progresso da biotecnologia e da informática torna possível construir computadores que processam um trilhão de informações por segundo e criam novos seres vivos pela manipulação genética. Esses avanços tecnológicos são extraordinariamente importantes, são fatores sobre os quais não temos, freqüentemente, adequada consciência, afetam a reorganização produtiva e a concentração de poder e tornam os processos nacionais ainda mais vinculados ao processo internacional.

Segundo, a extraordinária reorganização produtiva. O sistema econômico passou a ser permeado por transformações de toda ordem, em especial a adoção de métodos eletroeletrônicos e cada vez mais pela biotecnologia, causando enorme transformação na

---

Samuel Pinheiro Guimarães é ex-Diretor do Instituto de Pesquisas de Relações Internacionais (IPRI) do Itamaraty. Embaixador de carreira, sociólogo, autor do livro *Quinhentos anos de Periferia*. Especialista em acordos internacionais, atualmente se dedica a estudos e pesquisas sobre a criação da Área Livre de Comércio das Américas, a Alca.

organização produtiva, com efeitos positivos e negativos extraordinários. Por exemplo, o sistema bancário brasileiro demitiu cerca de trezentas mil pessoas nos últimos anos, e os efeitos sociais foram terríveis por causa dessa transformação produtiva, da adoção de novos métodos e de nova organização do trabalho. A revolução dos transgênicos e seus efeitos ambientais e sobre o comércio mundial é ainda objeto de polêmica acirrada. Esses fenômenos ocorrem em todo o mundo, mas são mais visíveis e graves na periferia, onde o crescimento demográfico ocorre a taxas mais elevadas, onde a marginalização social é mais grave e onde os riscos ambientais são maiores.

Terceiro, uma importante tendência do sistema internacional é a reorganização territorial. De um lado, temos a desintegração de Estados, em que o caso mais importante foi o da ex-União Soviética. Por outro lado, há uma série de iniciativas de integração econômica e política, como foi o caso da Alemanha, do Vietnã e será no futuro, possivelmente, o caso da Coréia. O caso mais importante de integração é a União Européia, em que se está formando um novo Estado com extraordinárias dimensões, um novo pólo do sistema mundial de poder.

A partir de 1989, houve a reincorporação ao sistema capitalista global de países ex-socialistas, como a União Soviética, os países do Leste Europeu e o Vietnã. Houve, também, nesse período, a reincorporação de setores das economias periféricas, que estavam fora do alcance das megaempresas, tais como telecomunicações e serviços, ao capitalismo global, particularmente por meio dos processos de privatização. Foram colocadas, assim, ao alcance das grandes empresas multinacionais, possibilidades de lucro antes inexistentes. Esse foi o caso do setor de telecomunicações no Brasil, antes reservado ao capital estatal brasileiro e agora acessível a grandes empresas internacionais de telecomunicações. O mesmo fato ocorreu com o sistema bancário brasileiro e com numerosos outros setores em países da periferia.

Esse fenômeno implicou um processo extraordinário de concentração de poder econômico em megaempresas dos países amplamente desenvolvidos. Com efeito, mais de um terço dos pedidos anuais de patentes que são apresentados no mundo é de empresas americanas. Isso revela o enorme poder econômico dessas empresas. E o processo de concentração de poder também é de grande significado para a estrutura dos mercados, onde as megaempresas oligopolizam a produção e "exploram" os consumidores. Em todo esse processo de internacionalização da economia, define-se, por um lado, o núcleo de países que concentra o poder econômico, político, tecnológico, militar e ideológico e, de outro lado, aquela imensa periferia de países entre os quais se encontra o Brasil.

Observa-se, ainda, no cenário mundial, um intenso processo de multipolarização. Se existe, de um lado, os EUA como a Hiperpotência, de outro lado, se afirmam cada vez mais a União Européia, a China, o Japão, a Rússia e a Índia, como outros centros de poder que podem e estão-se consolidando – o que para o Brasil é fenômeno extremamente importante e auspicioso.

O sistema internacional, hoje, se caracteriza pela existência de um núcleo do poder econômico, constituído pelos países do G–7; por um núcleo de poder político, que corresponde aos países que são membros permanentes do Conselho de Segurança das Nações Unidas; e por um núcleo de poder militar. Nem todas as Grandes Potências fazem parte dos três núcleos.

O poder político-militar que se expressa nas alianças e nos acordos militares de não-proliferação tem, como característica essencial, o objetivo dos países altamente desenvolvidos, já armados, de preservarem seu *status* privilegiado e de impedir aos demais Estados o acesso a armamentos sofisticados. Assim, sempre que um país relativamente desarmado entra em processo de adquirir ou produzir armamentos para sua defesa passa a ser apresentado pela imprensa internacional e pelas Grandes Potências como sendo um país irresponsável ou imaturo.

Nesse contexto, quando se examinam os acordos de natureza econômica, verifica-se que eles estabelecem normas que tendem a impedir o exercício de políticas de desenvolvimento econômico nos países da periferia, enquanto preservam os interesses dos grandes Estados, protegendo seus interesses, suas empresas e seus trabalhadores. A ação do governo americano revela o exercício do protecionismo mais aberto, mais grave, enquanto prega a abertura dos terceiros mercados (até do mercado argentino!), porque essa é a estratégia que permite assegurar a concentração de poder econômico (e político).

Nesse cenário mundial, o Brasil não é um país qualquer. É um dos dez maiores países do mundo em termos de território, população e PIB. Isso significa um extraordinário potencial. A população brasileira, seu território e suas riquezas naturais são enormes. E não temos conflitos religiosos, como a Índia, conflitos entre etnias; e nenhuma parcela da população deseja tornar-se independente, como ocorre nos países bascos e no Canadá. O Brasil tem, portanto, características de coesão populacional e de unidade de língua muito importantes para a construção de um projeto nacional e para a sua atuação internacional.

De fato, a sociedade brasileira tem extraordinárias qualidades que a distinguem da maior parte dos grandes Estados: qualidades de natureza econômica, tecnológica e política. O exercício da democracia complementa essas qualidades e o povo brasileiro exerce o direito de votar a cada quatro anos. Cabe, aqui, entretanto, uma ressalva. Na teoria, todos os cidadãos são iguais e, assim, a cada um, um voto; na prática, isto não ocorre, devido à influência do poder econômico sobre o processo eleitoral.

Com efeito, não vivem os brasileiros em um país verdadeiramente democrático. A influência do poder econômico e a usurpação de poderes do Legislativo pelo Executivo são tão extensas que qualquer definição simples de democracia não corresponderia ao caso brasileiro. No Brasil, temos uma democracia formal, liberal, mas não uma verdadeira democracia. Necessitamos construir uma democracia efetiva, em que realmente os cidadãos participem da escolha de candidatos, da eleição dos candidatos, da administração pública, de forma mais intensa e permanente. Hoje, os candidatos a cargos públicos são escolhidos por processos de *marketing*, como são escolhidos os produtos. Não são escolhidos pelos cidadãos e nenhum de nós foi consultado sobre a escolha dos candidatos à Presidência da República, nem sobre os candidatos a deputado, a senador, a governador. Nossa escolha será uma escolha limitada diante do leque de candidatos que nos oferecem as oligarquias partidárias e econômicas. A participação da enorme, da esmagadora maioria dos cidadãos no processo político se limita a depositar um voto na urna a cada quatro anos.

Os grandes desafios do Brasil, do ponto de vista interno e externo, são a redução das disparidades sociais; a eliminação das vulnerabilidades externas; a realização do potencial da sociedade brasileira e a construção da democracia.

Esses desafios são enormes e complexos. Como empregar os cinqüenta milhões de brasileiros que têm renda mensal inferior a oitenta Reais? São necessárias políticas de emprego, de desenvolvimento industrial e tecnológico. É preciso, assim, que o Brasil mantenha a sua capacidade soberana de articular políticas de Estado tanto no nível multinacional (definido em especial no âmbito da Organização Mundial do Comércio), como no nível regional (como nas negociações da ALCA), como no nível doméstico.

Segundo muitos, para enfrentar os desafios do desenvolvimento apenas seriam necessários o rígido controle inflacionário, a responsabilidade fiscal e a desregulamentação. A idéia, hoje, parece ser em nível de Governo de que não há necessidade de uma política, de uma estratégia consciente para enfrentar os desafios brasileiros. Todavia, esses desafios se avolumam e há consciência crescente da necessidade de definir uma política de desenvolvimento. Mas, como definir uma política econômica sem política comercial e sem política industrial? Como definir a política comercial se o país vier a aceitar o acordo da ALCA, que nos proibirá de estabelecer tarifas aduaneiras? Sem tarifa aduaneira não há política comercial, sem política comercial não há política industrial, sem política industrial não há política tecnológica nem de desenvolvimento e sem políticas públicas aqueles extraordinários desafios não poderão ser superados. Assim, o que vai ocorrer, eventualmente, sem uma estratégia de desenvolvimento, é que, como o crescimento demográfico é inexorável, as disparidades e as vulnerabilidades se agravarão, não se realizará o potencial do País e o risco de regresso ao autoritarismo se tornará crescente.

A estratégia econômica de desenvolvimento parte da consciência de que o modelo econômico vigente no Brasil é o capitalismo. Este é o modelo econômico que rege as relações econômicas e sociais na sociedade brasileira. O Brasil nunca foi um país socialista apesar de tudo o que foi dito no passado recente e nunca foi um país fechado. Pelo contrário, o Brasil sempre foi um país extraordinariamente aberto ao comércio e ao capital estrangeiro, desde seu descobrimento, desde a chegada da primeira caravela. O modelo sociopolítico adequado ao Brasil é um modelo que governe para as maiorias e, não, para as minorias, como tem ocorrido no passado recente. Cada política, cada ato do Estado pode ser visto como benéfico à maioria, ou como benéfico à minoria. A análise desses atos e dessas políticas define a natureza do modelo, se ele é um projeto nacional ou um projeto oligárquico apátrida e cosmopolita. Assim, o projeto político que tenha como sua diretriz inarredável reduzir com firmeza as desigualdades sociais, eliminar as vulnerabilidades externas, realizar o potencial da sociedade brasileira e construir, a partir da democracia formal de hoje, uma verdadeira democracia é o modelo ideal para o Brasil.

É necessário, ainda, recuperar as Forças Armadas brasileiras. Nenhum país soberano digno desse nome pode aceitar restrições ou aceitar ter reduzida capacidade de defesa da sua sociedade, enquanto outros Estados mantêm capacidade plena militar. Essa é a realidade, o resto é idealismo pacifista, perigoso no mundo violento e arbitrário de hoje.

A América do Sul é o centro da nossa possibilidade de ascensão internacional. Se for possível e se houver energia para articular uma nova política externa, esta deve ter como seu objetivo central criar um bloco sul-americano para que o Brasil possa participar em melhores condições do processo político internacional. Afinal, o Brasil não tem maiores interesses ou importância na Ásia, e sua capacidade de exercício político-econômico naquela região, assim como no continente africano, é reduzida, de fato. Por outro lado, não se podem minimizar as dificuldades para a construção de relações positivas e de ação política coordenada com a Argentina, pois a rivalidade histórica entre os dois países é notável. Quem esquecer essa realidade não conhece História, não sabe o que existe no substrato da psiquê coletiva das populações tanto no Brasil quanto na Argentina. A menor crise traz à tona essa rivalidade. O processo de construção política de um bloco sul-americano é extremamente delicado. Naturalmente, as relações do Brasil com os EUA dentro dessa situação internacional, dentro dessas tendências do sistema internacional, no quadro de nossos interesses na América do Sul, são extraordinariamente importantes.

Afirmam alguns que o Brasil corre o risco de ficar "isolado" se não aderir à ALCA. Não. O Brasil somente corre o risco de ficar isolado quando ele abandona os seus interesses nacionais. Os países da América Latina, da América do Sul, são, de um lado, países que não competem diretamente com o Brasil no principal mercado das Américas e os que podem competir com o Brasil são o Canadá e o México, que já têm acesso preferencial ao mercado americano. Os países latino-americanos têm, todos eles, estrutura industrial menos diversificada e menos desenvolvida do que a brasileira e os produtos que produzem e exportam, também para o mercado americano, não competem em geral com as exportações brasileiras. Todavia, esses países são grandes importadores de produtos manufaturados exportados pelo Brasil. Para enfrentar a concorrência americana em seus mercados, seria suficiente que o Brasil assinasse, com cada um deles, um acordo de livre comércio. O Brasil já tem um acordo de livre comércio com a Argentina, com o Uruguai e com o Paraguai, que é o Mercosul. Por outro lado, nenhum dos países sul-americanos tem interesse em "isolar o Brasil". O Brasil é um mercado muito importante para suas exportações, como ocorre com os países do Mercosul, com o Chile, com a Bolívia, e há enorme interesse da Venezuela na cooperação econômica com o Brasil, de modo que não há a mais remota possibilidade de um isolamento brasileiro em decorrência de sua não-participação na ALCA.

O Congresso americano determinou, com clareza meridiana, no projeto de lei sobre a autorização para as negociações comerciais, que o Executivo não pode negociar a legislação de defesa econômica, nem a legislação anti-subsídio, nem, na prática, a legislação agrícola.

Portanto, aqueles temas que o próprio governo brasileiro vem afirmando, reiteradamente, serem essenciais para o Brasil poder participar da ALCA. Se os Estados Unidos, que são o principal parceiro nas negociações da ALCA, afirmam que não vão negociar os temas que interessam ao Brasil no entender do próprio governo brasileiro, seria o caso de perguntar o que faz o Brasil nas mesas de negociação da ALCA. Se o que interessa ao Brasil está fora das negociações, esta é uma oportunidade extraordinária de reafirmar que a participação do Brasil somente pode continuar se todos os setores forem negociados e se o resultado das negociações for equilibrado. Porém, há receio, nas autoridades brasileiras, de contrariar qualquer Estado altamente desenvolvido. Este receio é infundado. Quando o Brasil aderiu ao Tratado de Não-Proliferação Nuclear (TNP), a justificativa apresentada à sociedade foi de que era importante o Brasil aderir, porque, de um lado, havia forte pressão para o Brasil assinar e, de outro lado, porque a participação no TNP permitiria, ao Brasil, contribuir para o desarmamento mundial. O desarmamento mundial não ocorreu e até ao contrário; o Brasil assinou e aceitou se tornar um Estado de segunda categoria nos termos do acordo. A Índia não aderiu ao TNP, não foi invadida, nada lhe ocorreu, salvo sanções temporárias, explodiu artefatos nucleares, tornou-se uma potência nuclear de fato. A questão é que as elites brasileiras têm medo de o Brasil vir a ser um verdadeiro Estado, de superarmos o nosso (i.e. delas) complexo colonial.

Nesse cenário internacional, com essas tendências, cumpre ressaltar que, se não houver possibilidade de ter o Brasil políticas econômicas e sociais ativas, não há projeto nacional, pode-se ter apenas a negativa de um projeto nacional, como hoje ocorre. Nesse cenário, as relações do Brasil com a Argentina e com os EUA são essenciais, porque são esses países que têm interesse crucial na nossa área geopolítica e geoeconômica.

Finalmente, sem superar a ideologia neoliberal, alienante, idealista e desarticuladora o Brasil continuará a ser um país fraco política, econômica e militarmente. Afirmar que o Brasil é um país que se deve desarmar, que se pode inserir subordinadamente a qualquer bloco e que tem de ser subserviente politicamente é confissão explícita de inferioridade cultural, de negação da identidade nacional, de desprezo pelo Brasil. Precisamos mobilizar a população para a execução de um projeto nacional com eficaz política externa, com o objetivo de enfrentar e vencer os desafios das disparidades, vulnerabilidades e do potencial e que, assim, permita à sociedade brasileira construir um futuro mais próspero, mais justo e mais democrático.

O Brasil diante do Mundo

Oliveiros Ferreira

Haec est hora vestra et potestas tenebrarum. Com estas palavras sombrias, o condestável do Estado Novo, General Góes Monteiro, terminava a carta que dirigiu ao Dr. Sobral Pinto, em 1946, depois de traçar um quadro dramático do Brasil que a ditadura Vargas entregava à nascente democracia. Nunca deixei de ter essas palavras como que inscritas nas paredes de meu claustro universitário, ou naquele que supunha menos augusto, mas que é igualmente pequeno e severo, o da Imprensa. Elas serão, assim, o guia deste artigo.

O mesmo General Góes Monteiro dizia também que as Forças Armadas são instrumento de uma política externa. Ao que se poderia indagar: será possível haver política externa, vale dizer, inserir o País com autonomia no mundo contemporâneo, se, nos círculos decisórios e mesmo naquele estrato social que se poderia chamar de elite do poder, se aceita como fato, ainda que dando ares de querer contradizer, a afirmação de que "O Brasil é um país fraco e desarmado"? Assim afirmava Afonso Arinos de Mello Franco, e isso

---

Oliveiros Ferreira é Doutor em Ciências Sociais pela Universidade de São Paulo (USP). Jornalista com quase 50 anos de experiência é ex-diretor do Estado de S. Paulo. Analista de política internacional, intelectual empenhado na elaboração de uma polêmica teoria da política, autor de vários livros como *Os 45 cavaleiros húngaros*, dedicado à análise do pensamento de Antonio Gramsci. Seu novo livro é sobre a política externa nacional.

se transcreve pelo menos duas vezes no esplêndido livro que Afonso Arinos Filho acaba de publicar. Ou é possível haver uma política externa sendo aceita aquela outra afirmação: "O Brasil é fraco na guerra e forte na paz", também proferida pelo mesmo chanceler que, ao juízo da maioria dos comentaristas, foi o primeiro a pôr em prática a "Diplomacia independente" que dá título ao livro citado e nos faz lembrar uma afirmação de Rosa Luxemburgo, que nos animou tantos sonhos de juventude: "a vitória do socialismo é fruto de suas constantes derrotas".

Na realidade, Afonso Arinos apenas traduzia o que era e ainda é a idéia de que a elite de poder, para não dizer o escol culto em geral, faz da inserção do Brasil no cenário internacional. Quando Gouveia de Bulhões e Roberto Campos procuravam encontrar os caminhos que permitiriam ao Marechal Castelo Branco entregar a seu sucessor um governo com as finanças relativamente saneadas, era comum ouvir-se dizer, entre aqueles que viam o salto qualitativo que o Brasil tinha dado poucos anos antes, que os dois ministros não acreditavam no Brasil. Ao indagar sobre quais rumos tomaria o País, poderia contrapor à política de Bulhões e Campos, que não cabe analisar agora, o orgulho nacionalista de Antônio Maurício da Rocha – e nacionalista porque mineiro, dizia ele – que atirava aos nossos olhos a realidade da Usiminas. A Usiminas, segundo ele, podia fazer, ela sozinha, uma siderúrgica de igual porte.

Nesses dois exemplos, temos as duas grandes trincheiras nas quais o Brasil de hoje combate, quando está em jogo o seu papel no mundo. Essa idéia de que o Brasil tem condições de fazer-se ouvir de maneira autônoma no cenário internacional, malgradas as deficiências de sua infra-estrutura e os vícios que os mais cépticos não deixam de apontar em nossa estrutura social, essa idéia, parece-me, custa a furar a viseira que impede aqueles que nos governam de ver o mundo da perspectiva que essa crença determina. Não seria correto dizer que a couraça serve de antolhos apenas ao atual governo; o rigor intelectual obriga a dizer que praticamente todo o escol civil – uma elite que nos dirigiu e hoje nos governa – vê o Brasil de uma perspectiva imposta por uma couraça ou como se estivessem vivendo na caverna de que nos falava Platão, em *A República*. É como se pautassem a conduta da política externa pelas sombras que podem lobrigar de onde estão, irremediavelmente, amarrados ao que se chamou de "pensamento único".

Se fiz a ressalva de que não se pode dizer que apenas o atual governo vive nas sombras, não é porque nele tenha amigos feitos na convivência universitária; é porque, infelizmente, para desgraça de quantos sonham com a Pátria Grande, quase sempre temos vivido nas sombras e parece ser este o nosso destino. E é ainda mais difícil de discernir, pois, às forças profundas que imobilizam os Estados sem projeto nacional, junta-se, agora, a desnaturação da História. O ataque, que um pensador chamaria de "anarquista" porque destrói a Ordem, é simbolizado pelo aviltamento da personalidade daquele que fundou um Império e outorgou ao País uma Constituição que permitiu paz interior durante 50 anos. E que, talvez por preciosismo de político autoritário travestido de liberal, fez questão de iniciar sua Constituição, outorgada como disse, por estas palavras que a República, em nenhuma de suas cartas constitucionais, teve o cuidado de preservar: "Artigo 1º – O Império do Brasil é a associação Política de todos os Cidadãos brasileiros".

Não vem de hoje essa postura que critico; também não é de ontem que se considera o Brasil um país fraco e desarmado. É de trasanteontem. Gigante pela própria natureza, o Brasil, desde o Tratado de 1827 com a Grã-Bretanha, repete o Mito de Prometeu – e, possivelmente, seja liberdade poética lembrar que a águia, que lhe devora o fígado, é, também, num escudo nacional, o símbolo do poder dos que fizeram uma "associação Política de Cidadãos" pela força das idéias e das armas.

Não devemos, na imagem, fixarmo-nos apenas no Prometeu agrilhoado. Porque, afinal, ele deu o fogo aos homens e, ao furtá-lo dos deuses, permitiu que os desbravadores dos sertões, os predadores de índios e os catadores de ouro e esmeraldas se sentissem criadores de um novo mundo. E o foram. E, ao dominr este novo mundo, criaram as condições para que a Economia encontrasse, na imensidão do Espaço, onde se desenvolver desde que o Governo – este usurpador do Soberano – soubesse agir de acordo com a racionalidade que o Estado impunha e soubesse ocupar o Espaço e torná-lo vivo. Desgraçadamente, a visão de frei Vicente do Salvador traduzia a realidade, não a de Prometeu atado à rocha, mas a de tantos homens que não fizeram jus ao fogo sagrado, presos ao litoral, admirando o último livro louvado em França, as doutrinas econômicas *à la page* – mas não as alemãs de Friedrich List –, os debates em Westminster e as decisões da Suprema Corte dos Estados Unidos da América do Norte.

Foi assim que o Brasil se inseriu no mundo. Se insisto em não dizer no "de hoje" é porque o "de trasanteontem" tem muito de parecido com o de hoje, sendo mais castrador em alguns aspectos, mais solto, mais liberal em outros. Então, como agora, uma potência dominava os mares e impunha um padrão monetário ao mundo; uma potência – então, como agora – fazia de seu progresso tecnológico e de sua moeda o símile de Mamona, o deus fenício da cobiça, a quem era lícito e de bom tom adorar; uma potência – então, como agora – fazia dos países menos desenvolvidos ou de fato subdesenvolvidos o meio social e econômico onde acumular riqueza. Há uma diferença, entretanto, que convém anotar: a potência de então era mais generosa que a de agora, na medida em que dividia a palma, de bom grado, na filosofia e na literatura, com a França e a Alemanha. Foi nesse quadro que o Brasil se inseriu, quase esquecido do desafio do Espaço e de que tinha dez vizinhos a rodeá-lo, sobretudo ao Sul e Sudoeste, e de que uma águia, ao Norte, estava pronta a levantar vôo quando seus interesses assim o ditassem.

No escol civil, a vizinhança incomodava – não porque ela representasse perigo para o Estado, mas porque fazia o Brasil correr o risco de ser visto como o parente maior da mazorca que caracterizava, naquele então, quase todos os vizinhos. Euclides da Cunha foi quem mais bem traduziu o sentimento de superioridade com relação a esses vizinhos, ao mesmo tempo em que o desejo de ser reconhecido pelos Estados Unidos como sendo diferente deles. Numa página pouco comentada, escrevendo sobre a pretendida solidariedade sul-americana, ele reclamava que a política exterior brasileira fosse de distanciamento das republicolas e dos caudilhos, única maneira de não sermos confundidos, pelos Estados Unidos, com eles. Seu protesto contra a solidariedade que alguns reclamavam vai mais longe; para Euclides, um exemplo havia de ser seguido pelo país se pretendesse o respeito nos foros internacionais: os Estados Unidos de Theodore Roosevelt, cuja política exigia jogadas duras como se estivéssemos num campo de futebol, mas era a política de uma potência. Talvez pela primeira vez, na elite civil ilustrada, alguém tenha levantado a voz para lembrar que do Norte vinha a lição que era preciso aprender e praticar: política internacional é política de poder. A isso imediatamente acrescentaria: para que um Estado desenvolva uma política de poder, é necessário que haja, no grupo que constitui o que chamaríamos, como Hermann Heller, de "núcleo de poder no Estado", a clara consciência de que o Estado que não realiza uma política de poder para defender seus interesses e suas fronteiras está condenado a desaparecer do proscênio.

Se era fácil imaginar alterar a imagem da caudilhagem e da mazorca, substituindo-a pela ação dos sobas estaduais que aderiam de bom grado à política dos governadores de Campos Salles, e se era possível pretender dar a impressão de que o Brasil não era uma republicola, pois pagava em dia seus compromissos externos, era, no entanto, extremamente difícil vencer, por um lado, a sedução que os Estados Unidos exerciam sobre muitos e, por outro lado, o receio de ilustres membros do escol civil dos governos do Império e da República de que, ao Sul, houvesse quem alimentasse, com ou sem justas razões políticas e geopolíticas, a idéia de reconstituir o Vice-Reinado do Prata. A "síndrome do Vice-Reinado", se assim a podemos chamar, marcou a política brasileira até o governo do General João Batista Figueiredo. Permeando a visão internacional das elites civis, que tinham enraizada a certeza de que o Brasil era fraco e desarmado, fraco na guerra e forte na paz, foi essa síndrome que, depois da Segunda Guerra Mundial, fez que se pensasse os Estados Unidos, já admirados pela *power politics* que realizavam nas Antilhas, como o garantidor do *status quo* territorial na América do Sul com todas as conseqüências que essa aspiração podia ter – especialmente quando na Casa Rosada, longe de se ver Mittre ou Sarmiento, pontificava a figura de Juan Domingo Perón, e, no Catete, Vargas continuava sendo a esfinge que sempre foi, cujo segredo ninguém conseguiu decifrar.

As negociações do Mercosul levaram setores do escol civil, especialmente no meio industrial, a reclamar de seu alijamento das primeiras negociações e da conclusão de alguns acordos. A grande negociação foi, simplesmente, mais uma prova de que a política externa era um assunto de Estado, de que ela era feita pelo Estado por intermédio de Governos que se sucediam. Se assim foi, e ainda é, mesmo quando, assumindo posições e funções que lhes deixam alguma margem de liberdade, os diplomatas se encarregam de sugerir novos rumos para a política externa – o Ministro sempre dela teve o máximo possível, consentida pelo Presidente da República – não podemos deixar de pensar, por um instante que seja, em como integrantes de órgãos do Estado formulavam uma linha para a política exterior brasileira quase ao mesmo tempo em que, no escol civil, pretendia-se que os Estados Unidos sustentassem o Brasil contra as pretensões hegemônicas argentinas. É na corporação militar que se encontrava proposição distinta.

Se Euclides prega o esplêndido isolamento e a realização de uma política de poder como a do primeiro Roosevelt; se no escol civil se têm os Estados Unidos como garantia de que o *status quo* territorial será mantido e Perón não realizará o sonho rosista do Vice-Reinado do Prata, há, na corporação militar, quem proponha uma política que, mais tarde, será considerada "independente" ou "terceiro-mundista". Para o autor das linhas que se lerão abaixo, o Brasil ainda é forte na paz, mas sua fortaleza está a serviço de uma política de grandeza:

(...) no que mais importa, esse desenvolvimento pela industrialização faz prenunciar, afinal, uma libertação mais efetiva em relação aos grandes centros externos, motores do dinamismo econômico mundial (...) A geopolítica que vimos de esboçar (...) pode bem caracterizar-se como (...) geopolítica de colaboração com o mundo subdesenvolvido de aquém e além mar (...) ao mesmo tempo de resistência às pressões partidas dos grandes centros dinâmicos de poder que configuram a atual conjuntura.

Ao que se poderia acrescentar:

(...) nos dias de hoje e em face de um planeta tumultuado ainda mais pela miséria e pela fome do que por ambições expansionistas ou de domínio que, aliás, existem de fato e não são, de forma alguma, nem desprezíveis nem remotas, [o Brasil não poderá] negar-se ao papel que lhe cabe no concerto das nações em prol da redenção de toda essa periferia econômico-social de que ainda participa, e que se estende, tragicamente, desde os contrafortes andinos, através da África toda, do Oriente Médio, da península indiana e do Sudeste asiático, até os confins do mundo indonésio. E cumpre-lhe ainda, no âmbito mais circunscrito da América Latina, e, em particular, da América do Sul, estreitar os laços de cooperação internacional, participando, ativa e generosamente, da solução dos graves problemas com que se defrontam os povos das diversas áreas (...) de que participamos, em todas, com amplas parcelas de nosso território e significativo contingente humano.

São palavras de 1957 ou 1958, tornadas públicas em 1967. Seu autor, o então coronel Golbery do Couto e Silva.

Essas três posturas – a do isolamento euclidiano, a da síndrome do Vice-reinado e a da geopolítica de fato do Estado nacional – integram o cabedal intelectual e são as proposições que encontramos para orientar uma política externa. O que é importante ressaltar, percorrido esse caminho, é que não é de hoje o "pensamento único", nem a dificuldade das escolhas, nem a subordinação a que nos reduz a fragilidade das contas externas e a adesão dir-se-ia visceral ao sentido profundo da frase triste, embora, assim, não a tenha visto quem a proferiu, com que iniciamos esta jornada de reconstituição do passado: o Brasil é fraco e desarmado, fraco na guerra e forte na paz. Apenas em dois momentos da história encontra-se a tentativa de romper o círculo vicioso em que a fragilidade das contas externas (que torna o País dependente, queira ou não, da opção racional ou não, de quem faz da vida das Nações uma constante aposta no Mercado) condena a política externa e guia as políticas internas que deveriam eliminar todos os fatores que envergonhariam, uma vez mais, Euclides. E é forçoso reconhecer, por tristes que sejam as lembranças que esses momentos nos trazem, que as tentativas de romper o círculo foram feitas nos períodos em que o Estado de fato se descolou da sociedade e impôs, pela força, as decisões dos governos a todos os cidadãos, que de fato não eram cidadãos, eram apenas súditos. Quero me referir ao Estado Novo e ao período que a rigor se inicia em 1965 com a edição do Ato Institucional nº 2.

No período do Estado Novo, o esforço foi feito para armar o Exército, comprando, primeiro, a fábrica na Alemanha (apresada pela Marinha inglesa), negociando a construção de Volta Redonda, depois. No período 65/79, o esforço concentrou-se, primeiro, no realinhamento das contas do setor externo e, depois, com todos os erros que nele queiramos encontrar, no programa nuclear, basicamente naquele que a Marinha desenvolve em Iperó. Mas, sobretudo, na firmeza com que sustentamos, até recentemente, que o Tratado de Não-Proliferação Nuclear reduzia a soberania brasileira e dividia o mundo em dois tipos de Estados: os "responsáveis", que possuíam armas atômicas até antes de 1968, e os que pretendiam ter esse artefato (que pouco acrescenta a qualquer exército) e que, se o incorporassem ao arsenal bélico, seriam considerados "irresponsáveis". Queiramos ou não, quando o Estado se descola da sociedade, a tentativa de afirmar a missão de liderança, que o Coronel Golbery atribuía ao Brasil, passa por uma diferente inserção no mundo, conseguida graças a Forças Armadas que são, como dizia o General Góes Monteiro, instrumento da política externa.

Deve ser destacado, portanto, que, desde o início de nossos tempos, nos inserimos no cenário diplomático mundial em condição subordinada, embora fôssemos, como somos, a primeira potência da América do Sul e tenhamos feito por afirmar e garantir essa posição. No plano internacional mais vasto, não é nossa posição geográfica que determina essa subordinação. Os Estados Unidos, igualmente afastados do cenário mundial até 1917, são a prova de que não é a posição geográfica o que define o *status* de uma Nação, mas a vontade de suas elites civis de fazerem dela um protagonista entre os atores principais. Diria que, se ainda temos uma posição subordinada – mascarada que seja pelo fato de estarmos sentando à mesa em que muitos discutem muito para fazer de conta que decidem o que poucos já decidiram, dispondo-se a conceder em pontos sem qualquer importância –, é porque as elites que nos dirigem, elites civis e militares desta vez, parecem conformar-se com o fato de o País ser fraco e desarmado. Desarmado, sim, ele é, porque desde a Guerra da Cisplatina repugna aos cidadãos o serviço das armas, sem o qual, no entanto, não há Estado que garanta sua integridade. Fraco, porém, não.

Objetivamente falando, devemos ser a décima ou undécima economia do mundo. A fraqueza não reside no PIB, mas na fragilidade das contas externas e na impossibilidade em que nos encontramos de contar para nós mesmos a anedota que corria sobre San Martin e a abertura das alfândegas em 1810, quando o patriarca perguntava aos livre-cambistas da época se não seria possível sentar-se em cabeças de boi ao invés de em cadeiras austríacas.

A frase de Afonso Arinos define, com precisão, a situação do Brasil de hoje. Mas deve ser qualificada, sob pena de não chegarmos ao final desta década podendo insistir na expectativa de gozar todas as delícias que a civilização do Real nos prometia. Como qualificá-la? Somos fracos porque não conseguimos, nem por safas nem por "naftas", resolver o problema da fragilidade das contas externas. Somos fracos porque somos desarmados e porque, como Euclides, desprezamos os caudilhos e as republicolas, ainda que nos tenhamos associado a alguns deles e pretendamos a associação com todos. É por sermos euclidianos que não somos capazes de compreender que as transformações ocorridas depois de 1991 não mudaram o mundo de *fond en comble*. Pelo contrário, ainda há oportunidades para quem queira que sua voz não se confunda com o coaxar dos sapos e insista em afirmar-se no cenário internacional. Basta a vontade de resolver, à custa do sacrifício que não será maior do que aquele que sofremos hoje, o problema das contas externas. Basta a vontade política de encontrar, no cenário diplomático, quem esteja disposto a não se deixar intimidar pela guerra nas estrelas. Sobretudo, basta que se traduza, em vontade e ação políticas, o cabedal acumulado do Espaço, que Prometeu nos proporcionou – espaço tanto maior quanto mais as fronteiras se esfumam e o Vice-Reinado do Prata está em condições de ser ampliado e realizado sob a liderança do Brasil. Basta, sobretudo, saber que soou, na fronteira Norte, podendo também voltar a permear as fronteiras Sul e Sudoeste, a hora da potência das trevas.

Para a Definição de uma Nova Política Externa Brasileira

Amado Cervo

A estratégia latino-americana diante da interdependência global

Nenhuma região do mundo modificou tanto sua estratégia de inserção internacional e implementou com tanta coerência uma nova política exterior como a América Latina dos anos noventa. Os governos que se estabeleceram em 1989–90 nos grandes Estados – Menem na Argentina, Pérez na Venezuela, Gortari no México, Fugimori no Peru e Collor no Brasil – em quase nada diferiam. Nem mesmo na equipe de assessores que se tornaram Ministros de Estado ou assumiram outros cargos. Eram, em sua maioria, jovens economistas formados em Universidades norte-americanas ou técnicos de instituições financeiras internacionais. Esses dirigentes substituíram os compromissos com o passado local pela fidelidade a poucas e novas teorias elaboradas pela inteligência política dos Estados Unidos para promover os interesses daquele país. A influência dos Estados Unidos, portanto, foi determinante para a mudança que ocorreu nas relações internacionais da América Latina.

Amado Cervo é Doutor em História pela Universidade de Strassburg, Professor titular de História das Relações Internacionais da Universidade de Brasília (UnB). Editor da Revista Brasileira de Política Internacional. Autor de diversos livros como: *O Parlamento Brasileiro e as Relações Exteriores*, *A Política Externa Brasileira*, *História da Política Exterior do Brasil* e *O Papel da Diplomacia*.

Com efeito, durante os dois mandatos de Ronald Reagan, percebeu-se que convinha prescrever um receituário para a América Latina superar os problemas da dívida, da recessão e da hiperinflação dos anos oitenta por modo a contribuir para a expansão dos negócios norte-americanos na região. Para tanto, os Estados Unidos voltaram a interessar-se por instituições com forte poder de pressão, como o FMI e o Banco Mundial, com o fim de acioná-las regionalmente.

O cânon de Washington prescrevia para os Estados latino-americanos uma onda de reformas em três dimensões. A dimensão econômica compreendia a rigidez fiscal, a abertura dos mercados e do sistema produtivo e de serviços, a privatização com alienação de ativos nacionais, a compressão salarial e do Estado do bem-estar para que o pagamento de compromissos financeiros pudesse ser feito em dia. A dimensão política e de segurança envolvia o abandono da construção de meios modernos de defesa e dissuasão e a adesão ao Tratado de Não-Proliferação Nuclear, bem como a todos os demais atos internacionais de proscrição de armas de destruição em massa, para evitar o aparecimento de mais um inimigo. A dimensão ideológica correspondia à prevalência do Mercado sobre outra determinação política, para que capitais e empresas norte-americanas pudessem assenhorear-se do combalido sistema produtivo latino-americano. Em suma, tudo convergia para consolidar a hegemonia norte-americana sobre a América Latina, tanto econômica quanto política e estratégica.

Os dirigentes latino-americanos dos anos noventa rivalizaram entre si no esforço de ser o melhor e o mais leal cumpridor dos preceitos de Washington. O melhor de todos foi o governo de Carlos Saúl Menem. No país vizinho, constituiu-se uma comunidade epistêmica de liberais fundamentalistas dispostos a aplicar de alma e coração tais preceitos. Um dos protagonistas dessa comunidade epistêmica, Ministro das Relações Exteriores de Menem, cunhou, em 1991, a expressão "Estado normal" para significar a apropriação integral do cânon de Washington: "Nós, aqui, queremos ser normais", sentenciou Domingo Cavallo.

A grande criação da inteligência política latino-americana dos anos noventa foi, com efeito, a invenção do paradigma do Estado normal. Após mais de uma década de experiências, é possível identificar, em base empírica, os três parâmetros que compõem esse paradigma: a) subserviente, na medida em que cedeu o processo decisório interno àquelas pressões externas; b) destrutivo, na medida em que desmontou e alienou o núcleo central robusto da economia nacional; c) regressivo, na medida em que empurrou a sociedade de volta ao caminho da infância, reservando-lhe as tarefas da economia primária, de montagem de peças ou de executora mecânica de serviços, tudo concebido pela criatividade alheia.

A especificidade do Brasil: dois bloqueios ao Estado normal

Fernando Henrique Cardoso dominou o pensamento político e administrou a inserção internacional do Brasil nos anos noventa. Foi Ministro das Relações Exteriores de Itamar Franco e Presidente por dois mandatos, quando manteve, sob rígido controle pessoal, as relações internacionais do País. O Itamaraty, foco histórico de forte pensamento nacional e leitor objetivo dos interesses nacionais à luz do paradigma do Estado desenvolvimentista, teve de silenciar. Na primeira metade dos anos noventa, foram cinco Ministros de Relações Exteriores e, na segunda, apenas um, fiel intérprete de Cardoso. Assim, um pensamento estranho ao Itamaraty tornou-se facilmente hegemônico em política exterior.

No Brasil, entretanto, e para o bem da nação, o paradigma do Estado normal produziu menores efeitos comparativos, considerando as graves conseqüências de sua implementação em países vizinhos. Esse desastroso roteiro que engendrou o esfacelamento e a alienação das economias nacionais, o sucateamento dos sistemas de defesa e a conseqüente perda de poder sobre o cenário internacional foi contido em parte entre nós. Dois bloqueios obstaram ao triunfo do Estado normal no Brasil.

Por um lado, a tradicional inteligência diplomática do Itamaraty avaliou, desde o início, com muito ceticismo, a ruptura estratégica em curso. Por outro, a opinião pública não apreciou o propósito de pôr fim à Era Vargas, ou seja, ao projeto de nação a construir com base em um desenvolvimento autônomo e ao conceito de interesse nacional que lhe era intrínseco. Embora relutante, Cardoso assimilou essa reação e repassou a seu governo correções de rumo em sua política exterior.

Foi posto em marcha, por força de tais circunstâncias, um terceiro paradigma de relações internacionais, que denominamos de "Estado logístico". Por essa via de conduta, atenuaram-se, no Brasil, os parâmetros de subserviência, destruição e regressão do Estado normal e corrigiram-se distorções do Estado desenvolvimentista. Por feliz incoerência do governo de Cardoso, o Estado logístico, no Brasil, tendia a proteger, em certa medida, internamente, a empresa, o trabalho, o capital, a tecnologia e o mercado nacionais e a promover a expansão dos interesses brasileiros em âmbito global. Por força de tais circunstâncias, o Brasil avançou menos que outros países sul-americanos pelo trágico caminho que lhes apontava o paradigma do Estado normal.

Duas orientações de inserção internacional com FHC

A transição do Estado normal para o Estado logístico no Brasil corresponde mais a duas posturas políticas do que aos dois mandatos de Cardoso. Na verdade, esses paradigmas coexistiam, por mais paradoxal que possa parecer. Analisemos alguns dados. Como normal, ou seja, subserviente, destrutivo e regressivo, o governo de Cardoso abriu a porteira da nação aos capitais e empreendimentos estrangeiros que aqui vieram pastar e refestelar-se. Mais de oitenta bilhões de dólares arrecadados com as privatizações foram esterilizados em benefício da especulação financeira. A privatização das Comunicações do Brasil correspondeu à maior transferência de ativos de países em desenvolvimento para o centro do capitalismo de que se tem notícia na História. Como normal, o governo de Cardoso abriu duas novas vias de transferência de renda ao centro, acrescentando, ao tradicional mecanismo histórico dos serviços da dívida, a via dos dividendos e da especulação financeira. Elevou o passivo nacional a níveis condenados pela boa ciência econômica. Como normal, enfim, firmou o Tratado de Não-Proliferação Nuclear, decisão desnecessária para evitar a fabricação de armas nucleares, porém exigida pelos Estados Unidos.

O Estado logístico fortaleceu-se, sobretudo, a partir de 1999, quando a crise brasileira fez compreender a Cardoso que a via do Estado normal "deu em água", como afirmou Rubens Ricupero. Apontemos algumas manifestações desse outro paradigma de relações internacionais: o tratamento multilateral da das questões ambientais, da segurança, das finanças e do comércio, o conceito político e econômico de América do Sul, a rejeição de uma ALCA americanalhada, a cobrança de reformas no sistema financeiro internacional, a exigência de abertura dos mercados centrais em troca do nacional, a oposição à guerra a países e culturas em nome da guerra ao terrorismo, a defesa, embora tardia, da Embraer e uma parada na privatização com alienação de grandes empresas nacionais como a Petrobrás e alguns bancos. Essas e outras reações do Estado logístico fizeram Cardoso perder o encanto de que gozava junto ao governo Clinton e atrair olhares enraivecidos do governo Bush. A tradicional rivalidade entre Brasil e Estados Unidos ressurgiu, evidenciando quão longe o mundo está da solidariedade e quão próximo se mantém do conflito generalizado de interesses, como demonstra Moniz Bandeira em seus estudos.

Conclusão: a dança dos paradigmas e a morte da estratégia

Política exterior é política de Estado, não de governo. Tanto assim é que o Brasil de 1990 a 2002 pôs em marcha três paradigmas de política exterior: o Estado normal, que prevaleceu sob Cardoso, o Estado desenvolvimentista, que agonizou, mas não morreu, e o Estado logístico, um ensaio promissor. Essa dança dos paradigmas deve ser levada em consideração pelo futuro governo. O que deseja o Brasil? Prosseguir no caminho de volta à infância social, própria de povos pastores e produtores de café, soja, minérios, que a nada mais aspiram? Ou recuperar a construção de um destino próprio, que traçou há setenta anos, e que, embora solidário, cooperativo, não-confrontacionista, interdependente com o destino de outros povos, zelava, como convém, pelos interesses do emprego, da empresa, da renda do trabalhador, do bem-estar social, do progresso, da relativa autonomia econômica, política e estratégica? O que é que nós queremos?

Ao eleger a abertura como estratégia, os governos liberais dos anos 90 puseram termo à estratégia desenvolvimentista, sem nada agregar-lhe de construtivo na área externa. Cardoso criou um vazio político, à espera de uma inteligência capaz de reconverter o setor externo em instrumento de realização de interesses brasileiros.

Nota do Editor: O Professor Marco Aurélio Garcia, embora tenha participado do Fórum *Brasil em Questão*, no dia 6 de março – *Brasil no Mundo* –, não pôde encaminhar o texto de sua palestra para publicação, por ter assumido, anteriormente, compromissos profissionais.

Políticas de distribuição de renda

Márcio Pochman

André Urani

Cristovam Buarque

20 de março

Distribuição de Renda e Redução da Desigualdade Social no Brasil: Estratégias para o Avanço Democrático

Márcio Pochman

Adam Smith, já em 1776, preocupou-se com a questão da distribuição de renda. Era ainda o momento original do capitalismo industrial dos países avançados, especialmente da Inglaterra, quando o modo de produção capitalista não tinha problemas, em geral, com relação ao crescimento da produção e ao crescimento da renda. O modo de produção capitalista nos países avançados era uma máquina de produção de renda.

Se havia um problema estrutural no capitalismo, era o da distribuição. Por quê? Porque a forma de organização da produção, além da hierarquia, do autoritarismo, da disciplina da organização da produção, levava à constituição de uma estrutura primária da distribuição da renda desigual. Ou melhor, os trabalhadores recebiam o salário, que em geral era muito menor do que as outras formas de repartição da renda do produto gerado,

Márcio Pochman é Secretário Municipal de Desenvolvimento e Trabalho de São Paulo. Economista, professor e pesquisador do Centro de Estudos Sindicais e do Trabalho da Universidade Estadual de Campinas (Unicamp). O autor do livro *A Década dos Mitos*. Especialista em questões de desemprego, trabalho e renda.

como os lucros dos capitalistas, os juros dos banqueiros ou o aluguel do proprietário. Portanto, havia, de fato, um problema no modo de produção capitalista, nas economias avançadas, centrado na questão da distribuição.

O autor posterior a Adam Smith, mas com uma visão muito crítica, Karl Marx, identificou que não haveria possibilidade de correção nesse processo tão desigual do capitalismo, a não ser a ruptura do modo de produção, isto é, uma intervenção sobre a distribuição primária da renda que divide salário bruto, juros, aluguel da terra, da propriedade. Somente alterando esse modo de produção e criando um novo modo de produção seria possível distribuir a renda. Então, já no século XIX, identificamos as primeiras possibilidades de tratamento diferenciado da questão da distribuição de renda.

Em paralelo, foi-se constituindo uma segunda vertente, que não foi revolucionária, mas, sim, reformista, com a compreensão de que o capitalismo constituído pelas livres forças do Mercado jamais possibilitaria uma distribuição mais igualitária da renda. E esta vertente dos reformistas, dos social-democratas históricos do final do século XIX e, sobretudo, a partir do século XX, faria um conjunto de reformas com o objetivo de constituir uma segunda estrutura de distribuição da renda.

Não se propunha, então, a alterar o processo de distribuição primária da renda, isto é, os trabalhadores continuariam ganhando salários, os capitalistas continuariam a ganhar lucros, os banqueiros continuariam a ganhar juros, etc. A partir desse processo primário de distribuição da renda, contudo, introduziu-se um segundo processo de distribuição da renda, a partir das políticas reformistas, como a reforma agrária, que ocorreu em grande parte dos países desenvolvidos, como foi o caso da Itália no pós-guerra e do próprio Japão.

Uma outra medida reformista foi a reforma tributária, que determinou, pela primeira vez, que os ricos começassem a pagar impostos. Isso foi possível por meio de uma reforma tributária que passou a tributar não apenas o salário, mas também os juros, os lucros, aluguéis e assim por diante, com alíquotas diferenciadas, progressivas. Dessa forma, por exemplo, a reforma tributária, em 1943, nos Estados Unidos, fez o imposto de renda que atingia 7% da população passar a atingir quase 50% da população norte-americana.

Depois veio a reforma social. A Constituição chamava de Estado de Bem-Estar Social a instalação do sistema de saúde pública, educação e uma enorme quantidade de mecanismos de garantia de renda com vistas em retirar do Mercado de trabalho a função de distribuição de renda. O objetivo era que uma crescente parcela da população, sobretudo a trabalhadora, pudesse passar a viver sem depender do Mercado de trabalho. Foi então que as várias políticas, entre elas as políticas de transferências de renda direta, possibilitaram que, pela primeira vez na história do capitalismo, um segmento pudesse viver sem trabalhar, mesmo não sendo capitalista, banqueiro ou proprietário.

Assim, retiraram-se do Mercado de trabalho os mais pobres, pois a realidade, até as primeiras seis décadas do século passado, era que as pessoas trabalhavam até morrer, ampliando a concorrência do Mercado de trabalho. Foi possível, também, retirar do Mercado de trabalho as crianças, que eram uma parte importante do processo produtivo industrial. Foi possível abandonar não apenas a proibição do trabalho infantil, mas também transferir renda para garantir condições mínimas para freqüentar a escola, além de definir e implementar programas na área de saúde que viabilizaram, por exemplo, a saída do Mercado de trabalho de doentes, deficientes físicos e mentais, de tal forma que ficassem no Mercado de trabalho apenas aqueles com capacidade produtiva.

Esse conjunto de reformas mostrou que, mesmo no capitalismo, no caso das economias avançadas, seria possível alcançar uma situação não tão desigual na repartição da renda. A Inglaterra, no imediato pós-guerra, tinha os 5% mais ricos que recebiam os 25% da renda do país, antes do imposto de renda. Após o imposto de renda, reduziu para 14% a participação destes na renda nacional. Enquanto os 20% mais pobres da Inglaterra, antes do imposto de renda, ficavam com 13% do PIB da renda e após passaram para 19% da renda.

Paralelamente, assistimos, desde a experiência da Revolução Russa, a uma outra situação de constituição de um modo de produção diferente do capitalismo, que garantiu uma distribuição menos desigual da renda. Essa experiência durou por um determinado período, pelo menos até o final dos anos 1980, na ex-União Soviética. Hoje, são poucos os países no mundo que mantêm esse modo de produção, que garante uma distribuição diferente da concebida no capitalismo avançado.

Na periferia do capitalismo, que é formada pelos países que não fazem parte das economias avançadas, entre eles o Brasil, estão países que têm dois problemas estruturais. Primeiro: não têm a garantia do crescimento econômico, ao contrário das economias avançadas. Na periferia do capitalismo, não há essa garantia, há países que não eram periféricos em determinado momento e retroagiram no tempo. Como a Argentina que, na primeira metade do século passado, era a oitava economia do mundo e hoje vive um quadro de regressão fulminante. Veja o caso do Brasil nas últimas duas décadas, que é um País que vive uma situação de regressão econômica e social.

Temos um problema adicional nos países periféricos em relação às economias avançadas, além da ausência de garantia do crescimento da renda: a distribuição de renda, que é mais desigual, ao contrário dos países desenvolvidos, onde a distribuição é mais ampla e completa.

Na defesa da industrialização da periferia do capitalismo, uma nova forma de inserção na economia mundial, já no final da primeira metade dos anos 50, foi fundamental para garantir, a um conjunto de países, uma situação diferente da que tinham no começo do século. Um exemplo ícone dessa experiência foi o Brasil, que foi o país que mais cresceu no mundo entre 1930 e 1980.

Deixamos de ser uma grande fazenda nos anos 1930 para nos transformarmos na oitava economia mundial no final dos anos 1970. Só que atacamos um dos problemas – o crescimento econômico –, mas deixamos de lado a distribuição de renda, que era justamente uma questão de reforma. O Brasil expandiu-se economicamente, sem fazer a reforma agrária. É um dos poucos países no mundo onde 100 milhões de pessoas, no século passado, foram do campo para a cidade, enchendo os mercados de trabalho, deprimindo os salários, comprometendo a distribuição salarial. O Brasil fez a passagem rural em três décadas, movimento que na França levou 11 décadas. A rapidez e a violência comprometeram a distribuição da riqueza constituída entre os anos 1930 e 1970.

Também não fizemos a reforma tributária. Ainda hoje os ricos no Brasil não pagam impostos. Quem paga impostos é justamente os mais pobres. Essa é uma questão que aprofunda a desigualdade. Temos uma estrutura primária da renda que gera condições de desigualdade, e também políticas públicas que comprometem a distribuição da renda.

A reforma social não foi feita. Este País não constituiu um estado de bem-estar social. Não temos educação, saúde pública, entre outros, de boa qualidade para todos.

As políticas distributivas que foram aplicadas nos últimos dez anos aprofundaram a desigualdade. Os dados oficiais não revelam isso com tanta intensidade, não revelam a realidade. Por exemplo, os dados sobre distribuição pessoal da renda tratam-nos como se tivéssemos pleno emprego no Brasil. Só medem a desigualdade da renda entre os que têm renda. Como, ao longo dos anos 90, o que mais cresceu foi a quantidade de trabalhadores sem renda e desempregados, esse segmento que pressentiu mais baixo está fora do cálculo. É como se medíssemos a distribuição da renda apenas na Bélgica. Na Índia não se mede porque a renda é zero.

Hoje, uma parte importante da população vive sem renda monetária. Se levássemos em consideração essa situação, possivelmente os indicadores de desigualdade seriam ainda maiores do que são registrados oficialmente.

Deveríamos ter feito, por exemplo, mudanças mais profundas na política previdenciária, pois um terço dos aposentados e pensionistas brasileiros, apesar de aposentados, continuam a trabalhar. Afinal, receber R$ 200 mensais é insuficiente até mesmo para comprar os remédios genéricos, quiçá dar conta da vida como um todo.

Não devemos, também, fazer uma distribuição das terras como foi feita nos últimos dez anos, sem efeito distributivo e produtivo.

Não devemos fazer movimento para redução da jornada de trabalho com redução do salário, pois isso faz que, na verdade, aumente ainda mais a jornada de trabalho. No Brasil, 40% dos trabalhadores continuam a trabalhar mais de 44 horas semanais, e cada vez aumenta mais a duplo jornada, pois os salários são muito baixos, e as pessoas procuram mais de uma ocupação para completar sua renda. Uma pesquisa feita pelo Datafolha mostra que um brasileiro a cada dois não tira mais férias.

Não podemos fazer a difusão dos mecanismos de garantia de renda como o vale-gás, a bolsa-renda, a bolsa-alimentação e a bolsa-escola, cujos valores são muito reduzidos e que foram constituídos pelo governo federal a exemplo da experiência de Brasília e de Campinas do Bolsa-Escola. Não mudamos, aqui, a realidade; criamos, na verdade, uma nova forma de dependência.

Devemos fazer, em primeiro lugar, um compromisso da sociedade com o crescimento econômico. No capitalismo, quando há distribuição da renda, é sobre o fluxo da renda e não sobre o estoque, como na maior parte das vezes. Portanto, se não houver crescimento de 6% ou 7% ao ano, nos próximos dez anos, a sociedade brasileira estará condenada a viver com uma situação de maior regressão social e econômica. Portanto, o crescimento econômico é absolutamente fundamental.

A produção agrícola leva o Brasil a ser o quinto maior exportador de alimentos do mundo. E a sua população vive numa situação de falta de alimento. É preciso uma reforma social profunda como jamais este País ousou fazer. Evidentemente, isso significa retirar do Mercado de trabalho as pessoas de mais idade, as crianças, os doentes, deficientes físicos e constituir no mercado de trabalho uma nova regulação.

A política social no Brasil é equivocada, não porque nos falte focalização. Pelo contrário, ela é muito focalizada. Precisamos de políticas sociais universalistas num país de enorme desigualdade. A universalidade poderá provocar a homogeneização social, pois a política social praticada no Brasil é uma política de alto custo-meio, pois aqui no Brasil não se praticam políticas sociais integradas e articuladas. Cada ministério tem o seu programa, tem o Bolsa-Escola na Educação, tem o

Bolsa-Alimentação na Saúde, da qualificação profissional no Ministério do Trabalho, os sindicatos têm seus programas. Não há unificação, não há articulação. Isso significa enorme custo-meio. O dinheiro não chega evidentemente àqueles que precisam porque é usado para montar a máquina. Se um ministro ou um secretário fizer uma política decente, exclusivista, ele será governador, ministro, presidente.

Não é, portanto, um problema exclusivo de focalização. É um problema da universalização e da remontagem das políticas sociais no Brasil. Os recursos não chegam para muitos que precisam dele, devido aos custos da política. Mas não acredito que este seja o problema principal da política social. Por exemplo, montamos na Prefeitura de São Paulo um programa de distribuição de renda, que, comparativamente aos índices nacionais, é o maior programa de distribuição de renda. São 300 mil famílias sendo beneficiadas com vários programas, o que significa dizer que 2% da população da cidade de São Paulo estão sendo beneficiados com a distribuição de renda. Se fôssemos fazer esse programa da maneira que fazem os programas sociais no Brasil tradicionalmente, não seria possível. Conseguimos fazer uma outra modalidade de gestão pública e foi possível que a Secretaria do Desenvolvimento, Trabalho e Solidariedade, criada em julho do ano passado, fosse de articulação, o que permitiu que os funcionários de outras secretarias, sobretudo do governo local, pudessem fazer todas as ações de maneira conjunta e articulada. Então, o recurso que seria gasto para operacionalizar a política possibilitou uma transferência mais direta ao público beneficiário.

O problema do desemprego brasileiro não é decorrente da inovação tecnológica. Ao contrário, nessa nova divisão internacional do trabalho em curso, justamente os países que mais inovaram em tecnologia têm menos desemprego.

A economia norte-americana, por exemplo, constitui hoje uma das economias mais avançadas em produtos tecnológicos, registrando as menores taxas de desemprego dos últimos trinta anos. Por outro lado, países que têm baixos conhecimentos em tecnologia registram taxa de desemprego bastante alta. A falta de crescimento econômico e a destruição de parte do parque produtivo ao longo dos anos 90 fizeram que o Brasil, por exemplo, jogasse fora 2 milhões de empregos industriais de empresas que aqui existiam no início dos anos 1990.

É absolutamente fundamental, ainda, uma política de atenção cada vez maior às pessoas de maior idade, especialmente na situação do Brasil, de transição demográfica. É crescente a participação das pessoas de maior idade em relação às pessoas mais novas, quer dizer, ao invés de estarmos cada vez mais preocupados com a ampliação dos números de escolas, entramos numa fase de preocupação cada vez maior com acesso e condições adequadas para as pessoas mais velhas, pois esse percentual tem crescido mais nas últimas duas décadas.

As políticas sociais, usando um conceito antigo, devem pensar no desenvolvimento econômico, como Celso Furtado já destacou em vários livros publicados. Não apenas como desenvolvimento da produção, mas com uma visão social, que implica, evidentemente, elevação na escolaridade e acesso às funções básicas de vida.

Estamos carentes de um projeto de desenvolvimento econômico social. Este certamente exigirá, se tivermos como objetivo um enfrentamento concreto da questão da pobreza, um esforço do ponto de vista da orientação da política econômica e social. Uma política social sem acompanhamento do desenvolvimento econômico pode criar condições apenas compensatórias e, não, resolução estrutural da pobreza.

No Brasil, negamo-nos a fazer a reforma social. Esse é um pressuposto para atingir o estágio do primeiro mundo. Precisa-se realizar um conjunto de reformas, entre elas a reforma social, o que implica dar acesso público a um conjunto de bens que o Mercado, por si só, não é capaz de assegurar a todos.

É importante a conscientização da população para os enfoques sociais. Um pensador antigo do Brasil, Francisco de Oliveira Viana, que ajudou a construir, por exemplo, o estatuto do trabalho no Brasil, a CLT, foi, todavia, um conservador. Mas olhando o Brasil nos anos 20 e 30, percebeu que o Brasil, desse período, era rural, um país agrário. E que não haveria, nessas condições sociais, conscientização da população para exercer, para enfrentar a situação vivida na época, pois observava o campo e não havia conflito sociais. A população ficava em torno das fazendas, ou produzindo, ou trabalhando para os fazendeiros. Quando havia conflito entre fazendeiros, essa população residente no campo se agregava a um dos dois fazendeiros, ou seja, não havia um conflito social grave.

Contudo, nos anos 1920, Viana, observando o que ocorria na Europa com base na industrialização, percebeu que a economia urbana e a economia industrial levam necessariamente a um conflito, pois concentram muitas pessoas no mesmo local, sob regime de trabalho. Dentro dessa concentração foi construído um projeto de desenvolvimento econômico com um conjunto de políticas de caráter social, que, de certa maneira, restringiu a liberdade e a organização dos trabalhadores.

No Brasil de hoje, estamos caminhando, lamentavelmente, não para um aumento dos conflitos sociais de uma maneira coletiva, mas, certamente, de uma maneira individual. Porque o que mais cresceu em termos de ocupação, geração de renda no Brasil, nos últimos dez anos, foi sobras de ocupação vinculadas ao PIB. Por exemplo, a ocupação que mais cresceu, no Brasil, nos anos 90, foi emprego doméstico. A cada 100 postos de trabalho criados, 26 foram de empregos domésticos. Depois, vagas para segurança pública e privada, serviço de limpeza e conservação, ou seja, postos de baixa qualidade e vinculados à riqueza dos ricos.

Portanto, quando queremos defender uma política de elevação do salário mínimo e de reforma tributária, que atinja os ricos, possivelmente esse segmento, que depende dos recursos dos ricos, se transforme no agente contrário de reformas desta natureza. É preciso mais tempo para esclarecer mais bem isso, mas, se não tivermos a conscientização, apenas uma proposta presidencial é insuficiente para mostrar que é necessário o envolvimento da população e dos partidos políticos.

A responsabilidade dos governos militares

Se olharmos para a distribuição funcional da renda – que permite identificar a participação dos salários na renda nacional, em que há dados, possivelmente, da década de 1940 até 1980 – a distribuição funcional da renda não se alterou fundamentalmente, ou seja, a participação dos salários apresentou apenas uma leve queda nesse período. A perda de participação dos salários na renda nacional teve início na década de 80 e se agravou na de 90, ou seja, a redução do crescimento econômico nos anos 80 e 90 e as políticas solidárias com o desemprego que foram aplicadas nos anos 90 complicaram o padrão de distribuição de renda de forma muito perversa.

Lógico que não foi culpa exclusivamente dos militares. O maior erro dos militares foi a ausência da democracia que implicou a não-existência de partidos políticos e sindicatos fortes, que podiam ter tido um papel muito importante na política de distribuição de renda.

A experiência dos países desenvolvidos, em um pós-guerra de pobreza absoluta, que foi resolvida pelos países desenvolvidos, e se construiu um novo quadro: a pobreza relativa. É de chamar a atenção para países continentais, como é o caso do Brasil, da Índia, da China, que têm uma forma de ser inserir na economia mundial diferente de países como o Equador ou o Chile. Temos possibilidade diferente de inserção, e um papel diferente que o Brasil se nega a realizar. A China, em 1980, tinha um conjunto de produtos importados que equivalia à exportação brasileira em termos de dólares. Ela importava 18 bilhões de dólares nos anos 80. Vinte anos depois, o Brasil está exportando menos de 60 bilhões de dólares e a China está exportando 300 bilhões de dólares. Uma política agressiva de exportação é fundamental para uma política de geração de renda para o país e de ocupação.

No início dos anos 80, Brasil e Índia tinham o mesmo índice de desenvolvimento tecnológico em telecomunicações, por exemplo. Hoje a Índia é um dos maiores exportadores de *softwares* do mundo, e o Brasil é um dos maiores importadores de tecnologia a despeito do sucesso das privatizações do ponto de vista da difusão da telefonia.

Temos, hoje, problemas sérios na Balança Comercial pela dependência que se criou nesse setor. Há enormes possibilidades, alternativas. E eventos desta natureza ajudam a criar um Brasil diferente. Espero que o novo presidente seja uma pessoa comprometida com a luta contra exclusão e o com desenvolvimento social do País.

Ampliar o Espaço Público além das Fronteiras Estatais

André Urani

O Brasil enfrenta hoje um momento crítico, mas temos uma oportunidade, nessa eleição presidencial, de definir um novo caminho. Durante muito tempo vivemos o período de um Brasil parado, que hesitava, que errava, que patinava, que não avançava; que ficava com saudade de um outro Brasil que não existia mais, que era um Brasil que crescia muito, que gerava mobilidade e transformações muito aceleradas.

Ficamos patinando durante duas décadas; hoje, porém, temos condições de apontar novos caminhos. Estes não podem nem devem constituir uma volta ao passado, para um Brasil que crescia muito, mas provocava desequilíbrios gigantescos; para uma desorganização desenfreada e uma desigualdade crescente, acompanhada do aumento da pobreza e com reduzido bem-estar para os seus cidadãos.

O Brasil hoje tem uma macroeconomia relativamente estabilizada. Nosso desafio hoje é, mantendo a estabilidade macroeconômica que foi duramente conquistada (e devemos fazer tudo para preservá-la), construir um modelo de desenvolvimento

---

André Urani é Doutor em Economia pelo DELTA de Paris (França). Professor e pesquisador do Instituto de Economia da Universidade Federal do Rio de Janeiro (UFRJ), Bacharel e Mestre em Economia na PUC-RJ. Ex-Secretário Municipal do Trabalho da Cidade do Rio de Janeiro (1997–2000).É presidente do Conselho de Administração do Instituto de Estudos do Trabalho e Sociedade (IETS). Consultor de organismos internacionais, colunista e integrante do Conselho da Revista Eletrônica *Notícia e Opinião*.

radicalmente diferente de tudo aquilo que conhecemos no passado. Esse sonho é possível: um modelo de desenvolvimento que priorize não apenas o crescimento econômico, mas também a redução da desigualdade de renda, ou seja: o de aumentar o bem-estar da sociedade como um todo.

O crescimento é importante, mas por si só não vai ser capaz de resolver as nossas questões sociais. Para termos uma sociedade decente, para transformarmos esse país num lugar em que possamos viver mais decentemente, temos de enfrentar prioritariamente a questão da redução da desigualdade de renda. Que é monstruosa, para qualquer padrão de comparação histórico ou internacional, e não se justifica por nenhum argumento ético, teórico ou ideológico.

A pobreza claramente é o nosso problema mais urgente; e se deve essencialmente à desigualdade. Se fôssemos um país normal em termos de distribuição de renda, dado o nosso grau de desenvolvimento econômico, dada nossa renda *per capita*, corrigida pela paridade de poder de compra, teríamos 60% de pobres a menos.

Não estou falando de uma desigualdade como a da Suécia, Noruega ou a Hungria, mas que tivéssemos uma desigualdade compatível internacionalmente com os dados mundiais da distribuição de renda. Com uma desigualdade compatível com nosso grau de desenvolvimento econômico, teríamos 60% de pobres a menos; é neste sentido que dizemos que a desigualdade é a principal causa da pobreza.

O Brasil não é um país pobre, mas um país com muitos pobres. A nossa renda *per capita* corrigida pela paridade de poder de compra nos coloca em uma situação em que 78% da população mundial são mais pobres que o "brasileiro médio". No entanto, temos, segundo o IPEA (Instituto de Pesquisa Econômica

Aplicada), 53 milhões de pessoas que vivem em pobreza e mais de 22 milhões de pessoas que vivem num estado de indigência, que têm dificuldades para se alimentar no seu dia-a-dia.

Ao longo dos últimos vinte anos, tivemos: 13 planos de estabilização macroeconômica, seis diferentes moedas, três eleições diretas para Presidente da República, a transição da ditadura para a democracia, uma Assembléia Nacional Constituinte, a abertura da economia, a privatização, etc. Em termos de distribuição de renda, contudo, não aconteceu praticamente nada. Se analisarmos como a renda se distribui entre nós (os vários décimos da distribuição, a renda familiar *per capita*) e a compararmos com um eletrocardiograma da sociedade, veremos que ela está morta. Não aconteceu nada.

Poderíamos reduzir a pobreza à metade, tentando nos parecer com o México, um país que tem um PIB 17,8% maior que o nosso e uma desigualdade 11% menor que a brasileira. Reduzir a desigualdade em 11% é possível. A Itália, país democrático, sem nenhuma alternância no poder, foi capaz, apesar de um grande transtorno político, entre meados dos anos 70 e meados dos anos 80, de reduzir a desigualdade em 30%. Por que o Brasil não pode reduzir a desigualdade em 11% no período, por exemplo, de quatro ou cinco anos? Poderíamos ter este objetivo, mas não estamos fazendo nada para isso. A única receita que nós conhecemos para reduzir a pobreza é a do crescimento econômico.

Temos de acreditar no sonho de sermos capazes de construir uma sociedade mais justa, não só para os nossos filhos, mas para nós também. É possível reduzirmos a pobreza para a metade muito rapidamente se tivermos a determinação de fazer isso, mas é preciso, por um lado, "desnaturalizar" a desigualdade e, por outro, dar visibilidade à pobreza.

Alguns dados: segundo a PNAD/IBGE de 1999, para pertencer ao 1% mais rico da população brasileira, basta que a renda familiar per *capita* seja de R$ 2.183,60. Para pertencer aos 10% mais ricos, é preciso que ela seja de R$ 571; aos 25% mais ricos, R$ 193,33. E, finalmente, para estarmos nos 50% mais ricos, basta ter uma renda de R$ 131,67. Isso quer dizer o seguinte: metade da população brasileira vive com menos de R$ 131,67mensais per *capita*. Isso dá menos do que dois dólares por dia, que é uma linha de pobreza adotada, por exemplo, pelo Banco Mundial. Eu faço questão de falar destes dados para chamar a atenção do quanto as nossas idéias (e as nossas políticas públicas) estão fora do lugar.

Nós todos aqui achamos que somos classe média, quando na verdade somos da camada mais rica da população. As verdadeiras camadas médias brasileiras são formadas por aqueles que achamos que são pobres: como as nossas empregadas domésticas, os nossos porteiros. E os verdadeiros pobres são invisíveis aos nossos olhos e, portanto, são invisíveis aos olhos das políticas públicas. Hoje temos de enfrentar esse problema. Temos de assumir que somos a elite deste país. A elite não é só de banqueiros e de milionários. Somos a elite e temos de arcar com as conseqüências de sermos elite nesse país. Seríamos classe média se vivêssemos nos EUA ou na Europa; aqui, somos ricos. E, mesmo comparando-nos com a população mundial como um todo e não apenas aos paises mais desenvolvidos, temos de constatar que estamos nas camadas mais ricas.

Os dados do IBGE ilustram um pouco quem é quem na sociedade brasileira hoje e servem um pouco para desmascarar esta hipocrisia que nos impede de avançar o enfrentamento desse que é o nosso maior problema hoje: a questão da desigualdade.

Por um lado, a pobreza tem cor; ela é negra: 70% dos indigentes brasileiros são afrodescendentes. Por outro, a riqueza também tem cor, ela é branca: 90% dos chefes de família que pertencem ao 1% mais rico da população são brancos.

Por outro, grande parte da pobreza é composta por crianças. Se são 34% de pobres na sociedade como um todo, a metade de nossas crianças é pobre. Os pobres são negros e pardos.

Outra característica marcante dos pobres é a de que eles estão em famílias que são chefiadas por adultos de baixa escolaridade. É sempre bom lembrar que mais de 60% da população adulta brasileira não completou aquilo que o MEC chamou de ensino fundamental –, ou seja, o equivalente a oito anos de estudo completos. Esta proporção é de cerca de 90% entre os pobres e indigentes.

Finalmente, os pobres e indigentes estão, sobretudo, em famílias chefiadas por empregados sem carteira assinada e por trabalhadores autônomos.

Se formos enfrentar o desafio de termos uma sociedade que distribua a renda de uma forma mais justa, temos de contemplar quatro pontos fundamentais.

Em primeiro lugar, a estabilidade macroeconômica: é absolutamente impossível avançarmos em termos de inclusão econômica e social sem preservarmos a estabilidade. Para tanto, é preciso, entre outras coisas, manter uma rígida disciplina fiscal – não apenas em nível federal, mas também nos Estados e Municípios. Mas é também preciso continuarmos com um regime de metas de inflação e de taxas de câmbio flutuantes e caminharmos em direção a um sistema em que o Banco Central seja mais independente.

Em segundo lugar, temos de insistir na re-orientação do gasto público social em direção aos mais pobres. Programas como o de Assistência Básica, o bolsa-escola, o bolsa-alimentação, o bolsa-renda e o erradicação do trabalho infantil são extraordinariamente inovadores neste sentido. Eles podem e devem ser mais integrados um ao outro, um pouco no sentido do que aconteceu no México, com o PROGRESA. Mas é preciso ir além. O gasto público social no Brasil é muito elevado para os padrões internacionais; gastamos cerca de 24% do PIB em políticas sociais. O problema é que os principais beneficiários destas políticas não são os pobres, mas os segmentos mais organizados da nossa sociedade. Se quisermos chegar nos pobres de forma mais efetiva, temos de abrir mais espaço no orçamento federal para programas que sejam desenhados para tanto. Isto passa por uma série de reformas a serem aprovadas pelo Congresso Nacional, em particular pela da Previdência. É preciso também, enfim, que sejamos capazes de aprimorar os mecanismos de diagnóstico, de avaliação e de monitoramento das políticas públicas, para torna-las mais transparentes, por um lado, e mais eficazes, por outro.

Em terceiro lugar, é meio ridículo a gente ficar gastando um dinheirão em políticas sociais pelo resto da vida se a economia continuar funcionando do jeito que está, ou seja, como uma máquina de produzir e reproduzir desigualdades. Isto passa, essencialmente, por três coisas:

a) Temos de parar com esta história de ficar confundindo desenvolvimento com crescimento econômico. Crescimento é bom, todos queremos, mas desenvolvimento é muito mais do que isto: é melhora da qualidade de vida. E isto significa, como nos ensina o Amartya Sen, melhorar a distribuição da renda que é gerada, democratizar o acesso à saúde, à educação e ao trabalho de boa qualidade, aprimorar a rede de proteção social, etc. Uma série de coisas que não são uma conseqüência imediata do crescimento do PIB;

b) Vamos ter que parar de achar que para promover o desenvolvimento é necessário investir apenas nas coisas. Um país não se faz apenas com máquinas, equipamentos e infra-estrutura. Temos de investir – também e, sobretudo – nas pessoas e nas relações entre as pessoas. É uma meta do programa de governo de meu partido, por exemplo, termos todos os jovens e adultos brasileiros com pelo menos o equivalente ao ensino fundamental completo até 2006. Para vocês terem uma idéia, hoje mais de 60% dos adultos brasileiros não completaram o ensino fundamental. Este programa custaria cerca de 3% do PIB (ou 0,75% do PIB ao ano), cerca da metade do que gastamos por ano com aposentadorias de pessoas que ainda não completaram 60 anos;
c) Precisamos, também neste caso, de profundas mudanças institucionais, ou seja, de uma série de reformas microeconômicas. Não se trata de deixar os mercados funcionando sozinhos nem de fazer que o Estado substitua os Mercados, mas de fazer que o Estado, por meio de uma regulação eficiente, seja capaz de fazer que os Mercados funcionem mais bem e provoquem menos distorções. Isto não significa, ao contrário do que muitos pensam, aprofundar uma agenda liberal de desproteção e de precarização. Pelo contrário: o que queremos é incluir muito mais gente na órbita da cidadania. Nos acostumamos a conviver com instituições que foram moldadas no Estado Novo, por um governo autoritário e centralizador que queria ser o grande e único protagonista do processo de desenvolvimento via industrialização substitutiva de importações que pressupunha uma

crescente concentração de renda. Hoje temos um governo democrático, que opera de forma cada vez mais descentralizada e que deve ter como principal objetivo a redução da desigualdade. Para tanto, ele precisa de instituições que operem de forma radicalmente distinta das atuais. A lista de reformas que propomos é extensa:

i. Tributária: para desonerar a produção, o emprego e as exportações;
ii. Trabalhista: no sentido de incluir as dezenas de milhões de trabalhadores informais na órbita da cidadania, de fortalecer o poder de barganha dos trabalhadores e de gerar uma melhor qualidade das relações de trabalho (ou seja, uma menor rotatividade);
iii. Mercado de capitais: com a finalidade básica de aumentar e diversificar as fontes de financiamento de longo prazo;
iv. Direitos de propriedade: precisam ser mais bem definidos para permitir que milhões de moradores das favelas e assentamentos populares de nossas cidades possam ter suas legitimas propriedades legalmente reconhecidas;
v. Crédito: reduzindo os *spreads* bancários, reformando a lei de falências, revendo o papel da justiça (que, a pretexto de sobreproteger os devedores, acaba inibindo o desenvolvimento deste mercado) e redobrando os esforços de desenvolver as microfinanças;
vi. Infra-estrutura e regulação: trata-se, primeiramente, de completar a reestruturação do setor elétrico e do de telecomunicações. O sistema deve garantir a concorrência, rentabilizar os investimentos de forma adequada e garantir a universalização das redes. Mas precisamos também atuar no sentido de modelar de

forma adequada o ambiente jurídico, normativo e econômico do setor de saneamento, de forma a permitir uma retomada vigorosa dos investimentos nesta área.

O conjunto destas reformas implica, na prática, deslocarmos nossos olhares e nossos instrumentos de política dos grandes para os pequenos. O modelo de desenvolvimento que queremos perseguir se baseará nos micro e pequenos negócios e não nas grandes empresas. É por este caminho que seremos capazes de combinar crescimento econômico e a criação de mais e melhores postos de trabalho.

Finalmente, o governo federal terá que funcionar como grande animador de um amplo e diversificado processo de costura de parcerias entre diferentes níveis de governo, a sociedade civil e o setor privado. Muitos de vocês aqui presentes, além de serem estudantes e professores, trabalham em diferentes instâncias de governos, em ONGs ou em empresas que atuam de forma militante no campo da responsabilidade social empresarial. Precisamos somar esforços, ampliando o espaço público para além das fronteiras estatais, invertendo a mão em que historicamente se deu o relacionamento entre Estado e sociedade em nosso país. Só assim seremos capazes de avançar de forma contundente neste desafio de melhorar a qualidade de vida do conjunto da população brasileira.

Movimento pela Segunda Abolição

Cristovam Buarque

A maior qualidade da democracia não é facilitar o processo de administração, corrigir os erros, dar participação, mas, sim, manter a esperança dos cidadãos (no máximo por um período de quatro anos). Por maior que seja o descontentamento e o inconformismo com a realidade social, sabemos que, dentro de quatro anos, ou três anos, ou dois anos, ou um ano, ou seis meses e meio, como agora, vamos poder mudar essa realidade. Mas a democracia não dá esperança apenas pela liturgia, pela coreografia do processo. Dá esperança se os candidatos trouxerem sonhos alternativos à realidade e mostrarem competência para realizar esses sonhos. Há uma certa escassez de sonhos hoje.

No Brasil há, hoje, uma democracia imprensada entre a vontade do povo e a da Justiça que, de repente, interpreta as leis e perturba o processo. Sempre à mercê da imaginação de "marqueteiros" que inventam coisas que pouco têm a ver com o concreto.

Cristovam Buarque é Doutor em Economia pela Sorbonne. Ex-Governador do Distrito Federal. Autor do Projeto *Bolsa-Escola*. Ex-Reitor da Universidade de Brasília (UnB) no período de 1985 a 1989. Professor do Centro de Desenvolvimento Sustentável da UnB. Presidente da ONG *Missão Criança*. Candidato do PT ao Senado Federal pelo DF. Autor de diversos livros como: A *Cortina de Ouro* e *Admirável Mundo Atual*. Escritor de jornais e *sites* de educação.

Entre os candidatos à Presidência da República, há um vazio de propostas. Isso se deve, sobretudo, à prisão destes e de todos os dirigentes brasileiros à lógica do pensamento econômico, em vez de pensarem eticamente assumindo seus compromissos com o futuro do país. Os políticos se preocupam muito com a economia e pouco com a ética, com o futuro, com a história, com nossas origens.

O que um Presidente de República deve fazer para completar este País incompleto?

Primeiro, temos de tratar da democracia: uma democracia em que a Justiça não está satisfazendo, em que a corrupção candeia e em que o corporativismo transforma a nossa sociedade em um arquipélago.

Segundo, sem dúvida, o crescimento econômico com estabilidade monetária. Precisamos retomar o crescimento sem jogar fora a grande conquista da estabilidade.

Terceiro, precisamos ter uma política em que cresçamos sem destruir a natureza, respeitando o meio ambiente.

Quarto, é preciso, obviamente, que esse crescimento distribua a renda. E, também, é preciso retomar um grau de soberania para este País, uma soberania obviamente integrada no conjunto do mundo globalizado, mas não diluída no mundo globalizado como está a soberania atual.

O mais importante e urgente é a abolição do quadro de pobreza de nosso País. Imagino se estivéssemos aqui para discutir a eleição presidencial de 1870, se tivéssemos presidente naquela época e o tema fosse a distribuição da renda e, não, a abolição da escravidão. Se fizéssemos política de distribuição de 1800 a 1860, a renda se distribuiria entre os grandes senhores latifundiários e os pequenos artesãos livres das cidades, mas a renda não iria para as mãos dos escravos porque eles precisavam de liberdade e, não, de renda no bolso.

Hoje o que os pobres precisam é sair da pobreza. Então dizem: mas sair da pobreza é ter dinheiro no bolso. Dinheiro no bolso, contudo, leva à riqueza; não tira da pobreza.

O que precisamos, em primeiro lugar, é retirar o tema da pobreza do espaço do discurso econômico e trazê-lo para o espaço do discurso da ética, pois é um compromisso ético, não uma conseqüência econômica. Somos o país que mais cresceu no século passado e a pobreza, porém, não diminuiu. Podemos crescer duas vezes mais no século XXI e a pobreza não desaparecerá. A riqueza não cresce para os lados, a riqueza cresce para cima.

Precisamos definir o que é ser pobre. Ser pobre não é ganhar menos do que uma certa renda. Ser pobre é estar numa posição social sem acesso aos bens e serviços essenciais: comer; educar até o fim do ensino básico, não só fundamental; ter acesso a um sistema de saúde competente e eficiente; ao sistema de transporte público; ter um lugar onde morar com água potável, coleta de lixo e esgoto. Quem tiver isso não é pobre. Quem tiver uma renda mínima, mas tendo água encanada, filhos numa boa escola, a família com saúde e comida, não é pobre. No entanto, se tiver uma renda razoável, mas tiver de carregar a água para dentro de casa na cabeça, se os filhos não estiverem na escola e se tiver os dentes estragados e não puder ir ao dentista, então é pobre.

No Brasil, ter uma renda suficiente para comprar isso é impossível para todos. A renda média brasileira, se distribuída para todos, se tivéssemos uma distribuição de renda, não daria mais de 600 a 700 Reais por adulto no Brasil. Ora, ninguém é capaz de pagar uma boa escola, seguro privado de saúde, ter um automóvel, colocar rede de esgoto na sua casa com esse dinheiro.

Nosso desafio é fazer isso. E há uma maneira fácil de fazer isso num país com a dimensão e a riqueza atual do Brasil, mesmo que não houvesse crescimento. Faço questão de dizer que deve ser um dos nossos sonhos. A maneira de ter todo mundo com água e esgoto é simples: basta empregar os próprios desempregados deste País para um grande programa de instalação de água e esgoto. Assim, cria-se uma renda mínima para ele, um salário mínimo, mas quando ele abrir a torneira, vai ter água, pois o salário mínimo o mantém vivo, já a água o retira da pobreza.

O mesmo raciocínio é para o Programa Bolsa-Escola, que não tira ninguém da pobreza pela renda, seja 15 Reais por criança ou 180 Reais por família. O papel da bolsa-escola não é distribuir renda, não é colocar renda no bolso da família, é colocar o menino dentro da escola. O que tira a pobreza não é a renda da bolsa, mas é a escolarização do menino.

Então, o que precisa ser cobrado do futuro presidente? É um grande programa de mobilização da energia ociosa dos brasileiros para que este País, ao invés de fazer automóveis, coloque a água e o esgoto. Afinal, uma indústria de automóvel só emprega quem já tem renda e o salário mínimo dos raros trabalhadores que varrem o chão não os tira da pobreza.

Pois bem, como fazer essa grande modernização? Com um Projeto Áureo, chamemos assim. Não houve uma Lei Áurea com a princesa que assinou um papel dizendo que acabou a escravidão? Podemos pedir ao futuro presidente não uma lei para abolir a escravidão, mas um programa consistente com medidas. Quais medidas? Basta um conjunto de incentivos sociais, pois, para sair da pobreza, em vez de apenas fabricar automóveis, hotéis, vamos construir escolas.

O Distrito Federal deu exemplo desses incentivos sociais; a bolsa-escola é um exemplo. Mas, quando, aqui, se paga para um analfabeto adulto aprender a ler, estamos mobilizando a energia do adulto analfabeto para que ele aprenda a ler, que é um tijolinho no caminho para ele sair da pobreza.

Quando se paga as mães com os filhos de 0 a 5 anos, que não tinham bolsa-escola, para que, com a renda, os seus filhos comessem bem e tivessem uma cesta de brinquedos, porque criança precisa de comida e brinquedo também, além do atendimento médico, eles chegam aos cinco anos capazes de seguirem na escola. Se ele tem a bolsa-escola, ele continua.

A poupança-escola que dávamos aqui era uma maneira de incentivar o aluno a mobilizar sua energia para passar de ano, sabendo que no final ele teria um depósito.

O programa de geração de emprego, com água e esgoto, construção de escolas, já foi feito, e está divulgado em livros, e custaria no Brasil 40 bilhões de Reais. Então, como esse dinheiro existe, a receita do setor público brasileiro que o próximo presidente vai ter é ainda maior do que R$ 400 bilhões. Mesmo que se pague a dívida externa e a dívida interna, ainda sobra dinheiro para fazer um programa de erradicação da pobreza.

Neste País, precisamos fazer três coisas: acabar com a corrupção, dinheiro que se perde; acabar com privilégios, dinheiro que fica nas mãos dos ricos, incluindo nós; e sermos mais eficientes nos próprios programas sociais.

Não devemos perguntar aos candidatos à Presidência da República como deve crescer a economia, como manter a soberania, porque eles têm essas obrigações, além de manter a estabilidade monetária. Devemos fazer uma única pergunta: qual é a proposta para dentro de dez anos este País e todos os brasileiros terem acesso aos bens e serviços essenciais? Qual é o projeto para eliminar a exclusão social?

O nosso problema não é apenas a desigualdade, mas a exclusão. É parecido com a situação da África do Sul. Imaginem propor à África do Sul distribuir mais bem a renda dos brancos para os negros continuando o *Apartheid*. Não ia fazer sentido, como acabar a escravidão com distribuição de renda no Brasil. Mas, essa é a grande pergunta. Como abolir a pobreza? Como fazer a segunda abolição?

Proponho que criemos, independentemente de quem vai ser o próximo presidente, um movimento pela segunda abolição do Brasil. Um movimento para pressionar o Congresso e não só o próximo presidente. Aliás, neste ano, a partir de agosto, seria bom se puderem fazer um orçamento em que a prioridade central seja para os projetos de erradicação da pobreza e não como é hoje: o que vai para os pobres é o que sobra no orçamento. Vamos inverter. Vamos criar aqui na UnB o movimento pela segunda abolição.

Imagine uma eleição em 1870 em que não se falasse como erradicar a escravidão! Estamos vivendo isso hoje, numa campanha presidencial em que os candidatos não falam diretamente da pobreza, só de passagem e por meio do conceito de distribuição de renda, que dilui o drama e não levará à solução. A solução do problema da pobreza está em enfrentar o problema dando condições a todos de terem o que precisam para sair da pobreza. Isso não pode ser intermediado por decisões de política econômica, pois exige uma base econômica, que o País já tem. O Estado brasileiro já dispõe desse dinheiro. Não precisa aumentar o tamanho do Estado, não precisa criar *deficit* fiscais, não precisa fechar as fronteiras; dentro do próprio espírito que reina hoje isso que chamo de certa maneira de neoliberalismo. É possível dar um choque ético e abolir a pobreza. Essa é a cobrança que os alunos das universidades brasileiras devem fazer para aquele que vai liderar o nosso povo.

Deixo aqui a proposta de criação de um grande movimento

pela segunda abolição no Brasil e que se comece a cobrar dos candidatos à Presidência não as coisas que eles têm a obrigação de fazer, mas aquilo que é mais urgente neste País, como fazer algo para que toda criança tenha uma escola boa de qualidade até o fim do segundo grau, para que toda família tenha acesso a um sistema eficiente de saúde quando precisar, para ter uma casa com água potável, coleta de lixo e esgoto, para poder tomar um ônibus, e, finalmente, comer direito três vezes por dia e todos os dias no futuro.

Esse é o desafio que deixo para nossos candidatos. Fico muito feliz em ter tido essa oportunidade e espero estar vendo aqui a criação de um movimento, talvez até mais rico do que aquele que criou a bolsa-escola, que tome conta de todo território nacional a partir das universidades e a partir da UnB, na luta por uma segunda abolição no Brasil.

TEMAS CORRELATOS

O fim da pobreza e da desigualdade não implicaria o fim do capitalismo. Nos EUA, na Europa, na Austrália, praticamente erradicaram a pobreza e continuam capitalistas. O socialismo chegará depois que erradicarmos a pobreza, mas os capitalistas são capazes de correr o risco, pois a ameaça socialista só virá bem depois como se vê hoje na Europa.

Não se pode fazer muito em 4 anos de governo, mas pode-se dar início a um processo que, em 10 ou 15 anos, erradica a pobreza. Juscelino começou com cinco anos. O que ele começou, continuamos até hoje. Passando pela ditadura, pela democracia, certas decisões ficaram.

O orçamento público é votado para as despesas correntes, faltando para os investimentos. Para tornar os orçamentos mais efetivos e ajudar na distribuição da renda, precisamos de mais transparência no uso dos recursos e maior participação na hora de fazer o orçamento. Mobilizamo-nos contra senador que rouba, mas não nos mobilizamos para impedir a construção do prédio onde ele roubou. Aquele prédio do TRT era uma corrupção em si, mesmo que não tivesse corrupto algum envolvido. Num país que não tem água, nem luz, nem escola, fazer um prédio de luxo daquele já é uma corrupção nas prioridades. Só descobrimos a corrupção no comportamento, precisamos descobrir a corrupção nas prioridades.

Amor ao Brasil

O amor ao país às vezes esconde o ódio às classes do país. Estadistas amam o país, mas não amam o povo. Precisamos amar o país, mas amando o povo; e isso começa com acabar com essa expressão POVÃO, que foi uma maneira que a elite encontrou para continuar aristocrática mesmo na República, pois antes eram condes e barões e resto era povo. Na República, os barões viraram povo e, então, inventaram a expressão POVÃO para mantê-los excluídos, longes das boas escolas, longe dos bens e serviço essenciais.

A ONU e o Brasil

Este ano as Nações Unidas nos prestaram um grande serviço: mostrar uma realidade que falamos aqui e ninguém vê. É preciso vir alguém de fora para dizer. O Presidente saiu gritando dizendo que é um absurdo o que ele está dizendo, mas não é. É a realidade.

O Presidente não quer ver a realidade. Quando a gente põe colírio nos olhos, não vê só coisa bonita, vê também coisa feia. Nós vivemos uma guerra civil, quantas pessoas já falaram isso? E o Presidente não quer ver a verdade. Esse é o pior tipo de governo, o que não quer ver a verdade.

ONGs no combate à desigualdade

As ONGs têm um papel importantíssimo, mas elas jamais farão a abolição da pobreza totalmente. Elas conseguem atender a projetos pequenos e dar o exemplo, o que é muito importante, para que um dia o governo pegue as boas idéias.

Controle de natalidade

Uma campanha de controle da natalidade é bom para combater a exclusão dos que não nasceram ainda, mas dos que estão aí, só se matar. Não é um problema biológico, é social. É por meio de escola, de água, dos demais serviços básicos. As frentes de trabalho são baseadas na ótica econômica: emprega-se o pobre para que ele receba um salário e saia da pobreza com o salário. Essas mães que nós víamos nas frentes de trabalho estavam trancando os filhos em casa para vir trabalhar e ganhar um salário mínimo, ou tirando a filha de 12 anos da escola para cuidar dos irmãos, isto é, eles continuam vivos, mas reproduz-se a pobreza. Por que não pagar a mãe da frente de trabalho para ficar em casa ao invés de ficar meio dia no bairro dos ricos? Fica cuidando do seus filhos. Mas aí não é frente de trabalho. Tem um produto vivo embutido: ela vai produzir uma coisa fundamental – o filho bem cuidado. E isso evita as falsas promessas de que a esquerda diz que é preciso dar creche para todos. É mentira. A França, depois de 100 anos, ainda não tem creche para mais de 15% das crianças. E a Direita diz que, com o crescimento econômico, é que vamos ter creche para todas as crianças. Podemos ter uma ação intermediária pequena: vamos pagar as mães para que elas cuidem dos seus filhos. As mães que têm emprego não recebem a licença-maternidade? Por que as mães pobres sem emprego não podem receber também a licença-maternidade? O marido fica em casa se está desempregado. Ela tem de se juntar com outras 10 e montar uma creche com o dinheiro que o governo dá. E ela administra diretamente. Isso é simples e possível.

A infra-estrutura nacional

Yeda Crusius

Luiz Pinguelli Rosa

Dércio Munhoz

3 de abril

Infra-Estrutura: Construindo consensos

Yeda Crusius

Discutir infra-estrutura é discutir como se inserir como nação no ciclo econômico maior, que se caracteriza no médio e largo prazo (30 anos e mais) por um período de formação e reprodução da base material de produção necessária para o aproveitamento das revoluções tecnológicas que marcam a seqüência de ciclos mundiais. Apenas para citar, vivemos hoje o ciclo mundial que vem na esteira da terceira revolução industrial, a das comunicações e da informática.

Discutir infra-estrutura é, portanto, discutir como construir a base física que marca (e marcará) o padrão de desenvolvimento futuro. Os ciclos econômicos de largo prazo foram marcados no Brasil pelo modo como se articularam dois elementos: primeiro, pela escolha de modelo de desenvolvimento por parte da direção política nacional, e, segundo, pela criação de condições para o seu financiamento. A sincronia entre esses dois elementos, e o ciclo econômico mundial – sempre marcado pela mudança da

---

Yeda Crusius é Deputada Federal pelo PSDB – RS em segundo mandato. Ex-Ministra do Planejamento, Orçamento e Coordenação no governo Itamar Franco (1993). Economista e professora universitária. Pós-graduada pelo Instituto de Estudos e Pesquisas Econômicas da Universidade de São Paulo (USP) e pela Universidade de Wanderbilt (EUA). Primeira mulher a ocupar o cargo de presidente da Comissão de Finanças e Tributação na Câmara dos Deputados no ano de 1999.

base física requerida pela transformação tecnológica – é que escreveram o maior ou menor sucesso no processo de desenvolvimento nacional.

Tivemos durante o século XX o longo ciclo de Getúlio Vargas, durante o qual se implantou um padrão de industrialização e financiamento sincronizados – com, no que tange ao sistema político, centralismo e autoritarismo. Em seguida, no pós-guerra e com exercício democrático, tivemos o ciclo de JK, menos longo, durante o que se acelerou o programa de industrialização com um padrão de financiamento inflacionário que marcaria a história econômica do Brasil até praticamente a virada do século. Na seqüência, e novamente com um sistema político centralizador e autoritário, experimentamos o ciclo militar com um projeto de desenvolvimento sincronizado com as fontes nacionais (poupança e tributos) e internacionais de financiamento (lastreadas em petrodólares).

Com a crise do petróleo e os diversos choques desse insumo básico para o padrão de desenvolvimento do ciclo econômico então em vigor, vivenciamos o que se convencionou chamar de "a década perdida" dos anos 80, na qual os reflexos das crises externas reverteram os índices de crescimento para todos os devedores, como o Brasil e a América Latina principalmente. Sem a sincronia entre as fontes de financiamento e a necessidade de crescimento, passamos a década tentando re-equacionar as dívidas, adiando a mudança de rumo do desenvolvimento. O que estava em crise, portanto, era o modelo anterior de industrialização baseado no petróleo como matéria-prima fundamental. Por outro lado, se reestruturavam, e "infra-estruturavam" os países líderes mais uma vez da tecnologia-chave do novo ciclo, que eram a tecnologia da informática e das comunicações. As transformações se aceleraram, levando à globalização da produção e dos mercado financeiros.

Os anos 90 foram marcados no país pela construção das pré-condições para nosso ingresso peculiar nesse novo ciclo em condições competitivas. Somente ao incorporamos Ciência, Tecnologia e Inovação é que estaríamos formando a trajetória de desenvolvimento sustentável. Se no campo econômico avançar no fornecimento de infra-estrutura e providenciar seu financiamento requeriam uma mudança completa de padrão, no campo político também a inserção no padrão de globalização concreto requeria a opção pelo fortalecimento das organizações para o desenvolvimento radical da democracia. Isso não apenas no campo político, como também na organização de toda a sociedade, quer do setor privado, quer do setor público. Essa opção foi concretizada, e fomos sincronizando o ciclo nacional com o internacional de desenvolvimento, com inserção assemelhada por toda a América Latina, de modo a que não houvesse crise de financiamento e fosse preservada a sustentabilidade.

Essas pré-condições foram (1) romper com o processo de contínua e elevada inflação; (2) criar condições favoráveis aos investimentos, tanto internos quanto externos, que viabilizassem a base de infra-estrutura necessária ao desenvolvimento; e (3) institucionalizar, dentro do estado democrático de direito, as novas relações requeridas para o aperfeiçoamento da democracia, trazendo novas regras para participação com responsabilidade por parte de todos os agentes sociais.

Quanto à primeira pré-condição, a do rompimento do processo inflacionário e constituição do novo padrão de financiamento, o Plano Real construiu as condições para o retorno do planejamento, do crescimento da competitividade, da ruptura com a principal fonte de concentração de renda que sempre foi a inflação. Reformas requeridas para a constituição de um novo padrão de financiamento principalmente do setor público foram aprovadas, dando base às condições macroeconômicas (fundamentos) construídas a partir das políticas cambial, monetária e fiscal. As reformas permitiram que enfrentássemos nove crises externas em menos de oito anos sem que se perdesse o controle sobre a inflação. Os custos, como podemos ver quanto acompanhamos a situação de nossos vizinhos do Mercosul, foram infinitamente menores.

Já a segunda pré-condição, a de criação de ambiente favorável para os investimentos em infra-estrutura, requereram a abertura controlada da economia e uma nova política externa, as quais permitiram que reatássemos as relações comerciais e econômicas com o Japão, a China, com os países asiáticos; avançássemos no diálogo entre o Mercosul e a União Européia; fortalecêssemos as relações com os países centro e latino-americanos, reaproximássemos com os países africanos, além de intensificar outras relações bilaterais e de blocos. O avanço na construção da nova planta de infra-estrutura que permite ganhos de produtividade e, ao mesmo tempo, integração e inserção, é evidente. Portos, aeroportos, estradas, telecomunicações, energia pelas mais diversas fontes, tiveram suas realizações constatadas.

De outra parte, também no que se refere à nossa inserção internacional, participamos ativamente e em posição de liderança no bloco dos países "em desenvolvimento" de todas as conferências de consenso patrocinadas pela ONU ao longo da década dos 90, e que mostram o rumo requerido para a concretização de um padrão de desenvolvimento sustentável deste século XXI.

Neste contexto, o da criação de consensos sujeitos à avaliação internacional, os anos 90 nos trouxeram esperança – que ainda não foi rompida após a mudança de rumo internacional patrocinada pelo evento da queda das torres em Nova Iorque e as ações da "era Bush" – de que em ambientes institucionalizados em organismos supranacionais como a ONU se possa avançar na crescente universalização do acesso ao novo padrão de desenvolvimento permitido pelas revoluções da informática, da comunicação, e da biotecnologia. É nesse campo que hoje se coloca o maior desafio para a escolha da infra-estrutura e seu financiamento: a discussão da natureza do processo de globalização.

O Congresso Nacional não apenas foi chamado a discutir a nova agenda nos anos 90, como também realizou para dentro a discussão do seu papel na concretização das pré-condições para o caminho do desenvolvimento auto-sustentado nacional. Há todo um novo campo de relações institucionalizadas por lei, desde as do campo orçamentário e as reformas constitucionais até os novos estatutos que promovem as novas relações de participação e de responsabilização no novo ciclo. Cito desde a aprovação do Estatuto da Criança e do Adolescente até a Lei da Propriedade Intelectual e da Biossegurança, passando pela Lei da Responsabilidade Fiscal, pela nova lei de acessibilidade das Pessoas Portadoras de Deficiência a seus direitos, e pela nova regulamentação para as ONGs, que é a Lei das Organizações Sociais Civis de Interesse Público (OSCIPs) que permite o acesso a recursos públicos acompanhado de avaliação de resultados.

Já na esfera de ação do Executivo, a descentralização das políticas sociais, com ações com responsabilização dos estados e dos municípios inclusive na questão da infra-estrutura representam, no meu entender, a grande transformação democrática da década. Refiro-me às políticas sociais descentralizadas no nível do município.principalmente no que se refere à saúde e à educação. Novos programas e suas formas de financiamento (FUNDEF, na educação, PRONAF e Banco da Terra na agricultura, convênios na saúde, para citar alguns), com um novo conceito de gestão participativa, trouxerem a toda a sociedade o chamamento a participar das ações sociais, por meio dos conselhos municipais e estaduais em cada área. A descentralização das políticas sociais, sob a Responsabilidade Fiscal, tem finalmente feito chegar ao seu destino os recursos orçamentários historicamente desviados – e que faziam das políticas sociais um exemplo de ineficiência e fracasso que acabaram se materializando nos péssimos indicadores sociais que herdamos.

Essas pré-condições (controle da inflação, nova regulação para produção e acesso de serviços gerados pela infra-estrutura, e institucionalização da participação social na esfera pública) já permitiram a geração de uma nova cultura para a questão da infra-estrutura.

Infra-estrutura, em todos os ciclos anteriores, era vista como um conjunto de investimentos físicos: portos, aeroportos, estradas, usinas, etc. Quando se discutia Orçamento da União e suas prioridades, era inevitável o confronto entre gastos em infra-estrutura e gastos sociais. O que se discuta não era um programa de desenvolvimento e suas prioridades, e, sim, era uma estrada *versus* educação básica, um porto para exportação *versus* postos de saúde, e daí por diante, em peça orçamentária que não incluía os limites para a sustentação da estabilidade. Essa *visão de mundo* quanto ao estabelecimento de prioridades que se materializam nos orçamentos públicos refletia não apenas interesses, mas também um modo de ver políticas sociais em antagonismo com estabilidade e desenvolvimento industrial – ou seja, infra-estrutura.

E é nesse campo específico que aconteceu uma significante transição nos anos 90. Para termos desenvolvimento sustentável com integração interna e inserção internacional, o antagonismo deveria ser sepultado. Como proposta estratégica nesse sentido cito, como mapeamento básico dessa transição, o livro de Eliezer

Batista *Infra-estrutura para o Desenvolvimento Sustentável – integração da América do Sul*. Neste livro são colocados os elementos básicos para discutir o novo conceito de infra-estrutura, não mais como um conjunto de investimentos físicos, e, sim, como uma rede de investimentos – com a eliminação dos "nós" presentes na infra-estrutura nacional – que permita incorporar e desenvolver o que gera valor no ciclo atual (ciência, tecnologia e inovação). Apenas para citar um eixo básico dessa rede, para o padrão de desenvolvimento sustentável não é consistente ter uma rede física de base e, ao mesmo tempo, ter 25% da população analfabeta, 98% excluída do ensino de terceiro grau, a imensa maioria da população sem acesso a água e saneamento, mortalidade infantil e materna incompatíveis com o tamanho da nossa economia, etc. E estes' eram os índices que constatávamos no início dos anos 90.

A escolha dos investimentos em infra-estrutura implica respeitar investimentos que incorporem, ao limite da universalização, o acesso das pessoas a seus frutos. Acesso à infra-estrutura significa a construção de redes que integrem geograficamente todas as regiões econômicas – e suas populações, assim como redes de comunicação que eliminem os "nós" das cadeias produtivas. Esse mapeamento pode ser encontrado no livro de Eliezer Batista.

A transição a que me referi há pouco implicou, também, numa transformação no processo de orçamentação nacional. Não apenas a disciplina exigida pela Lei da Responsabilidade Fiscal (LRF), como também a própria orçamentação das prioridades resultantes da escolha eleitoral exigiu ampla reformulação do processo de elaboração do PPA (Plano Plurianual de Investimentos) do Governo Federal. A LRF e o novo PPA foram fatores essenciais dessa transição dos antagonismos para as articulações consistentes. Cito também, para os que querem acompanhar a mudança no conceito de desenvolvimento a partir da infra-estrutura, os dois PPAs elaborados e, portanto, passíveis de avaliação. O primeiro, denominado *Brasil em Ação*, (1995/1998) e o segundo, *Avança Brasil* (1999/2002), são planos de desenvolvimento compostos de programas (cerca de 365) consistentes uns com os outros, refletindo um rumo de desenvolvimento sustentável com responsabilização e transparência. Além dos documentos gerados referentes a esses PPAs, na página do Ministério de Orçamento e Gestão, assim como no do BNDES, esses documentos bem como sua permanente alimentação são disponíveis para avaliação.

Os projetos de infra-estrutura, bem como a forma de financiá-la, estão discriminados nos PPAs. O acompanhamento de cada um, bem como os seus resultados, são acompanhados por um gestor por programa – gestor que é servidor público responsável por seu acompanhamento e divulgação. Não foi pouco o que se precisou fazer para chegar-se a este ponto de transparência. A começar pela renegociação da dívida externa em 1993, que abriu ao país o acesso a fontes internacionais de financiamento como as do Banco Mundial. E, continuando, com a capacidade de nos financiarmos com fontes internas de poupança, possível graças ao Plano Real. Essas foram pré-condições que não podem de modo algum ser desfeitas. Pelo contrário, devem ser aprofundadas, uma vez que gradativamente poderemos, com a transformação do padrão de industrialização e a geração de competitividade, estamos podendo substituir financiamento externo por saldo comercial – o que exige incremento das exportações.

Outras mudanças no padrão de desenvolvimento geradas pela nova regulação relativa à infra-estrutura permitiram, por exemplo, as fontes de financiamento presentes nos Fundos Setoriais para C&T&I, lastreados por receita gerada pelas telecomunicações, para destino decidido após ampla discussão e formação de consenso pelas comunidades da área em Conferências motivadas pelo Ministério da Ciência e Tecnologia.

E é por esse caminho, o do reconhecimento de que não existe contradição entre estabilidade, infra-estrutura e políticas sociais, bem como o da criação das condições fundamentais para o financiamento do desenvolvimento, e o do fortalecimento do estado democrático de direito, é que avançaremos na construção dos consensos. Espanha e Itália saíram de suas longas crises econômico-político-sociais assim: construindo consensos. O Brasil tem todas as condições de fazer isso também, com responsabilidade e participação para o desenvolvimento, e a atenção para a melhor distribuição de seus frutos, alimentando uma sociedade e uma cultura mais tolerantes.

Globalização, Privatização e Crise de Energia

Luiz Pinguelli Rosa

A questão que se coloca não é apenas a da infra-estrutura, mas, sim, o desenvolvimento do país. Numa sociedade com tantas exclusões sociais e violência, temos de internalizar decisões, pois a globalização não pode ser vista como uma fatalidade ou um caminho único. Não vamos resolver os problemas do Brasil esperando a decisão dos países muito desenvolvidos, que têm sua própria agenda de problemas. Naturalmente, isso não significa negar o caminho da integração econômica e política mundial. Temos, contudo, a obrigação de decidir o melhor para o Brasil, porque fomos pagos para estudar em universidades públicas e gratuitas, com dinheiro público, do povo brasileiro. Portanto, nosso primeiro dever intelectual é com o povo brasileiro.

A Espanha e Portugal foram incluídos na União Européia por uma questão política, ganhando com isto, graça ao apoio dos países mais ricos da Europa. Mas, na América Latina, não temos quem nos apóie. Por mais que tenhamos nos alinhados

Luiz Pinguelli Rosa é Diretor da Coordenação de Programas de Pós-Graduação em Engenharia (COPPE) da Universidade Federal do Rio de Janeiro (UFRJ), na área de Programa de Planejamento Energético. Coordenador do Instituto Virtual Internacional de Mudanças Globais. Ex-consultor do Conselho Nacional de Desenvolvimento Científico e Tecnológico – CNPq.

com os americanos de todas as formas possível, eles taxam o aço brasileiro e não têm muita contemplação com nosso presidente quando temos problemas internos financeiros. O mesmo ocorre com a Argentina, que caiu numa situação de crise por ter seguido uma política que seu presidente cassado, Menen, chamou de "relações carnais" com os EUA.

Existem teorias que descrevem como os fatos devem ser e existem fatos que comprovam ou não essas teorias. As ciências naturais são muito objetivas, embora possamos discuti-las quanto ao método. Nas ciências da sociedade a objetividade é mais difícil. A teoria econômica liberal é um exemplo. Com base nessa teoria, decidiu-se a privatização de várias empresas brasileiras e, entre elas, aquelas ligadas ao setor elétrico. Foram privatizadas com a promessa de cumprirem três metas: primeira – investimentos, os setores privatizados receberiam investimentos estrangeiros, principalmente; segundo, qualidade – com a tecnologia estrangeira melhor teríamos, no caso da energia, teríamos uma energia mais estável, e com garantia de suprimento; terceiro, tarifas baixas, ou seja, teríamos muita energia, muito investimento, com qualidade e com tarifas baixas.

O que aconteceu foi: não tivemos energia suficiente, houve um apagão, e só não foi geral porque cada um de nós fez o racionamento. Qualidade não tivemos, pois não houve investimento. O sistema elétrico privatizado falhou. O Brasil tinha um sistema de energia elétrica num padrão muito bom, até em comparação com alguns países desenvolvidos. E as tarifas agora estão muito altas. Então, o mundo real inverteu a teoria. A teoria prometeu: a) investimentos privado e estrangeiro – não ocorreu b) qualidade – está horrível; c) tarifa baixa – está alta.

O mundo real contrariou a teoria. Não adianta ficar explicando. Não funcionou o modelo. Tanto é assim que o governo agora admite uma revitalização do modelo. Não funcionou e precisa funcionar porque precisamos desenvolver o país.

Dizem que vivemos num mundo pós-moderno, onde tudo é muito diferente. Esse mundo virtual, abstrato, desmaterializado é para os americanos, que acabaram de taxar o aço brasileiro, um produto material para defender sua produção interna de aço. E estão atentos à política do aço. Já no Brasil, queremos ser modernos, ninguém quer produzir coisas materiais: seremos todos filósofos, pensadores, operadores de computadores, de turismo. Enquanto isso, temos muitos meninos que ficam nas esquinas como flanelinhas limpando pára-brisas de carros e, de vez em quando, assaltam, porque não há pasta de trabalho suficientes.

É necessário infra-estrutura para um país se desenvolver, para as famílias terem conforto, para a produção econômica se realizar, para criar empregos. Na inserção internacional, o Brasil faz um esforço para cobrir as importações, mas o governo já fala novamente em substituição das importações. Há pouco tempo, se um aluno de economia falasse isso seria reprovado. O nosso problema é descobrir uma forma para, qualquer que seja o presidente eleito, a sociedade brasileira possa evoluir.

É preciso ficar claro que não foi a falta de chuva que levou a esta crise de energia. Embora esse tenha sido o argumento utilizado pelo governo, ele não corresponde exatamente à verdade. Durante a crise, outros colegas e eu fomos consultados pelo governo e pelos industriais. O seu método de resolver a questão de energia não funcionou. É verdade que houve falta de chuva, mais no Nordeste do que no Sudeste; mas, obviamente, o sistema de hidroelétricas é planejado também para períodos de pouca de chuva. Os reservatórios de água das hidrelétricas foram planejados de forma a armazená-la para um período de falta de chuvas. Isso foi feito por engenheiros elétricos brasileiros. E o Brasil tem um sistema bem feito, interconectado, de maneira que quando não chove muito, usa-se a água dos reservatórios.

Por que, então, houve a crise? Porque quando a chuva diminuiu, os reservatórios estavam vazios. O problema não foi a chuva diminuir, o problema é que não houve investimento.

As estatais foram proibidas de investir para não agravar o déficit público, segundo a contabilidade imposta pelo FMI, e também porque estavam aguardando a privatização. Em alguns casos, o capital estrangeiro comprou as empresas a bom preço e ainda com financiamento do BNDES. Existem casos em que o dinheiro que foi pago na compra da empresa era inferior à soma do caixa da empresa, que foi deixada, de pré-compra de energia. O governo pagou adiantado a energia de vários anos. Para o comprador foi um excelente negócio. Foi como se vender um apartamento e deixar na gaveta do armário para o comprador parte do dinheiro e ainda mandar dar dinheiro para quem fosse morar no apartamento. Então, houve lucro ao comprar. O preço era muito bom, e compraram o ativo existente sem compromisso de investir para expandir.

No modelo do setor elétrico, as companhias distribuidoras têm um contrato de concessão que as obriga a fornecer energia. Então, a cobrança de sobretarifa que está sendo feita para garantir a energia é ilegal, pois quando pagamos a tarifa, pagamos a energia presente e a futura durante o contrato de concessão. Não temos de pagar nada a mais.

As empresas distribuidoras, como a Light no Rio, são obrigadas a fornecer energia ao consumidor, porém as geradoras, não. É livre a iniciativa no setor de geração. Não há obrigação de expandir a geração. Além disso, o sinal de mercado, dado pelo consumidor, é recebido pela distribuidora, que não tem a responsabilidade de gerar energia. As companhias distribuidoras, portanto, venderam para nós uma energia que não existia. Elas sabiam que não existia, mas era oficialmente dito pelo governo que existia dos níveis dos reservatórios estavam descendo porque não havia geração suficiente, já que ninguém investiu.

Não houve aumento de geração nem de transmissão, e chegamos a esta situação. E o futuro? O futuro imediato é geração emergencial de energia a custos altíssimos. Como voltou a chover, temos mais dois anos de energia elétrica garantida. Depois os reservatórios vão começar a esvaziar. Daqui a 2 anos podemos ter de novo problema de abastecimento de energia elétrica.

O que deveria ser feito no setor elétrico? Primeiro parar de privatizar. Para reestatizar, o governo não terá força. A solução seria criar um sistema de serviço público de energia elétrica único, dentro do qual se enquadrasse todas as empresas estatais e as privatizadas. Quem quiser trabalhar com energia elétrica no Brasil entra para esse sistema público. A Constituição protege esta solução. A idéia é a concessão de serviço público a empresas privadas. Isso significa que o investimento tem de ser planejado para a expansão também, e a tarifa tem de ser controlada. Como serviço público, pode incluir também as empresas privadas.

Segundo, colocar as estatais que têm dinheiro hoje para fazer investimentos e alavancar investimentos privados a diferença, como a Petrobrás fez no setor de petróleo. A Petrobrás não foi privatizada, e hoje garante a política de petróleo no Brasil. O investimento privado está indo para tirar o petróleo de onde já se sabe que ele existe. A expansão da reserva brasileira de petróleo não está sendo feita. Estamos aumentando a produção sem expansão proporcional das reservas. Significa que estamos sacrificando o futuro. Mas pelo menos temos os derivados na porta e a preços toleráveis, o que não acontece com a energia elétrica.

As empresas elétricas estatais devem exercer o papel da Petrobrás no setor elétrico. O presidente de Furnas, Luís Carlos Santos, disse que queria que Furnas fosse a Petrobrás elétrica e que tinha 10 bilhões de reais para investir nos próximos anos. Por essa declaração foi advertido publicamente porque as estatais não podem investir. O setor elétrico estatal tem dinheiro para investir, mas é proibido de investir. E o setor privado, a quem foi dado este papel, não investiu.

Não é simples de resolver o problema elétrico porque as pressões internacionais cairão sobre o governo, pois, por um lado, são interesses econômicos e, por outro, é uma ideologia. Está tudo dando errado, mas vendeu-se a idéia de que esse é o modelo que dá certo. Para sair dessa situação em infra-estrutura, o Estado tem de investir. O problema é enfrentar a pressão internacional.

É possível usar ainda no Brasil bastante hidroeletricidade. Temos um potencial hidroelétrico grande, embora o seu uso provoque impactos ambientais e sociais que precisam ser minimizados. Já energia nuclear não é uma opção tão boa, pois no caso do Brasil, saiu cara demais. O que se discute muito hoje é o Projeto Angra 3, pois já foi feita uma parte, já se comprou equipamento. Mas a solução. A melhor ainda é usar a hidroeletricidade e, progressivamente, mais termoeletricidade e as energias alternativas. A que tem maior potencial de crescer hoje é a eólica, para geração em uma certa escala. Já há exemplos em países europeus, como a Espanha e a Alemanha, embora a energia solar para certos usos seja muito razoável. Para a grande escala ainda não há opção. Todas são caras. A biomassa, o bagaço de cana pode ser usado na termoeletricidade, mas falta uma política de energia, ainda é o mercado que resolve. E quem é o mercado? É o investidor, que vê o que está acontecendo, faz um projeto e aplica.

São bem-vindas as iniciativas, quaisquer que sejam, mas é preciso haver um organismo que planeje, como antes fazia a Eletrobrás. É preciso definir prioridade e alocar os recursos, e as energias alternativas poderão ser mais contempladas.

O Plano emergencial de termelétrica não é de investimento, é de aluguel de equipamento. Serão alugados geradores diesel de grande porte para casos de emergência, mas depois serão retirados. Isso é custeio. Aluguel de equipamento por dois ou três anos. Os recursos poderiam estar sendo usado para investimento. É uma energia caríssima, que vamos pagar mesmo sem usar. Se não usarmos, pagaremos bilhões de reais pela disponibilidade dos geradores.

TEMAS CORRELATOS

Termoelétricas a gás

As termoelétricas a gás podem ser usadas em certas situações. O ideal é que essas usinas façam a complementação térmica ao sistema hidroelétrico. Sempre que se tem água, é melhor usá-la, já que a barragem existe, e a água é da natureza e não gastar gás importado da Bolívia. O preço do gás está vinculado ao dólar, que ficou caro demais. A geração termelétrica a gás no Brasil está caríssima, pois o tipo de contrato feito prevê que, mesmo que não se gaste o gás, tem de se pagar como se gastasse. A situação do gás terá de ser resolvida nos próximos 2 ou 3 anos, pois senão dará um prejuízo enorme para o país.

Monitoramento e Penalização

A falta de um arcabouço institucional composto por mecanismo de monitoração e controle e de regras claras para investimento em cada setor é considerado uma das causas principais dos problemas do modelo neoliberal. A idéia é de que o Estado se reduz à regulamentação, a estabelecer regras para o jogo. É bom que haja regulamentação e regras para o jogo, mas não substitui o problema de fazer o investimento acontecer. A não ser que se tenha uma legislação tão rigorosa e capacidade de apenação muito séria, o que não está acontecendo no Brasil.

As companhias elétricas estão cometendo várias infrações e os órgãos reguladores, em particular a ANEEL, não têm capacidade de fazer a intervenção necessária. Funciona de fato nos EUA, pois lá se prende o infrator e o poder do Estado na regulamentação é forte. Os EUA têm 160 mil pessoas trabalhando nos órgãos regulamentadores de energia, de telecomunicações, em várias especialidades.

Não há no Brasil a idéia de fiscalização. A ANEEL não tem o poder de exigir investimentos do setor privado. Ela estabelece as regras que devem ser cumpridas. Não se envolve com a expansão do setor elétrico.

A privatização do setor elétrico implica um problema de recursos hídrico e não elétrico. A água é um bem público e tem de ser usada por todos e não pode ser propriedade privada. A legislação protege isso, por que a companhia hidroelétrica geradora tem o direito de uso, mas tem de receber impostos, pois maneja a água, e o Brasil não tem ainda problemas de água graves, até porque não usa na proporção devida e necessária. Na produção agrícola pode se expandir e muito, e naturalmente a regulamentação do uso da água para vários fins é o objetivo da

Agencia Nacional da Água – ANA, que está sendo bem encaminhada e ainda é muito recente.

Privatizar as hidroelétricas leva a um problema territorial, pois elas têm uma intervenção imensa no território, não só no uso da água para beber, irrigar, vender, mas também a extensão territorial exigida, o curso dos rios, etc. É uma influência muito grande.

Há o problema do pacto federativo, pois a influência destas hidroelétricas em alguns Estados é enorme e a União unilateralmente está decidindo sobre assuntos que afetam os territórios. Isso é uma questão crucial da soberania nacional e dos estados, até certos pontos definidos pela Constituição, e o governo federal ignorou completamente. Sou contra privatizar qualquer hidroelétrica.

Solução – Reestatização das companhias energéticas

Não deve ocorrer a re-estatização, mas se não conseguirmos fazer o Estado funcionar, se aceitarmos como uma fatalidade que o Estado tem de ser corrupto, moroso, etc., então não teremos saída, pois mesmo o setor elétrico quando é privatizado, precisa ser regulado. O órgão regulador é o Estado. Se for moroso e corrupto, que às vezes é, não resolve.

A idéia da corrupção pública e da virtude privada está bastante derrubada. E quase sempre o corruptor do Estado é o setor privado. Temos de ter uma cultura contra isso. A morosidade e ineficiência não são apanágios, necessariamente, do setor público. A Petrobrás é uma empresa eficiente. Ela realiza lucro. As empresas estrangeiras quando chegam ao Brasil, querem parceria com a Petrobrás, se associar com a competência empresarial e tecnológica da Petrobrás, como no caso de extração de petróleo no mar. Se ganhar muito dinheiro é ser eficiente, em geral o Estado não é. O setor privado é. Não devemos ter um Estado nem deficiente, nem corrupto nem moroso. O sistema elétrico era um sistema modelar. Não vejo condições políticas nem financeira para reestatizar as empresas elétricas no país.

Investimento Estatal em Infra-Estrutura: Condição para o Desenvolvimento Socioeconômico

Dércio Munhoz

A infra-estrutura tem uma importância fundamental na economia, já que abrange setores de atividade que são supridores de serviços essenciais ao sistema produtivo, tais como energia, transportes, telecomunicações, etc. E nos países em desenvolvimento essa relevância é ainda maior, pois são sistemas econômicos que têm quase toda a infra-estrutura por implantar.

O crescimento de uma economia em desenvolvimento depende do rompimento de estrangulamentos, que normalmente se localizam na infra-estrutura econômica. Quando o Estado investe em setores básicos, aumenta a eficiência do sistema produtivo como um todo e reduzem-se os custos, contribuindo para a melhoria do nível bem-estar da sociedade e paralelamente estimulando investimentos privados que geram emprego e renda. E o que se denomina teoria do desenvolvimento desequilibrado associa o desenvolvimento econômico aos investimentos estatais

Dércio Munhoz é Professor Titular do Departamento de Economia da Universidade de Brasília (UnB). Ex-Presidente do Conselho Federal de Economia e do Conselho Superior da Previdência Social. Publicou vários livros como *Endividamento Externo: Crise Rediscutida* e *Economia Aplicada: Técnicas de Pesquisa e Análise Econômica*. É pesquisador do Núcleo de Pesquisa em Políticas Públicas da UnB.

em infra-estrutura, criando espaços para investimentos privados e alavancando o crescimento.

Este papel é reconhecido na experiência brasileira dos anos 50, quando pela primeira vez se percebeu a importância de se planejar os investimentos em infra-estrutura, desenvolvendo-se então um plano, aliás com assistência americana, denominado de Plano Salte, ordenando a ação do Estado nas áreas de saúde, alimentação, transporte, energia, etc. Lançavam-se, então, as bases para a arrancada industrial da segunda metade dos anos 50, com a política de desenvolvimento do Governo JK.

Ainda nos anos 50 foram dados outros grandes passos no lançamento de bases estratégicas que sustentassem políticas de crescimento de longo prazo, quando, por exemplo, da criação da Eletrobrás, da Petrobrás e do Banco Nacional de Desenvolvimento Econômico – então BNDE; as duas primeiras respondendo pela produção e distribuição de energia elétrica, e da importação, refino e distribuição de petróleo e seus derivados, e o segundo como agente financeiro proporcionando acesso a linhas de crédito de longo prazo, essenciais para viabilizar investimentos na infra-estrutura econômica.

Nos anos 60, novamente se verificou uma participação estatal muito grande nos investimentos na infra-estrutura da economia brasileira. Na ocasião o Banco Mundial forçou o governo brasileiro a transformar as empresas públicas e os departamentos especializados voltados para os serviços de energia, telecomunicações, água e saneamento, etc., em empresas estatais, organizadas como sociedades anônimas; pois para financiar investimentos na infra-estrutura se exigia comprovação quanto à viabilidade econômica dos empreendimentos e transparência contábil por parte dos agentes. Pretendia o Banco clareza sobre para quem estava emprestando, que os objetivos estivessem plenamente definidos nos projetos previamente elaborados, que houvesse compromisso de uma política tarifária que garantisse a capacidade das empresas de responderem pelos encargos financeiros decorrentes dos financiamentos. Foi em razão dos planos governamentais de investimentos na infra-estrutura econômica, apoiados pelo Banco Mundial, que o país pode, desde a segunda metade dos anos 60, expandir e consolidar setores estratégicos para o desenvolvimento da economia brasileira.

Muitos pensaram, e alguns por desconhecimento ainda criticam, que a proliferação de empresas estatais no Brasil na década de 60 decorria de uma postura ideológica, enquanto, de fato, apenas atendia a uma imposição externa, voltada para maior racionalidade administrativa, como condição para acesso a linhas de financiamento. Mesmo com desencontros na área política, o fato é que o Brasil cresceu, nas três primeiras décadas do pós-guerra a uma taxa média anual superior a 7%. Mas qual foi o acidente de percurso? Como se perdeu ao longo do tempo a filosofia e o próprio apoio político para orientar investimentos governamentais em infra-estrutura?

As dificuldades surgiram a partir dos desdobramentos da crise do petróleo dos anos 70, deflagrada ao final de 1973, quando o Brasil, assim como um grande número de outras nações, em especial do núcleo de economias emergentes, enfrentou grave endividamento externo, pois com relações comerciais assimétricas, acabou pagando a conta do petróleo dos países ricos, inchada a partir da quadruplicação dos preços do produto. Endividados ao longo dos anos 70, no início dos anos 80 o país seria pressionado pelo governo americano, pelo Fundo Monetário Internacional e pelo Banco Mundial a fazer programas de ajuste externo. Isso porque, quando a dívida acumulada passou a representar riscos para o sistema bancário internacional, o Brasil, e entre outros toda a América Latina, teve, a partir de acordos assinados nos primeiros meses de 1983 com o FMI e a fim de obter o aval da instituição, de se submeter a uma política para reequilibrar as contas internacionais; ou, mas precisamente, se viu obrigado a adotar os clássicos programas de ajuste externo modelados pelo Fundo logo no pós-guerra, e desta vez acompanhados de exigências daquela instituição que interferiam na autonomia das decisões governamentais.

A partir do acordo de 1983 o Brasil viu agravar-se continuadamente as condições da infra-estrutura econômica do país, pois o FMI impôs na ocasião um modelo de aferição de déficits públicos no qual a parcela dos investimentos estatais financiados com recursos de terceiros passou a ser considerada como déficit público; desconhecendo fundamentalmente que as empresas do governo, estruturadas como sociedades anônimas, possuem patrimônio próprio, e as únicas relações Tesouro/estatal são aquelas próprias do vinculo comum acionista/empresa – distribuição de dividendos, num sentido, e eventual aporte de recursos para aumento do capital, no outro. Em decorrência da aberração criada pelo Fundo foi contido o acesso das estatais brasileiras a financiamentos externos ou internos, tanto de natureza bancária como créditos de fornecedores, ligados a investimentos destinados à expansão ou remodelação da infra-estrutura econômica; sob pena de, numa concepção fantasiosa, se verem agravados os déficits do Governo, descumprindo as metas estabelecidas pelo FMI.

Ainda pelo acordo de 1983 o país se viu compelido a promover aumentos de impostos e redução de subsídios, acompanhados da elevação das taxas de juros e do realinhamento cambial, e de reajuste extra nos preços de combustíveis, num conjunto de medidas de caráter altamente inflacionário. Sem surpresas a inflação duplicou entre janeiro e dezembro de 1983, e o Governo passou a controlar os preços e tarifas das empresas estatais. A economia como um todo corrigia seus preços à medida que os custos se elevavam, enquanto o setor estatal era contido, utilizado como instrumento de controle da inflação. O resultado foi que, a partir dos anos 80 as empresas estatais passaram a enfrentar um processo acelerado de descapitalização, e, impedidas de aumentos de capital ou de acesso a recursos de terceiros, perderam a capacidade de investimento.

As estatais brasileiras foram, portanto, enfraquecidas, e a infra-estrutura econômica do país desorganizada, em decorrência de regras inaceitáveis de aferição dos déficits públicos impostas pelo FMI, numa postura ideológica encoberta pelo argumento de que na busca da maior eficiência era necessário reduzir a presença do Estado na economia.

E nesse momento surgiu no Brasil o que se poderia identificar como fruto de um processo de dócil submissão ao colonialismo cultural – termo bastante adequado, pois, em vários setores da sociedade brasileira, surgiram versões propagando que se havia esgotado o ciclo de participação do Estado na economia, dada a falência do modelo de financiamento de investimentos estratégicos na infra-estrutura enquanto, de fato, as medidas governamentais, dentro do modelo acordado com o Fundo, estrangulando as empresas simultaneamente sob vários ângulos, tornariam economicamente inviáveis, se aplicadas em outras paragens, quaisquer das maiores corporações multinacionais atuando no planeta: "A Onda Neoliberal" e a "Busca do Estado Mínimo".

Na verdade desejava-se diminuir o tamanho do Estado. O FMI criou um modelo de estrangulamento do setor estatal brasileiro efetivamente asfixiante, ao considerar os investimentos das empresas com recursos de terceiros como déficit público. Mas quando ainda nos anos 80 tentou impor os mesmos conceitos à Alemanha, que não dependia de recursos ou do apoio da instituição, o governo alemão reagiu vigorosamente, inclusive contra ingerências norte-americanas no mesmo sentido. O Brasil se submeteu ao modelo de "necessidade de financiamento do setor público" do FMI, e uma das razões é que quando do acordo de 1983 vivia-se a crise do endividamento, quando todos os bancos internacionais suspenderam os financiamentos internacionais, ou o refinanciamento de prestações vencidas, o que tornou os devedores extremamente dependentes do aval do Fundo Monetário Internacional. O que não justifica que, mesmo quando o país conseguiu reequilibrar suas contas externas – na segunda metade dos anos 80, continuasse a se submeter às regras do Fundo. Embora se deva lembrar que já então se viviam os primeiros momentos da avassaladora onda neoliberal, que nos anos 90 quebraria as principais economias latino-americanas; quando, em nome da globalização diferentes países da região implementaram políticas de abertura comercial unilateral, provocando explosivos aumentos do endividamento externo, e do endividamento público interno e externo; paralisando as economias nacionais sob fortes tensões sociais e desorganização política.

O fato é que no segundo ano do acordo de 1983, no final do governo militar, o Ministério da Fazenda não mais dava importância às metas e imposições do FMI. Quando, porém, da chegada do governo civil, a partir de 1985, surpreendentemente o país passou a aceitar plenamente as ingerências do Fundo, e as suas regras, introduzindo desde logo uma política monetária ortodoxa e suicida, com elevadas taxas de juros, cortes de gastos públicos, etc. E desde então, com exceção de raros momentos, o Brasil sem seguindo as políticas liberalizantes do FMI, no que toca às relações econômicas externas e ao papel do Estado na economia, e também as políticas internas de caráter restritivo. Na segunda metade dos anos 80 por fragilidade na formulação da política econômica, quando a tentativa ingênua de recuperar perdas salariais com reajustes trimestrais ou mensais – no momento em que os altos juros sacrificavam os salários – levou ao descontrole inflacionário; posteriormente, em 1990 e 1991, sob o império do liberalismo infantil – cujas raízes em determinados e influentes setores da economia procuraram manietar o Governo em 1992 e 1993; e a partir de 1994 com as políticas neoliberais delineadas pelo chamado Consenso de Washington, de 1989.

Se a imposição do Fundo é ideológica, na linha de um liberalismo econômico jamais praticado pelos países avançados, é também geopolítica, pois impõe a paralisação de investimentos em setores vitais de economias com grande potencial, como o Brasil, comprometendo o crescimento econômico e o desenvolvimento econômico e social. O FMI não é uma instituição autônoma, tanto é assim que recentemente, quando, após o breve governo de De La Rua, a Argentina pretendeu acesso a financiamentos do Fundo, a resposta, e negativa, veio primeiro do Secretário do Tesouro americano, numa demonstração clara de que os Estados Unidos detém abertamente o controle das decisões do Fundo. Constatação que provoca profunda inquietação quando a postura da instituição desarticular a presença estatal no sistema de infra-estrutura econômica, área estratégica nunca abandonada pelos governos, quer nas economias com tradição de planejamento estatal, quer nas economias ditas de mercado. A teoria do desenvolvimento econômico aceita que a presença do Estado é fundamental nas economias em desenvolvimento, onde os investimentos na infra-estrutura têm o papel de "puxar" a economia; pois se traduzem em estímulos para novas inversões privadas, abrindo caminho para o país sair da fase de subdesenvolvimento, para crescer a produção, o emprego, os níveis de bem estar. E mesmo nas áreas oficiais brasileiras surgiram mais recentemente reações contra a crescente interferência do FMI nas decisões internas de política econômica, numa reação tímida e tardia a um processo de caráter colonialista.

A Fragilização Financeira com o Plano Real

Na década de 1980, dependendo do apoio do FMI, ante o grande endividamento externo, e com elevadas taxas de inflação desde o programa de ajuste do balanço de pagamentos de 1981/83, o governo brasileiro impôs controles sobre os preços e os investimentos das empresas estatais; e, em decorrência, com a inevitável e decomposição na infra-estrutura econômica, surgem crescentes pressões para a privatização do setor produtivo estatal. Alinhadas aos argumentos do Consenso de Washington, que, num discurso de cunho neoliberal, aliavam os problemas da América Latina dos anos 80 – na década perdida, não ao modelo de ajuste do FMI que desarticulou as economias da região, mas simplesmente a um indefinido "tamanho do Estado". E se o Estado é incapaz de manter os setores básicos da economia onde tem presença, a única solução é a privatização – esse foi o primeiro momento das pressões externas mais recentes para a desmobilização do setor produtivo estatal, logo acompanhadas por pressões internas. No caso do Brasil foi após o programa de estabilização dos preços de 1994 – o Plano Real, e diante de um aumento muito grande da dívida pública e da dívida externa global, que o país se viu mais frágil, ou politicamente mais propenso, a seguir a cartilha da privatização. Inicialmente foi a escassez de dólares decorrente dos déficits externos ligados à importação de produtos estrangeiros a custos baixos para ajudar na contenção dos preços internos; em seguida a ação do governo, voltada para atrair dólares a fim de financiar o Balanço de Pagamentos, pagando elevadas taxas de juros nos títulos públicos, e assim provocando assim um continuado aumento da dívida federal, pois faltavam receitas para pagar os encargos financeiros da dívida acumulada.

Se faltavam dólares ao país e faltavam reais ao Tesouro, percebe-se que a privatização com desnacionalização se encaixou com perfeição no mundo pós-Real: a venda das empresas estatais para grupos estrangeiros proporcionaria o ingresso de dólares – assim cobrindo os déficits externos; e a venda no mercado de câmbio, pelo proprietário (Estado), dos dólares assim obtidos, proporcionaria receitas extraordinárias ao Tesouro, cobrindo os déficits orçamentários. Essa primeira tentativa de enfrentar os "*deficits* gêmeos" orientou, portanto, a política de privatização adotada na segunda metade dos anos 90, e defendida ardorosamente pelo FMI, Banco Mundial e governo norte-americano mais por motivos geopolíticos que ideológicas. E também acalentou a ilusão de que se podia sustentar imutável o Plano Real, no longo prazo, sem as correções que a lógica dos fatos recomendava desde os grandes desequilíbrios surgidos ainda em 1995. O tempo diria que, apesar de proporcionar recursos da ordem de R$ 100,0 bilhões até 2001, incluindo aproximadamente um terço, ou US$ 35,0 bilhões, de origem externa, a estratégia de alienar as empresas estatais não conseguiria impedir nem o crescimento da dívida pública nem o aumento da dívida externa; a despeito de um volume crescente de capitais estar ingressando como investimentos diretos, amenizando ao menos nominalmente o crescimento do endividamento externo. Com a desarticulação do setor estatal na infra-estrutura surge, como inevitável, o estrangulamento de áreas estratégicas, perdendo-se a capacidade de investimento interno. Com a privatização o governo tenta implantar um novo modelo de financiamento de investimentos visando a revitalizar a infra-estrutura econômica do país. E para isso deu garantias excepcionais aos investidores, e inclusive quanto à manutenção das taxas de retorno, ou seja, as taxas de lucros previstas por ocasião da venda das empresas. E tais garantias chegaram ao absurdo quando, visando a eliminar quaisquer tipos de riscos, o Governo resolve compensar as empresas com aumentos extraordinários nas tarifas e linhas especiais de financiamentos do BNDES para cobrir redução nos lucros decorrente do racionamento, em parte gerado de um fenômeno natural – a escassez de chuvas.

A Reafirmação da Soberania nas Decisões Econômicas

Depois de vinte anos amarrados por conceitos manipulados pelo Fundo Monetário Internacional, ao considerar investimentos estatais financiados por terceiros como déficit público, o modelo tem de ser rediscutido, pois o Estado não pode ficar de mãos atadas quando precisa investir em energia, ou em transportes, ou nas áreas de saneamento e habitação. Deve-se atentar, por outro lado, que a privatização e o conjunto do Plano Real colocaram a economia brasileira num impasse. Pois ao mesmo tempo em que se garantiu rentabilidade aos investidores, dando-se inclusive aumentos reais para estimular novos investimentos, os impostos foram aumentados na busca de recursos para uma frustrada tentativa de conter o aumento da dívida pública – mantendo-se a economia plenamente indexada e com a inflação presente sob pressão de tais aumentos de custos. Os salários, todavia, agora sem a recomposição de perdas inflacionárias que legalmente se garantia desde a primeira metade dos anos 50, e diante da massa de desempregados procurando qualquer trabalho, passaram a recuar ano após ano desde 1994, quando, no surgimento da nova moeda, produziu-se um índice especial de preços que não incorporava os aumentos do custo de vida efetivamente observados no global de junho/julho. Reduzidos pelo artifício encomendado ao IBGE, e desprotegidos diante da persistente inflação registrada em todos os anos, o recuo dos salários tem sido não só inevitável como dramaticamente persistente, recuando em proporção ao PIB de 35,9% em 1993 para apenas 25,0% estimados para o ano de 2001. O que significa empobrecimento generalizado das famílias assalariadas – levando de roldão os ganhos de autônomos de baixa qualificação e as rendas dos pequenos empresários de forma geral, enfraquecendo o mercado, desestimulando a produção e o emprego.

É Essencial Redesenhar o Futuro

As empresas estrangeiras perdem o lucro e o governo tenta repor, com aumentos reais nas tarifas. Antes os preços já sofriam aumentos extras para estimular novas inversões. A carga tributária se eleva a cada ano. Será que é possível manter esses desencontros? Sem salários e sem emprego a economia estancou, e, a exemplo da Argentina, a desorganização da base econômica e da base social compromete irremediavelmente a estabilidade política e institucional. Questões cuja discussão se coloca como absolutamente prioritária. Reorganizar a política de rendas, restabelecendo mecanismos de recomposição salarial, é fundamental. Pois as correções salariais com base no aumento dos preços não aceleram a inflação, como se procura muitas vezes colocar; basta que se impeça que outros agentes aumentem a sua participação na renda global, e que não se adote indexações de curto prazo, mantendo-se os mecanismos tradicionais de reajustes anuais. Sem a indexação salarial numa economia totalmente indexada, como a brasileira, e onde setores como o Governo e as áreas privatizadas aumentam repetidamente a cada ano a sua participação na renda gerada, refletem na redução continuada da massa de salários, com todas as conseqüências econômicas, sociais e políticas derivadas. Essa é uma questão que deve estar à frente de qualquer lista de prioridades para um novo governo.

A criação de empregos, quando a taxa de desemprego supera a 20,0% da população economicamente ativa – ponto nevrálgico do presente, inclusive em termos da segurança pública – depende e requer iniciativas imediatas do poder público. Adotando um programa de inversões em áreas como habitação, saneamento, transportes urbanos, vias de circulação urbana, etc., e garantindo, com reforço de novas ocupações "estéreis" (limpeza e conservação de vias públicas, jardins, prédios públicos, etc.) a contratação inicial de um mínimo de três milhões de trabalhadores (ao irrisório custo anual de menos de 1,0% do PIB, ante os 15,0% do PIB de encargos financeiros da dívida do Tesouro), o Governo poderá minimizar a crise social e dinamizar a economia. Em seguida virão os investimentos privados induzidos pelo aumento da demanda provocado pela melhoria do emprego e da renda. O futuro Governo não deve esperar, reeditando as crenças liberais do século XVIII, que o mercado, a mão invisível, possam corrigir os desacertos provocados a partir das políticas econômicas inspiradas pelo Consenso de Washington.

É inegável que existem outras questões extremamente

importantes mas que no global dos problemas presentes não podem ocupar papel prioritário: as dívidas externa e interna. Se o futuro governo der a elas posição de prioridade, sob pressão dos segmentos que apenas se preocupam em destacar os compromissos com o capital financeiro, vai se autoparalisar de imediato, incorrendo nos mesmos equívocos cometidos na Argentina; que levaram o país à perda de governabilidade na medida em que o Governo, pressionado pelo FMI, passou a priorizar a discussão sobre cortes nas despesas das províncias, com maiôs desemprego, ou mudanças de leis que desagradaram à tecnocracia do Fundo, relegando a um segundo plano questões realmente importantes para a estabilidade institucional, tais como emprego e a renda das famílias. O países latino-americanos, e entre eles o Brasil, já deveriam ter aprendido com os países ricos que a massa de salários, parcela principal da renda das famílias, é variável estratégica, em razão do que as decisões econômicas buscam a sua preservação sob quaisquer circunstâncias. Para isso recorrendo a políticas sociais de forma a evitar que o desemprego possa reduzir os níveis dos salários reais.

Os problemas do endividamento público e do endividamento externo não podem ser menosprezados; mas devem ser discutidos num segundo momento, depois de garantida a estabilidade econômica e social. Deve-se saber estabelecer uma hierarquia de problemas para o encaminhamento de soluções. E a busca de autonomia nas decisões internas é o caminho para que se possa pensar na construção do futuro.

Saúde e saneamento básico

Sergio Arouca

Marcos Helano Montenegro

Sebastião Viana

Pedro Tauil

10 de abril

A Reforma Necessária para a Política de Saneamento e Saúde

Sergio Arouca

Há poucos anos este país sofreu um golpe militar para que nele não acontecesse determinadas reformas. O golpe militar de 64, é bom que se diga, não foi dado pelos erros cometidos, mas para impedir que projetos fossem implantados. Revendo o documentário do cineasta brasileiro Silvio Tendler, sobre o período de Jango, verificamos que estava em discussão na sociedade brasileira naquele momento que o Brasil precisava passar por profundas modificações, que aquele Brasil, nascido como exercício da elite, da oligarquia, com um processo selvagem de industrialização, voltado para um desenvolvimento dependente, precisava mudar, e radicalmente, com reformas urbanas, com reforma agrária, neste país continental, reformas no sistema financeiro, no sistema universitário, na economia. Naquele período estava em discussão as reformas de base.

Ao identificar as pessoas que estavam envolvidas naquela época encontramos: Darcy Ribeiro, extremamente envolvido na

Sergio Arouca é Professor da Escola Nacional de Saúde Pública. Bacharel em Medicina, Especialista em Medicina Sanitária. Ex-Presidente da Fundação Oswaldo Cruz (FioCruz) no período de 1985 a 1989. Ex-Deputado federal do antigo PCB-RJ, apresentou a emenda popular da Reforma Sanitária aprovada pela Constituição de 1988.

criação da UnB; Celso Furtado, Ministro da Fazenda, Josué de Castro, mais tarde uma das personalidades mais notáveis desse país, pois colocou na política a questão da fome. E fome tem a ver com o desenvolvimento do capitalismo, com a forma de desenvolvimento selvagem que estava acontecendo. Eram figuras como essas que estavam envolvidas naquele momento em um projeto para reformas de base do país e que foi interrompido pela ditadura, que alguns acreditavam que iria durar pouco tempo e durou tanto, causando malefícios para este país, acabando com gerações de pessoas na área de ciência e tecnologia, porque a universidade foi uma das principais atingidas, porque o pensamento autoritário tem como seu principal inimigo o pensamento livre e libertário.

No contexto da violência desse sistema autoritário, de tortura, de desaparecimentos, se atingiu, com certa preferência, de forma profunda a área da Saúde. Por que pesquisadores, como os do grupo de parasitologia da USP, foram destruídos. Houve intervenção aqui na UnB; ocorreu o massacre de Manguinhos, da Fundação Osvaldo Cruz, e seus principais pesquisadores foram cassados, aposentados. O ódio era tanto que eles foram proibidos de trabalhar no Brasil, nos seus laboratórios e tiveram suas pesquisas destruídas.

Na realidade, eles faziam uma coisa muito simples: pesquisas de alta qualidade. Mas quando discutiam esquistossomose, envolviam-se com a questão do desenvolvimento agrário, que tem de ver com saneamento; com a Doença de Chagas que está relacionada com a habitação do homem no campo; com a fome que tem relação com o desenvolvimento, e impacto na área da educação. Ao dizer essas coisas absolutamente simples, passaram a ser tratados como subversivos e foram cassados, perseguidos e aposentados. E suas áreas de pesquisas, fechadas. Foi esse o contexto da luta pela democracia nesse país. Sempre que é possível, quando trato de Saúde, relembro o ocorrido nessa época.

É que a reforma sanitária brasileira, ainda em processo, nasceu na luta contra a ditadura. Não nasceu em gabinetes burocráticos de tecnocratas, definindo como deveria ser o sistema de saúde no Brasil. Nasceu, em primeiro lugar, com um lema: saúde e democracia. Dizendo que aquela ditadura, que havia realizado o milagre brasileiro, com crescimento fantástico de dez, doze por cento ao ano, estava associada simultaneamente com o aumento da mortalidade infantil. Mas quem escrevia isso era considerado subversivo.

A epidemia de meningite que aconteceu é semelhante à atual epidemia de dengue, pois enquanto a elite brasileira achava que estava em Nova Iguaçu, na Baixada Fluminense, podia não ser epidemia. A censura atuava, não permitindo que fosse publicado que havia uma epidemia. Nos jornais, quando a matéria era censurada, apareciam versos de Camões ou receitas culinárias.

Isso durou um certo tempo, pois quem cuidava dos filhos da elite morava na Baixada Fluminense; o motorista também morava na Baixada Fluminense e, então, a epidemia de meningite chegou aos locais onde residia a elite, como aconteceu com a dengue, recentemente.

Não havia liberdade para que as críticas pudessem ser expressas, para que se pudesse dizer que aquele modelo econômico estava criando riquezas por um lado, mas estava criando miséria e, portanto, péssimas condições de saúde pelo outro. Estava permitindo concentração de renda, e que não resolvia o problema agrário. E, quando não se resolve o problema agrário, não se resolve o problema das grandes endemias.

Os sindicatos estavam amordaçados e não se podia falar sobre as reais condições de saúde dos trabalhadores, que passaram por um verdadeiro massacre no processo de industrialização, sem políticas de atenção à sua saúde. Era necessário que houvesse liberdade para que essas coisas pudessem ser ditas e que se pudesse começar a pensar um projeto de mudança na área de saúde para o país.

Por isso, a reforma sanitária brasileira nasceu de uma forma suprapartidária, ampla e geral na sociedade brasileira, envolvendo os partidos políticos de esquerda, a Igreja, os movimentos comunitários, os movimentos sociais e movimentos de lutas sindicais do ABC paulista. A luta pela reforma sanitária era uma contraparente da luta de todos os movimentos pela democracia neste país. A luta pela reforma sanitária chegou a montar um projeto de reforma para este país.

O modelo de saúde que existia, concentrado, dividido; medicina preventiva de um lado, medicina curativa de outro, não dava certo; absurdamente centralizado, as decisões eram tomadas na Rua México, no Rio de Janeiro, sem nenhuma forma de controle social. Tínhamos que transformar aquele modelo. Qual foi a proposta? Primeiro, considerar a saúde como um direito de vida e, portanto, um direito do cidadão e não de um setor da sociedade; pública e gratuita, não pode ser objeto de mercantilismo, de privatização, assim como o saneamento, que tem de ser público; com responsabilidade pública, para poder ser universal. Tem de ser descentralizada. Porque a saúde, quanto mais próxima do cidadão, do usuário, pode ser mais controlada. Tem de ser universal, não pode depender de ter carteira assinada, depende apenas da existência da pessoa. Todos têm de ter direito à saúde, independentemente de cor, religião, sexo, ou do lugar onde mora.

Tem de ser integral, como um processo que acontece durante todo o ciclo de vida do indivíduo; quando está sendo gestado;

quando nasce; quando fica doente e quanto recupera a saúde; até a morte. Tem de ter controle social. Tem de ser democrática.

Como estabelecer um controle social? Criando um fato novo dentro do Estado brasileiro. Esse Estado atrasado, incompetente, privatizado. Por que privatizado? Não só porque privatiza o patrimônio público do Estado, mas também porque ele utiliza os seus mecanismos, seus custos, para o interesse de uns poucos e não realiza as suas funções públicas. Não resolve a questão da educação, da ciência e tecnologia, da saúde. Mas resolve muito bem a questão da saúde do sistema financeiro.

Esse Estado privatizado e incompetente, que nasceu e tem de ser mudado, pois não serve, é fruto desses anos da ditadura, da oligarquia brasileira, e tem de ser transformado e reformado, radicalmente.

Qual era a novidade? Colocar a população para participar do Estado. Como fazer a participação? Usando a democracia representativa que deve se exercer com condições de saúde e seguridade cada vez mais forte, por frentes parlamentares na área da saúde, por comissões de saúde em nível de Estado, nas Assembléias Legislativas, ou seja, com um trabalho legislativo e parlamentar com peso, em que os partidos políticos tenham programas de saúde, que possam discutir a saúde, que tenham especialistas na questão de saúde e saneamento. E mais, introduzir no Estado uma democracia direta para que a população se faça representar a partir de conselhos, não marginais ao Estado, mas dentro do Estado, por Lei, pelo parlamento no Congresso.

O planejamento do sistema de saúde deve ser feito em conselhos, onde cinqüenta por cento sejam representantes dos usuários diretos. Nesses conselhos, devem sentar em uma mesma mesa o cientista da academia de ciência; o representante dos pacientes, que possam dizer ao ministro da Saúde como está sendo a política de hemodiálise e de transplante, por exemplo; dos pacientes com hanseníase, essa doença medieval que, no entanto, continua com quarenta mil casos ao ano; que se possa dizer porque a tuberculose não está sendo enfrentada, porque ela é ligada a condições de vida e, portanto, de miséria e exclusão social. Conselhos como esses atuariam do nível nacional até o município.

Haveria distorções, porque a democracia não funciona por decreto, mas por um aprendizado social. Temos municípios em que o prefeito nomeia para um conselho os familiares. Mas já seria um avanço, porque as pessoas acabariam sabendo que ali haveria um conselho em que poderiam vir a participar, podendo exercer o seu controle social sobre o setor saúde.

Esse movimento pela reforma sanitária, que nasceu no longo período da ditadura, que foi colocado na Constituinte, talvez uma das poucas emendas que não foi resultado dos constituintes, depois de aprovada, foi apresentada como emenda popular, resultado de um movimento nacional de coleta de assinaturas que levou o texto da Saúde para a Constituição: a saúde é um direito do cidadão e um dever do Estado.

As conferências de saúde têm sido cada vez mais democráticas e avançadas. Portanto, o movimento social pela reforma sanitária no Brasil é um movimento em avanço, que acontece apesar dos governos. Com dificuldades, com distorções, com desvios, com cortes nos recursos, mas está servindo também como exemplo de que a forma de conselhos, de descentralização, essa forma de controle social são mecanismos que podem ser utilizados em outras áreas como, por exemplo, conselhos na educação, conselhos na área de serviços sociais, até na área de ciência e tecnologia.

Depois de muitos anos a ciência e tecnologia realizou, agora recentemente, uma conferência com poucos participantes, como se ciência e tecnologia fosse somente para cientistas. Como se ciência e tecnologia, que está agora em desenvolvimento, não interessasse à sociedade como um todo. Ela pode servir tanto para o bem, como para o mal. Pode provocar impactos ambientais imprevisíveis, guerras biológicas incontroláveis. Portanto, ela tem de ter controle social. A sociedade tem de controlar esses avanços científico-tecnológicos. Não para censurá-lo, mas para saber para que lado está caminhando e para discutir suas formas de avanço.

Apesar de tudo, houve avanço na reforma sanitária. A mortalidade infantil caiu. Caiu no mundo inteiro. O Brasil continua tendo essa absoluta esquizofrenia, muito boa de se colocar no quadro do nosso drama sanitário, pois continuamos com um quadro de diarréia, com desnutrição, a dengue, que provavelmente será cada vez mais grave, como foi o retorno do cólera.

Quando chegam as doenças do desenvolvimento, as chamadas do envelhecimento da população, num país com tanta exclusão social, com tanta miséria como o nosso, também aparecem como forma de miséria. O diabético, quando é diagnosticado, já perdeu o dedão do pé e vai para a amputação de coxa, ou está com lesão renal grave, ou seriíssimas lesões oculares. Tal também ocorre com o hipertenso. O câncer ginecológico, quando diagnosticado, já é inoperável. Então, estamos tendo doenças do desenvolvimento se expressando na face da miséria. Isso demonstra a gravidade da situação do sistema de saúde do país e nos coloca diante de profundas necessidades de reformas neste momento.

Neste ano eleitoral, momento absolutamente privilegiado, podemos melhorar em muito as condições de saúde da população brasileira, e temos o dever e obrigação de agir em prol da saúde pública, exercendo, em toda a sua dimensão, apresentando críticas ao modelo econômico e aos seus rumos, que são patogênicos; assim como os rumos da política social, que também são patogênicos; e às formas e padrões de desenvolvimento, que podem levar a agressões ao meio ambiente e, portanto, à vida.

Estamos tendo uma significativa vitória na constituição do sistema de saúde no país, a única reforma consistente do Estado brasileiro. As outras geralmente têm sido farsas, como a reforma tributária. Quando esse governo tomou posse, disse que a primeira reforma que iria fazer era a reforma tributária. Não fez porque a reforma tributária está ligada a uma questão substantiva que é a possibilidade de distribuição de renda. Esse projeto atual é concentrador de renda e, portanto, não podia fazer, pelo arco de alianças, um projeto de reforma tributária que fosse distributivo.

A reforma da Previdência, para transformá-la em mais efetiva e universalizada, mais democratizada, foi, na verdade, um ajuste de caixa. A reforma do Estado brasileiro foi uma reforma gerencial sobre o funcionalismo e não para criar um Estado moderno, democrático e desprivatizado.

As reformas realizadas são insuficientes e esse é momento para se começar a discutir quais são as reformas que esse país vai fazer e qual rumo vai tomar. E a reforma sanitária é uma delas.

Apesar de termos ganho a luta pela reforma sanitária, o modelo que está implantado é falido. Mesmo dentro do SUS, se continuarmos o modelo baseado no hospital, baseado na medicalização alucinada da vida, permitindo que a vida seja medicalizada às últimas conseqüências, como hora está sendo feito, o desejo, o prazer, a felicidade acabam sendo resultado de pílulas.

O parto foi mercantilizado. A cesariana é uma violência que está sendo cometida com a mulher brasileira, ao fazer de um ato fisiológico, que deveria ser uma celebração de vida, um ato cirúrgico invasivo, em que se corta a barriga da mulher, se violenta a criança arrancando-a do útero, sem que fosse o momento para que isso acontecesse. Nas clínicas do Rio de Janeiro, praticamente cem por cento dos partos são por cesariana.

O que deve ser criticado é a mercantilização do sistema de saúde, o uso de altas tecnologias, as especialidades médicas, o desenvolvimento absurdamente selvagem dos planos da saúde. Não só os planos que estão atacando a classe média, mas aqueles que acontecem nos bairros populares, oferecendo planos a quinze reais e que trabalham apenas o tempo de carência, que falem e reabrem com outra razão social.

Estamos diante da necessidade de uma profunda reforma da reforma. Esse modelo do SUS tem de ser mudado. Tem de ser um modelo que integre a saúde. Qualquer sistema de saúde que pague por procedimento não pode ir bem.

Quando fui Secretário de Saúde do Rio de Janeiro, cheguei a encontrar um médico de hospital que me disse: nosso hospital está com alta produtividade: estamos amputando três vezes mais coxas de diabéticos do que no ano passado. Claro, recebe por amputação. É como dizia Carlos Gentile de Melo: se pagasse ao juiz por ano de cadeia, quem roubasse um chiclete teria prisão perpétua.

Então, o caminho é ter um sistema de saúde cada vez mais comunitário. O Programa Saúde da Família não pode ser um programa marginal, experimental, que nem chega nas grandes cidades. Não pode ser vitrine do governo, pois nem chega perto das grandes capitais. É um programa paralelo de um grande modelo de assistência médico-hospitalar dentro de um procedimento que constitui o SUS de hoje.

Existem fatores subjetivos. Difíceis de tratar. Mas esse sistema de hoje não atende seres humanos, atende folha de pagamento. As pessoas não têm nome e sobrenome, entram num hospital e não sabem o que estão fazendo com elas. Não têm direito de optar sobre o procedimento a serem submetidos. Uma mulher em pré-natal não tem o direito de saber aonde vai dar a luz.

O sistema de saúde atende pessoas que tem nome, sobrenome, sofrem e têm que ser respeitada nos seus direitos. Isso faz parte da nova reforma do SUS. É importante a mudança desse modelo para um modelo que promova a saúde, com ênfase na medicina integral, deixando a medicina especializada para o seu devido lugar.

O programa de medicina integral, que chamamos de Programa de Saúde da Família é de alta tecnologia. Não é aquela medicina de pobre para pobre. O que pretendemos é uma medicina extremamente sofisticada, pois a síntese do conhecimento médico deve ser colocada na mão de um profissional capaz de realizar essa síntese, e utiliza-la de forma adequada pelo avanço do conhecimento científico.

Quando falamos em custos, podemos verificar que para cobrir toda a população excluída do Rio de Janeiro, três milhões de habitantes, com seiscentas equipes, custa menos do que construir um hospital de trezentos leitos. Qual é a lógica? Ao invés de atender três milhões de excluídos, se constrói três hospitais; é claro que isso é mercantilização da vida, do saneamento. Significa transformar bens essenciais em mercadoria, que pode ser a vida, o lixo, já que é extremamente lucrativo. As empresas que trabalham para retirar o lixo, chegam a colocar pedras dentro dos caminhões de lixo, pois cobram a retirada por peso. Enchem o caminhão de pedras, e fazem o mesmo caminhão passar várias vezes pela balança.

O mesmo processo de mercantilização é feito com as maiores empreiteiras deste País. O que interessa é construir hospitais, vender equipamentos, e não contratar médicos, agentes comunitários, enfermeiras, psicólogos, assistentes sociais para se realizar um trabalho comunitário.

Esses novos temas da reforma sanitária, a humanização, a mudança do modelo, tomar violência como saúde pública, pois ela é a maior causa de mortalidade nas grandes cidades na população de 15 a 49 anos de idade. Ao verificarmos que o número de mulheres é maior do que o dos homens, isso fica pior e até se quintuplica em alguns bairros do Rio de Janeiro, por mortes de jovens, do sexo masculino e negros que são assassinados.

Essa faixa etária está passando por um verdadeiro extermínio nas grandes cidades. Não é só a violência do crime organizado, mas também aquela contra a mulher, contra a criança, são problemas de saúde pública.

Espero que nesse movimento, com essa força que levou à reforma sanitária brasileira, e ainda a conduz, possamos juntos transformar esse país, porque ele precisa, ele merece e sua população também.

Ampliando a Agenda do Desenvolvimento Brasileiro: Saúde e Saneamento

Marcos Helano Montenegro

Mais de 20 milhões de crianças irão morrer nos países em desenvolvimento nos próximos dez anos se os governos não tomarem providências urgentes para combater a crescente crise de doenças preveníveis que são ocasionadas pela falta de saneamento, segundo um relatório divulgado no Dia Mundial da Água por duas das principais agências de desenvolvimento britânicas. Esse relatório afirma ainda que 2.4 bilhões de pessoas em todo o mundo carecem de condições sanitárias adequadas e 6.000 crianças morrem todo o dia por não disporem de acesso a redes de água e esgoto e que as doenças de origem hídrica são a causa de ocupação de metade dos leitos hospitalares em todo o mundo.

É muito provável que nenhuma destas crianças que vão morrer sejam filhos dos que estão participando dos debates do Fórum *Brasil em Questão*, tão oportunamente promovido pela Universidade de Brasília. Os aqui presentes temos acesso aos bens matérias e culturais e temos amplo acesso aos serviços públicos.

Marcos Helano Montenegro é Conselheiro da Associação Nacional dos Serviços Municipais de Saneamento e consultor da área de saneamento da prefeitura de Guarulhos. Bacharel em Engenharia Civil. Ex-Presidente da Companhia de Água e Esgoto de Brasília (Caesb) de 1995 a1998, e da Companhia Estadual de Água e Esgoto do Rio de Janeiro – Cedae (1999).

O que só aumenta a nossa responsabilidade ética para diminuir o número dessas mortes o mais rápido possível.

O acesso ao saneamento ambiental no Brasil já foi examinado de maneira bastante detalhada pelo professor Pedro Tauil e pelo senador Sebastião Viana (PT/AC), que me antecederam. Entretanto, vale a pena remarcar alguns aspectos. São cerca de 15 milhões de habitantes morando nas cidades brasileiras que não tem hoje uma ligação de água. Ao invés de falar de água, estou falando de ligação de água propositadamente porque são muitos os brasileiros que tem o cano e não tem a água e são muitos os brasileiros que tendo o cano tem água de péssima qualidade. Os dados recentemente divulgados pela Pesquisa Nacional de Saneamento Básico[1] mostram que uma parcela enorme da população brasileira é abastecida com água sem controle de qualidade e sem vigilância sanitária. Temos, então, um primeiro aspecto da relação concreta entre saúde e saneamento onde nos estamos mal no país. Há uma nova portaria do Ministério da Saúde[2] regulamentando a qualidade da água para consumo humano, seu controle e vigilância que é extremamente atualizada tecnicamente, representando o estado da arte na matéria. Mas infelizmente nós temos uma situação de qualidade da água ainda muito ruim, que, como alguns poderiam esperar, não é privilégio apenas das cidades pequenas. O exemplo mais gritante é da principal estação de tratamento de água da região metropolitana do Rio de Janeiro (a ETA Guandu) que recebe imediatamente a montante da sua tomada de água no Rio Guandu, trazidos pelo Rio dos Poços, os efluentes industriais do distrito industrial de Queimados.

Temos ainda aproximadamente 90 milhões de habitantes urbanos sem esgotamento sanitário. Infelizmente, como sabemos, a grande maioria destes não mora em casas com amplos quintais ou jardins nos quais seja possível construir fossa séptica e sumidouro e, portanto, a falta de uma rede de esgoto não seja um problema. Ao contrário, a grande maioria é moradora de assentamentos precários, favelas, vilas populares sem urbanização em morros e alagados. São aqueles que se encontram espalhados em todas as nossas regiões metropolitanas e que, em grande parte, fazem parte da grande massa de excluídos que vivem nas nossas cidades.

Tivemos avanços significativos na coleta de lixo, segundo informou a Pesquisa Nacional de Saneamento Básico já referida, mas quem não tem coleta de lixo hoje nas cidades brasileiras são aqueles que moram aonde o caminhão de lixo não consegue chegar na porta. São novamente aqueles que moram nos alagados, nos morros, nas favelas, aonde também não chega a ambulância, o carro da funerária e o próprio caminhão de lixo. Já a destinação final de lixo continua sendo um problema seriíssimo no país, pois ainda são poucas as cidades brasileiras que destinam adequadamente o seu lixo, particularmente entre as de médio e pequeno porte. A regra no país é o lixão produzindo chorume sem tratamento que vai poluir o solo e as águas. Lixões aonde uma parte dos brasileiros excluídos vai catar os restos do nosso consumo para a sua sobrevivência.

É, portanto, indispensável qualificar a nossa demanda não atendida do ponto de vista social. Quem são os brasileiros que não tem acesso aos serviços de saneamento? Quem são os brasileiros que não têm direito a morar em ambiente salubre e não têm acesso à água potável regularmente? Não é difícil responder, observando a realidade sanitária das nossas cidades e áreas rurais. São efetivamente os mais pobres, os excluídos nesta sociedade marcada por tão profundas desigualdades sociais e de renda.

Por isso, tenho a firme convicção, mesmo sendo engenheiro sanitarista, que a engenharia e também a medicina não são suficientes para resolver os problemas de saneamento deste país. Eles passam por outras questões, de natureza social, econômica e política. Um dos principais obstáculos para universalizar o atendimento com saneamento é a miséria em que vive boa parte das famílias que moram em nossas cidades. Sem renda suficiente para arcar com os custos de uma moradia adequada e sem uma política que viabilize habitação popular, os pobres são forçados a "habitar" ilegalmente nas encostas instáveis dos morros, nas áreas inundáveis, nas áreas de proteção de mananciais, em terrenos públicos ociosos, enfim em toda sorte de terras urbanas que estão fora do mercado formal e que vão se constituir nos loteamentos clandestinos e favelas onde mora hoje cerca de 50% da população das metrópoles brasileiras.

A solução dos problemas do saneamento brasileiro, bem como os problemas da saúde dos brasileiros, depende da solução do problema do desenvolvimento nacional e do resgate simultâneo da pesada dívida social que a Nação acumula com seus filhos. Eles não se equacionarão fora do processo de conquista e desenvolvimento de uma sociedade mais justa, que deverá incorporar o combate à dependência externa e a defesa da autonomia nacional, que terá o social como referência central do desenvolvimento, incorporando em sua própria dinâmica interna a distribuição de renda e de riqueza, a geração de emprego, a inclusão social e o uso dos recursos naturais com sustentabilidade, e que simultaneamente buscará criar condições, de modo permanente, para a democratização do Estado e da política.

Para examinar um pouco melhor como estas questões se relacionam com o saneamento, podemos começar pela questão nacional. "Não somos analfabetos" diz Fernando Henrique ao FMI – segundo a Folha de São Paulo de 12 de março passado. Quando ministro, José Serra também já reclamou de que o FMI, dizendo que os subdesenvolvidos do Hemisfério Sul são tratados como trouxas, com exigências mais rigorosas que as feitas aos países ricos. De que reclamavam o presidente da República e seu ministro? Das restrições impostas pelo FMI para o investimento do setor público, particularmente em infraestrutura e em saneamento, mesmo quando a disponibilidade é óbvia como é o caso dos recursos depositados no Fundo de Garantia por Tempo de Serviço (FGTS), principal fonte de financiamento dos investimentos em abastecimento de água e esgotamento sanitário desde os anos setenta. Trata-se evidentemente de clara restrição ao exercício da soberania nacional. O presidente da República pode no máximo espernear e, quando esperneia, consegue no máximo destaque na imprensa. Resta apenas a demonstração inequívoca de que o Governo Fernando Henrique alienou a soberania nacional até mesmo para o trato das questões mais básicas que dizem respeito à vida, à saúde e ao desenvolvimento e, portanto, ao nosso futuro e das nossas crianças.

Portanto, o atual Governo Federal conduziu o país a uma situação onde se vê impedido de tomar decisões sobre o financiamento das políticas sociais. O que remete exatamente para a questão social. Infelizmente, a vitória dos candidatos que assumiram o governo em 1991, 1995 e 1999 foi a afirmação de um projeto para o país que não leva em consideração o social, que apostava nas teses do neoliberalismo postuladas pelo Consenso de Washington, que acreditava que era possível fazer que o país entrasse na modernidade, submetendo-o às orientações do capital financeiro internacional e promovendo uma abertura indiscriminada de nossa economia.

O resultado, percebe-se com clareza agora, foi a alienação do patrimônio público, a desnacionalização acelerada de nossa economia, a disparada dos juros e o nível pífio de crescimento econômico, o aumento do desemprego e a diminuição da participação dos rendimentos do trabalho na renda nacional e o tremendo aumento da violência cotidiana. Com se não bastasse, o próximo presidente herdará um endividamento público recorde, remunerado a taxas de juros estratosféricas, que se elevou de 24 % para 57% do PIB, sem resultar em qualquer contrapartida.

As restrições impostas pela necessidade de remunerar os juros desta dívida se refletem em todos os campos onde o setor público atua ou deveria atuar e evidentemente na saúde e no saneamento. As metas sociais foram colocadas em segundo plano pela imperiosa necessidade do setor público gerar superávit primário de 3,5% do PIB[3], o que corresponde a R$ 44 bilhões/ano, valor destinado ao pagamento de juros que ultrapassam R$100 bilhões/ano. Assim, mesmo com todo o sacrifício imposto à Nação, a dívida pública segue crescendo em disparada.

Para efeito de comparação, estimativas preliminares indicam que se o país investir adequadamente em abastecimento de água e esgotamento sanitário 0,4 % do PIB, ou seja, cerca de 5 bilhões de reais por ano em um prazo de no máximo 10 anos teríamos condições de atender a toda a população brasileira. Tal meta de investimento não é ficção e mesmo hoje, se não houvessem as restrições ao investimento do setor público, seria possível atingi-la combinando as fontes tradicionais do setor (excedentes tarifários e empréstimos do FGTS) com recursos do FAT e dos orçamentos fiscais dos três níveis de governo. É uma questão de prioridade.

Fica claro que ou o social ganha prioridade em um quadro de retomada do desenvolvimento com geração de trabalho e distribuição de renda ou não teremos saída para o saneamento, a saúde, a habitação a urbanização das favelas brasileiras e para todas as outras políticas sociais que necessitam equacionamento. Este é um ponto central.

Falta ainda a questão da democracia. Nós vivemos num país que infelizmente tem uma tradição de violentar os interesses populares muito antiga que começa no Brasil Colônia. Até hoje nossas elites são acostumadas a se apropriar do dinheiro público com brutal descaramento. Nossas elites entendem natural dirigir a máquina pública, inclusive as máquinas do saneamento e a da saúde para atender aos seus interesses específicos, agravando as condições de saúde da maior parte da população brasileira. Se comparadas com o mosquito da dengue, elas atuam com maior preconceito de classe. Diferentemente dos micróbios que colocam em risco a população pelo esgoto que corre aparente nas sarjetas e que vai contaminar fundamentalmente a população local, o mosquito da dengue é mais democrático. Ele se prolifera, por exemplo, nos reservatórios de água da população que não tem abastecimento regular de água e que precisa acumular água em latões e voa o suficiente para se reproduzir em outros locais e colocar em risco a saúde de ricos e pobres.

Felizmente este debate se dá no âmbito desta discussão sobre o futuro deste país, do “Brasil em Questão”, o que induz pensar sobre as perspectivas de trabalho e de emprego desta juventude que está aqui hoje e que será maior ou menor dependendo da opção que escolheremos nas próximas eleições. Não tenho dúvida que os jovens terão imensa contribuição a dar com suas energias e seu trabalho se o país vai colocar como objetivo precípuo o desenvolvimento com justiça social, conseqüentemente ampliando o mercado de trabalho para que nós possamos ter profissionais atendendo a toda população na promoção do saneamento ambiental e da saúde, tanto nas cidades quanto no campo.

E por falar em campo, não é possível esquecer a população rural – cerca de 34 milhões de brasileiros que vivem no campo uma situação sanitária do que nas cidades. Enquanto nas cidades nós herdamos as estruturas do finado PLANASA[4] que está em fase de decomposição. Não temos uma política nacional de saneamento rural e nenhuma estrutura de saneamento especificamente dirigida para a população rural. Um programa nacional de saneamento rural ensaiado há cerca de dez anos não passou dos projetos pilotos.

Há muito o que fazer para construir este país. Seguramente as perspectivas da juventude que hoje estuda na UnB contribuir nesta construção serão mais amplas se nós escolhermos uma proposta de desenvolvimento para a sociedade brasileira que seja efetivamente democrática, que tenha o social como eixo e o combate à desigualdade como prioridade, assegurando universalmente os direitos básicos que a sociedade moderna conquistou. E neste caminho, nós estaremos forjando também uma sociedade mais segura porque também mais solidária.

A meu ver uma questão de fundo mereceria ser colocada para os candidatos a presidência quando comparecerem a este Fórum: Qual é a natureza do saneamento ambiental? O saneamento é um direito básico que deve ser assegurado universalmente a todos ou o saneamento pode ser tratado como um negócio? É possível condicionar a oferta de saneamento à geração de lucro?

E ao ouvir as respostas que serão dadas, é preciso lembrar que o candidato situacionista apesar de já ter feito algumas críticas exatamente às limitações que o FMI impõe ao financiamento do setor público, sendo candidato da situação estará defendendo a continuidade de uma política que tem por todas as formas tentado vender as empresas de saneamento básico e que tem tentado transformar as concessões de saneamento em moeda de troca para arrecadar dinheiro para pagar juros da dívida pública. Política que aparentemente não conseguiu ainda causar no saneamento o prejuízo que causou no setor de energia elétrica, talvez porque o setor de saneamento não tem o nível de integração que tem o setor de energia elétrica, onde desequilíbrios locais na relação oferta e demanda podem gerar apagões de caráter regional. Isto não ocorre no saneamento. A falta de água nos condomínios irregulares de baixa renda em Planaltina e em São Sebastião não se refletem diretamente no abastecimento do Plano Piloto de Brasília. O presidente atual, como já afirmou o Senador Sebastião Viana, ao invés de trabalhar na construção de uma política nacional de saneamento articulada com a política de saúde, integrando a política de saneamento ao SUS, vetou lei aprovada pelo congresso nacional que criava a política nacional de saneamento em janeiro de 1995, na primeira semana do seu primeiro governo. Em seguida patrocinou o projeto de lei 4147/2001, hoje em debate na Câmara Federal, que tem como objetivo fundamental facilitar a venda dos ativos o controle das empresas e do patrimônio público brasileiro na área de saneamento básico, atendendo as pressões do capital financeiro para abrir este espaço para o lucro das empresas internacionais.

Termino com um exemplo de luta. O jornal Valor Econômico de 15 de março de 2002 traz como uma de suas manchetes: "Saneamento – Bispos organizaram movimento popular contra a venda da companhia estadual de água e esgoto. Pressão da Igreja barra privatização baiana". Sem deixar de lembrar o papel fundamental que os partidos de oposição e o movimento sindical dos trabalhadores do setor jogam na luta contra a privatização do saneamento da Bahia, é preciso registrar que quando os bispos param de se preocupar apenas com água benta, eles estão dando um grande exemplo da luta que nós brasileiros precisamos travar neste campo.

Notas

1 http://www.ibge.gov.br/home/estatistica/populacao/condicaodevida/pnsb/default.shtm

2 Portaria n° 1469, de 29 de dezembro de 2000, que aprova a norma de qualidade da água para consumo humano.

3 Percentual elevado para 3,75% em junho.

4 Plano Nacional de Saneamento, criado no início da década de 70, estruturou as companhias estaduais de saneamento básico nas diversas unidades da Federação.

A Pesquisa sobre Saneamento do IBGE e a Grande Dívida Social no Brasil

Sebastião Viana

O Instituto Brasileiro de Geografia e Estatística (IBGE), há poucas semanas, apresentou o resultado do levantamento nacional sobre os indicadores de saneamento básico. O resultado não é auspicioso, registra-se pequena melhora dos índices ali expressos quando comparados àqueles dos idos de 1989.

Segundo o Instituto, nesse período o volume de água tratada distribuída cresceu em 52,5%; o volume distribuído aos domicílios e sem tratamento aumentou em 191,3 %, passando de 3,2% para 7,2% do montante. Na Região Norte, o problema é muito significativo pois o percentual de domicílios que recebem água sem tratamento é de 32,4%. Cabe registrar que o IBGE não diferencia, em sua análise, quem são os beneficiados e quem são os excluídos da política de saneamento, dificultando a apreensão crítica de dados que informam, como por exemplo, que quase todos os municípios brasileiros oferecem água tratada (97,9%) e recolhem lixo doméstico (99,4%). É necessário que se realce que do total dos municípios brasileiros a cobertura do serviço de água

---

Sebastião Viana é Senador da República pelo PT–AC ,período de 1999 a 2007. Médico, especializado em doenças infecciosas e parasitárias. É um dos autores do projeto que estabelece novas regras para área da reprodução assistida. Faz doutorado na Universidade de Brasília (UnB).

é de apenas 63,9%. Quando se analisam esses dados por região verifica-se uma enorme disparidade: na região sul a proporção dos municípios atendidos é de 70,5%, na região nordeste é de 52,9% e na região norte sequer atende metade dos domicílios ficando em apenas 44,3%.

No Brasil a produção diária de lixo é de 125.281 toneladas, dessas 70% são jogadas a céu aberto, além dos 14,5 milhões de metros cúbicos de esgoto que têm igual destino.

O fato é que os recursos públicos para investimento nessa área foram praticamente suspensos. As empresas estaduais e municipais foram vitimadas por cortes orçamentários, corrupção, além da indiferença de muitos gestores, o que redundou na falência quase absoluta do já precário sistema de saneamento básico brasileiro.

É admirável saber que a consciência da importância de ações públicas na área de saneamento é tão antiga que em 313 A.C. inaugurou-se o aqueduto Apia, na Roma antiga, e no ano 90, depois de Cristo, Sextus Julios Frontinus, administrador dos recursos hídricos de Roma, já afirmava: "*a água esta relacionada não só com a salubridade da população, mas com a própria segurança das cidades.*" (in: Águas da Cidade de Roma, *Sextus Julius Frontinus*, Ed. CETESB). Essa noção, atemporalmente pertinente, foi retomada pela Organização Mundial de Saúde (OMS), que, ainda, expandiu-lhe o alcance ao afirmar que "*saneamento ambiental é o controle de todos os fatores do meio físico do homem, que exercem ou podem exercer efeito prejudicial ao seu bem estar físico, mental ou social*".

Esse mesmo organismo aponta para a trágica estatística de 3,4 milhões de mortes todos os anos no planeta em função da falta de fornecimento regular de água tratada, asseverando que "*para cada 1 real investido em saneamento, estaremos diante de uma economia de 5 reais em saúde.*"

Estima-se que 25 % de todas as internações hospitalares têm íntima vinculação com a qualidade dos serviços de saneamento. Somente o Sistema Único de Saúde acolheu 888 mil pacientes internados durante o ano de 2001 por motivos etiológicos vinculadas à crise de saneamento. No cenário global a sombria projeção epidemiológica persiste. Estima-se que 20 milhões de crianças perderão suas vidas nessa década pelas mesmas razões.

No que diz respeito à coleta de esgoto, verificou-se um tímido crescimento da ordem de 4,9%, ou seja, em 1989 o percentual era de 47,3 % e, agora, são coletados 52,2 %. A situação é ainda mais delicada se considerarmos que desse percentual somente 35% são devidamente tratados, que o Rio de Janeiro trata somente 50 % e que diversas capitais, como São Paulo, Rio Branco e São Luís, não dispensam a esses dejetos nenhum tipo de tratamento.

O Governo Federal, ao anunciar na década de 70 a criação do Plano Nacional de Saneamento (PLANASA), fixou a meta de estender os serviços de esgoto, no prazo de dez anos, a pelo menos dois terços da população brasileira.

A Constituição Federal de 1988 estabeleceu que participar da formulação da política e da execução das ações de saneamento era uma das competências do Sistema Único de Saúde (SUS). Naquele momento foram criadas as condições para a integração das áreas de saneamento e saúde. Vislumbrava-se um horizonte favorável à chamada "Reforma Sanitária".

Compreendendo como funções básicas da administração pública no campo sanitário: 1) abastecimento e distribuição de água; 2) eliminação e tratamento das águas servidas (esgotos); 3) coleta e destino final de lixo; 4) drenagem pluvial e urbana; 5) controle de doenças de vetores, o Parlamento Brasileiro, aprovou em 1994, o Projeto de Lei da Câmara dos Deputados nº 199, de 1993, de autoria da Deputada Irma Passoni, que disciplinava a matéria.

Lamentavelmente, no dia 4 de janeiro de 1995, o Presidente da República Fernando Henrique Cardoso encaminhou ao Congresso Nacional a Mensagem Presidencial nº 107 comunicando seu veto integral ao projeto que "*dispõe sobre a Política Nacional de Saneamento, seus instrumentos e dá outras providências*".

Inequivocamente, as razões do veto foram pautadas pelo enfoque econômico. A justificativa apoiava-se em três argumentos: a) "*saneamento é atribuição do governo local, cabendo à União instituir as diretrizes para o saneamento básico; b) a criação do Sistema Nacional de Saneamento, do Conselho Nacional de Saneamento e sua Secretaria Executiva, a instituição de planos qüinqüenais e a exigência de elaboração de relatórios anuais sobre a situação de salubridade ambiental no Brasil contribuirão não só para burocratizar, como para onerar a ação governamental no setor; c) a constituição do FUSAN, por sua vez, apresenta inconvenientes tais como: 1 – possibilidade de transferir indiretamente à União gastos próprios de estados e municípios; 2 – dificuldades operacionais na administração do Fundo, vez que o projeto de lei prevê recursos orçamentários de diferentes esferas (federal, estadual e municipal); 3 – conflito de objetivos com o FGTS e a Seguridade Social, que têm políticas e administrações próprias.*"

O veto presidencial na verdade era de outra ordem. O objetivo não declarado, mas embutido nessa decisão do governo, foi, desde o início, criar um cenário favorável ao processo de privatização do setor, de acordo com o projeto neoliberal adotado. Como corolário dessa ação governamental começou a tramitar no Senado Federal o Projeto de Lei nº 266, de 1.996, de autoria do senador José Serra, que "*estabelece diretrizes para o exercício do poder concedente e para o inter-relacionamento entre União, Estados, Distrito Federal e Municípios em matéria de serviços públicos de saneamento, e dá outras providências.*" Entretanto, passados tantos anos, a matéria até hoje não finalizou a sua tramitação na Casa, certamente pela dificuldade de serem aceitas as posições ali defendidas.

No ano de 2000, os Deputados Sérgio Novais e Maria do Carmo Lara apresentaram, na Câmara dos Deputados, o Projeto de Lei de nº 2.763 que "*dispõe sobre a Política Nacional de Saneamento, seus instrumentos e dá outras providências*", reconhecendo ser a cópia fiel daquele outrora apresentado pela Deputada Irma Passoni. Disseram eles: "*é a reapresentação de importante proposição que tramitou há alguns anos no Legislativo e acabou sendo vetada pelo Poder Executivo*".

No ano seguinte o Poder Executivo apresenta o Projeto de Lei 4.147 que "*institui diretrizes nacionais para o saneamento básico e dá outras providências.*" Em síntese o projeto do governo propõe que o "*Estado deixe a função executora dos serviços de saneamento passando a ser controlador / fiscalizador dos serviços prestados pela iniciativa privada*", ação prevista para ser executada pela Secretaria Especial de Desenvolvimento Urbano da Presidência da República. Confirmavam-se, assim, as reais razões do veto presidencial aposto ao PLC 199, de 1993, em um dos primeiros atos do governo de Fernando Henrique Cardoso: a prioridade era o projeto liberal.

Na análise das políticas de saneamento dos países da Comunidade Européia apenas na França e no Reino Unido há prevalência da iniciativa privada na distribuição de água. Na Espanha aproxima-se dos 20%, enquanto na Bélgica, Dinamarca, Grécia, Luxemburgo, Áustria, Portugal e Suécia, esta participação não ultrapassa a 10%.

O governo esquiva-se de partilhar com a sociedade brasileira a enorme dívida que tem quanto ao setor de infra-estrutura, em especial com saneamento básico. O viés privatizante adotado na formulação dessa política não é compatível com uma população que espera tanto dos seus governantes.

Enquanto estivermos sob a lógica do lucro, a nossa ânsia de mudança dos indicadores sociais não encontrará eco na iniciativa privada. Os diversos exemplos de privatização do setor têm redundado em desvios de função, corrupção ou concessões desvantajosas. As grandes empresas do setor sabem tratar-se de uma área onde vigora o princípio da economia de escala, ou seja, dada a pequena margem de lucro faz-se imperativo o amplo alcance da prestação de serviço. Desse modo, o risco do investimento não se justificaria em outras áreas que não as de grandes concentrações urbanas, quando é sabido que as maiores necessidades não se encontram aí. Segundo muitos analistas econômicos, cidades com mais de 50.000 habitantes seriam atrativas, mas essas correspondem apenas a 316 centros urbanos dos mais de 5.000 municípios brasileiros. No Brasil só 13 cidades têm população com mais de 1 milhão de habitantes.

Enfim, não será com investimentos como os que figuram no Sistema de Informação da Administração Federal (SIAF) – durante o ano de 1.999 foram alocados recursos para o sistema de coleta e tratamento dos resíduos sólidos da ordem de R$12.010.672,00, empenhados R$7.076.105,00 mas pagos efetivamente somente R$596.548,00 – que a população brasileira será atendida.

Melhor seria que o Governo Federal tivesse cumprido as suas próprias promessas – investir até 2010 um total de quarenta e quatro bilhões de reais, o que significaria aplicar 0,4% do PIB ao ano. Nas suas próprias estimativas estes recursos seriam suficientes para que, naquela data, todos os domicílios brasileiros fossem contemplados com saneamento básico – esgoto pluvial e sanitário, água tratada e distribuída, lixo recolhido e reciclado. Entretanto, a realidade é outra. O Governo está aplicando menos de 0,25% do PIB ao ano.

Em se mantendo inalteradas as bases sobre as quais se desenvolve a atual política de saneamento no Brasil, não restam dúvidas que a dívida social neste setor perdurará até 2020.

A minha sensibilidade social e a minha responsabilidade de homem público me impõem dizer que os nossos gestores públicos atuais, na sua maioria, não possuem o diagnóstico de que para realizar uma verdadeira reforma sanitária são imperativos não só a aplicação mínima de recursos mas também um suporte democrático para ações assentadas nos princípios de educação, mobilização e informação.

É necessário que as autoridades públicas que detêm a responsabilidade de definir e executar as ações na área do saneamento básico tenham a compreensão que uma cidade deve ser, antes de tudo, o hábitat digno do ser humano social. Tenho a esperança que o Estatuto da Cidade, recém aprovado pelo Congresso Nacional contamine os gestores públicos com esta consciência. Portanto, a resposta para a enorme dívida social no setor chama-se reforma sanitária urgente.

Os Desafios da Saúde Brasileira

Pedro Tauil

O Brasil inicia o século XXI sem ter resolvido os problemas de saúde típicos de país subdesenvolvido e já enfrentando os problemas de saúde dos países desenvolvidos. A área de saúde reflete os dois "Brasis" que conhecemos: o Brasil rico e desenvolvido e o Brasil miserável, carente de bens e serviços essenciais para uma sobrevivência digna. As grandes endemias como malária, leishmanioses, tuberculose e hanseníase continuam afetando milhares de brasileiros anualmente. As doenças do sistema cardiovascular, o diabetes e as neoplasias, por outro lado, já ocupam um lugar de destaque na estrutura de morbidade e mortalidade do país. Associam-se a estes problemas aqueles decorrentes da violência urbana, os homicídios e os acidentes de tráfego e do trabalho, e os do abuso de drogas lícitas e ilícitas.

O nível de saúde de uma população depende de múltiplos determinantes e condicionantes. Na verdade, os mais importantes estão fora do próprio setor saúde, como a alimentação, a moradia, o saneamento básico, o meio ambiente, as condições de trabalho, a renda, a educação, o transporte e o lazer.

Pedro Tauil é Professor da Faculdade de Medicina Universidade de Brasília (UnB) na área de Medicina Social, é especialista em doenças tropicais, principalmente, dengue. Ex-Diretor do Departamento de Erradicação e Controle de Epidemias do Ministério da Saúde. Foi premiado por seus trabalhos realizados pela Organização Pan-americana de Saúde (Opas).

Alguns dados de natureza social, econômica e demográfica precisam ser analisados para que se possa compreender a importância destes fatores e estabelecer o conjunto de ações necessárias para a promoção, proteção e recuperação da saúde da população.

Aspectos Demográficos

Dados da Fundação IBGE apresentam aspectos relevantes para a compreensão dos problemas de saúde da população do Brasil, como um todo, mesmo sem considerar as marcantes diferenças regionais.

Nunca a população brasileira foi tão urbanizada. Mais de 80% dos brasileiros vivem hoje em cidades. A população feminina predomina: para cada 968 homens temos 1000 mulheres. A taxa anual de crescimento tem decrescido, ficando em 1,63% na última década. A taxa de fecundidade total também está em declínio. Em 2000, foi de 2,3 filhos por mulher em idade fértil, aproximando-se do nível de reposição populacional. A esperança de vida ao nascer aumentou para 64,8 anos entre os homens e 72,6 entre as mulheres. A proporção de menores de 5 anos caiu para 9% e a de 60 anos ou mais aumentou para 8%. A população brasileira, portanto, está envelhecendo, levando a um aumento da prevalência de doenças próprias das idades mais avançadas, em geral crônicas e de custo de assistência médico-hospitalar mais elevado. Por outro lado, a urbanização rápida e intensa trouxe para as cidades problemas graves de altas concentrações populacionais, de habitação e de saneamento básico. Hoje estes são fatores fundamentais na determinação do aumento da infestação pelo mosquito *Aedes aegypti*, com o conseqüente aumento da incidência e da gravidade do dengue e risco de re-urbanização da febre amarela. As altas densidades populacionais urbanas contribuem ainda para o aumento dos agravos por causas externas, entre elas os homicídios e os acidentes de tráfego, principais causas de morte de população masculina adulta, jovem, em grandes e médias cidades brasileiras.

Aspectos Econômicos

A economia brasileira está fortemente marcada, nestes últimos anos pela adoção do Plano Real em 1994, o qual manteve a inflação em nível relativamente bastante baixo e estável. Porém, o endividamento do setor público aumentou consideravelmente, chegando a 51% do PIB ao final de 2000, levando o País a uma maior dependência de recursos externos e a um crescimento econômico relativamente baixo para as suas necessidades. Se por um lado a população mais pobre ficou livre do "imposto inflacionário", o reduzido crescimento econômico não aumenta suficientemente o nível de emprego. A concentração de renda nas camadas mais ricas tem crescido, ampliando o fosso social e as iniqüidades na distribuição dos agravos e na assistência à saúde.

Aspectos Sociais

O Brasil, apesar de estar entre as maiores economias do mundo, ocupa um lugar pouco lisonjeiro, na classificação dos países pelo Índice de Desenvolvimento Humano (IDH) da ONU. Pode ser comparado com países com renda *per capita* 4 vezes menor. Nas regiões Sul e Sudeste, o IDH alcança valores dos países mais desenvolvidos e no Norte e Nordeste, estes valores aproximam-se aos dos países mais pobres do mundo. Além das diferenças regionais, em cada uma das regiões constata-se a grande diferença de renda entre as faixas mais abastadas e as mais pobres da população. Na área da educação, tem melhorado significativamente a taxa de alfabetização, embora permaneçam ainda diferenças regionais importantes. O acesso à escola tem melhorado bastante, porém a média de anos de estudo ainda é insuficiente para atender às demandas do sistema produtivo moderno. Quanto ao saneamento básico, a população urbana difere bastante da população rural. A rede de abastecimento de água atinge cerca de 90% na área urbana, o sistema de esgotamento sanitário 74% e a coleta de lixo, 90%. Embora estes percentuais sejam elevados, há que se considerar que nem sempre apresentam a necessária regularidade de funcionamento e a água oferecida nem sempre é de boa qualidade.

A Situação de Saúde

Mortalidade

O sistema de mortalidade do Ministério da Saúde processou, em 1998, cerca de 80% dos óbitos ocorridos no país. Aproximadamente 15% foram de causas mal definidas, sendo o maior percentual na região Nordeste (29%) e o menor na Sul (7%), revelando maior falta de assistência médica naquela região. A mortalidade masculina foi maior (59% de todos os óbitos). Mais de 54% dos óbitos ocorreram em pessoas com 60 anos ou mais. A mortalidade proporcional de menores de um ano tem diminuído, alcançando 7,8% em 1998. A estrutura de mortalidade proporcional por causas, excetuando-se as mal definidas, revela o predomínio em todas as regiões dos óbitos por doença do aparelho circulatório, responsáveis por um terço do total de óbitos. As neoplasias já ocupam o 2° lugar e as mortes por causas externas (homicídios, acidentes e suicídios) estão em 3°. A mortalidade infantil vem caindo em todas as regiões do país. Em 1998 foi de 33,1 óbitos por mil nascidos vivos, variando de 53,5 no Nordeste para 18,7 no Sul. Cerca de 60% dos óbitos ocorrem no 1° mês de vida e 47% na primeira semana. A principal causa são as afecções com origem no período perinatal, seguida pelas doenças infecciosas e pelas anomalias congênitas. O aumento da cobertura dos serviços de saúde, o estímulo ao aleitamento materno, as imunizações e o uso do sal de hidratação oral são os grandes responsáveis pela redução da mortalidade infantil no Brasil. Infelizmente esta redução não foi devida à melhoria das condições estruturais de vida das populações mais pobres.

Morbidade

Entre as 12 milhões de internações registradas nos hospitais do Sistema Único de Saúde, em 1999, 25% são decorrentes de causas ligadas à gravidez, parto e puerpério. As doenças infecciosas ocupam o 2° lugar (16,7%), seguindo-se as doenças do aparelho circulatório (9%), digestivo (8%), respiratório (7,5%) e geniturinário (6%). Nas regiões Norte e Nordeste as internações por doenças infecciosas superam as do Sul e Sudeste, onde predominam as internações por doenças do aparelho circulatório, as neoplasias e os transtornos mentais.

A **malária** é ainda um grave problema de saúde pública na Amazônia. Mais de 99% dos casos ocorrem naquela região. Em

1999, chegou-se ao maior número de casos registrados nos últimos 40 anos (632 mil casos novos). Em 2000 e 2001, um plano de intensificação das ações de controle da doença tem conseguido reduzir significativamente a sua incidência em mais de 40%. A mortalidade por malária também está em decréscimo, pela redução de suas formas mais graves.

O dengue re-emergiu no Brasil, em 1982, depois de quase 60 anos sem registro da doença. Quatro grandes epidemias ocorreram desde então: em 1986/87, em 1990/91, em 1995 a 1998 e esta que estamos vivendo em 2001/2002. A sua incidência hoje concentra-se no Estado do Rio de Janeiro e em alguns estados do Nordeste, porém alcança praticamente todos os estados em menor intensidade. A infestação pelo mosquito *Aedes aegypti*, vetor do dengue e da forma urbana da febre amarela, abrange mais de 3500 municípios e a sua eliminação, como ocorrida na década de 1950, parece uma tarefa cada vez mais difícil, em virtude da complexidade da vida urbana.

A doença de Chagas encontra-se sob controle, com expressiva redução da sua transmissão natural, graças a um programa de combate aos principais vetores da doença. Em inquéritos sorológicos realizados na década de 1990, entre 245 amostras de sangue de escolares examinadas, apenas 0,13% encontram-se infectadas. Porém, ainda temos muitos doentes que demandam serviços de saúde em busca de tratamento de seus problemas cardíacos ou digestivos decorrentes da infecção adquirida no passado mais remoto.

A esquistossomose ainda é endêmica no Nordeste e em Minas Gerais e Espírito Santo. Porém, o número de óbitos e de formas graves está em franco decréscimo, graças a uma ação de diagnóstico e tratamento precoces, que precisa ser mantida e ampliada de forma descentralizada.

O calazar ou leismaniose visceral tem se urbanizado no Brasil, com número crescente de casos, atingindo atualmente cerca de 4 mil por ano, com mais de 80% deles no Nordeste. Recentemente, houve casos em cidades como Belo Horizonte, Montes Claros (MG) e Araçatuba (SP).

Entre as doenças evitáveis por vacina, desde março de 2000, não há registro de sarampo no Brasil. A poliomielite está eliminada desde 1989. A incidência do tétano neonatal está em declínio há mais de uma década. A ocorrência de tétano acidental, difteria e coqueluche está igualmente em declínio. O Programa Nacional de Imunização tem tido um grande êxito, estabelecendo estratégias descentralizadas de vacinação, alcançando altas coberturas vacinais.

A tuberculose continua registrando cerca de 80 mil casos anuais e a hanseníase mais de 40 mil casos novos por ano.

A SIDA/AIDS continua sendo a principal doença emergente em nosso país e no mundo. Mais de 20 mil casos novos são registrados anualmente. A razão de sexo alterou-se em relação ao início dos anos 80: uma mulher para dois homens.

A prevalência da obesidade tem aumentado em todas as regiões, faixas etárias de ambos os sexos e em todas classes de renda. O estilo de vida em população urbana, com vida sedentária e dieta rica em gordura e hidrato de carbono contribui para este aumento. Ironicamente, ainda se enfrenta carências nutricionais específicas, principalmente as deficiências de ferro e de vitamina A e quadros de subnutrição proteico-calórica

As doenças do envelhecimento populacional, entre elas o diabetes mellitus, a hipertensão arterial, as doenças isquêmicas do coração, os acidentes vasculares cerebrais e os tumores malignos aumentam sua prevalência, exigindo um sistema de assistência à saúde mais complexo, com medicação continuada, exames laboratoriais periódicos, internações mais freqüentes e de custos mais elevados.

Organização do Sistema de Saúde

Para enfrentar toda esta complexidade de problemas, o Brasil vive hoje o processo de implantação e implementação do Sistema Único de Saúde, (SUS) estruturado na Constituição de 1988 e resultado de um movimento pela reforma sanitária no País que se iniciou desde os anos 70. Considera-se que seja o sistema mais racional e equânime para atender à população brasileira, apesar de todos os obstáculos que encontra para atingir seu pleno funcionamento. Tem como princípios a universalização do atendimento, a descentralização das ações e a direção única em cada nível de governo. As competências de cada esfera do poder já estão bem definidas, assim como os mecanismos de financiamento e transferência de recursos. Busca-se um controle social deste sistema por meio de conselhos de saúde, com participação crescente da população organizada. Porém, os recursos financeiros são ainda insuficientes e sua gestão ainda não está otimizada. Se na área de assistência à doença o SUS já se encontra bem avançado na sua implantação, na área de controle de endemias só recentemente está se definindo.

Principalmente para a grande maioria da população brasileira, que não pode arcar com as despesas de um plano de saúde, o SUS é a única esperança de conseguir que seus direitos à saúde sejam garantidos.

O setor privado da saúde é marcado cada vez mais pelos planos de saúde de diferentes modalidades. Estima-se que mais de 40 milhões de brasileiros dispõem hoje de planos coletivos ou individuais, os quais só recentemente estão sendo submetidos a uma regulação legal.

Um grande movimento de ampliação da cobertura de assistência à saúde tem se desenvolvido no Brasil nos últimos anos, o que poderá reformular o atual modelo assistencial, constituindo-se na porta de entrada do sistema, facilitando o acesso aos serviços de promoção, proteção e recuperação da saúde. Trata-se dos programas de agentes comunitários de saúde e da saúde da família. Ainda em fase de estruturação, já apresentam resultados satisfatórios na redução da mortalidade infantil e incidência de doenças imunopreveníveis. Porém, carecem de uma política de contratação de recursos humanos condizente com sua importância.

Esta é uma visão muito rápida e superficial da situação de saúde no Brasil. Muitos desafios existem para que um dia possamos oferecer a população brasileira serviços de saúde que atendam em quantidade e qualidade suas necessidades.

Educação, ciência e tecnologia

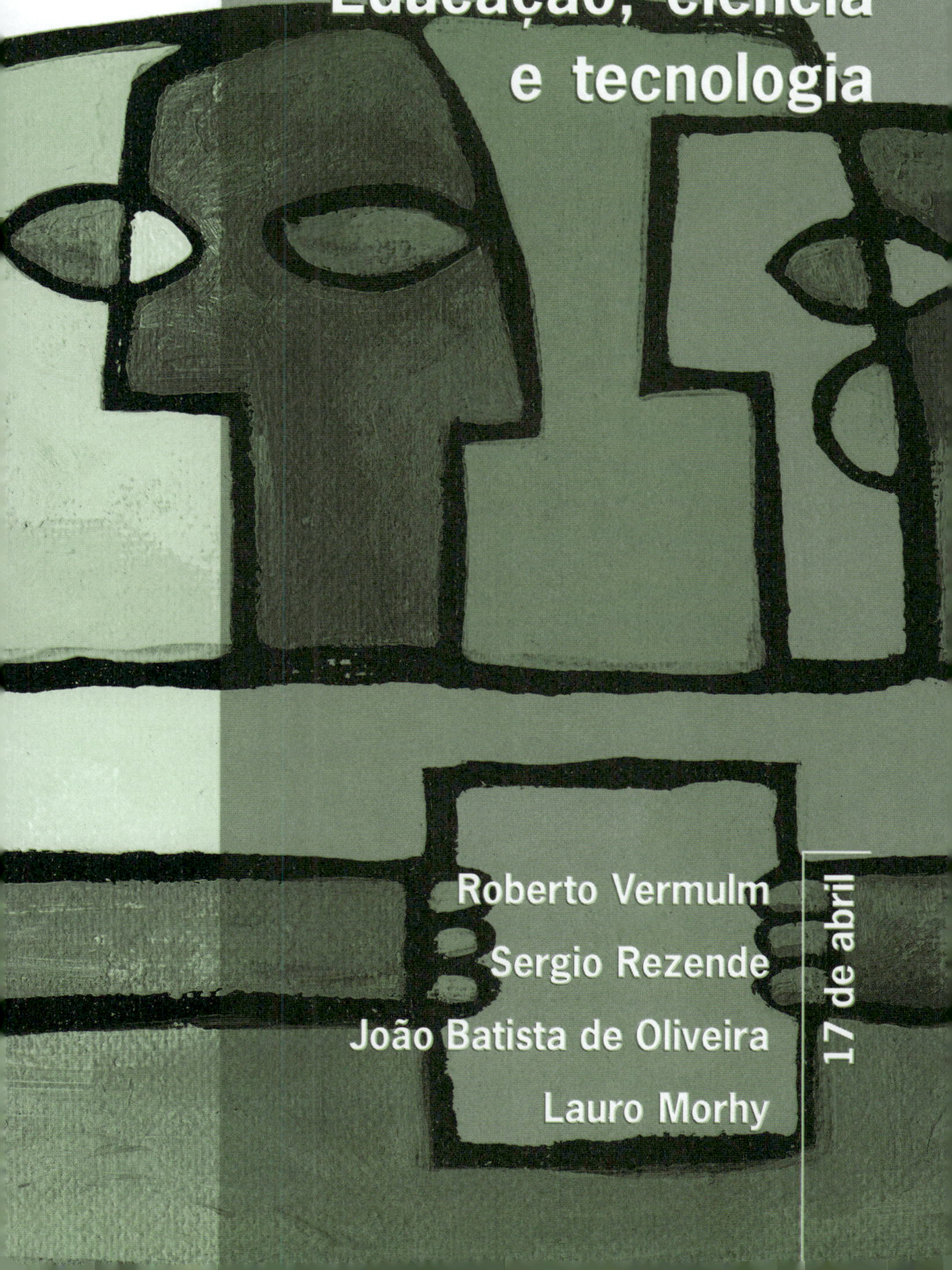

Roberto Vermulm

Sergio Rezende

João Batista de Oliveira

Lauro Morhy

17 de abril

Promoção do Desenvolvimento Científico e Tecnológico

Roberto Vermulm

Observando os indicadores de desempenho em ciência e tecnologia, observamos que a situação da tecnologia é mais dramática. Os indicadores que temos de publicações de artigos em periódicos internacionais nos são relativamente mais favoráveis do que os indicadores de resultado de atividades tecnológicas, relativos a patentes. Isto mostra que, apesar de termos ainda uma série de problemas e limitações, há uma capacitação constituída na área científica. A questão que se coloca é como transformar o conhecimento científico em inovações, como incentivar o relacionamento entre a universidade e o setor privado.

Temos competência no desenvolvimento científico; temos grupos de excelência nas universidades. Porém, essa competência e excelência não se traduzem no campo produtivo sob a forma de desenvolvimento tecnológico.

Esse problema não é recente e, sim, estrutural. É recorrente como objetivo de políticas de governo, embora a área de ciência

Roberto Vermulm é Doutor em Economia pela Universidade de São Paulo (USP). Professor Titular da cadeira Economia da Tecnologia na USP. Consultor do Instituto de Estudos para o Desenvolvimento Industrial – IEDI .Diretor do Centro de Gestão de Estudos Estratégicos – CGEE.

e tecnologia não tenha sido devidamente considerada pelas políticas de natureza macroeconômica.

Por outro lado, nem sempre esse problema é tratado de forma adequada. Por exemplo, em meados dos anos 70, quando o País de fato contou com uma política de ciência e tecnologia, considerava-se que o baixo desenvolvimento tecnológico no Brasil era decorrente de uma insuficiente estrutura de geração de conhecimentos. Instalaram-se, então, cursos de pós-graduação; investiu-se na formação de recursos humanos e na infra-estrutura de laboratórios. Acreditava-se que isso bastaria para que esses conhecimentos fluíssem para o setor privado.

Na realidade, o governo tinha o pressuposto equivocado de que ciência e tecnologia eram dois campos isolados. Pensava que havia um mercado de tecnologia com oferta e demanda; que as universidades e os institutos de pesquisa gerariam conhecimento e que o meio empresarial se apropriaria desse conhecimento para implementar inovações de produto ou de processo de produção.

Essa forma de interpretar a relação entre ciência e tecnologia parece não ser adequada. A relação é muito mais complicada. Tecnologia não é uma mercadoria, não existe um mercado e não é adequado fazer essa dicotomia, essa segmentação. No mundo da tecnologia, vale muito o experimento, a tentativa e o erro, o conhecimento tácito, não-codificado, enquanto no mundo científico temos um conhecimento muito mais organizado. Porém, apesar dessas especificidades, há uma intensa relação entre esses dois mundos.

Parece que o nosso ponto mais fraco está do lado produtivo, do lado da inovação, do meio empresarial e as razões para isso não estão somente no campo da política. Temos problemas estruturais que fizeram com que hoje chegássemos a essa situação.

O Brasil se industrializou em apenas quatro décadas, num curto espaço de tempo. Saímos de uma economia agrária para uma economia industrial, com uma matriz industrial complexa e relativamente completa no início dos anos 80. Neste período, da Segunda Guerra até os anos 80, fizemos grandes investimentos na estruturação do setor industrial e foi possível crescer sem fazer muitos investimentos em desenvolvimento tecnológico. A dinâmica industrial aconteceu porque estávamos instalando novos setores. Uma vez instalados, contudo, não ocorreu o mesmo dinamismo na geração de novos produtos, e novos processos a partir dessa base produtiva, já instalada. Por que isso ocorreu?

Para o empresário, o que interessa é a rentabilidade, é o retorno que ele tem de seu investimento. Esse retorno foi possível com subsídios fiscais, financeiros, políticas de arrocho de salário, a proteção comercial. Mesmo que tivessem um aparelho produtivo ineficiente, os empresários que aqui se instalaram obtiveram retornos extremamente elevados sem a necessidade de fazerem grandes investimentos no desenvolvimento tecnológico.

Esse é um problema de natureza estrutural: a mentalidade do empresariado, a falta de agressividade de ver que na geração de conhecimento, na inovação, uma forma de promover o desenvolvimento econômico. Claro que a empresa vai ganhar dinheiro com essa iniciativa e o só faz porque vai valorizar seu capital.

Assim, um dos problemas que nos aflige também é o de mentalidade, da cultura empresarial. Essa característica leva tempo para mudar. Não basta mudar a política científica e tecnológica, por mais que se criem instrumentos que visem favorecer o meio empresarial a investir mais recursos em desenvolvimento tecnológico. É preciso uma atuação de mudança de mentalidade, de sensibilizar e mobilizar o meio privado a considerar o desenvolvimento tecnológico nas suas estratégicas empresariais. Essa é uma questão prioritária para ser enfrentada imediatamente. Estamos atrasados nessa corrida em relação a outras nações.

Sabemos que a questão da tecnologia é tida com um dos instrumentos de dominação entre as nações, e na medida em que não relevemos à posição estratégica este tema, abrimos mão de nossa soberania no cenário internacional. Independentemente de partido e governo, é imperativo procurar recolocar a questão da ciência e tecnologia em posição estratégica.

Daí derivam algumas observações. Em relação ao desenvolvimento tecnológico, não podemos abrir mão de novas tecnologias, de fazer investimento nas novas tecnologias que são portadoras de futuro, que permitem a geração de produtos de maior valor agregado; do ponto de vista estritamente econômico, valor agregado significa renda, salários, potencial de crescimento para o país. Se abrirmos mão de investir em tecnologias que permitem maior agregação de valor, ficaremos subordinados à situação de manter salários baixos, com crescimento limitado. É preciso investir onde se consegue agregar maior conhecimento, maior valor, para gerar maior renda e abrir a possibilidade de termos uma melhor distribuição de renda.

Não quer dizer que somente isso vai garantir uma melhor distribuição de renda, mas abre uma possibilidade. Por um lado, temos que fazer esses investimentos em novas tecnologias, não só por questões ideológicas. Ao analisarmos a balança comercial brasileira, constatamos que mesmo diante de um saldo pouco positivo de 2 milhões de dólares, três setores são responsáveis por um déficit de 17 ou 18 milhões de dólares. Esses setores são: mecânica, química e eletroeletrônica. Esses três setores são os responsáveis pela geração e transmissão de progresso técnico para o conjunto da produção social. São eles que têm maior densidade de conhecimento. Assim, é imperativo que se faça uma mudança nesse quadro, caso contrário o crescimento econômico do país corre risco de se tornar inviável, a médio e a longo prazo. É fundamental o investimento em novas tecnologias.

Uma segunda observação é de que o tecido produtivo brasileiro apresenta grande heterogeneidade inter e intra-setorial. Às vezes até no mesmo setor de atividade, convivem empresas com grandes disparidades entre padrões tecnológicos. Por um lado, algumas empresas excelentes, com investimentos em tecnologia que as tornam muito avançadas; e, por outro, cadeias produtivas muito desestruturadas, grandes defasagens, com dificuldades de relacionamentos e de cooperação. Em outros termos, isto induz à necessidade de políticas de difusão de tecnologia. Tecnologias já dominadas, estabelecidas e, que apesar de dominadas e estabelecidas, não o são pelo setor privado. Então, é importante trabalhar na direção da difusão, na extensão tecnológica para o setor industrial, simultaneamente aos investimentos em capacitação em novas tecnologias.

Essas são algumas grandes prioridades para promoção do desenvolvimento tecnológico. Mas para o campo científico, para as universidades, para os institutos de pesquisa, é preciso melhorar essa relação, o que significa tentar alterar a mentalidade e a cultura do meio empresarial, e as nossas, das universidades, também. Na verdade, são dois setores que não se interagem. O meio empresarial considera que nas universidades só existem lunáticos, que ficam discutindo sexo dos anjos, e as universidades imaginam que os empresários só visam ao lucro no curto prazo. Se permanecermos com essa mentalidade será muito difícil estabelecer uma relação de cooperação.

É importante criar os instrumentos mais adequados para facilitar essa interação entre o setor produtivo e as universidades. É nesse sentido que deve atuar a Lei de Inovação que está em discussão. Nessa mesma direção foram constituídos os Fundos Setoriais que procuram promover a interação das universidades com os setores produtivos. As universidades não devem ficar limitadas a isso. Claro que é fundamental fazer investimentos na formação de recursos humanos, no desenvolvimento da ciência básica, porque são eles que vão gerar conhecimentos que mais tarde serão utilizados. A formação de recursos humanos qualificados é necessária para que o Brasil construa sua capacidade de inovar. Por outro lado, a ciência básica se justifica em si mesma, principalmente pela imprevisibilidade da evolução do conhecimento.

Quando se diz que precisamos aproximar as universidades e as empresas, não se quer dizer que as empresas precisam absorver tudo que é gerado nas universidades. Das universidades precisamos não só a formação de grupos de excelência para a realização de pesquisa tecnológica, como também para a realização de pesquisa básica, essa última pouco ou quase nunca absorvida pela empresa, mas de fundamental importância para o desenvolvimento científico e tecnológico.

Esses são os desafios que teremos que enfrentar no curto prazo.

A criação dos Fundos setoriais abre uma perspectiva para melhorar esse ambiente para o desenvolvimento científico e tecnológico. Porém não podemos aceitar que esses Fundos venham substituir recursos orçamentários. Temos que estar mobilizados para lutar para que os Fundos sejam recursos adicionais aos orçamentários já existentes. Ou seja, não podemos aceitar que os Fundos Setoriais, que vão irrigar o sistema com mais

600 ou 700 milhões/ano, possam sustentar toda a atividade de ciência e tecnologia ou que sejam considerados como substitutos de recursos que o governo tradicionalmente tem investido em ciência e tecnologia. Os Fundos Setoriais foram constituídos na perspectiva de mobilização de recursos para o desenvolvimento científico e tecnológico que tenham continuidade ao longo do tempo, supostamente não passíveis de cortes de orçamento da União em conjunturas de grande aperto fiscal.

O Centro de Gestão e Estudos Estratégicos – CGEE também foi concebido como nova institucionalidade na definição e implementação da política científica e tecnológica nacional. A experiência curta de atuação do CGEE já demonstra a riqueza do seu campo de atuação, inclusive por tentar criar ambiente mais favorável para a interação de projetos entre universidades e institutos de pesquisa, de um lado, com setor privado, de outro. Está surgindo uma nova prática na condução do desenvolvimento científico e tecnológico que é a da parceria com o setor científico, com a comunidade, com o setor empresarial.

Cada Fundo Setorial conta com um Comitê Gestor composto por representantes da comunidade, do setor privado e do governo. É um espaço institucional para se negociar e articular políticas e ações de governo segundo os diferentes interesses dos agentes sociais. Parece-me que essa é a oportunidade de se construir um marco institucional novo.

O fluxo anual de recursos dos Fundos Setoriais está por volta de 600/700 milhões de reais. Uma parcela desses recursos poderia ser aplicada no desenvolvimento de novas metodologias e de novas soluções técnicas para a área de educação, desde que os respectivos projetos estejam de acordo com as normas previstas em editais dos Fundos Setoriais.

Mas os recursos dos Fundos Setoriais são claramente insuficientes diante das necessidades do Brasil. Se disponibilizarmos os recursos para todos os grupos de pesquisa e empresas que necessitam fazer alguma atividade tecnológica, vai dar muito pouco para cada um. Esses recursos devem ser vistos como alavanca sobretudo para mobilizar o setor privado a realizar atividades tecnológicas. Esses fundos, na sua maioria, têm destinação de recursos para setores previamente selecionados, mas existem dois fundos de natureza não setorial.

Temos o Fundo de Infra-Estrutura que fundamentalmente está voltado para as universidades e instituições de pesquisa, procurando melhorar, aperfeiçoar e modernizar a infra-estrutura destas instituições de pesquisa. O outro fundo não setorial é o Verde-Amarelo, cujo objetivo é promover a integração universidade-empresa. Os recursos dos fundos não são destinados a financiar as atividades das empresas. Eles não financiam a pesquisa da empresa e, sim, instituições sem fins lucrativos que estejam desenvolvendo projetos para o setor privado. O setor privado se beneficia destes recursos ao interagir com a universidade e as instituições de pesquisa.

Também estão sendo desenvolvidos novos instrumentos para a promoção do desenvolvimento tecnológico nacional: recursos do Fundo Verde-Amarelo são destinados para que a FINEP promova a redução das taxas de juros para quem toma financiamento lá. Adicionalmente, o governo federal pode conceder subvenção a programas de desenvolvimento tecnológico. Estes instrumentos estão sendo mobilizados visando a criar um ambiente mais favorável ao desenvolvimento tecnológico.

Os fundos setoriais devem destinar 30% dos seus recursos para as regiões Norte, Nordeste e Centro-Oeste, mas não determina que estes recursos sejam destinados à formação de recursos humanos. Tudo dependerá dos projetos propostos, da necessidade de capacitação em áreas específicas do conhecimento. O CNPq, como instituição que compõe o Sistema MCT, também recebe recursos dos Fundos Setoriais para realizar investimentos na capacitação de gente e na fixação de pessoal qualificado em instituições que realizam pesquisas. Na verdade, é importante que nestas regiões se fixe competências e se qualifique recursos humanos, além, evidentemente, de conceder condições adequadas de trabalho nas instituições de pesquisa e nas instituições privadas de pesquisa e desenvolvimento.

O CGEE vem para ajudar na definição das prioridades dos Fundos, na aplicação destes recursos, porém ele não tem poder decisório, não dita aonde os recursos vão ser aplicados. A nossa função é promover estudos com o intuito de aplicação dos recursos, de articular grupos de pesquisa detse país para produzir os estudos que vão orientar as decisões dos fundos setoriais. O êxito do CGEE está em conseguir fazer esta articulação. Do ponto de vista das prioridades setoriais, primeiro acho que política de desenvolvimento tecnológico assim como política industrial, necessariamente tem um recorte setorial. O que se propõe para a indústria elétrico-eletrônica, os instrumentos que se mobilizam, não são iguais para a indústria de calçados. Têm ritmos de inovação, conhecimento, padrões de inovação e tecnologia e práticas diferentes. Precisamos trabalhar de acordo com os setores que se quer incentivar. Isso não significa que estamos elegendo setores prioritários e, sim, reconhecendo que cada setor tem prioridades específicas.

Lutar por essas inovações e consolidar a nova estrutura institucional de ciência e tecnologia é uma pauta para o novo presidente.

QUESTÕES AOS CANDIDATOS À PRESIDÊNCIA DA REPÚBLICA

Considera importante promover a integração entre universidades e empresas? Como fazê-lo?

Visando ao desenvolvimento tecnológico nacional, elegeria setores prioritários? Por quê?

Como estimular as empresas a ampliarem os seus investimentos em inovação?

Acredita haver condições para que as empresas multinacionais realizem atividades de pesquisa e desenvolvimento no Brasil? O que fazer para que as multinacionais ampliem seus investimentos locais na realização de atividades tecnológicas?

É a favor de implementar algum mecanismo de proteção a tecnologias desenvolvidas no Brasil?

Educação, Ciência e Tecnologia no Plano de Desenvolvimento Nacional

Sergio Rezende

A sociedade brasileira tem na vida diária uma atitude de apatia, de passividade, com relação aos inúmeros problemas atuais. No entanto, as eleições quase que gerais que teremos este ano representam uma oportunidade para que a sociedade seja sacudida, mesmo que levemente, e para que ela possa participar dos processos de decisão em torno destes problemas e da escolha dos rumos para o futuro. Ocorre que temos no Brasil de hoje uma democracia meio capenga; na verdade, uma democracia que, digamos assim, foi consentida há cerca de 20 anos. Não foi uma democracia conquistada pela população, mas, sim, promovida pelas elites dirigentes com certas salvaguardas.

Entre as salvaguardas destaca-se a forma pela qual foram feitas as concessões dos meios de comunicação, que ficaram sob o controle das elites. Com isto a população, principalmente a mais pobre, tem hoje uma enorme dificuldade de compreender o que

---

Sergio Rezende Secretário de Patrimônio, Ciência e Cultura da Prefeitura de Olinda. Doutor pelo *Massachussets Institute of Technology* (MIT). Professor Titular da Universidade Federal de Pernambuco (UFPE). Físico, especializado em magnetismo e materiais magnéticos, atuou na capacitação do Grupo de Magnetismo e Materiais Magnéticos (MMM) do Departamento de Física. Ex-Secretário de C&T do Estado de Pernambuco.

está se passando, tanto na economia quanto na política. Isto facilita a situação que hoje predomina, com partidos políticos sem propostas e ideologias claras. Na verdade, o que se vê hoje são partidos de direita com discurso de esquerda; partidos de esquerda procurando fazer alianças com partidos de direita; e a confusão é naturalmente muito grande. Apesar disso, temos um regime democrático, com liberdades individuais, e a época da campanha eleitoral é muito oportuna para debater as questões e procurar avançar com a escolha de políticos e dirigentes mais preparados e mais comprometidos com as necessidades do país.

Nesse contexto, é muito importante o papel da UnB em promover este debate. Vale recordar que a fundação da UnB há quarenta anos representou uma importante mudança no cenário da universidade pública brasileira. Até os anos 60, havia no Brasil praticamente duas universidades: a Universidade de São Paulo, criada em 1934 e que tinha alguma atividade de pesquisa, de geração de conhecimento, mas ainda limitada a poucas áreas do conhecimento básico; e tínhamos a Universidade do Brasil, formada por um aglomerado de faculdades e escolas, no Rio de Janeiro. Portanto, não tínhamos uma universidade propriamente dita. A criação da Universidade de Brasília, com seus institutos centrais, contando com professores de tempo integral, fazendo pesquisa e ensino, foi um marco extremamente importante há quarenta anos.

Cabe perguntar por que, só em 1962, foi criada no Brasil uma universidade com essas características? As razões para isso são complexas, históricas e têm a ver com toda a formação do Brasil, mas é interessante fazer alguns paralelos. Faço um paralelo com um país que foi criado, que foi descoberto na mesma época que o nosso, um país que tem uma área semelhante à nossa, que tem uma população maior do que a nossa, mas não muito maior, que é os EUA. Por que somos tão diferentes dos EUA, porque lá existem universidades desde o século 17 e aqui não, o que aconteceu? Sei que a questão é complexa, que não devemos fazer simplificações, mas vale a pena fazer algumas considerações históricas.

Em 1750 os EUA já tinham um físico famoso: Benjamin Franklin, que fazia experiências de eletricidade, tentando descobrir as leis que governam as cargas elétricas, na mesma época em que os cientistas europeus também pesquisavam sobre esse assunto. Franklin não era só físico, era também inventor, foi ele quem inventou o pára-raios e outros equipamentos. Mas além de físico e inventor, ele era militante político. Ele fundou um jornal que pregava idéias libertárias, foi deputado pela Filadélfia, e teve uma importante participação na redação da declaração da independência americana em 1776. Cem anos depois de sua importante participação, os EUA já eram uma república independente, tinham uma boa distribuição de terras e conseguiam atrair técnicos e artesãos europeus. Eles foram importantes para que se desenvolvesse na sociedade a prática de inovar.

Thomas Edson também fez várias e importantes invenções, como o microfone de carvão e a lâmpada elétrica. Em função de suas invenções, ele criou uma empresa, a RCA. Essa empresa começou a contratar os primeiros físicos com doutorado formados pelas universidades americanas. A empresa de Edson sabia que não iria progredir e inovar sem ter pessoas com formação mais sólida.

Mais ou menos na mesma época, Alexander Graham Bell, descendente da primeira geração de europeus, inventou o telefone, criou a AT&T e começou também a contratar os primeiros doutores formados em física. Então, de maneira natural, começou-se a ter pesquisa e desenvolvimento de forma harmônica, com as empresas contratando pesquisadores, engenheiros e outros pós-graduados, constituindo o que hoje correspondem as empresas de alta tecnologia. O sistema foi evoluindo de maneira harmônica ao longo dos anos e hoje os EUA são uma potência mundial, sem dúvida, arrogante e rica, com um PIB 15 a 20 vezes maior que o brasileiro. Por outro lado, o Brasil que foi descoberto e colonizado na mesma época, é um país continental e cheio de riquezas naturais, mas é dependente e tem uma imensa população pobre.

Ocorre que na época de Franklin, em 1750, o Brasil era governado por Governadores Gerais, que aqui representavam os interesse dos nossos colonizadores. Éramos exportadores de cana-de-açúcar, de café, de minério e contribuíamos para a riqueza européia. Mas ao Brasil não era permitido se educar e se desenvolver, tipografias aqui eram proibidas. Neste paralelo histórico, vale lembrar que inspirado por Franklin, Tiradentes fez naquela época, um movimento em favor da independência. Mas a defesa dos interesses externos aqui era tão forte, que Tiradentes foi delatado por traidores e, em vez de conseguir nossa independência, ele conseguiu a forca.

A nossa independência no século seguinte não foi conquistada, mas consentida por motivos que eram convenientes aos nossos dominadores. E foi assim que o Brasil se desenvolveu, sempre tolhido pelos interesses externos, com injustiça social e sem empresas que tivessem suas riquezas promovidas com base na educação, na ciência e tecnologia, mas, sim, na produção de produtos simples e na exportação de matéria-prima. Assim chegamos no século 20 e, na verdade, até a Segunda Guerra Mundial. A situação neste setor só começou a mudar na época da fundação da UnB. Nos últimos 40 anos tivemos retrocessos e avanços políticos, tivemos uma longa ditadura e depois uma democracia, ainda que frágil.

Como disse antes, a criação da UnB foi um marco na mudança do quadro universitário brasileiro. Logo depois, nos anos 60, houve um avanço no sistema de ciência e tecnologia, com a criação, pelo saudoso José Pelúcio Ferreira, no BNDES, de um departamento para promover a pós-graduação nas universidades brasileiras. Nos anos 70, o mesmo Pelúcio criou a FINEP, e o Fundo Nacional de Desenvolvimento Científico e Tecnológico, dotado de recursos consideráveis. Em 1976, o FNDCT tinha, em moeda daquela época, U$ 175 milhões, que eram recursos fabulosos para o sistema nacional e que proporcionou a criação de laboratórios em vários pontos do Brasil. Infelizmente, mantendo a tradição, houve grande concentração de recursos na região Sudeste, mas houve ações pontuais em outras regiões. Por exemplo, em Pernambuco tivemos importante apoio da FINEP, que nos proporcionou o desenvolvimento da física, da matemática e da química, e mais tarde da informática.

Começou a surgir, então, um sistema de ciência e tecnologia, razoavelmente desenvolvido em comparação com outros países sub-desenvolvidos. Hoje, o Brasil tem o maior e melhor sistema de C&T da América Latina, contando com cerca de 50 mil pesquisadores. Proporcionalmente aos Estados Unidos, ao Japão, à Europa, o número é ainda muito pequeno, pois nosso percentual de pesquisadores em relação à população economicamente ativa é da ordem de 0,1%, enquanto nos países centrais o percentual é 5 e até 10 vezes maior. Apesar disso nosso sistema de C&T tem dimensão e qualidade razoáveis, como já disse, é certamente é o melhor da América Latina. Então qual é o problema?

O problema é que o sistema foi desenvolvido de maneira desacoplada do sistema de produção nacional. Há, é verdade, vários exemplos de como a ciência e tecnologia contribuíram para o desenvolvimento de produtos e processos: por exemplo, a cultura da soja no cerrado, desenvolvida com o grande apoio da EMBRAPA; as técnicas de exploração de petróleo em águas profundas; os aviões da Embraer. Mas são exemplos isolados, o fato é que não existe não existe a cultura da pesquisa e da inovação no sistema produtivo brasileiro. E por que não existe isso? Além de ser uma questão cultural, é porque nunca a educação, a ciência e tecnologia fizeram parte das macropolíticas do Brasil. Nunca fizeram e não fazem nos dias de hoje.

O Ministério da Educação teve no ano passado um orçamento de cerca de 16 bilhões de reais. Parece muito, mas não é para as dimensões da economia brasileira. A única política que predomina hoje é a macroeconômica, cujo único objetivo é o controle da inflação. Os instrumentos escolhidos, inicialmente o real supervalorizado e os juros altos, fizeram a dívida pública brasileira aumentar por um fator de 5 nos últimos seis anos. Enquanto o MEC recebeu 16 milhões no ano passado, o Tesouro Nacional pagou de encargos, de juros e amortização da dívida federal, nada menos que 107 bilhões de reais. O governo federal paga hoje, por dia, 300 milhões de reais pela dívida, e ela continua crescendo, grande parte é rolada, não é amortizada. No próximo ano o que vai se gastar com encargos da dívida será 15% maior e a cada ano isso vai crescendo. E se não houver uma mudança neste curso, não vamos conseguir escapar de um processo igual ao que ora ocorre na Argentina. A pergunta então é: É possível mudar? É possível um país que não tem tradição na área, incorporar sua ciência e tecnologia no processo produtivo, fazer uma mudança cultural nessa altura do campeonato?

Certamente é possível começar a mudar. Uma mudança cultural nunca é feita de uma hora para outra. Vamos fazer uma comparação que cabe muito bem, apesar da distância ser muito grande. Quando a Universidade de Brasília foi fundada, a Coréia do Sul era um país subdesenvolvido e o Brasil era um país mais avançado que ela. A situação hoje é de certa maneira vergonhosa para nós. Nos anos 70, quando o Brasil começava a investir em educação, ciência e tecnologia, a Coréia também fazia a mesma coisa, mas só que acoplando a política de desenvolvimento industrial à política de ciência e tecnologia do país, chamando as grandes empresas coreanas de capital nacional para um projeto de desenvolvimento nacional, atraindo empresas estrangeiras e investindo em educação e em C&T. Resultado: a Coréia que tem hoje cerca de 40 milhões de habitantes, portanto um quarto da população brasileira, com 2% da área do Brasil, conseguiu multiplicar seu PIB por 10 nas últimas duas décadas, chegando hoje bem perto do PIB brasileiro.

O Brasil tem um sistema educacional grande, mas com muitos problemas. Tem também um sistema de ciência e tecnologia de porte, o maior da América Latina. Esses dois sistemas são essenciais para o desenvolvimento do País; portanto, o novo governo tem uma enorme responsabilidade para atacar seus problemas e coloca-los no centro de um novo projeto para a Nação.

Coloco, então, quatro macro-questões para os candidatos à Presidência da República. A primeira se refere ao que fazer para melhorar a qualidade do ensino básico e dar à população a oportunidade de ter uma educação e formação mais sólidas. Não se trata apenas de diminuir o analfabetismo, mas de fazer que as crianças aprendam a aprender sozinhas, adquirindo o hábito da leitura, da leitura crítica, de modo nos próximos anos elas tenham condições de julgar, com um mínimo de consciência, as futuras propostas dos candidatos à Presidência da República, a governador de Estado e ao Congresso Nacional.

A segunda pergunta refere-se ao ensino superior. Hoje temos quase 2,6 milhões de estudantes no ensino superior, portanto um número considerável, embora pequeno em relação a toda a população. A grande distorção dos últimos anos foi a pequena ampliação do sistema público, enquanto o privado expandiu muito e de forma selvagem. Os meios de comunicação passam para a sociedade que a universidade pública é ineficiente, que ela desperdiça recursos, e que o sistema privado está se expandindo porque é bom e eficiente. Ocorre que o ensino privado que cresceu muito nos anos 90 tem um grave problema básico, ele tornou a educação brasileira um negócio lucrativo. Voltando a fazer um paralelo com os EUA, lá todo mundo paga pela educação, do próprio bolso ou pedindo dinheiro emprestado, mesmo nas universidades públicas. Mas as universidades privadas que existem lá não têm fins lucrativos, não pertencem a empresas de negócios. Educação com lucro, e grande, é uma das distorções do sistema brasileiros que precisamos ver atacado pelo novo presidente da república. É lógico que o ensino privado tem lugar no sistema educacional brasileiro, mas ele não pode continuar nos moldes atuais, ou seja, com a prioridade do negócio. É necessário que a população pobre tenha acesso ao ensino superior e que o sistema de admissão seja mais justo.

A terceira questão é como expandir o sistema de ciência e tecnologia que nos últimos anos viu o apoio à pesquisa básica contrair drasticamente. O fomento que existia no CNPq e na FINEP, praticamente deixou de existir. O CNPq hoje financia migalhas e a FINEP quase nada da pesquisa básica. O mérito deste governo, que é do próprio Ministério de Ciência e Tecnologia, foi o de descobrir fórmulas mirabolantes para fazer que a equipe econômica permitisse a expansão dos recursos para C&T, por meio dos fundos setoriais. O próximo presidente terá a oportunidade de ter um orçamento para C&T relativamente robusto, por conta destes fundos, que no momento não têm uma política coerente. Cada fundo é gerido por um comitê gestor diferente, mas a pesquisa básica e a pesquisa em muitas áreas importantes estão desamparadas. Foi criado um Centro de Gestão e Estudos Estratégicos, com o desafio de organizar o sistema de fundos, mas eu temo que o CGEE não tenha poder e tempo suficiente para consolidar a gestão dos fundos setoriais, ficando a ser tarefa do novo governo. Então, uma pergunta importante para o novo governo é como ele irá tratar os fundos setoriais e financiar a ciência no Brasil ?

A quarta e última pergunta, é como fazer que ciência e tecnologia entrem nas macro-políticas do País, como a política da produção. Isso, naturalmente, não poderá ser feito apenas por leis e decretos. Como disse antes, a falta de pesquisa e inovação no sistema produtivo decorre não apenas da falta de uma política industrial moderna, mas também da cultura do nosso empresário. Raríssimos são aqueles que acreditam que podem ganhar mais dinheiro investindo em ciência e tecnologia. É preciso ter políticas que induzam a mudança da cultura do sistema produtivo para que as empresas façam pesquisas, para que contratem pesquisadores, interajam com as universidades e centros de pesquisas. Em resumo, o que eles farão para que a pesquisa e a inovação entrem no sistema produtivo, para que C&T faça parte de uma agenda nacional, de um plano de desenvolvimento nacional, de um projeto de nação com soberania e que incorpore a grande parte da população no sistema produtivo.

Acredito que esses quatro pontos representam um grande desafio que o próximo governo vai enfrentar e espero que nos sejamos capazes de eleger um novo governo que esteja efetivamente comprometido com as mudanças que o país tanto precisa.

Educação brasileira: Qual educação? Para quem? Qual prioridade?

João Batista de Oliveira

Introdução

Diferentes pessoas, instituições, governos e candidatos apontam diferentes prioridades para a educação: ampliar vagas, construir prédios de determinado formato arquitetônico, criar escolas-modelo ou de tempo integral, capacitar professores, alfabetizar adultos, expandir o ensino médio, manter ou extinguir a gratuidade do ensino superior público, informatizar escolas para evitar o "fosso digital", criar projetos dos mais variados matizes. Preferências à parte, há pelo três unanimidades sobre educação no Brasil: existe maior preocupação da sociedade e dos governos com a educação; o FUNDEF (Fundo de Manutenção e Desenvolvimento do Ensino Fundamental e de Valorização do Magistério) representou um marco na política de financiamento; e, com raríssimas exceções, a qualidade do ensino é péssima.

Todos admitem que houve grandes mudanças na educação nos últimos anos. Mas há pouco ou nenhum consenso sobre se essas mudanças significam melhoras ou apenas mudanças. E há

João Batista de Oliveira é Pós-Graduado em Administração pela Stanford University. Autor do estudo que discutiu o futuro da Educação na América Latina e no Caribe. Autor de cinco livros, entre eles *A Pedagogia do Sucesso* e *Aprender e Ensinar*.

indicações de que a direção adotada não beneficia os mais pobres: ao contrário, contribui para perpetuar as desigualdades sociais. Cabe, portanto, indagar: *cui bono*, ou seja, quem ganha e quem perde com as políticas educacionais vigentes?

Como seria uma política educacional capaz de mudar a vida da esmagadora maioria dos brasileiros? Seria alterar o Vestibular? Aumentar vagas? Continuar a expandir os anos de escolaridade sem qualidade alguma? Prioridades equivocadas geralmente resultam de um diagnóstico equivocado. Daí as duas perguntas que norteiam o presente documento:

A – a quantas e quem ganha com a atual política educacional no Brasil?

B – que perspectivas de mudança apresenta o futuro Presidente da República?

A – A Quantas Anda e Quem Ganha com a Atual Política Educacional no Brasil?

O diagnóstico: hiperinflação

A educação brasileira sofre de hiperinflação. Os sintomas são os característicos. Comecemos pela inflação da oferta:

- O Brasil é campeão mundial em matrículas: mais de 33% da população freqüenta algum tipo de curso formal. Poucos países industrializados matriculam mais de 25% em cursos formais.
- A expansão desenfreada ainda em curso se deu em função da sinalização equivocada pelos governantes e da ineficiência decorrente da repetência e de regras frouxas referentes à educação de jovens e adultos:

- Em meados da década de 70, já havia vagas suficientes para matricular todas as crianças de 7 a 14 anos. Se limitado a alunos de 7 a 14 anos, o ensino fundamental (EF), desde então, teria necessidade de expandir somente em função do crescimento demográfico, que é declinante. Hoje, precisaria de apenas 25,5 milhões de vagas, ao invés das 35,5 atuais.
- Em 1996, mais de 90% das crianças de 7 a 14 anos já estavam na escola. Por falta de critérios e regulamentação adequada do FUNDEF, para matricular pouco mais de 600 mil crianças desse grupo que estavam fora da escola foram criadas quase 4 milhões de vagas entre 1997 e 2000.
- A defasagem escolar hoje afeta mais de 20 milhões de alunos do EF. Mais de 10 milhões desses alunos têm mais de 15 anos de idade.
- O número de vagas oferecido em 2002 no Ensino Médio (EM) corresponde praticamente à população de 15 a 17 anos. Na primeira série do EM, há quase meio milhões de vagas a mais do que concluintes da 8ª série. No entanto, a expansão do EM está na pauta.

Inflação é sinônimo de desvalorização. Um diploma – como uma moeda desvalorizada – perde sentido e valor:

- Segundo os resultados do SAEB (Sistema Nacional de Avaliação da Educação Básica), mais de 50% dos concluintes de 4ª e 8ª série do EF e 80% da 3ª série do EM não domina os conteúdos mínimos esperados. Avaliações de cunho estadual – Minas Gerais e Bahia são as mais recentes – vêm replicando esses trágicos resultados.
- Dados coletados por Secretarias de Educação, em estados como Espírito Santo, Goiás e Bahia, revelam que entre 20

e 60% dos alunos defasados das quatro primeiras séries são totalmente analfabetos. Projetado para o Brasil, isso significa cerca de 4 a 5 milhões de alunos. Evidentemente o problema que afeta a maior parte dos brasileiros não é o analfabetismo digital.

- Os resultados da avaliação da OCDE em 2001, em que o Brasil figura em último lugar entre 32 países, confirmam os dados acima e vão mais além: além de não ensinar a maioria a ler, o Brasil também não consegue ensinar adequadamente suas elites: apenas 1% dos brasileiros atingiu o nível máximo de desempenho, número nunca inferior a 5% nos demais países. Isso explica os resultados anuais do Provão: pouco mais de 20% dos formandos sabem ler e escrever de forma compatível com sua escolaridade.
- A se aplicarem os critérios do SAEB, ENEM e Provão para promover alunos, mais da metade dos diplomas expedidos pelas escolas públicas brasileiras seriam falsos, moeda podre. O que há por detrás é mais grave: o aluno que não sabe ler não pode exercer seus direitos e deveres de cidadania.

A desvalorização também repercute no Mercado de trabalho:

- São complexas as relações entre educação e renda. No relatório *Economic Outlook n. 68*, da OECD, lê-se que:
  - Capital humano, como capital físico, está sujeito à lei dos retornos decrescentes;
  - Investimento em capital humano tem mais impacto no crescimento quanto há uma interação simbiótica entre pesquisa, desenvolvimento, taxa de progresso tecnológico e introdução de novas tecnologias;
  - Mais anos de educação formal não se constitui na forma mais eficiente de prover as habilidades requeridas pelo setor produtivo.

- Os dados empíricos confirmam essas afirmações:
  - É fato que mais anos de escolaridade resultam em maiores salários para os indivíduos, em relação aos de menor escolaridade.
  - Mas também é fato que o valor relativo dos salários vem sendo reduzido. Entre 1992 e 1999 (PNAD, 1999), o ganho de uma pessoa com 8 anos de escolaridade passou de 1.03 para 0.89 do salário médio, e de 1.49 para 1.25 para concluintes do EM. Os rendimentos para os diplomados do ensino superior foram os únicos que aumentaram nesse período: educação sem qualidade reforça a concentração de renda.
  - Os empregadores descontam o efeito da inflação educacional de forma transparente: exigem maior escolaridade e pagam relativamente menos. A desvalorização dos diplomas significa que as pessoas precisam estudar mais anos para garantir um lugar no Mercado formal de trabalho e ganhar menos do que no passado.
  - Mais de 60% das vagas oferecidas no mercado de trabalho requerem, no máximo, o curso fundamental (RAIS e PNAD, 1999). Entre os 40 milhões de trabalhadores com menos de 8 anos de escolaridade, apenas 10% possuem diploma de EF; pouco mais de 20% dos empregos oferecidos exigem curso médio – são empregos altamente concentrados nas regiões mais industrializadas. E menos de 10% exigem curso superior completo. A afirmação de que só existe emprego para quem tem curso médio completo e fala inglês e espanhol não bate com a realidade da economia brasileira.

Em síntese: a educação vive num regime de hiperinflação. A expansão desordenada e sem qualidade acaba apenando os mais pobres: eles passam mais anos na escola – doze anos para completar o EF – os custos de oportunidade se elevam e as taxas de retorno se reduzem. Como no caso da inflação monetária, os mais ricos ficam mais ricos, e os mais pobres, mais longe dos benefícios do desenvolvimento.

Daí desponta o óbvio, ainda não contemplado na política educacional: educação para a cidadania e para a produtividade tem de ser educação de qualidade para todos – e não uma educação como a que temos, estruturada para os poucos que logram concluir o curso superior. Em outras palavras: falta ao país um EF de qualidade, acoplado a estruturas de formação profissional e políticas de inserção dos jovens no mundo do trabalho.

Financiamento, eficiência e distribuição de renda

- O Brasil investe cerca de 61,6 bilhões de Reais em educação, o setor público cerca de 39 bilhões – 3,2% do PIB:
  - 13,8 bilhões do governo federal;
  - 18,6 dos governos estaduais;
  - 5,0 dos governos municipais;
  - 3,0 do salário educação e Sistema S.

A ineqüidade é eloqüente: o gasto *per capita* nas instituições públicas reproduz e alimenta o padrão de desigualdade da distribuição de renda: 16.000 Reais no ensino superior, 625 Reais no ensino médio, 615 no ensino fundamental. Nos países industrializados, o ensino superior recebe 2,99 vezes mais recursos do que o ensino fundamental (vs. 24,3 vezes no Brasil).

Estimativa de gastos por nível de ensino e fonte de financiamento (em bilhões de Reais de 2001)

	Público	Privado	Total
Educação Infantil	2,0	0,5	2,5
EF	20,0	9,8	29,8
EM e Form. Prof.	5,0	4,9	9,9
E. Superior	13,4	6,0	19,4
Total	40,4	21,2	61,6

A ineficiência no uso dos recursos é não menos eloqüente:

- anualmente, cerca de 35% dos alunos do EF e do EM, o que corresponde a um desperdício anual superior a 8 bilhões de Reais;
- Os alunos defasados do EF custam mais de 6 bilhões a mais por ano. Se o fluxo escolar fosse regularizado:
    - os alunos defasados voltariam a ter condições de complementar sua escolaridade, em cursos regulares de aceleração ou cursos supletivos;
    - as redes estaduais poderiam praticamente deixar de existir;
    - o valor médio do FUNDEF subiria para mais de 900 reais per *capita*;
    - o EF precisaria de, no máximo, 1 milhão e não dos atuais 2 milhões de professores, que poderiam mais do que dobrar os seus salários. A inflação não é só de alunos.

B – Que perspectivas de mudança apresenta o futuro Presidente da República?

Na campanha eleitoral de 1992, apareceu na televisão um *slogan* dizendo: se o seu candidato não sabe como mudar a educação, mude de candidato. Mudar nós sabemos – desde 1960 o Brasil já fez várias reformas educacionais. Mudar é relativamente fácil, sobretudo no papel. O desafio é oferecer ensino de qualidade para todos, de forma a promover a cidadania na sua dimensão política, econômica e social.

Com o objetivo de ouvir quais são as prioridades dos candidatos a Presidente da República, apresentamos um elenco de proposições, seguidas por perguntas pertinentes a cada nível de ensino.

QUESTÕES AOS CANDIDATOS À PRESIDÊNCIA DA REPÚBLICA

A – Ensino Fundamental

- É tese fortemente defensável que o ensino fundamental poder-se-ia tornar mais eficiente e eficaz com o seguinte conjunto de medidas:
  (i) corrigir o fluxo escolar, focalizando os recursos públicos nas crianças de 7 a 14 anos, e assegurando terminalidade de ensino aos defasados;
  (ii) municipalizar o ensino fundamental, concentrando toda a responsabilidade e recursos nos municípios e eliminando os atuais desperdícios decorrentes da duplicidade de redes;

(iii) assegurar a efetiva alfabetização de todos os alunos de escola pública até o final da primeira série escolar, de forma a permitir seu futuro sucesso escolar.

Perguntas: Como corrigir a distorção idade/série sem promoção automática? Quais as propostas para municipalizar o EF e promover o uso mais eficiente dos recursos do FUNDEF? Como assegurar o controle da qualidade dos professores que ingressam no ensino? Como assegurar a alfabetização de todos os alunos ao final da primeira série do EF? Como assegurar que os jovens saiam lendo e escrevendo adequadamente na 8ª série, para poder exercer sua cidadania e direcionar suas escolhas?

B – Ensino Médio e Formação Profissional

- Atualmente, mais da metade dos alunos do EM já possui mais de 18 anos e já se encontra no Mercado de trabalho. Poucos, entre a maioria dos mais pobres, concluirão o EM, e pouquíssimos em condições de prosseguir estudos, profissionais ou universitários. Essa situação deverá perdurar ainda por muitos anos, a vigorarem as atuais políticas educacionais: trabalham mal, ganham mal e estudam mal. São mais de 3 milhões de jovens, em cada faixa etária.
- Há fortes indícios, evidências e argumentos que apontam para o total desacerto das atuais políticas de EM. Primeiro, elas diferem do que se faz em todo o mundo, onde o EM é diversificado. Segundo, elas oferecem menos condições e exigem mais tempo para os alunos mais pobres complementarem uma formação profissional. Terceiro, o Sistema S caminha de forma desvinculada de uma política

de juventude e sua inserção no mundo do trabalho, sem cumprir adequadamente o papel que lhe caberia na formação e no ensino profissional. Quarto, o FAT, focado na oferta de cursos, se comprova um total desperdício de recursos. Quinto, inexistem políticas para promover a inserção dos jovens no Mercado de trabalho. Sexto, há um forte descompasso entre educação e Mercado de trabalho: o Mercado exige menos escolaridade e mais qualidade, a educação oferece o contrário.

Perguntas: O ensino médio continuará unificado ou será diversificado? Será promovida sua expansão ou privilegiada sua adequação às características, às condição e à variedade da demanda efetiva? Que políticas serão alteradas? Como o governo federal se articulará com as redes estaduais de ensino e o Sistema S? Quais os planos sobre formação técnica e profissional? E para a inserção de jovens no Mercado de trabalho?

C – Ensino Superior

- O Brasil oferece quase 1 milhão de vagas na primeira série dos cursos superiores – há praticamente uma vaga para cada 2 alunos que concluem o EM.
- Apesar das críticas à qualidade do ensino superior, o Mercado de trabalho paga em média 3 vezes mais para um diplomado de ensino superior do que para um diplomado do ensino médio. Isso significa que o valor econômico agregado por essas escolas (70% das quais particulares) é enorme – representa um rendimento adicional de quase meio milhão de Reais ao longo da vida.

- O grande problema do ensino superior é a falta de financiamento. Os poucos alunos de famílias de baixa renda das Universidades gratuitas não têm como se manter. Os muitos alunos pobres das Universidades pagas em geral trabalham de dia para se manter, mas lutam com dificuldade para pagar suas mensalidades.

Perguntas: Quais os seus planos para financiar alunos carentes, nas Universidades públicas e privadas? Qual sua política para a autonomia ou isonomia das instituições federais? E para o setor privado: mais burocracia e controle formal ou mais liberdade para ajustar-se às demandas do Mercado e dos alunos? E a política em relação à "lei do calote", que contribuir para elevar os custos do ensino particular?

D – Educação Infantil

- A educação infantil vem-se tornando um imperativo da sociedade, sobretudo por questões de natureza econômica: proteger a criança das mães pobres que trabalham. Em grande medida, creches e pré-escolas podem ter papel relevante no combate à desnutrição e má nutrição e, em menor medida, na educação.
- O atual modelo privilegia a "escolarização" da educação infantil: a pré-escola é definida como uma escola que vem antes da escola, com todos os requisitos formais. Considerando que os municípios possuem, ao todo, pouco mais de 2 bilhões de Reais para esse nível de ensino, trata-se de uma proposta economicamente viável, além de pedagogicamente discutível.

- Diluir os recursos do FUNDEF, ampliando seu uso para a educação infantil, significa comprometer ainda mais os escassos recursos do EF.

Perguntas: Seu governo vai promover a escolarização da pré-escola ou incentivar formas alternativas de atendimento? Que políticas de financiamento pretende desenvolver?

Bolsa-Escola

- A necessidade de distribuir renda goza de unanimidade nacional. Daí a atração de mecanismos como a Bolsa-Escola.
- Nem todos concordam que Bolsa-Escola – como outras tantas bolsas – seja o mecanismo mais adequado para distribuir renda. Há mesmo quem duvide, seriamente, de seu impacto sobre a redução do abandono escolar.

Perguntas: Qual sua política para distribuição de renda? Em que medida ela vai alterar a Bolsa-Escola?

Administrar é priorizar

Em 500 anos de história do Brasil, as políticas públicas não conseguiram oferecer um ensino que permita oferecer uma base comum de educação a toda população e condições de ascensão social aos mais pobres. Ao contrário, e apesar do aumento de vagas, a educação continua excludente. Há uma educação para os ricos e outra para os pobres. A política de expandir sem dar qualidade pune cada vez mais os mais pobres, tornando ainda mais difícil seu acesso à formação profissional e aos níveis mais elevados de ensino.

Recursos são escassos por definição. Dizer que para educação não há limites de recursos, ou que tudo é prioritário significa manter o *status quo*.

Pergunta: Como, em quê, e com que recursos o futuro Presidente pretende investir em educação?

Compromisso anual de investimentos em educação do futuro Presidente

Nível de ensino		Ação	Investimento anual médio	Fonte de Recursos
Fundamental	1. 2. ...			
Médio	1. 2. ...			
Superior	1. 2. ...			
Infantil	1. 2. ...			

Educação, Ciência e Tecnologia

Lauro Morhy

Hoje, o mundo reconhece que o preparo educacional e cultural de um país é mais importante do que sua riqueza física. Nos Estados Unidos, por exemplo, estima-se que o capital humano desse país é pelo menos três vezes mais importante do que o seu capital físico.

A Sociedade do Conhecimento e da Informação avança e aprofunda-se em todo mundo, sem limites. A riqueza e a pobreza das nações estão associadas ao seu progresso educacional, científico e tecnológico. Estas componentes do desenvolvimento social são, portanto, preocupações permanentes de todas as nações do mundo. No Relatório Faure (Edgar Faure, 1972), considerado marco importante na ação mundial da UNESCO, encontra-se a seguinte afirmação:

> A partir de agora, a educação não se define mais em relação a um conteúdo determinado que se trata de assimilar, mas concebe-se, na verdade, como um processo de ser que, através da diversidade de suas experiências, aprende a exprimir-se, a comunicar, a interrogar o mundo e a tornar-se sempre mais ele próprio. A idéia de que um homem é um ser inacabado e não pode realizar-se senão ao preço de uma aprendizagem constante, tem sólidos fundamentos não só na economia e na sociologia, mas também na evidência trazida pela investigação psicológica. Sendo assim, a educação tem lugar em todas as idades da

vida e na multiplicação das situações e circunstâncias da existência. Retoma a verdadeira natureza que é ser global e permanente, e ultrapasse os limites das instituições, dos programas e dos métodos que lhe impuseram ao longo dos séculos.

Pode-se considerar que a educação brasileira apresentou melhores resultados nas últimas décadas. Mas é preciso avançar muito mais.

1) Analfabetismo – População de 15 anos ou mais:

Ano	Número absoluto	Percentual
1920	11.401.715	64,9%
1980	18.651.762	25,4%
1991	19.233.239	20,1%
1999		13,3% *

Fonte: INEP. Aval. Sist. Educ.Bras.– Tendências e Perspectivas, 1998;
(*)Estatísticas Educacionais, IBGE–PNAD

Consideramos, porém, que, apesar da melhora ao longo do século passado, o atual índice de analfabetismo no País ainda é muito elevado. O Brasil ainda inclui-se entre os dez países do mundo com maior número de analfabetos.

2) Educação para todos

De acordo com compromisso assumido juntamente com outros países no início da década de 1990, o Brasil deveria universalizar o acesso ao ensino fundamental até o fim da década.

Apesar dos esforços, chagamos a atender a 96% das crianças em idade escolar. Não há justificativa técnica, financeira ou de recursos humanos que justifique a existência ainda de cerca de 2.000.000 de crianças fora da sala de aula. Essas crianças, provavelmente, compõem grande parte dos meninos de rua nas grandes cidades brasileiras e os menores que estão sendo explorados com pesados trabalhos no campo.

3) Ensino Médio

O Ensino Médio regular incorporou 3,5 milhões de alunos entre 1994 e 2001. Neste nível de ensino, o Brasil alcançou os seus melhores resultados: um aumento percentual de 71% nas matrículas e mais do que duplicou o número de concluintes no mesmo período.

É importante acrescentar que, no Ensino Médio Supletivo, as matrículas excedem a 1.000.000 de alunos. Em relação a 1995, houve um aumento de 194%. Registre-se, ao longo da série histórica de números seguidamente crescentes. Entretanto, isso é apenas parte do dever de casa a ser feito, já que o aumento quantitativo das matrículas nos diversos níveis de ensino não está sendo acompanhado do necessário e obrigatório indicador de qualidade. A Sociedade do Conhecimento e da Informação exige qualidade e excelência na formação dos cidadãos. Aqui está a nossa maior reflexão. Deve esperar dos futuros dirigentes do País mais do que o cumprimento das metas quantitativas. Educação exige qualidade.

Ciência e Tecnologia

Educação, Ciência e Tecnologia são vertentes interligadas que alimentam, impulsionam e aceleram a Sociedade do Conhecimento e da Informação. A qualidade e a excelência permeiam esses três pilares do mundo contemporâneo.

A Universidade é o *locus* privilegiado do saber, que é construído principalmente pela pesquisa e pós-graduação. No caso brasileiro, chegamos ao paradoxo de construir uma pirâmide invertida: temos uma pós-graduação comparável à do mundo desenvolvido, mas não fomos ainda capazes de resolver problemas bem mais elementares relacionados à educação fundamental.

É bem conhecido o fato de a ciência brasileira não se ter desenvolvido na linha tecnológica. Por isso ou em conseqüência disso, há de fato um verdadeiro *apartheid* entre a academia e o setor empresarial. Isso não acontece com países desenvolvidos. Nos últimos anos, tem havido um grande esforço no sentido de uma aproximação. Já há resultados palpáveis, mas ainda há muito o que se fazer.

Um dos problemas crônicos da área de C&T é assegurar recursos para o financiamento continuado das atividades. Pode-se considerar que, nos últimos 2 anos, o panorama começou a mudar para melhor, com a criação dos fundos setoriais. Esses fundos permitem a alavancagem de recursos para a atividade científica e tecnológica. Há preocupações quanto à predominância na sua aplicação. No passado, investiu-se, de modo concentrado, na atividade científica fundamental, tendo ficado de lado a atividade tecnológica. Teme-se que, agora, os recursos dos fundos negligenciem a pesquisa básica. É importante que haja um equilíbrio estratégico nos investimentos.

Há um princípio constitucional a favor da regionalização do orçamento. A C&T no Brasil exacerbou na concentração de investimentos na região sudeste do País, acarretando desequilíbrios superiores aos verificados quando analisados os indicadores sócio-regionais do País. Espera-se dos presidenciáveis um compromisso simples e factível: cumprir a Constituição também quanto a esse assunto.

Cidadania, exclusão social e violência

Guilherme de Almeida
Sueli Carneiro
Luiz Mott
Dóris Faria

24 de abril

O Combate à Pobreza, à Violência e à Exclusão Social: uma Proposta Brasileira

Guilherme de Almeida

O Secretário de Estado dos Direitos Humanos, professor Paulo Sérgio Pinheiro, é o coordenador de uma pesquisa que realizamos no Núcleo de Estudos da Violência da USP, chamada Teoria Integrada dos Direitos Humanos. Dentro da Teoria Integrada dos Direitos Humanos, sou o responsável por dois temas de estudo: direito ao desenvolvimento e multiculturalismo.

Como a temática da violência é uma temática transversal, ela atravessa todas as áreas, e o verbo atravessar ganha uma conotação literal, ou seja, quer queira, quer não queira, a reflexão da violência está presente. O século XX, que William Goldlin definiu como o mais violento de nossa história, e esse *status* ganhou maior repercussão e maior consistência depois do dia 11 de setembro do ano passado. Não sei se estamos fadados à violência, mas a nossa reflexão não será realmente importante e significativa se não considerar a violência.

Minha reflexão começa a partir de 1992, portanto há dez anos, com a conferência que iniciou e deu tom de todas as

Guilherme de Almeida é Doutor pelo Departamento de Filosofia e Teoria Geral do Direito da Faculdade de Direito da USP. Pesquisador sênior do Núcleo de Estudos da Violência da USP e Professor de Filosofia do Direito na Universidade São Marcos (SP). Ex-Consultor Jurídico do Alto Comissariado das Nações Unidas para os Refugiados, em Brasília.

conferências da ONU da década de 90, a Conferência Eco 92; conferência para o meio ambiente e desenvolvimento realizada no Rio de Janeiro de 3 a 21 de junho de 1992. O ano de 2002 é um ano muito significativo para essa conferência porque no mês de agosto na cidade de Joanesburgo, na África do Sul, estará sendo realizada a Rio + 10, quando estaremos refletindo sobre o que foi proposto na Eco 92, as conquistas e o que falta a ser conquistado.

Além disso, está sendo votada pela Assembléia Geral da ONU a possibilidade de ser aprovada a Carta da Terra como documento oficial da Organização das Nações Unidas. que é um documento muito importante pois mostra o atual estado dos direitos humanos no nosso mundo. A Carta da Terra teve a ativa participação de Leonardo Boff e de diversas outras personalidades do mundo; fruto de uma grande consulta popular é um documento que visa a dar uma base ética não apenas para a comunidade internacional, os governos, e os Estados, mas também para o mundo empresarial e para todos nós cidadãos e cidadãs nesse terceiro milênio.

Com relação à Conferência Eco 92, não temos motivos para comemoração. Como disse Washington Novaes, não há motivos para euforia, muito pelo contrário, há motivos para uma enorme preocupação. Talvez o fato mais marcante disso seja o protocolo de Kioto, que visa a controlar a emissão de gases poluentes na atmosfera. O maior emissor de gases poluentes são os Estados Unidos, que denunciou o protocolo de Kioto. O Canadá também já está fazendo uma série de restrições e temos diante de nós o quadro que a lei e o direito não estão conseguindo controlar Mas controlar o quê? Controlar a preservação do planeta. A Carta da Terra, logo no seu preâmbulo, começa com a seguinte frase: "estamos diante de um momento crítico na História da Terra, numa época em que a humanidade deve escolher o seu futuro". Eu diria que hoje o amanhã nunca foi tão incerto. Precisamos ter claro isso. Ter claro que a diversidade genética dos cultivos está desaparecendo do campo a uma taxa de 2% ao ano, ou seja, a cada ano que passa perdemos 2% de diversidade das sementes que estão sendo plantadas no solo, e quase a quarta parte dos solos irrigados estão sendo afetados pela erosão. Com isso temos a destruição do meio ambiente e a destruição também da diversidade da natureza. Como se isso não bastasse, temos também uma destruição da diversidade cultural. Cerca de 80% de todos os livros traduzidos no mundo são traduzidos apenas e tão somente para quatro línguas européias. Isso significa uma destruição da diversidade ambiental e também da diversidade cultural.

Susan George no livro que deveria ser leitura obrigatória para todos nós, chamado *Relatório Lugano*, coloca de forma muito clara a questão: "sem regras o mercado talvez provoque a sua própria ruína; deixado por sua própria conta, criará alguns sucessos e muitos fracassos, levará à super-produção e ao baixo consumo, à destruição ambiental, a uma concentração cada vez maior de riquezas e a uma rejeição cada vez maior dos mais fracos, daqueles que não têm poder.".

Estou traçando um futuro e uma perspectiva um tanto negra, um tanto envolta em trevas, porque acho que, os dados me ajudam a isso, estamos realmente em um momento crítico e talvez a consciência desse momento crítico seja a melhor forma de encaminhar a nossa ação. Para não ser pessimista, realmente não sou, é necessário pensar em alternativas e em uma alternativa brasileira. Mais do que nunca é preciso imaginar politicamente uma possibilidade de Brasil se transformar numa voz ouvida e uma voz dita de dentro para fora da comunidade internacional tentando apontar uma perspectiva de futuro. Isso é importante não só para a reestruturação da comunidade internacional, mas para a reestruturação do próprio país. A única forma de o Brasil realmente transformar-se internamente é transformar a sua voz no exterior e para isso a Eco 92 é fundamental. Com a Eco 92, na Declaração do Rio do Meio Ambiente, foi a primeira vez que apareceu num documento jurídico a palavra desenvolvimento sustentável, termo que surgiu em 1986 no relatório que ganhou a sua conformação jurídica na Eco 92. Então, podemos dizer que o desenvolvimento sustentável é coisa nossa. Para que ganhe concretude, o Brasil há de se transformar naquilo que o professor Darcy Ribeiro chamou e cunhou numa belíssima expressão "A moderna civilização tropical". Para que o Brasil se transforme, temos de optar por um modelo de desenvolvimento sustentável que garanta o futuro preservando o presente.

Desenvolver é transformar o potencial de um ser humano em concretas realizações. Em uma definição muito ampla, violência é tudo aquilo que impede ou cria obstáculos para o processo de desenvolvimento; processo de transformar em concreto aquilo que é potencial. Portanto, para que atinja um caminho de sustentabilidade brasileira é absolutamente imprescindível entrar num processo de desenvolvimento. E para isso não há como deixar de erradicar a extrema pobreza, que se transformou numa mancha endêmica do Brasil; e a cultura da tortura, que cria um abismo de muros entre nossas classes sociais. Temos espaços assépticos e espaços completamente imundos, completamente perversos onde reina a violência. No Brasil temos, de um lado, as classes torturáveis, as classes que teoricamente podem ser usadas e abusadas da violência. Existe a outra espécie de classe: a classe seqüestrável. A classe seqüestrável não conversa com a classe torturável, e vice-versa. Existe apenas uma linguagem entre elas: a linguagem da violência. Do jeito que essas coisas estão, não conseguiremos fazer que a nossa característica de multetinicidade ganhe o seu lado positivo. Então, é preciso lutar por uma cultura plural, global e brasileira, que consiga harmonizar o maior número possível de diversas culturas que temos em nosso País.

Estão chegando em Porto Alegre mais três famílias afegãs, o que mostra que o Brasil pode-se transformar num espaço humanitário para o mundo. Isso é muito importante pois coloca nossa posição diante do império do governo Bush e mostra que não estamos atrelados.

Enfim, deve ser aumentada a nossa independência, a nossa possibilidade de apostar na sobrevivência planetária ao invés de jogar nossas fichas num suicídio global. Espero que consigamos dizer, em alto e bom som, o último parágrafo da Carta da Terra: "que o nosso tempo seja lembrado pelo despertar de uma nova referência ante a vida, pelo compromisso firme de alcançar a sustentabilidade, a intensificação da luta pela justiça e pela paz e a alegre celebração da vida".

As perguntas aos presidenciáveis são mais provocações:

QUESTÕES AOS CANDIDATOS À PRESIDÊNCIA DA REPÚBLICA

O modelo de desenvolvimento sustentável é o único tipo de desenvolvimento a ser seguido no terceiro milênio?

Há como combater a violência urbana sem erradicar a pobreza e adotar um modelo econômico que prime pela sustentabilidade?

O fato de o Brasil ser uma País multiétnico o qualifica para ter uma voz diferenciada na comunidade internacional nos próximos anos?

A Invisibilidade da Questão Racial na Agenda Nacional

Sueli Carneiro

A UnB completa 40 anos e em comemoração está realizando o curso Fórum *Brasil em Questão*. É um passar o Brasil "a limpo", na expressão de Boris Casoy, enfocando "as grandes questões estratégicas para o País no quadro da sucessão presidencial".

Vivemos num País em que segundo os estudos mais atuais tem 53 milhões de pobres. Desses 22 milhões são indigentes e em torno de 70% deles sejam pobres ou indigentes são negros.

A profa. Dóris Santos de Farias inicia o seu artigo sobre Cidadania, Exclusão Social e Violência com a seguinte indagação: "Existe de fato relação entre cidadania, exclusão social e violência?"

A pesquisadora Sílvia Ramos, pesquisadora da Universidade Cândido Mendes, especialista em violência e segurança pública, em recente seminário ocorrido em Aracaju demonstrou que violência urbana no Brasil apresenta padrões definidos pela ONU como indicadores de guerra civil: 350 mortos para cem mil habitantes só no Rio de Janeiro, fenômeno que se repete em níveis semelhantes em outros estados do País. Diz ela que as vítimas são, na maioria absoluta, homens, jovens, negros e pobres, vítimas de violência letal, assassinados, via de regra, por outros homens,

---

Sueli Carneiro é Pós-Graduada em Filosofia da Educação pela USP, Ativista e militante do Movimento Negro e Feminista. Diretora do Instituto da Mulher Negra Geledes, é articulista do Jornal *Correio Braziliense* e autora do livro *Mulher Negra*, da editora Nobel (1985).

jovens, pobres e majoritariamente negros. Segundo Sílvia Ramos, uma guerra fratricida, na qual se articulam a violência de gênero, de raça e de classe consolidando um verdadeiro genocídio de homens negros especialmente os jovens.

Outras pesquisas nos informam que vivemos num País racialmente apartado em que a magnitude da desigualdade racial pode ser mensurada por estudo desagregado por raça/cor do Índice de Desenvolvimento Humano (IDH).

"O Brasil em 1999 foi classificado como um país de desenvolvimento humano mediano, ocupando a 79ª posição, segundo o Índice de Desenvolvimento Humano, criado pelo PNUD (Programa das Nações Unidas para o Desenvolvimento), que é um instrumento de avaliação e mensuração das condições materiais e sociais de vida dos povos. Todavia, quando os indicadores de desenvolvimento humano são desagregados por sexo e raça da população afrodescendente no Brasil, conforme elaborado pela Federação de Associação de Órgãos de Assistência Social e Educação (FASE), evidenciam o impacto do sexismo e do racismo, fazendo que o IDH relativo à população negra do Brasil ocupe a 108ª posição, em contraponto ao da população branca, que ocupa a 49ª posição."[1]

Os afrodescendentes apresentam, em todos os indicadores sociais constitutivos do IDH, brutais diferenças das quais a mais dramática é uma esperança de vida de em média 6 anos inferior a dos brancos variando até 12 anos a menos quando desagregamos esse indicador por faixa etária ou região como é o caso do Norte e Nordeste do país. O IDH da população negra brasileira ocupa cinco posições abaixo da África do Sul, país que até recentemente viveu sob o regime de *apartheid*.

Os diferentes Índices de Desenvolvimento Humano encontrados para brancos e negros no Brasil refletem, por fim, a coexistência, num mesmo território, de dois países apartados cuja dualidade esteve sempre latente, nos dilemas recorrentes sobre os quais se debruça a *intelligensia* do País no que tange à *questão nacional* e à *modernização*. Dilemas que são assim sintetizados por Otávio Ianni:

"No limite, o Brasil continua em processo de ocidentalização, procurando igualar-se aos que se apresentam como representantes e portadores do "Ocidente". A despeito da variedade de projetos e das utopias formuladas por governantes e governados, movimentos e partidos, intelectuais à sombra do poder, na oposição ou mais ou menos, a tendência predominante aponta no sentido da ocidentalização."[2]

Estudos como o do IDH demonstram que a exclusão racial está na origem das desigualdades sociais do Brasil e atinge perto da metade da população do país oficialmente reconhecida como negra.[3]

Essas condições é que permitem que a máxima "pobreza tem cor no Brasil e ela é negra" venha-se tornando um lugar-comum.

No entanto, nenhuma dessas evidências sobre a exclusão social e dos direitos de cidadania de 44% da população do País, que é afrodescendentes, tem sido capaz de fazer que a questão racial brasileira seja tomada como uma questão estratégica na agenda nacional. É um tema que apesar de seu impacto sobre a questão da consolidação a democracia se mantêm de forma periférica nos programas de governo dos candidatos e na sociedade civil. Quando a sua magnitude indica ser uma questão imprescindível para se "passar o país a limpo".

Essa invisibilidade da questão racial na agenda nacional indica que, apesar das diferenças dos projetos de sociedade em disputa, eles guardam em comum a indiferença em relação à cidadania de segunda categoria reservada aos afrodescendentes no País. Indica a ausência de vontade política para estabelecer a ruptura com o paradigma que naturalizou serem o poder e a riqueza brancos e a pobreza e a subalternidade social, negras.

E essa invisibilização da problemática racial permanece distorcendo a análise e o equacionamento dos desafios que ele tem sobre a questão da cidadania, da exclusão e da violência.

A ausência de segregação ou *apartheid* institucional (como ocorreu respectivamente nos EUA e na África do Sul) deu legitimidade ao mito da democracia racial, estabelecendo a igualdade formal entre brancos e negros no plano legal e deixando a sociedade livre para discriminar impunemente no plano das relações sociais concretas pois o princípio da igualdade como corolário da democracia racial pressupunha a inexistência de racismo e discriminação racial.

Essa igualdade formal tem ainda outros desdobramento. Ela traz subjacente a idéia de que a hegemonia dos brancos se baseia apenas no mérito ocultando, os benefícios materiais e simbólicos auferidos da exploração colonial e da segregação social dos negros dos negros no pós-abolição. Esse imaginário social oculta as vantagens auferidas pelo grupo racial hegemônico:

- da escravização dos negros, a principal fonte da acumulação primitiva de capital do país e da construção da riqueza das elites que se revezam no poder no Brasil;
- da forma como se processou a "abolição" da escravidão, sem qualquer tipo de reparação aos negros pelos 3 séculos de trabalho escravo e sem a implementação de qualquer política de integração social da massa escrava "liberta";
- da substituição da mão de obra negra pelo imigrante europeu no processo de industrialização pós-escravidão; uma perspectiva eugenista claramente assinalada na Constituição de 1934.

- da restrição de sua participação política, visto que a Constituição de 1.891 impedia o alistamento para as eleições aos mendigos e analfabetos (3 anos após a abolição).
- da absoluta impunidade de que gozam as atitudes racistas e discriminatórias em nossa sociedade, em especial no mercado de trabalho, o que assegura o acesso privilegiado aos brancos aos postos de maior prestígio e remuneração;
- da desqualificação estética dos negros em especial das mulheres negras;
- da indiferença social em relação às ações dos órgãos de repressão e dos grupos de extermínios sobre as populações pobres, majoritariamente negras.

Estamos, portanto, diante de um conjunto de instrumentos que vêm garantindo que as oportunidades sociais sejam privativas do grupo racialmente hegemônico, uma espécie de ação afirmativa informal para brancos.

Colocar o Brasil em Questão requer revisitar esse elenco de estratégias de exclusão racial que determinam os padrões de desigualdade racial em que chegamos. Impõe reconhecer que a busca de radicalização da democracia no Brasil passa necessariamente pelo enfrentamento do racismo, da discriminação racial e das desigualdades que eles produzem.

QUESTÕES AOS CANDIDATOS À PRESIDÊNCIA DA REPÚBLICA

1. Que taxa de redução do analfabetismo na população negra vamos estabelecer para prestar contas ao mundo em 2006 quando da provável realização da Conferência Racismo + 5 dos nossos esforços de superação do racismo e da desigualdade racial?

2. Que taxa de redução do desemprego dos afro-brasileiros vamos apresentar?
3. Que taxa de redução da evasão escolar de crianças e adolescentes queremos atingir nos próximos 5 anos?
4. Que taxa de ampliação da presença negra no nível superior?
5. Em que prazo se pretende equalizar a esperança de vida de brancos e negros?
6. Que taxa de redução da mortandade de jovens negros das periferias das grandes cidades vamos perseguir? Posto que eles quando chegam aos 27 anos se consideram sobreviventes como cantam os rappers Racionais MC?
7. Em quanto podemos aumentar positivamente a presença dos negros nos veículos de comunicação de massa?
8. Que campanhas de valorização da população negra e de combate ao racismo o governo pode desencadear nos veículos de massa?
9. Que incentivos o governo brasileiro pode oferecer às empresas para impulsionar políticas de diversidade na contratação e promoção profissional?
10. Que mecanismos o governo pode desenvolver para estimular a ruptura com a lógica racista que determina, no mercado de trabalho, que os negros sejam os primeiros a serem demitidos e os últimos a serem readmitidos?

São respostas a essas questões que esperamos sejam contempladas nas propostas de governo dos nossos presidenciáveis.

Espera-se deles a compreensão sobre a necessidade de focalização das políticas públicas nos segmentos historicamente discriminados como perspectiva indispensável para superação das desigualdades raciais, posto que já está amplamente demonstrado que políticas universalistas não têm sido capazes de alterar o padrão de desigualdade racial existente no país.

Espera-se deles a ampliação e aprofundamento das iniciativas de ação afirmativa e de políticas de cotas em curso em âmbito federal.

Espera-se deles que honrem os compromissos internacionais assumidos pelo Estado brasileiro em relação às metas para a superação das desigualdades produzidas pelo racismo e a discriminação racial.

Espera-se deles a compreensão que uma perspectiva inclusiva da diversidade tem de romper com a lógica segundo a qual negros e pobres são apenas estômagos vazios a espera da esta básica da solidariedade.

Negros, mulheres e homossexuais e outras minorias querem se ver representados nas instâncias de poder e decisão; querem ver ampliados os mecanismos de participação popular, de controle social e de monitoramento da gestão pública.

Estes são alguns dos pré-requisitos para a unificação e pacificação desse país, para a consolidação da democracia e realização da justiça social e racial que tanto almejamos.

Notas

1 Documento da Articulação de Mulheres Negras Brasileiras – Rumo á III Conferência Mundial Contra o Racismo, a Discriminação Racial, A Xenofobia- e Formas Conexas de Intolerância. Pg.1/2

2 Ianni, ibdem- p. 431

3 Designa-se por *negro* a somatória das categorias *preto* e *pardo* utilizadas pelos recenseamentos oficiais que perfazem segundo eles, 44% da população do país. E que indicam que a miscigenação ao contrário do que diz a ideologia, não constitui fator de mobilidade social posto que *pretos* e *pardos* constituem um grupo homogêneo do ponto de vista das condições de vida desfavoráveis que experimentam na sociedade brasileira.

Homossexuais: Violência, exclusão social e a luta pela cidadania

Luiz Mott

"Gostaria de ver todos os homossexuais condenados à morte num forno crematório e mesmo assim, lamentava que sobrassem as cinzas."

(Jornalista Ivan Leal, 1986)[1]

Verdade seja dita: somos obrigados a reconhecer que no Brasil, entre todas as "minorias sociais", os homossexuais continuam sendo as principais vítimas do preconceito e discriminação. Todos nós já ouvimos mais de um pai declarar: "prefiro ter um filho ladrão do que homossexual"! Ou esta sentença de morte: "Viado tem mais é que morrer!" E não nos acusem de apelar para o vitimismo ao divulgar tal realidade, pois os dados comprovam inegavelmente que de todas os grupos discriminados, os homossexuais são os mais vulneráveis: em nosso país, um gay, travesti ou lésbica é barbaramente assassinado a cada dois dias, vítima de crimes homofóbicos.[2] As sábias palavras do Ministro Celso Mello, Presidente do Supremo Tribunal Federal ratificam nossa assertiva:

Luiz Mott é Doutor em Ciências Humanas pela Universidade de Campinas (Unicamp), Professor da Universidade Federal da Bahia (UFBA). Presidente do Grupo Gay da Bahia (GGB). Autor de vários livros, acaba de lançar *O Crime Anti-Homossexual no Brasil*, sua última obra inédita.

"Não adianta comemorar o cinqüentenário da Declaração dos Direitos Humanos, se práticas injustas que excluem os homossexuais dos direitos básicos continuam ocorrendo. É preciso que o Executivo, o Legislativo e o Judiciário tomem consciência e tenham percepção de que é necessário enfrentar essa situação de grave adversidade por que passam os integrantes deste grupo extremamente vulnerável."[3]

A especificidade desta maior vulnerabilidade dos homossexuais ante a exclusão advém em grande parte da própria rejeição sofrida dentro do núcleo familiar. Enquanto para os membros das demais minorias sociais, a família constitui o principal grupo de apoio no enfrentamento da discriminação praticada pela sociedade global, no caso dos homossexuais, é no aconchego do lar onde a opressão e a intolerância fazem-se sentir mais fortes e com maior crueldade. [4]

A mãe negra, o pai judeu, a família indígena reforçam a auto-estima étnica ou racial de seus filhos, estimulando a afirmação dos traços culturais diacríticos que auxiliarão vitalmente estas crianças e adolescentes a desenvolverem sua auto-estima, identidade, orgulho e afirmação como membro de um grupo étnico, racial ou religioso diferenciado.

Com os jovens gays, lésbicas e transgêneros a realidade é tragicamente oposta: muitos são os registros de adolescentes homossexuais que sofreram graves constrangimentos e violência psíquica e física dentro do próprio lar quando foram "descobertos": insultos, agressões, tratamentos compulsórios destinados à "cura" da sua orientação sexual, expulsão de casa e até casos extremos de execução. Recentemente, um pai baiano de classe média ao ser informado que seu filho era homossexual, deu-lhe um revólver determinando: "Se mate! Pois na nossa família nunca teve viado!".

De fato, o Movimento Homossexual Brasileiro (MHB) ainda tem muito a denunciar: com base nos relatórios anuais de violação dos direitos humanos e assassinato de homossexuais no Brasil divulgados pelo Grupo Gay da Bahia, dados utilizados e citados anualmente pelo State Department dos Estados Unidos[5], nota-se que o quadro descrito nos últimos relatórios, ratificado no de 2001, é aterrador e revoltante, comprovando que a intolerância, violência e assassinatos de gays, lésbicas e travestis tem se mantido nos últimos anos praticamente nos mesmos patamares de selvageria e impunidade. Eis uma síntese dos assassinatos de homossexuais, lembrando outrossim que estes dados além de incompletos, posto inexistirem estatísticas oficiais de crimes de ódio no país, cobrem apenas 2/3 de nosso território, sendo, portanto, tais números apenas a ponta deste iceberg de sangue e ódio.

Assassinatos de Homossexuais no Brasil 1963-2001[6]

Ano	Total
1963-69	30
1970-79	41
1980-89	503
1990-2001	1518
Total	2092

Convém insistir num ponto: não se tratam estes assassinatos de crimes comuns, fruto de assalto ou bala perdida. São em sua maior parte, *crimes de ódio* onde a condição homossexual da vítima foi determinante no *modus operandi* do agressor. Portanto, "crime homofóbico", motivado pela opinião preconceituosa dominante em nossa sociedade machista, que vê e trata o homossexual como presa frágil, efeminado, medroso, incapaz de reagir ou contar com o apoio social quando agredido.[7] Tais crimes são caracterizados por altas doses de manifestação de ódio: muitos golpes, utilização de vários instrumentos mortíferos, tortura prévia.

Lastimavelmente, esta cruel homofobia é alimentada e se legitima no próprio discurso oficial de importantes destaques institucionais da sociedade brasileira. Que o leitor faça seu próprio julgamento destas abomináveis declarações de ódio, desprezo e estímulo à violência anti-homossexual registradas em plena virada do milênio: seus autores também são responsáveis por tantos crimes de ódio.

Dom Eusébio Oscar Sheid, atual Arcebispo Metropolitano de São Paulo, declarou : *« O homossexualismo é uma tragédia. Gay é gente pela metade. Se é que são gente! »*

Na Universidade de Santa Cruz (RS) foram distribuídos panfletos e adesivos com a seguinte palavra de ordem : « Mate um homossexual ! »

Num dos programas de maior audiência popular, quando ainda na TV Record (da Igreja Universal) a apresentadora Ana Maria Braga divulgou a seguinte piadinha : « Você sabe qual é a maior tristeza de um pai caçador ? Ter um filho viado e não poder matar!"

O Gerente de um supermercado de Porto Alegre declarou a um gay quando protestou ao ser discriminado :«Puto tem mais é que apanhar mesmo!"

O Bispo de Erechim (SC) D.Girônimo Anandréa declarou : « Os homossexuais nunca constituíram uma família. Nem vão constitui-la no futuro. O bem comum da sociedade requer a desaprovação do seu modo de agir."

O Pastor Túlio Ferreira, da Assembléia de Deus, SP, disse : « O homossexualismo é uma anormalidade, uma profanação do nome de Deus, pois a homossexualidade é uma maldição de Deus e por isto, todos os homossexuais serão conduzidos pelo diabo à perdição eterna."

O beneditino D. Estêvão Bittencourt, do mosteiro do RJ, disse: "*O homossexualismo é contra a lei de Deus e contra a natureza humana. Mãe lésbica deveria perder o direito de educar o seu filho. A justiça não deve dar a guarda da criança a uma mãe lésbica.*"

Carecas de Santo André, SP, distribuíram panfletos com a palavra de ordem: « Destrua os homossexuais!" *E alguns meses depois, em janeiro de 2000, 18 skeen-heads trucidaram o gay Edson Néris na Praça da República.*

Espumando de ódio, num programa de TV, o Deputado paulista Afanazio Jazadi declarou: "*Todo homossexual deveria ser morto*!"

Policiais do 16º Batalhão da PM de Salvador proclamaram: "*a ordem é metralhar os travestis*!"[8]

Mais grave do que o preconceito encontrado entre os líderes religiosos e acadêmicos, é a homofobia observada entre as lideranças das instituições voltadas à defesa dos direitos humanos. Hélio Bicudo, D. Aloísio Lorschaider, Rabino Henry Sobel, por exemplo, grandes defensores dos direitos humanos, várias vezes divulgaram na mídia opiniões discriminatórias contra os homossexuais, opondo-se radicalmente ao reconhecimento legal da união civil entre pessoas do mesmo sexo.[9]

O complô do silêncio, exclusão e *apartheid* social continuam presentes no discurso e prática de grande parte das lideranças dos movimentos de direitos humanos. Não raramente, chegam alguns a argumentar que não existe paralelo nem equiparação entre a discriminação por raça ou gênero, e a discriminação baseada na orientação sexual. Infelizmente, os argumentos utilizados pelos que excluem os homossexuais da agenda dos direitos humanos inspiram-se em desumanos dogmas religiosos, que insistem em demonizar o amor entre pessoas do mesmo sexo. A exclusão do direito à livre orientação sexual, no texto final da Conferência de Durban, apesar do empenho dos representantes brasileiros, comprova que lastimavelmente a homofobia continua sendo uma doença mundial.

Perguntamos nós: se apenas uma destas penas de morte e instigação à violência anti-homossexual tivesse sido proferida contra os negros, ou contra os judeus, ou contra outra categoria social, qual teria sido a reação popular e governamental? Prisão inafiançável, demissão dos cargos públicos, retratação oficial, etc. A injustiça, falta de solidariedade e discriminação oficial e popular contra os homossexuais é revoltante e ilegal, pois a Constituição Federal garante que "todos são iguais perante a Lei", embora de fato, como disse o arcebispo de São Paulo, "*os homossexuais são gente pela metade – se é que são gente*!" Ainda estamos numa fase que temos de convencer a opinião pública de que os "veados"são seres humanos!

Portanto, já que o próprio governo federal, em seu Programa Nacional de Direitos Humanos, reconheceu finalmente que os homossexuais estão entre os grupos mais vulneráveis de nossa sociedade[10], é urgentíssimo que as autoridades governamentais e os candidatos a cargos políticos cumpram nossa Carta Magna propondo e garantindo ações afirmativas também para os gays, lésbicas e transgêneros, garantindo-se assim a cidadania plena também para estes brasileiros que devido à homofobia, continuam enrustidos dentro da gaveta.

Depende em grande parte de nós, gays, lésbicas e transgêneros – e do apoio da numerosa tribo dos "*simpatizantes*" – fazer que o século XXI represente a conquista definitiva e universal de nossa utopia: o direito de amar e ser respeitados como cidadãos e cidadãs com direito à felicidade.

Para que gays, lésbicas e transgêneros brasileiros deixem de ser sub-humanos e tornem-se cidadãos plenos, consideramos urgente urgentíssimo a adoção das seguintes medidas a curto prazo:

1. Aprovação de leis que punam exemplarmente os que discriminam, violentam e assassinam gays, travestis e lésbicas, capacitando a polícia e a justiça a investigar e julgar com exemplar severidade os autores de crimes homofóbicos;
2. Universalizar cursos de educação sexual em todos os graus escolares, ensinando a todos os jovens que o homossexual é ser humano com idênticos direitos dos demais cidadãos e a livre orientação sexual faz parte inalienável da plena cidadania;
3. Quebrar os tabus religiosos que diabolizam o amor entre pessoas do mesmo sexo, propondo às diferentes igrejas a promoção de pastorais específicas voltadas para as minorias sexuais e punindo as que pregam e praticam discriminação anti-homossexual;
4. Erradicar a homofobia internalizada que impede à sociedade heterossexista reconhecer os direitos humanos e a diversidade das minorias sexuais, propondo ações afirmativas que produzam sentimentos de tolerância dentro das famílias e escolas para que respeitem a livre orientação de seus filhos e jovens homossexuais;
5. Quebrar o complô do silêncio e divulgar informações corretas e positivas a respeito do "amor que não ousava dizer o nome", desmascarando as falsas teorias que patologizam a homossexualidade, ampliando na academia as pesquisas que resgatem a história e dignidade das minorias sexuais;

6. Substituir a homofobia reinante nos partidos e grupos políticos que tratam a cidadania homossexual como luta menor, erradicando dos grupos que defendem os direitos humanos, qualquer tipo de manifestação de preconceito que viole a dignidade e cidadania dos homossexuais;
7. Estimular por meio de campanhas específicas de ações afirmativas aos gays, lésbicas, travestis e transexuais a assumirem publicamente sua identidade homossexual, lutando pela construção de uma sociedade onde todos tenhamos reconhecidos nossos direitos humanos e cidadania plena.

Notas

1 *Jornal do Domingo*,, ABC, SP, 14-12-1986

2 Mott, Luiz. "Por que os homossexuais são os mais odiados dentre entre todas as minorias sociais", Comunicação no *Seminário Gênero & Cidadania: Tolerância e Distribuição da Justiça*, Unicamp, IFCH/Pagu, 6-12-2000, (no prelo).

3 *O Estado de S.Paulo*, 5-12-98, Ministro Celso de Mello, Presidente do Supremo Tribunal Federal.

4 Griffin, Carol W. & Wirth, Marian J. *Beyond Acceptance: Parents of Lesbians and Gays talk about Their Experiences*. Englewood Cliffs, Prentice-Hall, 1986.

5 Cf. Ultimo relatório no site: http://www.state.gov/g/drl/rls/hrrpt/2000/wha/724.htm

6 Mott, Luiz. *Causa Mortis: Homofobia*. Salvador, Editora Grupo Gay da Bahia, 2001.

7 Mott, Luiz. "O crime homofóbico: viado tem mais é que morrer!", *Crime*,, *Direito e Sociedade*, Instituto de Criminologia, Rio de Janeiro, 1997; *Assassinato de Homossexuais*:: *Manual de coleta de informações*,, *sistematização e mobilização política contra crimes homofóbicos*. Salvador, Editora Grupo Gay da Bahia, 2000.

8 *Boletim do Grupo Gay da Bahia*, n.38, ano XIX, 1999

9 Mott, Luiz. *Violação dos Direitos Humanos e Assassinato de Homossexuais no Brasil*.. Salvador, Editora Grupo Gay da Bahia, 2000.

10 *Programa Nacional de Direitos Humanos*, Brasília, Ministério da Justiça, 1996.

Existe relação entre cidadania, exclusão social e violência?

Dóris Faria

O texto apresentado nos três parágrafos a seguir serviu de introdução ao tema a ser debatido, tanto para os debatedores, quanto para o público, uma vez que foi publicado na imprensa local antes do debate propriamente dito

> "Existe de fato relação entre cidadania, exclusão social e violência? Ou trata-se de mais uma generalidade explícita que termina por subliminarmente condicionar uma relação entre pobreza e violência insuficiente para resolver os nossos problemas ? Se existe relação entre pobreza e violência, a violência deveria ser – em acordo com as estatísticas oficiais sobre a pobreza no Brasil – infantil (50 %), parda ou negra (43 %) e sem educação fundamental (61%). Não há qualquer dúvida de que isso não é realidade. Outros fatores interferem para que o tecido social esteja sendo esgarçado, rompendo um tácito contrato social de respeito aos direitos individuais e coletivos que caracteriza o pleno direito e exercício da cidadania. Assim, é premente que políticas públicas sejam capazes de ir além da redistribuição de renda e atendam a políticas sociais capazes não só de garantir a melhoria das condições de vida das parcelas mais desfavorecidas, mas que alcancem o conjunto dos valores que constituam verdadeiramente

---

Dóris Faria é Decana de Extensão da UnB em dois mandatos consecutivos. Doutora pelo Instituto de Psicologia da Universidade de São Paulo (USP). Pós-Doutorada em Antropologia Biológica na University College London. Professora e Pesquisadora do Instituto de Ciências Biológicas. É responsável pela reestruturação da Educação Aberta e Continuada na Universidade.

> uma sociedade e que façam com que o cidadão não se veja tentado à delinqüência e ao crime. Afinal de contas, sendo a violência no Brasil multicolorida, multicategorizada entre ricos, remediados e pobres – projeta-se para o campo dos valores éticos e culturais.

Podemos considerar três tipos de processos agentes da violência: a carência de recursos, especialmente a carência extrema que atinge a grande parte da população brasileira, pode ser um fator de excitação da violência, mas não só; a delinqüência também afeta o processo de construção da violência em nossos dias, principalmente derivada da atuação de um terceiro fator, o crime organizado, que atinge não só o tráfico de drogas, jogo e prostituição, mas também a corrupção dos processos institucionais – nas mais imediatas expressões da vida cotidiana, mas que também penetra nos mais altos escalões dos poderes da república e perpetra os grandes crimes chamados de "colarinho branco". O cidadão passa a ver-se tentado pela corrupção e contravenção, mesmo que violentado pelo latrocínio, assalto, seqüestro, homicídio e morte tão próximos quanto no transito ou nos conflitos mais banais. Assim, os processos da sociedade vão sendo carcomidos pelos anti-valores de uma era muito materialista, consumista, um campo extremamente fértil para o processo de empobrecimento que atinge os países mais pobres do planeta, mas não só. A violência também afeta os países mais ricos, mesmo quando adquire outras formas de expressão, inclusive a indiferença ao sofrimento e necessidades alheias.

Um outro aspecto do problema – as formas de promovermos a prevenção e a redução da violência – passam pela superação da pobreza com a redistribuição de renda e acesso a bens primordiais como a saúde e educação e condições dignas de vida, mas não só! Passam por também conseguirmos recuperar a confiança nas instituições, para o que a justiça tem de ser eficiente, pondo fim à impunidade que grassa em nossa sociedade e que privilegia somente os mais dotados. Uma política de segurança pública adequada é fundamental, para pôr fim a pelo menos parte da delinqüência e ao crime organizado. Outros valores devem atingir os meios de comunicação de massa, bem como o mais íntimo dos indivíduos, silenciosamente propalando a correção dos comportamentos. Aos candidatos, conclamemos a projetos realistas para enfrentar os problemas sociais no Brasil.

Assim, vemos que a relação entre a violência e a pobreza precisa ser mais aprofundada e, por este motivo, trouxemos dois especialistas especificamente sobre este assunto, os professores Luiz Eduardo Soares* e Sueli Carneiro, respectivamente ex-secretário de segurança do Rio de Janeiro e ela militante feminista e de movimento negro. Também incluímos como palestrante o Prof. Luiz Mott, militante do movimento gay, por ser este o grupo a sofrer a violência mais explícita na sociedade. E, por fim, para analisar a questão mais ampla dos direitos humanos em toda sua magnitude é que convidamos o Prof. Paulo Sérgio Pinheiro, do Ministério da Justiça que, impossibilitado de comparecer, indicou o Prof. Guilherme Assis de Almeida, experiente pesquisador no assunto. Do encontro de tão importantes pesquisadores e brilhantes personalidades, muitos aspectos relevantes puderam ser incluídos à discussão do tema – artigos seguintes – cujas principais conclusões estão incluídas na análise a seguir.

---

* Nota do Editor: O Professor Luiz Eduardo Soares, embora tenha participado do Fórum *Brasil em Questão*, no dia 24 de abril – *Cidadania, Exclusão Social e Violência* –, não pôde encaminhar o texto de sua palestra para publicação, por ter assumido, anteriormente, compromissos profissionais.

A discussão foi aberta com a reafirmação da questão sobre se haverá de fato relação entre violência e pobreza. Esta é uma questão que merece reflexão de todos, pois sabemos que a violência pode não ser criança, nem negra e tampouco sem educação fundamental, como dizem os dados sobre a pobreza. A violência perpassa essas características: pode ser adulta, branca e de elevada classe sociocultural. Se a violência não é gerada somente pela pobreza, que outros fatores estão envolvidos e quais suas conseqüências? Assim sendo, não bastam políticas econômicas para distribuição da renda, além das políticas sociais. Também é necessário algum movimento ético-cultural que trabalhe os valores da sociedade, além dos processos regulares que se desenvolvem na educação, saúde e trabalho, de modo a melhorar as condições de vida, material, psíquica e espiritual.

Ao longo do debate foram abordadas as muitas formas de violência: tanto aquelas violências que estão na origem dos processos, gerando a discriminação de determinadas categorias sociais, por meio dos processos históricos de sua vitimização pelas elites, como os pobres e negros, mas também as mulheres e outras minorias, como os homosexuais; quanto aquelas formas de violência que terminam sendo conseqüências de processos da exclusão social daquelas categorias e que geram a violência rotineira dos pequenos mas cada vez mais freqüentes crimes do cotidiano.

Além disso, no bojo da impunidade e da descrença nas instituições, o crescimento da violência atordoa a todos na sociedade brasileira de hoje em dia. Urge, portanto, reverter este quadro, devolvendo a crença e confiança nos mecanismos de segurança social, entre eles, na correção da justiça para todos.

Existem aspectos que são muito específicos. Obviamente há que se considerar a questão da segurança, pelo menos para eliminar parte da delinqüência que está envolvida no problema da violência, como o crime organizado, um dos maiores responsáveis pela violência no Brasil, especialmente pelo seu extremo aumento mais recentemente. O que fazer? Precisamos também ser próativos, ir além dos diagnósticos e apontar o que pode e deve ser feito, os presidenciáveis precisam ter posições expressas sobre estas questões. Há, evidentemente, necessidade de radicalizar a confiança na Justiça, o que implica a eliminação da impunidade. A sociedade precisa ter a certeza de que não serão punidos apenas os pobres, pardos ou negros; ricos e com formação acadêmica que cometem crimes também devem receber punição. A polícia deve ser envolvida na tarefa de uma forma correta, os dados mostram claramente as dificuldades econômicas da polícia para enfrentar o problema da violência. Em São Paulo, por exemplo, no período de 1997 a 2001, enquanto havia 11 bilhões apenas para pagamento de juros e encargos da dívida do Estado, investiu-se 1,7 bilhão em suas polícias. E só com relação a seqüestros, triplicaram em 18 meses entre 2000 e 2001: antes, de uma dezena passaram para 63 e atingiram 180 no referido período, além dos 1000 assassinatos e 300 estupros. Outros aspectos do problema são a questão da unificação das polícias e da corrupção que grassa em seu meio, considerados qualquer estado da federação. No Rio de Janeiro o problema atinge matizes mais dolorosos: nas favelas, estima-se que 25 % dos jovens estejam envolvidos no tráfico de drogas; 67% das ocorrências são crimes com menores, em que este é o crime mais cometido. Dos 600 menores apreendidos por tráfico, 200 tem menos de 12 anos. Esses são dados obtidos pelas diversas secretarias de polícias, divulgados amplamente, são dados extremamente inquietantes, mas que ainda devem refletir somente parte da brutal realidade.

A análise da questão revela que dois eixos situacionais se cruzam em nossa sociedade hoje em dia e geram um núcleo no qual está o cerne do problema da violência no Brasil, que são os tráficos – as trocas comerciais ilegais de armas e drogas – mediadas por todos os tipos de violências. São eles: o eixo da delinqüência, na vertente dos envolvimentos com drogas; e o eixo da revolta social, na vertente da injustiça social, da pobreza e da miséria. Em algumas situações, como a dos morros cariocas, por exemplo, drogas e pobreza se encontram; em outras, a situação pode ficar numa ou noutra vertente: do envolvimento inicial no vício de drogas ilícitas, tocando a todas as classes sociais, que pode ou não levar ao tráfico; numa pobreza que apesar de não se envolver com drogas pode levar aos pequenos delitos e violências do dia a dia; até a delinqüência em todos os matizes, especialmente aquela envolvendo pessoal mais qualificado que dispõe de estrutura e recursos para o contrabando de materiais, entre eles drogas e/ou armas, envolvendo a todos os segmentos anteriores para a obtenção dos seus lucros e passando por todas as formas de violência que julgarem necessárias à consecução de suas finalidades.

Conforme representação abaixo, na intercessão dos eixos está o coração do problema, a violência gerada especialmente pelos tráficos, os quais passaram a se comunicar, chegando inclusive a conectar o tráfico de drogas nos países latino-americanos, incluindo o Brasil, com o tráfico de armas de movimentos guerrilheiros, como na Colômbia. Tráfico de drogas e armas mediados pela violência, oportunistas, especialmente junto às classes mais pobres, mas envolvendo algumas outras mais diretamente e nós todos mais indiretamente, pelo grau com que grassa na sociedade e transforma o nosso dia-a-dia...

O que acontece hoje no Brasil aconteceu de maneira menos grave na Colômbia, porque não envolveu lá a disseminação do vício de seus jovens com as drogas, como acontece no Brasil. Na Colômbia o vício foi exportado, inicialmente para EUA e Europa.

O Brasil, que passou a fazer parte de rotas de passagem, é hoje destino destas drogas, abastecendo o nosso mercado interno. Em ambos os países, assim como em todos por onde começa a penetrar este trágico esquema, o crime organizado penetra em todas as instâncias, envolve desde o cidadão mais despreparado ou desprotegido, as polícias responsáveis por seu enfrentamento imediato, a justiça, pela qual deveria ser punido, até os políticos, aos quais caberia legislar de modo defensivo da sociedade, podendo atingir escalões do governo responsáveis por toda a gestão do sistema social.

Uma das bases da Violência: Revolta Social, Delinqüência e Tráfico de Drogas e Armas

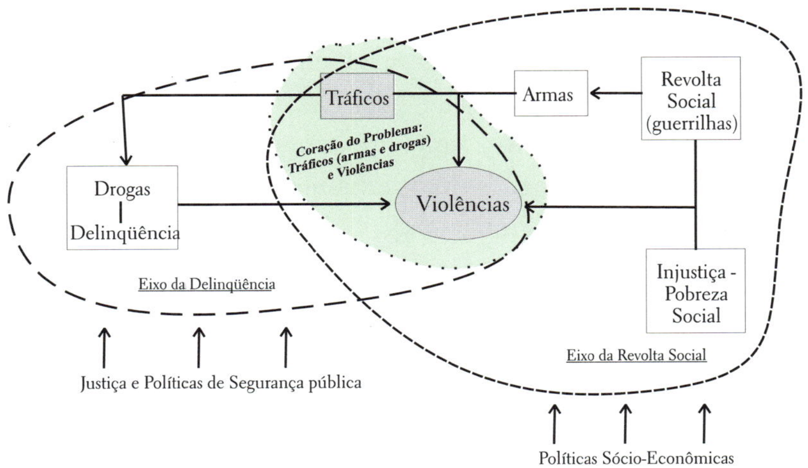

Este manancial de problemas tem de começar a ser efetivamente enfrentado por todas as direções: com mecanismos mais gerais, ligados à formação de opinião pública e limpeza de todo o sistema que envolve os tráficos, garantindo correção da justiça, a eficiência do mecanismo policial e das outras medidas relacionadas com a segurança pública, até a eficácia das políticas microeconômicas e sociais, orientadas especialmente para a superação da miséria e da pobreza que ofende a nossa nação.

Eliminar as carências certamente é o primeiro passo, mas não resolve todos os problemas da delinqüência e menos ainda a questão do crime organizado. Eliminar a impunidade e confiar nas instituições é um passo fundamental, mas outros também são necessários. Certamente que variáveis culturais de extrema influência nos valores éticos e morais da sociedade precisam ser consideradas para que consigamos compreender corretamente porque os jovens entram tão vertiginosamente no crime e na violência, a ponto de enfrentar a certeza da morte prematura, uma estatística especial que diferencia completamente a demografia da morte, entre os jovens de sexo masculino – mas crescente também na jovem de sexo feminino, – absolutamente presente no dia-a-dia da vida de todos eles e de suas comunidades. O que os faz arriscarem-se tanto, a ponto de serem mortos entre si, em disputas de gangues rivais, estimuladas por suas lideranças, todos saídos de mesma origem?

Sabemos que as políticas de desenvolvimento centradas nos aspectos econômicos não apresentam qualquer eficácia. Nem sequer políticas distributivas de renda são eficazes porque não chegam ao cerne dos problemas. Mesmo as políticas sociais aplicadas no Brasil não chegam a atingir os pobres, com freqüência terminam por favorecer a classe média. Portanto, desfocadas da causa e do destino, as políticas sociais – quando existem – vêm-se mostrando ineficazes, insuficientes para enfrentar os graves problemas sociais do Brasil. Corrigir estes tipos de rumos é essencial para superar barreiras ao desenvolvimento social no Brasil. Que fazer, além dos procedimentos de compensação econômica e de inclusão social que atinjam as comunidades mais carentes, mas que interfiram profundamente nos jovens de todas as classes sociais, envolvidos no vício das drogas e nas diversas formas de violência correlacionadas? Como atuar ante outras variáveis, no campo dos valores ético-culturais?

Certamente que a violência será o tema mais candente para as próximas eleições e, por isso, chamamos aqui tanta atenção para que – além das políticas econômicas distributivas de renda e políticas sociais que efetivamente atinjam ao público carente, foco destas políticas – para atuação em aspectos culturais da sociedade em geral, que já atingem parcelas significativas de todas as categorias, ricos e pobres, jovens e adultos, brancos, pardos ou negros, de ambos os sexos, dos que hoje se envolvem nas drogas, lícitas ou não, nos tráficos, drogas ou armas, mas que terminam envolvendo-se em todos os tipos de violência, das domésticas aos crimes mais complexos, como aqueles realizados pelos grandes grupos organizados, "comandos" nacionais ou máfias internacionais.

Os problemas de segurança que dizem respeito à delinqüência e ao crime organizado não consistem somente do recrutamento para o crime de jovens de classes baixas, mas envolvem, na direção, indivíduos mais qualificados do ponto de vista cultural e educacional. Os chamados crimes do "colarinho branco" – porque envolvem os "respeitáveis" senhores engravatados – só serão minimizados quando superarmos a impunidade que toca as classes mais desfavorecidas. Muito desta cultura oportunista está à volta dos políticos, dos próprios presidenciáveis. Que serão os presidenciáveis capazes de fazer para combater isso?

Por outro lado, o crime organizado consegue hoje recrutar os jovens pobres rapazes da periferia dos grandes centros urbanos, conforme bem descreve o Prof. Luiz Eduardo Soares, porque conseguem penetrar no imaginário destes, trazendo-lhes identidade, reconhecimento e pertencimento a grupo(s). Enfrentar este problema implica gerar fontes alternativas de atração capazes de prover o jovem de ocupações que possibilitem a ascensão social que seus pais não tiveram e satisfaçam seus interesses, curiosidades, que lhes tragam (re)conhecimento. As injustiças históricas perpetradas aos afrodescendentes no Brasil, como bem diz a Profa. Sueli Carneiro, precisam ser compensadas, sob pena de não enfrentarmos o problema da violência no Brasil de hoje. O nosso dia-a-dia não pode silenciar-se ante violências como as que atingem a vida doméstica das mulheres, ou o cotidiano dos homossexuais, como chama a atenção o Prof. Luiz Mott. Mais que tudo, a construção da cidadania para todos, lutando por todos os desvios na garantia dos diversos direitos que todo ser humano tem, como abordado pelo Prof. Guilherme de Assis Almeida, insere o problema da violência numa dimensão muito mais abrangente do que costumamos considerar, estendendo a própria aplicação do conceito de exclusão social. Terão os presidenciáveis planos que comportem tal finalidade tão abrangente?

Assim sendo, superar as carências materiais é essencial, mas não é suficiente, é preciso também atender a necessidades písco-sociais e espirituais que os indivíduos tem e, para isso, a sociedade precisa estar orientada para a promoção da cidadania, reconhecendo plenamente os direitos humanos de todos os seus cidadãos – e não só de determinadas elites –, bem como os direitos coletivos das suas categorias minoritárias socialmente, até mesmo os direitos ambientais que nos atingem a todos e que nos fere fortemente no território deste país. Que propõem os candidatos a respeito disso tudo, mas como, principalmente, iniciarão pelo enfrentamento do problema da relação da perda da cidadania, pela exclusão social, que gera a violência – tema original deste debate e ponto de partida para a urgente transformação social do Brasil?

Com maior ou menor aprofundamento em alguns tópicos aqui abordados, nossos debatedores refletiram todas as etapas deste ciclo que se inicia com a violência do cotidiano – com especial referência à violência da exclusão social – e que a ela retorna, por meio da violência que atinge toda a sociedade; ferindo a cidadania a que têm direito todo ser humano – cidadão independentemente de raça, etnia, gênero e opção sexual; e que nos atinge a todos, na qualidade de vida que possamos usufruir.

A diversidade regional brasileira

Armando Mendes
Maria Adélia de Souza
Eduardo Suplicy
Cristina Mac Dowell
Marcos Formiga

5 de junho

Diversidade Regional X Unidade Nacional: uma Perspectiva Brasileira

Armando Mendes

Tenho a convicção de que o que aqui discutimos, mais do que méritos e deméritos da diversidade regional, é a preservação da *unidade nacional* do Brasil.

A essa ótica, e em homenagem ao tempo encurtado de que disponho, o que vou apresentar não chega a ser o desenvolvimento de um raciocínio, mas tão-somente a coluna vertebral de uma linha de raciocínio a desenvolver. A nossa atitude perante as desigualdades, sejam elas espaciais ou sociais, só pode ser uma atitude de escolha sobre o que com elas fazer. Podemos assumir uma posição que contribua, de forma consciente ou inconsciente, para exacerbar as desigualdades, para levá-las às suas últimas conseqüências – quem for podre que se quebre. Ou podemos assumir a posição inversa e tentar reduzir as desigualdades, e se possível eliminá-las, o que é bastante difícil. Acredita-se, de qualquer modo, que é possível reduzi-las até um nível civilizado, e essa é a crença que motiva a presente reflexão e as políticas que todos reclamamos para que se enfrente a questão.

Armando Mendes é Consultor das Nações Unidas para o Desenvolvimento da Amazônia. Publicou sua primeira obra em 1971 – *Estradas para o Desenvolvimento*. Autor de vários estudos sobre a floresta e o desenvolvimento econômico da região Norte, desenvolvimento regional, educação superior e meio ambiente. É consultor de organismos internacionais, como PNUD, Unesco.

Há poucos anos, o professor João Paulo de Almeida Magalhães, da UFRJ, publicou um pequeno livro em que fantasiava a hipótese de um Brasil dividido, fragmentado em cinco países, que todavia vieram a descobrir nas primeiras décadas do século XXI que se haviam tornado inviáveis pela fragmentação. Então pediram auxílio às Nações Unidas para um estudo que permitisse superar essas dificuldades e recuperar a viabilidade perante o mundo que se globaliza e se organiza em grandes blocos regionais, como a União Européia, o Nafta, os países asiáticos, etc. Então, o livro é exatamente o relatório da comissão que vem ao arquipélago de Brasis para fazer recomendações. Em conversa com o Autor, sugeri que em um adendo colocasse a óbvia proposta de criação do MERCOBRÁS. A União Européia começou como um Mercado Comum. O MERCOSUL é a tentativa de fazer algo parecido no Cone Sul da América Meridional. A partir do MERCOBRÁS, pois, se iriam criar ou recuperar instrumentos, fundos, políticas e mecanismos para concentrar investimentos nas áreas menos desenvolvidas e com isso permitir que elas crescessem mais rapidamente do que as outras, reduzindo as diferenças e dando consistência ao todo reconstituído. Assim tem sido feito na Europa, como ninguém desconhece.

A nossa atitude só pode ser esta. Se formos à Constituição Federal, no artigo 3º, vemos que um dos *objetivos fundamentais* da República é a redução das desigualdades regionais e sociais. É mesmo sintomático e expressivo que venham as duas juntas, pois não podemos diminuir uma sem reduzir a outra, não apenas porque há, por vezes, coincidência territorial dessas desigualdades, mas porque elas estão intimamente casadas, ainda que aparentemente distintas. Essa preocupação se repete em outras disposições constitucionais.

Ao se discutir a diversidade regional, portanto, coloca-se em pauta o risco que estamos correndo: o da quebra da unidade nacional, se as questões da desigualdade não forem enfrentadas para valer. Exacerbar as desigualdades regionais pode significar a fragmentação territorial e política do Brasil. Falo da possibilidade de a partir de um determinado momento, os nordestinos ou os amazônidas não se sentirem mais brasileiros. O risco é este: a desigualdade extrema pode vir a provocar a secessão, por não haver mais nada em comum entre os diferentes Brasis — a não ser torcermos juntos pela seleção brasileira, a cada quatriênio... Costumo resumir esse temor numa frase de efeito, mas perfeitamente cabível: é preciso pensar na Amazônia não apenas como uma *extensão* do Brasil, mas como uma real *intenção* nacional.

O país precisa ter consciência clara do que quer fazer com a Amazônia, ou com o Nordeste, o Centro-Oeste, e assumir um comportamento conseqüente para as ações que deve desenvolver em cada uma das regiões. É claro que os desafios do Nordeste não se confundem com os da Amazônia. Esta não é diferente pelo simples fato de ser a única região com nome próprio, as outras sendo apenas referências geográficas – fato que, todavia, não pode ser usado para humilhar ninguém... . É a região do Rio Grande das Amazonas, como foi chamado pelos espanhóis, e não pelos portugueses, onde está a maior bacia hidrográfica do mundo, onde está também a maior diversidade biológica, a floresta tropical úmida que Humbolt denominou de *hylea*, termo grego que significa algo como mata densa, ou em português antigo, mato grosso. A Amazônia não é apenas um desafio de natureza social, forte, pesado, que deve ser enfrentado com entusiasmo, mas é também para o país um grande desafio de natureza geopolítica. Esta última dimensão não pode ser esquecida quando abordamos a questão amazônica, porque é na Amazônia que a humanidade quer vir buscar resposta para muitos desafios atuais: na sua diversidade biológica, a diversidade de substâncias e princípios ativos que ela contêm e que sequer são conhecidos cientificamente, a não ser numa escala muito reduzida. É na Amazônia, igualmente, que a humanidade quer vir buscar a solução para a questão da água doce potável no mundo, o grande desafio do século XXI. É fato que a superfície terrestre é recoberta de água, mais do que de terra firme, entretanto cerca de 93% dessa água é salgada, e é nas calotas polares que está a maior parte da água doce potável e sobra muito pouco. A água, por exemplo, é uma das razões pela guerra entre árabes e judeus. O Canadá já exporta água para a China, e até para a França, neste último caso para fazer... cerveja. Segundo noticiário da imprensa, Tawain acaba de celebrar um contrato para suprimento de água à China continental, em que pesem as diferenças políticas intransponíveis entre as duas. Da água doce conhecida no planeta, perto de 20% está na bacia hidrográfica do Amazonas. Esse é o desafio: o de tratar a água como um bem essencial a que todos têm direito, do qual não podemos abrir mão, e que no entanto também é uma mercadoria que vai disputar um mercado crescente no mundo, porque o consumo de água doce está crescendo mais rapidamente do que a população mundial. Esse é um dos grandes desafios que afetam diretamente a Amazônia no século XXI.

Concordo em que a resposta para os problemas de desenvolvimento de cada região não tem necessariamente a ver com o que foi feito ou se faz em outros espaços. Não temos que nos convencer de que a resposta para a Amazônia é plantar soja na Amazônia. Vamos plantar, ao invés, as espécies nativas. Não defendo o extrativismo, que não tem futuro do ponto de vista econômico de uma região, mas o cultivo racional, baseado no melhor conhecimento, na melhor tecnologia disponível para se produzir, digamos, frutas, ou criar peixes, tartarugas, pacas, sei lá, entre outros. Se quiserem, vamos exportar maniçoba enlatada.

O Brasil já exporta feijoada enlatada, por que não maniçoba? O açaí e o cupuaçu tomaram conta do mercado nacional sem ter sido feita qualquer campanha para isso. Na Amazônia, a lei de Say voltou a operar – a oferta cria sua própria procura. As coisas ofertadas pela natureza na Amazônia são tão boas e respondem a demandas tão atuais e claras, que ganham mercado rapidamente. E não o ganham com maior rapidez porque a produção, em grande parte extrativista, é por isso limitada. Nesta linha de utilização, parece-me válido retomar a proposta que venho difundindo, do uso daquilo que chamo de *amazonidades*, aquilo que é específico da Amazônia. É nessa linha que qualquer projeto regional amazônico deve ser construído.

Quais são as propostas dos presidenciáveis para minimizar as desigualdades regionais? Creio que esta é a pergunta essencial a lhes ser feita. E de que forma sua plataforma de governo pretende, não apenas dar combate às desigualdades sociais existentes nas regiões periféricas, que é um poço sem fundo, pois sempre haverá necessidades a cobrir, mas principalmente dar condições a partir do desenvolvimento econômico para que estas populações ganhem capacidade de gerir sua própria vida, ganhem um grau maior de liberdade.

É importante discutir conjuntamente as desigualdades espaciais e as sociais, mas é um risco confundir as duas, pois uma pode ocultar a outra. É claro que há pobres na periferia de São Paulo, como na do Rio de Janeiro, com altos índices de criminalidade. Mas não é por isso que vamos considerar o Estado de São Paulo subdesenvolvido dentro do quadro brasileiro. Há ricos no Nordeste e na Amazônia, e não é por isso que essas regiões podem ser consideradas desenvolvidas. A fluidez da caracterização das regiões, aqui revelada, torna cada vez mais difícil a gente se concentrar no que é essencial quando as questões são colocadas em pauta. Como também é difícil voltar àquela divisão clássica das macroregiões brasileiras. Entre as áreas ditas 'luminosas', aqui indicadas, cito a Zona Franca de Manaus, ainda não referida A região de Carajás, no Pará, de grandes explorações minerais, também. Mas são enclaves, e essa realidade não afasta a realidade maior das disparidades macro-regionais, que se expressam estatisticamente, e sobretudo em condições de vida, nos modos de viver e acesso aos bens essenciais, em carências educacionais e de saúde, etc. É válido colocar essas questões aos nossos candidatos. Resumiria a indagação a lhes ser feita, a uma indagação central: **Qual é a sua proposta para minimizar as desigualdades regionais?** Atém-se ela às políticas compensatórias de atendimento a carências básicas, ou vai muito além disso, dando consistência a investimentos que poderão criar empregos permanentes e ter um efeito multiplicador de emprego e renda, na região e não fora, como acontece geralmente por meio dos mecanismos automáticos de mercado? E se é assim, como pretende fazer?

Estive dois anos na Assembléia Nacional Constituinte, em 87 e 88, assessorando as bancadas da minha região. Muito se conseguiu com os Fundos de Participação dos estados e municípios, que foram aumentados substancialmente; foram também criados os Fundos Constitucionais em favor das regiões mais atrasadas, além de outros mecanismos. Foi possível incluir um parágrafo sobre royalties na exploração de petróleo, do gás natural ou da água para geração de energia elétrica. Tudo isso é importante para uma área com as características da Amazônia. Porém, a bancada de São Paulo chegou à Constituinte com a maior assessoria e consultoria que podia ser reunida: grandes profissionais em Direito Constitucional, Direito Administrativo, Direito Tributário, Política Econômica.... Então começou a história oculta da feitura da Constituição. Foi desfraldada a bandeira de que os estados pobres já haviam tido o seu quinhão, era preciso agora compensar os outros estados. E isso não se falava fora nem se escrevia. Mas começaram a aparecer as chamadas "compensações dos ricos". Assim, inventaram um adicional sobre o imposto de renda, a ser cobrado pelos estados, de até 5% no valor da arrecadação do tributo nesses mesmos estados. Isto é, São Paulo teria direito de cobrar além dos IR que a União nele arrecadava, mais 5% para o Tesouro estadual, algo equivalente a cerca de 2,5%, ou mais, do IR do país, pois lá se arrecada pelo menos metade do IR do país. E também foi criado o Fundo do IPI, que era constituído de 10% do IPI recolhido pelo governo federal, e seria transferido para os Estados onde arrecadado. Então novamente, como a indústria está concentrada em São Paulo, aí ficariam 5% ou 6% do total arrecadado no país (a regra foi atenuada com a proibição de qualquer estado se beneficiar de mais de 20,0% da parcela distribuída). E outras coisas assim. Em conseqüência, o que foi dado via os Fundos Constitucionais para o Norte, Nordeste e Centro-Oeste, seria menor do que São Paulo sozinho iria obter por conta dessas compensações engendradas em benefício dos estados mais ricos – outros estados se beneficiariam em menor escala.

Por esse caminho, não se está promovendo a redução das desigualdades regionais, pelo contrário, estão se reproduzindo os mecanismos que mantêm e agravam essas desigualdades. Por que o Nordeste há tanto tempo não consegue ultrapassar os 50% do PIB nacional *per capita* em relação ao nacional, como foi aqui mostrado? Por que esses mecanismos reproduzem a geração das desigualdades. E não adianta colocar no artigo 3º da Constituição que um dos objetivos fundamentais da República é reduzir as desigualdades regionais, ou no artigo 170 parágrafo 7º, ou no artigo 43, todo ele destinado à questão regional, prevendo mecanismos de toda natureza, instrumentos de ordem fiscal, tributária e outros para alcançar esse objetivo, dispositivo até hoje não regulamentado, ou mesmo dizer, por exemplo, no artigo 192, inciso 7º, que serão estabelecidos critérios para transferência dos saldos dos depósitos bancários arrecadados nessas regiões periféricos. Mas o sistema dos bancos privados, e mesmo alguns bancos federais, recolhe mais depósitos na região amazônica do que aplica lá. Perversamente, esses depósitos são transferidos para serem aplicados no Sul. Exceção é o Banco da Amazônia, que só ele aplica na região: cerca de 90% das aplicações feitas atualmente na região Norte, quando sua presença física e o seu capital e reservas representam no conjunto bem menos do que isto.

Não adianta, insisto, a retórica no texto constitucional se ele próprio insensatamente contribui para manter as desigualdades regionais. O artigo 155, inciso 2, parágrafo 2º, inciso 10º, alínea B, trata do ICMS e estabelece a imunidade do ICMS para a exportação de energia elétrica para outros estados. Onde tendem a concentrar-se as grandes explorações de hidroelétricas no país? Paraná e Pará, os estados do Nordeste em escala menor. Então, o Estado produtor e exportador de energia elétrica (v.g. o Pará, onde fica Tucuruí) não pode cobrar ICMS sobre o valor da energia exportada, mas os Estados consumidores podem cobrar. Isso passou porque na hora da definição final, na votação, a bancada do Nordeste se dividiu, por serem alguns produtores e outros apenas consumidores de energia elétrica.

Desse modo, e para resumir, o que pediria aos presidenciáveis, por acréscimo à pergunta básica, seria um detalhamento, a título elucidativo: em nível constitucional: **Está disposto a modificar a Constituição, para acabar com estes mecanismos de reprodução das desigualdades regionais, ou vamos continuar navegando na retórica?**

Política e Território – a Geografia das Desigualdades

Maria Adélia de Souza

Introduzindo o tema teoricamente

Este texto tratará de desigualdades regionais a partir da necessidade de elaborar sobre o uso do território no presente e suas conseqüências para a sociedade brasileira. Trata-se, então, de um tema essencial a ser discutido com os candidatos a presidência da república. Advogamos a tese de que é impossível elaborar um projeto de futuro para o Brasil sem considerar o território usado como categoria de análise. Ele se torna ainda mais fundamental quando entendemos a globalização como "uma gestão global de múltiplas diferenciações territoriais" (VELTZ, 1993:51). O conhecimento do território tornou-se indispensável dada a sua importância nos processos de globalização e fragmentação que se verificam no mundo contemporâneo.

Assim, propomos neste texto que a assunção antecipada da região e sua diversidade seja vista com cautela. Aquela velha noção de região, como um subespaço de longa maturação e construção,

---

Maria Adélia de Souza é Doutora em Geografia Urbana pela Universidade de Paris. É a responsável pela primeira Política Nacional de Desenvolvimento Urbano, realizada ainda no governo Geisel (anos 70). Professora da Universidade de São Paulo (USP) e da Universidade de Campinas (Unicamp) é especialista em urbanização brasileira. É presidenta do Instituto de Pesquisa, Informação e Planejamento de Campinas.

definitiva, não resiste a aceleração contemporânea[1]. Essa antiga postura já vem sendo superada na própria ciência geográfica: hoje as regiões sofrem mudanças repentinas na forma e no conteúdo. Elas brotam no território, como circunscrição de uso. É, portanto, o território usado e não a região a categoria de análise. A região é um recorte espacial, assim como o lugar, portanto eivados de ideologia, que hoje é ao mesmo tempo um dado da essência e da existência. E, *o espaço geográfico é um sistema indissociável de objetos e ações*. Esta atualização epistemológica, ainda que sumária se faz necessária para que a proposta de discussão desta mesa redonda possa dar conta dos processos do mundo do presente.

Como, podemos hoje contribuir para a discussão sobre a DIVERSIDADE REGIONAL BRASILEIRA sem atualizar essa reflexão que envolve diretamente a temática do território.

Este texto será desenvolvido em torno de três reflexões: a primeira relativa a uma atualização sobre a compreensão do território usado como categoria de análise; a segunda uma reflexão sobre a regionalização no Brasil e, uma terceira introduzindo elementos para um questionamento dos candidatos à Presidência da República, nas próximas eleições que se avizinham.

O território, modernamente, é entendido não apenas como limite político administrativo, mas como espaço efetivamente usado pela sociedade e pelas empresas. O território tem, portanto, um papel importante especialmente na formação social brasileira, havendo ainda muito pouca compreensão sobre esta dimensão nova dos seus estudos. É bom lembrar que *tudo passa mas os territórios, espaços efetivamente usados, permanecem.*

Outro tema importante, de natureza territorial é o que denominamos Geografias da Desigualdade. (SOUZA, 1994).

Mas, é importante destacar, que as geografias, aquilo que vemos efetivamente, escancaram o que os números e os discursos tentam escamotear: as desigualdades socioespaciais são gritantes, reveladas nas paisagens, nos lugares, nas regiões.

Um projeto para o Brasil deverá necessariamente considerar esta consciência sobre o território nacional e os seus subespaços.

Esta discussão, portanto, é política. Nesta perspectiva, a Geografia se aproxima da política ao definir o território usado como sua categoria de análise primordial. Território usado vem sendo tomado como sinônimo de espaço geográfico ou espaço banal, como propôs François PERROUX. Caso contrário, impossível compreender o mundo do presente.

Diversidade ou Desigualdade Regional: o novo sentido da análise territorial

Indiscutivelmente não se trata apenas do diverso, mas do desigual. Os dados empíricos sobre a sociedade brasileira, vista em sua territorialidade são argumentos irrefutáveis da desigualdade e, também, da diversidade. O que é problema, não é o diverso, mas o desigual. Lamentavelmente não é possível aqui desenvolver a temática do desenvolvimento desigual e combinado. No entanto, com o aprofundamento da questão do território usado, tratada a seguir, o desenvolvimento desigual está, pois, subjacente.

Como, então, relacionar o desigual e o regional? É preciso retornar ao território, lembrando que vivemos em um período histórico de transição: estamos saindo do período técnico, científico e informacional e mergulhando em pleno período popular da história.

Que processos conduzem a isto? Tomemos o território usado para examinarmos esta propositura.

Características do território usado

Um exame do território brasileiro hoje, revelador dessas desigualdades nos propõe pelo menos dois tipos de espaços: os espaços que mandam e os espaços que obedecem gerados pelo permanente embate do par dialético da abundância/escassez. Isto seria o fundamento maior das Geografias da Desigualdade.

Quais são suas características[2]?

O território apresenta duas características no mundo do presente, constituindo-se por par dialéticos: densidade e rarefação, fluidez e viscosidade. O espaço, por sua vez, também apresenta duas características: rapidez e lentidão e luminosos e opacos.

Tais características é que geram as novas lógicas na relação centro-periferia.

Densidade e rarefação

As densidades sempre são vistas de formas simples e relacionadas a ocupação do território pela população. Fala-se em densidade populacional. É um dado histórico e diz respeito também ao processo de ocupação. Assim, pode-se expandir o conceito e também falar de densidade ou rarefação da população, da riqueza.

Queremos no entanto propor aqui a idéia de SANTOS e SILVEIRA (2 001) e falar das densidades técnicas e informacionais, significando no território a presença de próteses em maior ou menor intensidade, a maior ou menor presença de informação, o maior ou menor uso da informação, a maior ou menor densidade de leis, normas, regras reguladoras da vida coletiva. É importante ainda lembrar aqui que a informação, sobretudo a serviço das forças hegemônicas e do Estado, é o grande regente das ações que definem as novas realidades espaciais, que aprofundam as desigualdades e as diversidades espaciais. Assim, o território é mais ou menos denso técnica e informacionalmente[3]. Os mais densos são os espaços luminosos, submetidos à volúpia do tempo presente. Os rarefeitos, são os espaços opacos, *dos homens pobres e lentos do planeta* como diria Milton Santos em um de seus maravilhosos artigos publicado em ESPAÇO, TEMPO E TÉCNICA (1994).

Os espaços luminosos são os que mais acumulam densidades técnicas e informacionais, atraindo, portanto, atividades de maior conteúdo de capital, tecnologia e organizacional. São os espaços obedientes aos interesses das empresas.

Mas atenção: são eles que, diante de tais características são monitorados de fora e implicam a ingovernabilidade dos lugares. Ou não conheceremos nós os problemas das grandes cidades do mundo pobre, para não citar apenas São Paulo ou mesmo Fortaleza ou Balsas!

Fluidez e viscosidade

Segundo SILVEIRA (1996, 1999B) são estas características do território que distinguem os países. Trata-se dos sistemas de engenharia que produzem os movimentos, interessando diretamente a divisão territorial do trabalho.

Nos países continentais, como o Brasil, esses processos de implantação dos sistemas de engenharia (infra-estruturas, sistemas viários,) são seletivos e, portanto, segregadores.

No caso brasileiro, além da participação por via de empréstimos e créditos de organismos internacionais, é o próprio Estado que investe para dotar certas partes do país das condições de circulação indicadas como indispensáveis para a chamada "abertura" ao comércio externo. Estes são os corredores do Brasil em Ação, sustentando a tese do desenvolvimento endógeno. Trata-se, isto sim, de uma verdadeira sangria do território brasileiro.

Em países territoriais que apresentam sempre enormes disparidades regionais e de renda, o processo de criação da fluidez é seletivo e não igualitário. As regiões já denominadas por BENKO E LIPIETZ de ganhadoras, cuja produção se destina à exportação e ao comércio internacional, tem prioridade. E, não é apenas o Sudeste quem se beneficia. É bom lembrar aqui os casos das Balsas e Barreiras (Bahia e Maranhão), Petrolina e Juazeiro em Pernambuco e Bahia, para citar alguns. A velha dicotomia do nordeste atrasado e do sul maravilha não se sustentam mais diante da fluidez, pois todo o Brasil tende a se empobrecer, se estiverem fora dos eixos e centros de desenvolvimento, que acreditam sustentável. Como haver sustentabilidade diante da natureza antagônica do funcionamento do mundo do presente onde precisão e segregação atuam dialeticamente?

A densidade viária (fluidez efetiva) e infoviária (fluidez virtual), portanto se instalam, servindo um aspecto da economia internacional. A densidade viária, sobretudo se relaciona mais com nexos da economia e do mercado e não com a maioria da população. Neste sentido podemos dizer que o Estado governa mais para o interesse hegemônico do que para a sociedade Brasileira, pois é fantástico o processo de tecnificação do território brasileiro, nos últimos anos. Não se trata de contrapor a modernidade dada pela técnica ao atraso. A questão se coloca de outra maneira e trataremos dela, mais adiante. É bom que se diga que um espaço pode ser denso quanto às vias, mas não fluído. Este é o caso típico do nordeste, cujas vias servem mais aos migrantes do que a economia, por motivos históricos relativamente ao uso do território nordestino.

Rapidez e lentidão

O território da rapidez reflete o mandar e o da lentidão o fazer. O primeiro comanda o território como um todo. O segundo obedece. A rapidez envolve mais veículos, transportes públicos e do ponto de vista social intensifica a vida de relações econômica e sociocultural. Estas características se distinguem em função da divisão territorial do trabalho. Rapidez e fluidez são características da sangria do território em direção aos seus pontos de convergência, geralmente as grandes metrópoles. Por isso elas empobrecem, pois a sangria se dá com componentes que se destinam ao mercado internacional, portanto viabilizando os interesses externos, por vezes conflitantes com aqueles da sociedade brasileira. Caso contrário, como explicar o aprofundamento da desigualdade e da segregação socioespacial?

Uma divisão regional para o Brasil

Estas rápidas postulações nos permitem refletir sobre uma regionalização do Brasil, baseada simultaneamente na atualidade marcada pela difusão diferencial do meio técnico, científico e informacional e nas heranças do passado. Portanto, as velhas regionalizações formadas pelo tempo lento não tem mais sustentação no mundo do presente.

Mesmo sem o refinamento das análises que vimos construindo há quase dez anos, em 1975, ao redigir com Jorge Francisconi a primeira Política Nacional de Desenvolvimento Urbano para o Brasil, já identificávamos, com outro método uma região de contenção do uso do território, representado basicamente pelo eixo Rio – São Paulo, uma região de dinamização no seu entorno, uma região de promoção e regiões de preservação do patrimônio ambiental Urbano[4]. SANTOS e SILVEIRA (2001) propõem, mais de vinte anos depois aproximadamente a mesma coisa, valendo-se dos elementos de método que fundamentou este nosso documento:

a) uma região concentrada, representada agora pelo sudeste e sul do país, região com alta densidade técnica e científica que tem em São Paulo seu maior pólo;
b) uma região que corresponde ao Nordeste brasileiro, de povoamento antigo, mecanização pontual, com quadro socioespacial engessado como é o caso das áreas irrigadas do Vale do São Francisco, que *podem possibilitar fraturas na história social da região com mudanças profundas nos papeis econômicos e políticos de grupos e pessoas e também de lugares.*(SANTOS, SILVEIRA, 2001:272).
c) O Centro-Oeste, com ocupação periférica porem criando um meio técnico, científico e informacional, com TV. Agricultura moderna que tem suas necessidades pautadas na produção da soja e do milho.
d) A Amazônia, sobre quem se tem um conhecimento moderno contrastando com sua ocupação rarefeita. Nela vivem lado a lado o sistema do movimento rápido/moderno e o sistema do movimento lento. Suas cidades, especialmente Manaus, são luares de confluência e o traço de união com o mundo. Elas mantêm relações lentas, esgarçadas e tardias com o seu hinterland.

Concluindo ...

A nova regionalização e as desigualdades recriadas pelo uso perverso do território, passam também a ser produzidas por meio de níveis de racionalidade presentes no território *"hoje, a inserção da racionalidade no campo da dominação"* (MAFFESOLI, 1978:145 in SANTOS, SILVEIRA, 2001) transforma o espaço num campo da ação instrumental, indo além das instâncias econômicas, políticas e culturais. É, portanto, o território usado ou o espaço geográfico a nova instância social, uma categoria de análise social imprescindível.

As modernizações para o Terceiro Mundo como sempre lembrava Milton Santos continuam incompletas e insistem na reprodução de desigualdades.

Discutir projetos sociais, desprezando o território, é aprofundá-las. A gestão do território não pode se distanciar dos desígnios da sociedade. Por isso a questão regional assume uma importância ainda maior do que teve no passado.

É a partir das prioridades políticas concebidas pela compreensão do uso do território, um verdadeiro *ovo de Colombo*, que implicará certamente a alteração da relação centro periferia que se dá, em nossos dias.

QUESTÕES AOS CANDIDATOS À PRESIDÊNCIA DA REPÚBLICA

1. O uso do território brasileiro, tal como vem sendo feito pela implantação das políticas públicas e pelas empresas não inviabiliza um projeto nacional brasileiro e não se constitui em uma ameaça a soberania nacional?
2. Como seu programa de governo lida com o território brasileiro?
3. Que propostas seu programa apresenta para minimizar as desigualdades regionais do Brasil?

4. Que tipo de regulação pode ser criado para minimizar o interesse hegemônico no uso do território brasileiro?
5. Seu programa continuará a se pautar nas sugestões do Banco Mundial, no que se refere as estratégias de uso do território, fundamentadas nos conceitos metafóricos de desenvolvimento sustentável, corredores endógenos e corredores de exportação (estes já usados durante o regime militar)?

Bibliografia

1 BENKO, Georges e LIPIETZ, Alain. *As Regiões Ganhadoras.*

2 CASTILLO, Ricardo A *Monitoramento do Território.* Tese de Doutorado apresentada ao Departamento de Geografia da FFLCH da USP. São Paulo. 1997.

3 GIORDANO, Samuel.

4 MAFFESOLI, Michel., 1978:145.

5 SOUZA, Maria Adélia. *GEOGRAFIAS DA DESIGUALDADE.* HUCITEC, São Paulo, 1994.

6 SANTOS, Milton e SOUZA, SOUZA, Maria Adélia et allii.*Aceleração Contemporânea,* in *Fim de Século e Globalização. O NOVO MAPA DO MUNDO. HUCITEC, São Paulo, 1993.*

7 SANTOS, Milton. *ESPAÇO, TEMPO, TÉCNICA.* HUCITEC, São Paulo, 1994.

8 SANTOS, Milton e SILVEIRA, Maria Laura. *TERRITORIO E SOCIEDADE.* Record, Rio de Janeiro, 2 001.

9 SILVEIRA, Maria Laura. (1996, 1999B).

10 VELTZ, 1993:51.

Notas

1 Este conceito de *aceleração contemporânea* foi elaborado por Milton Santos (1992).

2 Esta proposição está em SANTOS e SILVEIRA, 2 001.

3 Ver a este respeito CASTILLO, 1997.

4 No II PND há um mapa do Brasil retratando esta nossa estratégia territorial para o Brasil de então

Renda de Cidadania

Eduardo Suplicy

Gostaria de colocar nesta perspectiva a extraordinária desigualdade que caracteriza o Brasil e as nossas diferenças socioeconômicas, a questão dos instrumentos que poderiam estar colaborando para modificar este quadro e a situação do ser humano, sobretudo o seu grau de liberdade no sentido de que nos fala *Amartya Sen* em *Desenvolvimento com Liberdade*[1], quando observa que o desenvolvimento só fará sentido se ampliar, para todos os seres humanos, o seu grau de escolha. Qual o grau de escolha que têm os brasileiros nas últimas décadas? Nos anos quarenta, cinqüenta, sessenta, e assim por diante? Como é que, por exemplo, um dos grandes poetas do Nordeste expressava este grau de liberdade? Poderíamos ilustrar com a música de Patativa do Assaré, hoje com mais de noventa anos, e que era cantada pelo sertanejo Luiz Gonzaga, *Triste Partida*, quando ele dizia: "*Eu vendo meu burro, meu jegue e o cavalo, nós vamos a São Paulo viver ou morrer, pois logo aparece feliz fazendeiro, por pouco dinheiro lhe compro o que*

Eduardo Suplicy é Senador da República pelo PT-SP, em seu segundo mandato. Mestre e Doutor em Economia pela Michigan State University, nos Estados Unidos. É um dos fundadores do Partido dos Trabalhadores (PT). Autor de diversas publicações sobre garantia de renda mínima à classe pobre do Brasil. Ex-Deputado estadual pelo extinto MDB em 1979. Ex-Professor da Escola de Administração de Empresas da Fundação Getúlio Vargas (FGV).

tem" ... *"ai, ai, meu Deus, faz pena o nortista, tão forte, tão bravo, viver como escravo no norte, no sul"*. Será que os brasileiros hoje, nos anos noventa e no século vinte e um, estão com maior grau de liberdade do que aquele expresso por Patativa do Assaré? Qual é a expressão, por exemplo dos jovens das grandes metrópoles brasileiras, que hoje cantam o seu rap dizendo justamente como se sentem? Se formos assistir na grande São Paulo os Racionais MCs cantando para milhares de jovens, em que pesem as longas letras de rap, com a do Diário de um Detento, ou de Um Homem na Estrada, os jovens sabem cantar quase que na íntegra.

E o que é que diz a letra de Mano Brown?

HOMEM NA ESTRADA

"Um homem na estrada recomeça sua vida.
Sua finalidade: a sua liberdade.
Que foi perdida, subtraída;
e quer provar a si mesmo que realmente mudou,
que se recuperou e quer viver em paz.
Não olhar para trás, dizer ao crime: nunca mais!
Pois sua infância não foi um mar de rosas, não.
Na Febem, lembranças dolorosas, então.
Sim, ganhar dinheiro, ficar rico, enfim.
Muitos morreram sim, sonhando alto assim,
me digam quem é feliz, quem não se desespera,
vendo nascer seu filho no berço da miséria!
Um lugar onde só tinham, como atração, o bar,
e o candomblé pra se tomar a bênção.
Esse é o palco da história que por mim será contada.
O homem na estrada.
Equilibrado num barraco incômodo, mal acabado e sujo,

porém, seu único lar, seu bem e seu refúgio.
Um cheiro horrível de esgoto no quintal,
por cima ou por baixo, se chover será fatal.
Um pedaço do inferno, aqui é onde eu estou.
Até o IBGE passou aqui e nunca mais voltou.
Numerou os barracos, fez uma pá de perguntas.
Logo depois esqueceram, filhos da puta!
Acharam uma mina morta e estuprada,
deviam estar com muita raiva.
'Mano, quanta paulada!'.
Estava irreconhecível. O rosto desfigurado.
Deu meia-noite e o corpo ainda estava lá.
Coberto com lençol, ressecado pelo sol, jogado...
O IML estava só dez horas atrasado!
Sim, ganhar dinheiro, ficar rico, enfim!
Quero que meu filho nem se lembre daqui,
tenha uma vida segura.
Não quero que ele cresça com um "oitão" na cintura
e uma "PT" na cabeça.
E o resto da madrugada sem dormir, ele pensa
o que fazer para sair dessa situação?
Desempregado, então.
Com má reputação.
Viveu na detenção.
Ninguém confia não.
... e a vida desse homem para sempre foi danificada.
O homem na estrada...
O homem na estrada...
Amanhece mais um dia e tudo é exatamente igual.
Calor insuportável, 28 graus.
Faltou água, já é rotina, monotonia.
Não tem prazo pra voltar, hã! já fazem cinco dias!

São dez horas, a rua está agitada,
uma ambulância foi chamada com extrema urgência.
Loucura, violência exagerada!
Estourou a própria mãe, estava embriagado.
Mas bem antes da ressaca ele foi julgado.
Arrastado pela rua o pobre do elemento,
o inevitável linchamento, imaginem só!
Ele ficou bem feio, não tiveram dó.
Os ricos fazem campanha contra as drogas
e falam sobre o poder destrutivo delas.
Por outro lado, promovem e ganham muito dinheiro
com o álcool que é vendido na favela.
Empapuçado ele sai, vai dar um rolê.
Não acredita no que vê, não daquela maneira,
crianças, gatos, cachorros disputam palmo a palmo
seu café da manhã na lateral da feira!
Molecada sem futuro, eu já consigo ver:
só vão na escola pra comer, apenas, nada mais!
Como é que vão aprender?
Sem incentivo de alguém, sem orgulho e sem respeito,
sem saúde e sem paz.
Um mano meu tava ganhando um dinheiro,
tinha comprado um carro,
até rolex tinha!
Foi fuzilado à queima roupa no colégio,
abastecendo a playboyzada de farinha!
Ficou famoso, virou notícia,
rendeu dinheiro aos jornais, hu!, cartaz à polícia
Vinte anos de idade, alcançou os primeiros lugares...
superstar do Notícias Populares!
Uma semana depois chegou o crack,
gente rica por trás, diretoria!

Aqui, periferia, a miséria é de sobra.
Um salário por dia garante a mão-de-obra.
A clientela tem grana e compra bem,
tudo em casa, costa quente de sócio.
A playboyzada muito louca até os ossos!
Vender droga por aqui, grande negócio!
Sim, ganhar dinheiro, ficar rico, enfim,
Quero um futuro melhor, não quero morrer assim,
num necrotério qualquer, como indigente,
sem nome e sem nada...
O homem na estrada.
Assaltos na redondeza levantaram suspeitas.
Logo acusaram a favela para variar,
E o boato que corre é que esse homem está,
com o seu nome lá na lista dos suspeitos,
pregada na parede do bar.
A noite chega e o clima estranho no ar,
e ele sem desconfiar de nada, vai dormir tranqüilamente,
mas na calada cagüetaram seus antecedentes,
como se fosse uma doença incurável,
no seu braço a tatuagem, DVC, uma passagem, 157 na lei...
No seu lado não tem mais ninguém.
A Justiça Criminal é implacável.
Tiram sua liberdade, família e moral.
Mesmo longe do sistema carcerário,
te chamarão para sempre de ex-presidiário!
Não confio na polícia, raça do caralho!
Se eles me acham baleado na calçada,
chutam minha cara e cospem em mim! É...
Eu sangraria até a morte...
Já era, um abraço!

Por isso a minha segurança eu mesmo faço.
É madrugada, parece estar tudo normal.
Mas esse homem desperta, pressentindo o mal,
muito cachorro latindo.
Ele acorda ouvindo barulho de carro e passos no quintal.
A vizinhança está calada e insegura,
premeditando o final que já conhece bem.
Na madrugada da favela não existem leis,
talvez a lei do silêncio,
a lei do cão talvez.
Vão invadir o seu barraco, é a polícia!
Vieram pra arregaçar, cheios de ódio e malícia!
Filhos da puta, comedores de carniça!
Já deram minha sentença e eu nem tava na "treta"!
Não são poucos e já vieram muito loucos!
Matar na crocodilagem, não vão perder viagem.
Quinze caras lá fora, diversos calibres,
e eu apenas com uma "treze tiros" automática.
Sou eu mesmo e eu, meu Deus e o meu orixá.
No primeiro barulho, eu vou atirar.
Se eles me pegam, meu filho fica sem ninguém!
E o que eles querem: mais um "pretinho" na Febem!
Sim, ganhar dinheiro, ficar rico enfim,
a gente sonha a vida inteira e só acorda no fim,
minha verdade foi outra, não dá mais tempo pra nada..."
(tiros)
(Trecho radiofônico:
'Homem mulato aparentando entre 25 e 30 anos
é encontrado morto na estrada do M'Boi Mirim sem número.
Tudo indica ter sido acerto de contas entre quadrilhas rivais.
Segundo a polícia, a vítima tinha vasta ficha criminal'...).

A letra diz da falta de liberdade do ser humano. Que instrumentos poderiam modificar isso? Aqueles que pudessem colaborar para que o Brasil se torne uma sociedade civilizada e justa, que levem em consideração os valores que não sejam simplesmente a busca do interesse próprio. Instrumentos como a realização mais rápida da reforma agrária; o estímulo às formas cooperativas de produção; a maior interação entre empresários e trabalhadores e o estímulo às empresas a contratarem os trabalhadores não só por salário, mas também por participação nos resultados; o estímulo às formas de micro-crédito, de Banco do Povo, como começa a ocorrer no Brasil.

Entre estes qual é a saída que devemos considerar como uma solução de bom senso? Eu considero que uma renda como um direito a cidadania para todos, e não apenas uma renda relacionada à educação seja um passo muito importante. É preciso que tenhamos a perspectiva de que, em breve, todos os residentes no Brasil possam ter uma renda com sentido incondicional, não importando sua origem, raça, idade, sexo, condição civil ou mesmo socioeconômica.

A todas as pessoas se garantiria o mínimo de renda básica ou o que denomino de renda de cidadania, no livro *Renda de Cidadania – A Saída é pela Porta*[2].

Já dizia o mestre Confúcio, quinhentos e vinte anos antes de Cristo, que a incerteza é pior do que a pobreza. Imaginem se, desde o início da história do Brasil, quando aqui tínhamos a propriedade comum da terra, tivéssemos sempre separado uma parcela do valor adicionado, desde o ciclo do pau-brasil, do ouro, da cana-de-açúcar, da borracha, da primeira fase de industrialização, da soja, da segunda fase de industrialização, até os tempos mais modernos dos celulares, dos aparelhos digitais, dos micro-computadores, para constituir um fundo que simplesmente pertencesse a todos os brasileiros e, deste fundo, estivéssemos pagando uma renda igual para todos, como um direito a cidadania.

Portanto, todos têm que ter o direito inalienável de participar da riqueza da nação, pelo menos recebendo uma modesta renda. Isto teria um impacto formidável, inclusive sobre as diferenças de rendimento e desenvolvimento regional. No Brasil, se uma pessoa tivesse garantido um mínimo de renda nos próximos 12 meses elevaríamos o grau de liberdade da pessoa humana. Assim, os personagens de *Triste Partida* ou do *Homem na Estrada* não precisariam mais existir para falar o que os nossos jovens hoje sentem. Será que isso é possível?

No IX Congresso Internacional da Rede Européia da Renda Básica, de 12 a 14 setembro de 2002, com a participação não apenas de economistas da Europa, mas também da África do Sul, da Argentina, da Colômbia, do Brasil, estarei defendendo que esta proposta está ao nosso alcance. Esta proposição vem desde Confúcio, Aristóteles, quando observaram que, para se alcançar uma vida justa para todos, temos de atingir o bem comum pela justiça política e, antes de tudo, pela justiça distributiva. Tal também ocorreu quando Karl Marx sintetizou que quando os seres humanos estiverem amadurecidos, poderão escrever como lema de sua bandeira na sociedade: *De cada um de acordo com a sua capacidade, a cada um de acordo com suas necessidades*. Os mesmos princípios encontram-se na Bíblia Sagrada, no Antigo Testamento, nas 513 vezes em que é colocado no livro do Êxodos, de David, de Deuteronômio, o termo *Tzedaka*, que em hebreu quer dizer justiça social. No Novo Testamento, seja nas parábolas de Jesus, nas recomendações de São Paulo aos Coríntios, observa-se que, para que haja igualdade e justiça, todo aquele que colheu uma safra abundante não tenha demais e, o que colheu uma safra pequena, não tenha de menso.

Depois de 11 de setembro de 2001, houve um despertar e uma enorme curiosidade de saber o que diz o Alcorão, o Islamismo. Podemos observar os mesmos princípios porque o Califa Omar, no livro do Kadis, escreveu que toda pessoa que tem um grande patrimônio deve destinar uma parte dele para os que pouco ou nada têm. No budismo, Dalai Lama também diz em *Uma Ética para o Novo Milênio*[3] que, se for para aceitar o consumo tão suntuoso dos mais ricos, deveremos assegurar antes a sobrevivência de toda a humanidade. Um dos maiores humanistas, Thomas More, em 1516 em *Utopia*[4], observou que a pena de morte não havia, como hoje, contribuído para diminuir os assaltos, roubos e a criminalidade violenta. Para ele, muito mais eficaz do que inflingir esse castigo a quem não tem outra alternativa senão, de primeiro tornar-se um ladrão para daí ser transformado em cadáver, é você assegurar a sobrevivência das pessoas. Com base nessa reflexão um amigo dele, Juan Luis Vivès, recomendou ao prefeito da cidade de Bruges, em 1526, num tratado de subvenção aos pobres, que se deveria assegurar uma renda mínima para todos. Em 1795, Thomas Paine afirmou para a assembléia nacional francesa, que a pobreza é algo que tem a ver com a civilização e a instituição da propriedade privada. Dizia que na América, duzentos e tantos anos atrás, não se via tanta destituição e pobreza quanto nas cidades européias. Advogava que uma pessoa que cultivasse a terra e usufruísse do cultivo e do seu trabalho naquela propriedade, reservasse uma parcela daquele rendimento para um fundo que a todos pertenceria que, uma vez acumulado, pagaria a cada pessoa residente no país 15 libras esterlinas ao completar 21 anos e 10 libras esterlinas ao completar 50 anos. Daí para a frente, a cada ano, a todos se asseguraria o direito de receber uma parte da riqueza daquela nação, que lhe foi retirada quando foi instituída a propriedade privada.

No século XX, muitos filósofos advogaram uma renda mínima para que todos pudessem assegurar o suficiente para sua sobrevivência. Mas, pagar até mesmo a quem não trabalha não é estimular a ociosidade? E aquelas pessoas que têm a tendência inarredável à vagabundagem? Já dizia Bertrand Russel em *Os caminhos para a liberdade*[5] – "*eu não me preocuparia tanto com eles pois são em pequeno número*".

É preciso também salientar que àqueles que detêm a propriedade, supermercados, fábricas, fazendas, hotéis e títulos, é assegurado o direito de receber rendimento. Está na Constituição o direito a propriedade mas, por acaso, a Constituição Brasileira obriga os que detêm a propriedade que tenham direito de receber seus rendimentos na forma de aluguéis, juros e lucros? Por acaso a nossa Constituição obriga os detentores do capital a trabalhar? Entretanto eles normalmente trabalham. É, pois, natural do ser humano querer progredir.

A grande vantagem disto é que, em primeiro lugar, eliminaríamos toda e qualquer burocracia envolvida para saber quanto cada um está recebendo no mercado formal e informal. Eliminaríamos o sentimento de estigma, de vergonha, de a pessoa dizer eu só recebo tanto e por isso eu mereço tal complemento de renda. Além do mais as pessoas passariam a saber de antemão, planejadamente, ainda que de forma modesta, mesmo que começássemos com 40 reais por mês.

Numa família de seis pessoas isso significaria 282 reais mensais, que poderiam fazer enorme diferença na vida de muitos brasileiros. Se começássemos com um dividendo mais modesto, de 40 reais por mês ou 480 reais por ano para os 170 milhões de brasileiros, chegaríamos à soma de 81,6 bilhões de Reais. Entretanto, se disséssemos claramente que todos nós, brasileiros, em 1999, último ano para os quais há dados disponíveis das contas nacionais, contribuímos para pagar 86 bilhões de reais de juros internos e externos aos detentores de títulos da dívida pública dos governos municipais, estaduais e federal, chegaríamos à conclusão de que está perfeitamente ao nosso alcance arrecadar, em breve, o necessário para garantirmos o direito à vida com dignidade para todos os brasileiros.

QUESTÃO AOS CANDIDATOS À PRESIDÊNCIA DA REPÚBLICA

Como avalia a possibilidade, em meados do próximo mandato presidencial, de ser instituída no Brasil, de forma definitiva, uma renda de cidadania ou renda básica incondicional? Ou seja, não importa a origem, raça, sexo, idade, condição civil ou socioeconômica, a todas as pessoas se assegurará uma modesta renda suficiente para cumprir suas necessidades vitais, levando em conta o PIB *per capita* e a arrecadação pública.

Notas

1 Sen, Amartya (1999) *Desenvolvimento como liberdade*. São Paulo: Companhia das Letras, 2000.

2 Suplicy, Eduardo M. (2002) "Renda de Cidadania – A saída é pela Porta". São Paulo, Cortez Editora e Fundação Perseu Abrahmo.

3 Dalai Lama (2000) *Uma Ética para o Novo Milênio*, São Paulo: Sextante, 5ª Ed..

4 MORE, Thomas (1516). *Utopia*. São Paulo, Martins Fontes, 1999.

5 RUSSEL, Bertrand. (1918) *Os caminhos para a liberdade: socialismo, anarquismo e sindicalismo*. Rio de Janeiro: Zahar,1977.

As Disparidades Regionais: um Retrato do Nordeste Brasileiro

Cristina Mac Dowell

Nos últimos anos, o tema desigualdade de renda tem sido alvo de calorosas discussões políticas e acadêmicas. A recente divulgação dos resultados do Censo Demográfico 2000 contribuiu ainda mais para esse debate. Apesar da melhoria nos indicadores sociais do Brasil na última década, os resultados mostram que a distribuição de renda no País continua altamente concentrada, com 24,4% da população ganhando até um salário mínimo. Em termos regionais, o retrato também é dramático. A região Nordeste permanece como o principal pólo de pobreza, com 46,2% de sua população ganhando um salário mínimo e apenas 1,4% acima de 20 salários. Já no Sudeste, a percentagem da população que ganha apenas um salário mínimo é de 15,9%, enquanto 3,3% estão acima de 20 salários.

Essa questão no Brasil é extremamente séria e delicada uma vez que temos que lidar com os dois tipos de desigualdades de renda: *interpessoal* e *regional*, cujas raízes são diferentes e, portanto, o desenho das políticas públicas para minimização desses problemas deve atender as especificidades de cada uma delas.

Cristina Mac Dowell é Mestre pela Universidade Federal de Pernambuco (UFPE). Faz Doutorado na Universidade de Brasília (UnB) na área de Economia do Setor Público. É Coordenadora-Geral de Estudos Regionais no Instituto de Pesquisa Econômica Aplicada (IPEA). Consultora do Banco Mundial e da Escola de Administração Fazendária - ESAF.

As políticas compensatórias de renda, implementadas por meio de programas sociais, apesar de atenuarem as péssimas condições de vida que atingem grande parte da população brasileira, não se constituem em instrumentos suficientes para redução das desigualdades regionais.

Quando se discute a questão regional no Brasil, interessa-se em analisar não apenas as diferenças entre as macro-regiões – Norte, Nordeste, Sudeste, Sul e Centro-Oeste – mas, principalmente, entre os micro-espaços homogêneos existentes dentro delas. Esse tratamento microrregional é importante porque tanto nas regiões Sudeste, Sul e Centro-Oeste (mais desenvolvidas) quanto no Nordeste e Norte (regiões menos desenvolvidas) existem áreas "luminosas" (com experiências exitosas de desenvolvimento socioeconômico) e "opacas" (com níveis baixos de desenvolvimento), como lembrou a Professora Maria Adélia. Assim, no desenho das políticas públicas deve-se ter em mente as especificidades e necessidades locais.

No Nordeste, por exemplo, onde o PIB por habitante corresponde a menos da metade da média brasileira, existem ilhas de prosperidade em meio a um oceano de miséria. Os pólos de Petrolina-Juazeiro (fruticultura), Barreiras (soja), Camaçari (petroquímico), Mossoró (petróleo), Sobral (calçados), por exemplo, têm se revelado como importantes experiências de desenvolvimento econômico e social.

O objetivo desse artigo é apresentar as profundas disparidades regionais existentes no Brasil, ressaltando o abismo que separa o Nordeste das regiões mais desenvolvidas. Tendo como pano de fundo a análise da evolução dos indicadores socioeconômicos, será discutida a importância dos instrumentos de política regional implementados no Brasil desde o final dos anos 1950's para o desenvolvimento da região Nordeste.

Um retrato das disparidades regionais brasileiras

Apesar da melhora nos indicadores sociais do Nordeste, as desigualdades regionais ainda fazem parte do cenário brasileiro neste início do Século XXI, obrigando significativa parcela da população a viver em condições desumanas.

Entre 1950 e 1999, a região Nordeste reduziu em quase 7% sua participação no total da população brasileira. Enquanto 35% dos brasileiros habitavam no Nordeste em 1950, esse percentual caiu para um pouco mais de 28% no ano de 1999, o que significa mais de 46 milhões de pessoas vivendo em uma região com baixa qualidade de vida.

Gráfico 1

Participação Regional na População Brasileira, 1950/1999

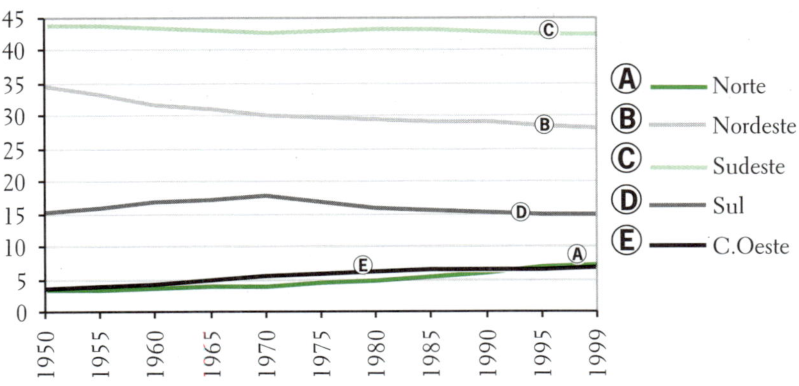

As regiões que aumentaram sua participação relativa na população total foram o Norte e o Centro-Oeste, cujos percentuais dobraram nesse período, passando de 3,2% e 3,4%, respectivamente, para 7,4% e 6,8%. Já as regiões mais desenvolvidas, Sudeste e Sul, praticamente mantiveram sua participação no total da população brasileira com, respectivamente, 42,6% e 14,9% em 1999.

Pelo lado da produção, houve uma ligeira desconcentração regional. Vários estudos mostram que, pelo menos até a década de noventa, estava havendo um processo de convergência do PIB *per capita* das regiões brasileiras, mas a velocidade em que esse processo estava ocorrendo era muito baixa de tal forma que necessitaria 50 anos para que as disparidades regionais se reduzissem a metade.

A partir da década de noventa, existe uma controvérsia na literatura sobre a continuação do processo de desconcentração da população. Alguns economistas defendem que está se conformando um polígono de concentração da produção que abrange os estados de Minas Gerais, Rio de Janeiro, São Paulo e Paraná. Outros estudiosos argumentam que, apesar desses estados do polígono atraírem cada vez mais as atividades econômicas com mais alta tecnologia e produtividade, ainda está havendo um processo de desconcentração industrial de atividades intensivas em mão-de-obra menos qualificada para as regiões menos desenvolvidas.

Gráfico 2

Participação Regional na PIB Brasileiro, 1950/1999

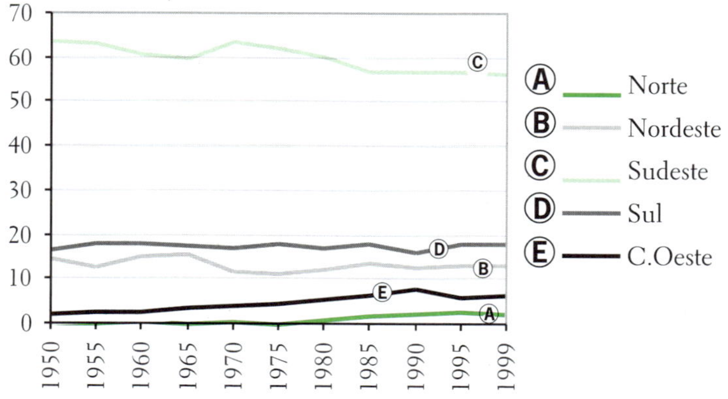

A análise da evolução temporal da participação regional no PIB nacional mostra que, ao longo da segunda metade do século passado, a posição do Nordeste permaneceu praticamente inalterada, respondendo em média por 13% da produção total. O mesmo comportamento ocorreu na região Sul que aumentou em apenas 1% sua participação no PIB nacional. Mais uma vez, as regiões Norte e Centro-Oeste aumentaram sua participação, beneficiando-se desta vez da queda relativa do Sudeste. Cabe registrar que o Centro-Oeste, em decorrência da expansão da fronteira agrícola e da construção instalação da Capital Federal em Brasília, mais que triplicou a sua participação do PIB nacional.

Mas o melhor indicador econômico para se entender as disparidades regionais é o PIB por habitante. O Gráfico 3 mostra a relação entre o PIB *per capita* das regiões em relação à média nacional e revela um quadro alarmante. Ao longo de todo o período analisado, o PIB por habitante do Nordeste não ultrapassou 50% da média brasileira. Enquanto o PIB *per capita* do Nordeste em 1999 foi R$ 2.600 e a média brasileira é de R$ 5.740. Já no Sudeste esse valor foi de R$ 7.800,00. Podemos dizer, então, que o Brasil é *pobre* porque o Nordeste é *miserável*!

Essa constatação fica ainda mais evidente quando se analisa a proporção de pobres por região do País. A metodologia para o cálculo da taxa de pobreza, apresentada na Tabela 1, considerou como pobre a proporção de população com renda familiar mensal *per capita* de até meio salário mínimo sobre a população total. Ao longo da década de noventa, houve uma redução da taxa de pobreza no Brasil, diminuindo em 10 pontos percentuais a proporção da população em estado de pobreza. Mesmo assim, na região Nordeste nada menos do que 50% das pessoas são de famílias cuja renda familiar *per capita* é menor do que meio salário mínimo. Considerando que quase um terço da população brasileira reside no Nordeste, é fácil verificar que se excluíssemos esta região do cálculo a taxa de pobreza do Brasil cairia quase pela metade. Refazendo o mesmo exercício excluindo também a região Norte, a taxa de pobreza do Brasil cairia ainda um pouco mais.

Gráfico 3
Relação entre o PIB per capita Regional e Nacional, 1950/1999

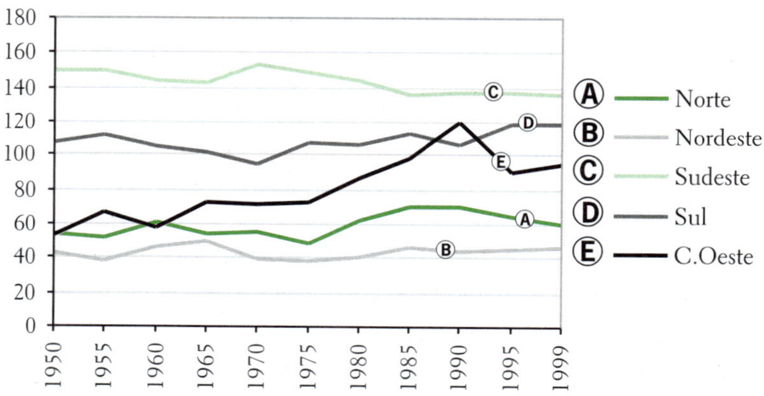

Essa é outra forma de vermos que o problema da pobreza no Brasil é regionalmente localizado. E isso significa dizer que temos um sério problema de desigualdade entre as regiões que não será resolvido apenas por meio de políticas sociais compensatórias mas, sim, com instrumentos que promovam de fato o desenvolvimento das regiões mais deprimidas.

A análise de outros indicadores sociais permite o mesmo tipo de conclusão: no Brasil a questão das desigualdades tem uma forte conotação regional. A Tabela 2 mostra que em todos os indicadores sociais selecionados a região Nordeste apresenta os piores resultados, a despeito da melhoria desses índices ao longo da década de noventa.

Tabela 1
Taxa de Pobreza (%)

Regiões	1992	1999
Norte	47,50	34,85
Nordeste	*60,60*	*50,15*
Sudeste	26,90	16,78
Sul	29,40	19,84
Centro-Oeste	37,20	23,64
Brasil	38,90	28,36

Fonte: IPEA, a partir dos microdados da Pesquisa Nacional por Amostra Domiciliar – PNAD/IBGE

Tabela 2
Indicadores Sociais Selecionados

Regiões	Taxa de mortalidade infantil, 1999[1]	Taxa de analfabetismo, 1999[2]	Proporção de chefes de famílias com rendimento mensal até 1 SM, 2000	IDH, 1996
Norte	34,1	11,6	28,8	0,727
Nordeste	*53,0*	*26,6*	*44,7*	*0,608*
Sudeste	24,4	7,8	15,4	0,857
Sul	20,7	7,8	17,9	0,860
C.-Oeste	24,5	10,8	19,7	0,848
Brasil	34,6	13,3	24,4	0,830

Notas:
1 = Mortalidade infantil por mil nascidos vivos
2 = Pessoas de 15 anos ou mais de idade

A mesma interpretação ocorre quando se analisa o valor da renda média dos 10% mais pobres da população. Em 1992, no Nordeste a renda média desse grupo era de R$ 10,00 por habitante/ mês, enquanto esse valor para o Brasil era de R$ 18,00 *per capita*/ mês. Em 1999, esse valor no Nordeste passou para R$ 17,00, menor que a média brasileira em 1992. Esse mesmo comportamento ocorreu para todos os indicadores sociais: o Nordeste em 1999 apresenta índices sociais piores do que a média brasileira em 1992!

Será que nossas políticas de desenvolvimento regional são suficientes e adequadas para reduzir as desigualdades regionais?

Esse quadro nos leva a questionar sobre as políticas implementadas nos últimos tempos no Brasil. Será que temos tratado do problema da desigualdade regional da forma correta? Será que os instrumentos de política regional utilizados são os mais adequados?

Existem vária instituições criadas para a promoção do desenvolvimento regional. Para a região Nordeste, a mais conhecida é a SUDENE, cujo modelo de concepção foi exemplar. Mas existem ainda outras que, de forma direta ou indireta, promovem o desenvolvimento da região Nordeste. O Banco Nordeste do Brasil – BNB responsável por quase 78% dos empréstimos rurais e industriais da região Nordeste com cobertura em quase todos os municípios do Nordeste, a CODESVASF, a Companhia de desenvolvimento do Vale do São Francisco, responsável pelo desenvolvimento do Pólo Petrolina–Juazeiro, cuja experiência se mostrou bastante exitosa são as principais.

Há ainda o DNOCS (Departamento Nacional de Obras Contra a Seca), que tem como responsabilidade abrir açudes e poços, criado em 1906, e a CHESF (Companhia Hidrelétrica do Rio São Francisco), que apesar de ter como missão a produção e transmissão de energia, tem ajudado a melhorar as condições de vida da população da região Nordeste.

Com relação aos instrumentos e recursos para a implementação de políticas regionais, destacam-se o FINOR, FNE e algumas linhas de crédito do BNDES específicas para a região. Há ainda os financiamentos da Caixa Econômica Federal, na área de habitação e saneamento, e do Banco do Brasil para a agricultura. A média anual de recursos enviados para o Nordeste por meio desses instrumentos nos últimos anos é de 2,7 bilhões de Reais.

Os investimentos públicos também são de extrema importância para o desenvolvimento econômico, sendo em muitos casos os principais promotores do crescimento econômico da região. Vários estudos mostram a alta correlação entre os investimentos públicos (diretos ou via empresas públicas) e a taxa de crescimento do Nordeste.

Uma forma de verificar a importância desses instrumentos no desenvolvimento econômico da região é por meio da comparação entre a taxa anual de crescimento do PIB *per capita* da região Nordeste e do Brasil. Nas últimas décadas, o Nordeste cresceu a taxas superiores ou iguais à média brasileira. Isso pode significar que na ausência desses instrumentos o abismo que separa o Nordeste das regiões mais desenvolvidas poderia ser ainda maior. Fica ainda a pergunta: por quê a participação do Nordeste na formação do PIB brasileiro permanece em 13%, enquanto sua população corresponde a 28% do total? Ou, ainda, por quê o valor do PIB *per capita* do Nordeste não conseguiu ultrapassar 50% da média brasileira durante toda a segunda metade do Século XX?

É necessário avaliar a efetividade dos atuais instrumentos de política regional para promover o desenvolvimento da região, que é uma questão que gera muita controvérsia. Pode ser que no início do modelo implantado pela SUDENE os instrumentos utilizados fossem os mais adequados, mas será que atualmente com as novas tecnologias e abertura comercial eles permanecem eficientes?

É importante analisar também se o volume de recursos aplicados na região foi suficiente para reduzir as disparidades. Aí precisamos comparar com os recursos destinados às regiões mais desenvolvidas por meio dos investimentos públicos e pelas políticas setoriais.

Apenas por meio das políticas fiscais de incentivos tributários às empresas de determinados setores, que apesar de não terem uma conotação regional seu impacto é localizado territorialmente, no ano 2000, 50% foram concedidos a empresas do Sudeste. No Nordeste, apenas 9% das empresas foram beneficiadas. Esse pode estar sendo um mecanismo perverso para a redução das disparidades regionais uma vez que gera um círculo vicioso: a região Sudeste, que é a mais rica, é mais beneficiada porque as empresas estão lá localizadas. Pode-se dizer que este é um instrumento de desenvolvimento econômico altamente concentrador para as regiões mais ricas.

Além disso, quando se analisa regionalmente o desembolso do Sistema BNDES, que é o principal instrumento de desenvolvimento econômico do País, percebe-se mais uma vez que são as regiões mais ricas as mais beneficiadas. Mais uma vez a razão está na já existente concentração da produção nessas regiões: são as empresas nelas localizadas as que têm maiores capacidades de tomarem empréstimo. Em média, na década de noventa, 50% dos recursos foram destinados para a região Sudeste e 22% para o Sul. A média para o Nordeste nesses anos foi de pouco menos de 15%, mas esse valor está "puxado para cima" devido aos investimentos realizados no início da década na construção da Hidrelétrica de Xingo pelo BNDES.

Diante desses fatos, a constatação de que o abismo econômico que separa o Nordeste das regiões mais ricas do País quase não se alterou ao longo da segunda metade do século passado não é tão surpreendente.

Pode até ser que os recursos do FINOR e FNE não tenham sido aplicados da forma mais eficiente ou até que tenha havido "desvios" de recursos (o que não é um problema regionalmente localizado visto que infelizmente temos tomado conhecimento de escândalos financeiros em todas as partes do País). Mas atribuir apenas a esses fatos a razão do Nordeste continuar com um enorme atraso econômico é simplificar por demais a questão regional. Instrumentos de política regional por si só não são suficientes para reduzir as disparidades existentes se, por outro lado, existirem políticas de desenvolvimento econômico que sejam perversas à redução das desigualdades regionais de renda.

Políticas regionais versus políticas compensatórias

Nos últimos anos, quando se compara a trajetória dos gastos em políticas sociais e a dos investimentos públicos percebe-se que a primeira é crescente e que os recursos para investimentos são cada vez menores. A simples comparação dos *valores líquidos* repassados para a região Nordeste por meio das políticas regionais tradicionais e das políticas sociais mostra que é por meio dessas últimas que se processam as grandes transferências líquidas inter-regionais de renda no Brasil.

Definem-se como *transferências líquidas de renda*[1] a diferença, por região, entre os benefícios recebidos pelas famílias provenientes dos programas sociais e os valores enviados pelas mesmas para o governo, em forma de contribuições e impostos diretos e indiretos que são utilizados para financiar os programas em questão. A partir desse conceito, é possível analisar os movimentos regionais de recursos líquidos decorrentes dos programas sociais e seus impactos sobre as reduções das disparidades regionais de renda.

Por meio dos programas sociais[2], no ano de 1999, foram transferidos, em termos líquidos, para a região Nordeste mais de R$5,5 bilhões, correspondentes a um incremento de R$118,91 na renda por habitante dessa região. Já os valores repassados para essa região por meio dos instrumentos tradicionais da política regional (o FINOR, composto pelos incentivos fiscais e administrado pela ADENE; e o FNE, o Fundo Constitucional de Financiamento do Nordeste, do Banco do Nordeste) pouco ultrapassou R$ 1,2 bilhão, em termos brutos, no ano de 1999. Admitindo que as proporções entre recebimentos brutos e líquidos sejam as mesmas para os programas de política social e para os instrumentos tradicionais de política regional, o valor líquido repassado por esses Fundos corresponde a algo em torno de R$ 800 milhões líquidos apenas.

Diante desse quadro, questiona-se a adequação e efetividade desse tipo de política para a promoção do crescimento econômico *sustentável* da região Nordeste.

QUESTÕES AOS CANDIDATOS À PRESIDÊNCIA DA REPÚBLICA

- Qual a sua proposta de modelo de desenvolvimento socioeconômico para o Nordeste? Permanecerá o modelo apenas de "políticas compensatórias" sem a existência de "políticas de promoção do crescimento econômico"?

- Qual será a real função da ADENE? Quais serão os instrumentos e recursos disponíveis para a promoção do desenvolvimento regional? Qual a importância institucional que será dada à questão das desigualdades regionais? Como pode ser fortalecida?
- O incentivo às microempresas e pequenas empresas pode ser um importante instrumento de desenvolvimento. Qual a sua posição e modelo adotado para os pequenos produtores tenham acesso ao micro-crédito? Além disso, é importante dar condições para que essas microempresas e pequenas empresas tenham acesso às novas tecnologias.

Notas

1 Pesquisa realizada pela Diretoria de Estudos Regionais e Urbanos do IPEA. A descrição das fontes das informações e da metodologia para o cálculo da participação das regiões no financiamento dos gastos sociais encontra-se em MAC DOWELL, MAIA GOMES, SOUZA e SILVA. *Transferências inter-regionais de Renda*: quem paga e quem recebe os benefícios da previdência e os serviços públicos de saúde e de educação no Brasil? Brasília: IPEA, 2002. (Relatório Preliminar de Pesquisa).

2 Consideraram-se as transferências monetárias provenientes do pagamento de pensões e aposentadorias do INSS, do seguro desemprego, abono salarial, assistência aos idosos e deficientes (LOAS); programas do FNDE (merenda escolar, dinheiro direto na escola e livro didático; e programas do SUS (Farmácia Básica, Saúde da Família, Agente Comunitário de Saúde e Combate às Carências Nutricionais).

Os Desafios da Diversidade Regional: Possibilidades e Oportunidades para o Desenvolvimento

Marcos Formiga

Introdução

Entre os temas relevantes da agenda econômica e política do Brasil, ressalta o da concentração de riqueza no País, que se mantém sem alterações significativas nos últimos 20 anos. Segundo o Índice de Gini, aplicado pelo Banco Mundial para o cálculo dos níveis de concentração de renda em vários países do mundo, o Brasil se situou no incômodo antepenúltimo lugar, em uma escala crescente de desigualdade. Essa imutabilidade do quadro foi demonstrada em estudo do IPEA (Barros, Henriques & Mendonça, 2000), para o período de 1977 a 1999. No primeiro ano da série, os 20% mais pobres contavam com apenas 2,4% da renda gerada no País; em 1999, esse índice era de 2,3%. Já a parcela correspondente

---

Marcos Formiga é Secretário Extraordinário para o Desenvolvimento do Centro-Oeste do Ministério da Integração Nacional, Doutor em Economia. Vice-Presidente da Associação Brasileira de Educação à Distância. Atuou na CAPES (Coordenação Aperfeiçoamento do Ensino Superior) e no CNPq (Conselho Nacional de Desenvolvimento Científico e Tecnológico). No âmbito internacional, realizou estudos em países como Estados Unidos, Portugal, Espanha, Itália, França, Equador, Chile.

aos 20% mais ricos, que em 1977 detinha 66,6% da renda, em 1999 apropriavam-se de 63,8%.

O rebate espacial dessa concentração é o que se conhece como questão regional, ou seja, a diferença entre padrões de desenvolvimento das grandes regiões, um tema também recorrente no País. Os estudos mais recentes vêm demonstrando que, após uma diminuição das diferenças nos anos 70 e início dos anos 80, a década de 90, em especial nos seus últimos anos, tem apresentado uma tendência de recrudescimento da disparidade entre as regiões do País.

Por outro lado, situando o tema em uma dimensão mais adequada e completa, há que se focalizarem as desigualdades regionais igualmente como conjunto de diferenças que consubstanciam oportunidades e potencialidades, cujo aproveitamento é condição para o alcance de um desenvolvimento harmônico e completo de todos os espaços do País.

É nesse enfoque mais abrangente e complexo que se coloca o tema da Diversidade Regional Brasileira, no Seminário *Brasil em Questão*. Nada mais oportuno. Na proximidade das eleições presidenciais, afloram os assuntos que inquietam e dividem as opiniões, dando oportunidade para debates que, simultaneamente, permitam conhecer a posição dos candidatos e levem até eles a percepção e a expectativa da sociedade quanto à solução para os problemas do País.

Para tanto, o mosaico da realidade brasileira será aqui considerado sobre diferentes dimensões. Além das desigualdades econômicas, dos diferentes elementos de identidade cultural e das múltiplas aptidões e diferenças no meio ambiente, identificadas como potencial de aproveitamento e como elemento de necessária preservação, será destacada a configuração do conjunto da população, e suas tendências, de acordo com as mais recentes pesquisas.

A Questão Regional

Disparidades inter-regionais e intra-regionais

De início, é importante que se balize essa discussão, traçando um quadro geral da diversidade regional brasileira, de maneira a fornecer uma moldura para as abordagens setoriais que virão a seguir. A dificuldade de se dar essa visão panorâmica reside, em primeiro lugar, na gama de aspectos segundo os quais se podem visualizar as desigualdades. À decantada e variada riqueza de recursos naturais, cultura e oportunidades do País se contrapõem as desigualdades de padrões de vida e renda de sua população. Além disso, o Brasil vem mudando com rapidez e seus espaços, perfeitamente integrados, sofrem influências mútuas e, igualmente, reagem aos estímulos do Exterior. O primeiro e mais geral indicador das disparidades, do qual decorrem todos os demais, é o da formação do Produto Interno Bruto – PIB e a respectiva contribuição das diversas regiões (Gráfico 1). A distribuição da riqueza produzida reflete a desigualdade do nível de desenvolvimento da população. Mais da metade – 57,6% – concentra-se no Sudeste. Segue à grande distância o Sul, o Nordeste e, por fim o Centro-Oeste e o Norte. Vale ressaltar que o dinamismo da economia centroestina coloca a região com o maior crescimento do País. De 1985 a 1995, enquanto o PIB nacional não chegou a 1%, o Centro-Oeste obteve média de 4% no período (Carvalho, 1998). A importância desse quadro é que ele reflete não apenas o grau de desenvolvimento das diversas regiões, mas a base produtiva a partir da qual deve ser feito o esforço de distribuição de riqueza. Assim, na busca pela diminuição desses desequilíbrios, há que se considerar o patamar de onde se parte e o hiato de desigualdade que separa as regiões.

Nesse sentido, as pesquisas mais recentes sobre a pobreza no Brasil evidenciam que, não obstante o crescimento que alcançou no seu produto, o Nordeste continua a ter o maior número de pobres do País. Cabe, no entanto, observar que a pobreza brasileira é cada vez mais urbana, uma vez que o percentual de pobres vivendo nas cidades aumentou de 35%, em 1970, para 50%, em 1988. (Guimarães Neto, 1995) A urbanização brasileira, iniciada ainda na década de 50, hoje já se encontra consolidada. Se em 1991, 76% da população residia em cidades, o último censo revelou que o percentual já alcança 81% (IBGE, 2000). Nas regiões, esse quadro sofre algumas variações: enquanto o Sul e o Sudeste apresentam 91% e 81%, respectivamente, de população urbana, o Norte e o Nordeste ainda mantêm cerca de 30% de sua população na área rural. A Região Centro-Oeste é um caso à parte. Representando apenas 6% da população brasileira, a região tem 87% de seus habitantes nas cidades, fruto do crescimento acelerado nos últimos 50 anos, realizado, principalmente, com base na exploração na agricultura mecanizada em grandes propriedades.

É esse tipo de heterogeneidade que torna clara a necessidade de examinar as questões da desigualdade de forma mais profunda, ou seja, penetrar as regiões, para conhecer as suas especificidades. Trata-se de identificar quais os espaços que se diferenciaram com o tempo, fugindo à conformação geral da grande região. É a desigualdade intra-regional, também tratada por alguns como desconcentração, mormente nos casos das áreas mais desenvolvidas do País.

O estudo de Siqueira e Siffert Filho (2001), aplicando o Índice de Herfindal-Hirschman[1] calcula o grau de concentração do PIB inter-regional e intra-regional no Brasil, para o período de 1985–1997 e suas tendências. Duas conclusões ressaltam nessa análise: em primeiro lugar, na maior parte dos anos que compõem o período observado, a queda do índice de concentração regional coincide com os períodos de crescimento econômico. A segunda conclusão destacada é a de que as maiores desigualdades intra-regionais ocorrem exatamente nas regiões mais desenvolvidas: Sudeste, Sul e Centro-Oeste. O caso do Sudeste, por exemplo, aponta para uma tendência de declínio da participação do Rio de Janeiro simultânea com o maior crescimento de Minas Gerais e do Espírito Santo. Com relação ao Sul, vem ocorrendo uma redução da participação do Rio Grande do Sul no PIB e um aumento da participação do Paraná e de Santa Catarina (Bandeira, 1994).

Ressalta, nessa análise, o caráter paradoxal da concentração observada, uma vez que a diferença entre o IHH ideal e aquele medido pelos PIBs estaduais é maior nas regiões onde a desconcentração já se encontra mais avançada (Tabela 2). Nessa perspectiva, os índices reforçam a condição de concentração geral de pobreza das regiões Norte e Nordeste, cuja "homogeneidade" reflete a expressão desigual de sua atividade econômica em face das demais regiões.

Mas a desigualdade também se evidencia em espaços sub-regionais. Assim, é possível encontrar baixos níveis de renda na periferia das metrópoles e em áreas de regiões mais desenvolvidas do Sul e Sudeste, como o Vale do Ribeira, o Vale do Jequitinhonha, o Norte Fluminense e a metade sul do Rio Grande do Sul. De uma ótica oposta, existem subespaços diferenciados por seu dinamismo econômico nas regiões mais pobres: o Médio São Francisco e o Oeste da Bahia, por exemplo.

A complexidade da desconcentração ainda pode ser identificada pela tendência observada no crescimento das cidades de médio porte, com perda de posição relativa dos grandes centros metropolitanos (Guimarães Neto, 1995) O caso emblemático é o do interior paulista, mas existem cidades de médio porte no Nordeste, no Sul e no Centro-Oeste, cujo evidente dinamismo demonstra a possibilidade de crescimento econômico fora dos tradicionais centros. Mais ainda, são espaços irradiadores de desenvolvimento, cujas relações ultrapassam os limites regionais, por intermédio de transações diretas com o restante do País e com o exterior, a partir de funções especializadas que lhes conferem condições de competitividade, em determinados setores industriais, no turismo ou, ainda, na agroindústria. São exemplos, no Nordeste, o Pólo de Camaçari, em Salvador, o Complexo de Salgema, em Alagoas, a fruticultura no Vale do Açu, no Rio Grande do Norte, a exploração do alumínio no Maranhão, o pólo têxtil e de confecções no Ceará, o turismo em todo o litoral nordestino ou a moderna agricultura de grãos no Piauí e no Maranhão, entre outros.

Analisar, assim, o quadro de disparidades regionais, mais que uma exigência de atualidade é necessidade para definição das formas de equacionamento dos desequilíbrios ainda persistentes. O tratamento que vai ser conferido às desigualdades ganha também em complexidade. A velha máxima – "tratar desigualmente os desiguais" – ainda deve persistir, mas com outra c onotação, envolvendo não apenas as regiões mas os espaços sub-regionais para tratamento específico.

Desigualdades indesejáveis

A desagregação dos indicadores das desigualdades regionais aponta para um quadro desalentador, se examinado fora de uma perspectiva histórica. A Tabela 3 mostra a disparidade dos rendimentos médios mensais da população com mais de 10 anos nas grandes regiões, complementada com o Índice de Gini, que revela o grau de concentração observado em cada uma delas. Ao mesmo tempo em que possui o menor rendimento médio – pouco mais da metade do nacional – o Nordeste também carrega a segunda maior concentração, revelando o desequilíbrio intra-regional ainda persistente. Por outro lado, o Centro-Oeste, ainda que apresente um rendimento médio próximo das regiões mais desenvolvidas do País, deixa claro sua desigualdade interna pelo maior índice de concentração observado.

Esse quadro de disparidades nos rendimentos, principalmente no que tange à Região Nordeste, vem apresentando uma evolução irregular. Estudo de Azzoni e Ferreira para a evolução dos salários no setor industrial mostrou que, na década de 70, os salários nordestinos já apresentavam os níveis mais baixos do País, mantendo essa posição até 1980, quando melhoraram sensivelmente de posição, mercê da maturação dos investimentos concentrados na década anterior, de tal forma que, em 1985, estavam acima do Sul e de Minas Gerais, embora ainda abaixo da média nacional. A partir de 1986, iniciaram nova trajetória decrescente, que se mantém até os anos finais da década de 90 (Azzoni & Ferreira, 1997).

Mais do que uma medida fria de rendimentos médios, importa observar a limitação que ela sugere em termos de dinamismo da atividade econômica e na dimensão reduzida do mercado local regional. Em matéria publicada há dois meses a revista *Carta Capital* (*Revista Carta Capital*, 2002) analisa o problema do ponto de vista da nação como um todo e, com base nos dados do IBGE, revela que 81% da população brasileira pertencem às classes C, D e E, não possuindo condições de consumir além do estritamente necessário. Transposta a constatação para a dimensão regional, não é difícil perceber que as regiões com menos poder aquisitivo são também as que permanecem a reboque do desenvolvimento nacional. Nelas, os setores econômicos que apresentam maior crescimento são exatamente aqueles voltados para a exportação.

A saída para a situação, no entender do Prof. Oscar Hipólito, entrevistado pela revista, está na educação. O investimento maciço em educação estimularia a implantação de empresas produtoras de bens de maior conteúdo tecnológico, pela disponibilidade de mão-de-obra qualificada a qual, naturalmente, correspondem melhores salários, ampliando e diversificando o mercado consumidor. Romper-se-ia, assim, com o círculo vicioso da pobreza. Este parece ser um ponto de vista que conta com rara unanimidade, entre o poder público, a iniciativa privada e os estudiosos do setor.

Mas, as Tabelas 4 e 5 mostram que o investimento em educação ainda permanece desigual, apesar dos esforços mais recentes do poder público. Nesse sentido, é preciso considerar os avanços que, por serem recentes, ainda não se refletem nas estatísticas. As normas derivadas da Constituição de 1988 conferiram, aos gastos estaduais e municipais em educação, uma obrigatoriedade inédita, submetendo o financiamento de outros investimentos ao seu comprovado cumprimento. Ainda assim, conforme se demonstra na Tabela 5, a disparidade dos gastos é evidente, em decorrência da própria capacidade dos poderes públicos nas diversas regiões.

As informações da Tabela 6 completam a visão das desigualdades no nível de vida das populações nas regiões. Ressalta nesse quadro a condição do Nordeste, refletindo e confirmando a sua situação de espaço menos desenvolvido. Enquanto, por exemplo, no conjunto do País, a disponibilidade de energia elétrica atinge mais de 90% da população, cerca de 14% dos nordestinos ainda não dispõem desse requisito básico de conforto. As condições sanitárias das regiões, com exceção do Sudeste, ainda são, de uma maneira geral, deficitárias. Mesmo assim, as diferenças são gritantes e sugerem que a saúde da maioria da população se ressente da carência de equipamentos e serviços básicos, relativos a esgotos e sistemas de coleta e tratamento de lixo.

A demonstração do caminho já percorrido e das dificuldades ainda a vencer é o que ressalta na visão comparativa da situação das desigualdades regionais há cerca de duas décadas com aquelas vigentes. O Índice de Desenvolvimento Humano – IDH, desenvolvido pelo Programa das Nações Unidas para o Desenvolvimento – PNUD e adaptado pelo IPEA e pela Fundação João Pinheiro, para o Brasil, permite visualizar essa evolução.[2] A Tabela 7, complementada com as figuras baseadas no IDH-M, revelam a escala ascendente do desenvolvimento humano no País, desde 1970. Nesse ano, apenas o Sudeste se poderia enquadrar em uma condição de índice médio, sendo que as demais regiões, ainda que com fortes variações, situavam-se no nível de desenvolvimento abaixo do médio. Na década seguinte, a situação altera-se significativamente: a região Sul, a Sudeste e a Centro-Oeste ultrapassam a faixa de desenvolvimento médio, o Norte chega ao nível médio e somente o Nordeste permanece na mesma condição dos anos 70, embora, segundo os dados do PNUD, tenha dobrado o seu IDH.

Na última figura é possível conferir a situação em 1991, cuja única diferença em relação à anterior é o enquadramento do Nordeste no nível médio de desenvolvimento. A Tabela 7, com a desagregação dos componentes do IDH, para os anos 1970 e 1996, confirma o que os valores do IDH-M sugeriram. Nesse período, foram o Nordeste e o Centro-Oeste que tiveram o melhor desempenho, dobrando os seus índices de desenvolvimento. Particularmente, em relação aos componentes do produto *per capita* e esperança de vida ao nascer, o crescimento é notável, o que pode indicar, segundo Guimarães Neto, um padrão convergente de desempenho, ou seja, uma tendência para homogeneização em torno da média nacional. O mesmo autor adverte, porém, que "nos indicadores de mortalidade infantil, níveis de instrução e condições de saneamento básico, prevaleceu um padrão divergente, com as regiões menos desenvolvidas economicamente distanciando-se cada vez mais da média nacional e das demais regiões." (Guimarães Neto,1995).

São essas condições que justificam a situação demonstrada no Quadro 1, comparativo do IDH ajustado para países e as regiões brasileiras. Agrupados em posição próxima aos países de alto desenvolvimento estão o Sudeste, o Sul e o Centro-Oeste. O Nordeste se individualiza em um nível pouco acima daquele dos países em desenvolvimento, enquanto o Norte se situa acima do nível médio de desenvolvimento, uma posição certamente influenciada pelas limitações de dados sobre a região.

As inaceitáveis condições de vida que ainda marginalizam espaços brasileiros, seja em escala regional, seja em escala sub-regional ou mesmo nas áreas metropolitanas, vêm-se modificando ao longo das últimas décadas. Há evidentes melhoras nos indicadores sociais e econômicos das regiões menos desenvolvidas. Mas a diferença de velocidade com que ocorrem essas mudanças em relação às demais regiões resulta em tendência de aumento do padrão geral de heterogeneidade e, por conseguinte, de concentração dos benefícios do desenvolvimento.

Diferenças necessárias

A abordagem das desigualdades até aqui realizada ressalta as dificuldades envolvidas na busca de um desenvolvimento com eqüidade, para um território como o brasileiro, tão cheio de diferenças. No entanto, pode-se analisar a questão por outro ângulo: é a diversidade regional que garante a riqueza do País, que aponta para múltiplas oportunidades e permitindo a eliminação das desigualdades.

Até um passado recente, a diversidade regional restava inexplorada, escondida sob a homogênea visão das grandes regiões e a concentração das atividades produtivas nas capitais e metrópoles nacionais. Foi a desconcentração intra-regional que desencadeou formação de espaços produtivos, que se distinguiram do conjunto regional onde se inserem, para constituir autênticos nichos de dinamismo e de irradiação de desenvolvimento. A gênese de tais espaços está relacionada com diferentes agentes causais: programas oficiais combinados com investimentos privados, deslocamento de indústrias na busca por reorganização de custos de produção e o efeito combinado de deslocamentos populacionais com a disponibilidade de tecnologia e espírito empreendedor.

Experiências passadas que tentaram modificar o quadro de disparidades regionais pela implantação de indústrias revelaram graves dificuldades e freqüentemente tornaram-se enclaves no conjunto da economia regional, sem a pretendida modificação socioeconômica. A saída, agora percebida, fundamenta-se na identificação das diversidades, na vocação local, nas vantagens competitivas, como ponto de partida para o alcance do desenvolvimento sustentado. Nesse sentido, vem tomando corpo e multiplicando êxitos a experiência dos *clusters*. Trata-se de uma organização de empresas, concentradas geograficamente, voltadas para determinado setor de atividade de forma verticalizada, incluindo desde fornecedores de insumos, produtores, serviços de comercialização até clientes e até instituições de ensino.

O modelo, já vitorioso no Exterior, está sendo desenvolvido no Brasil por intermédio dos chamados pólos setoriais. Já são conhecidos o Pólo Couro-Calçadista de Franca, em São Paulo, respondendo hoje por cerca de 6% da produção nacional do setor. No Nordeste, o Pólo de Fruticultura do Sub-médio São Francisco e o do Vale do Açu já se encontram consolidados. Mas, despontam outros, em setores e locais inusitados, como o Pólo do Avestruz, em Irecê, na Bahia, o *cluster* dos moveleiros de São João do Araru, em Morada Nova, no Ceará. Em Alagoas, as potencialidades dos setores de turismo, floricultura e aqüicultura despertaram o interesse de investidores italianos, que já visualizam grandes possibilidades de associação de empresas.

No Centro-Oeste, as cadeias produtivas de grãos (soja e milho, principalmente) já se combinam com o agronegócio alimentar, de tal forma que respondem em grande parte pelo dinamismo regional mais recente. Em Anápolis, uma cidade que até pouco tempo se constituía em projeção da capital Goiânia, está-se consolidando um pólo farmacêutico de grande potencialidade, e Brasília, mercê de sua condição de cidade administrativa, tem demonstrado possuir amplas possibilidades no campo da informática. Outras particularidades da região, como jazidas de minerais não-metálicos, já despontam na produção de fertilizantes, perfeitamente integrada às necessidades das cadeias produtivas de grãos.

Na Região Norte, os *clusters* também vêm surgindo. O setor madeireiro, os fitofármacos, os cosméticos, a piscicultura e o turismo juntam-se a atividades mais tradicionais de exploração como o açaí, as fibras e a mandioca como núcleos potenciais para formação de *clusters*. Nesse sentido, o Ministério da Ciência e Tecnologia está há dois anos desenvolvendo plataformas tecnológicas na região, a partir de atividades que merecem estudos de melhoria de tecnologia para constituição de futuros pólos. A expansão agrícola ao longo da BR–364 (Cuiabá–Porto Velho) antes desorganizada, começa a estruturar-se com o nascimento de cooperativas e formação de agroindústrias e já chega a alcançar o Acre.

Mesmo nas regiões com maior nível de desenvolvimento os *clusters* compõem estratégia de sucesso em subespaços que estão estagnados ou com baixa produtividade. No Estado do Rio de Janeiro, são exemplos os *clusters* de cosméticos, móveis e plásticos da Baixada Fluminense. Na Região Sul, as especificidades locais vêm permitindo a formação de *clusters* como o dos fabricantes de cristais ao redor de Blumenau (SC) ou o de Santa Vitória do Palmar (RS), onde agricultores estão usando os dejetos da produção de arroz para fazer outras coisas, como cultivar cogumelos e alimentar porcos.

Os exemplos são inúmeros e as possibilidades também, medidas que são pela própria diversidade do País. Claro está que o tempo de consolidação de um *cluster* varia em função das condições locais de infra-estrutura, de financiamento, de treinamento de mão-de-obra e do aporte adequado de tecnologia. O que não se pode perder de vista é que já existem exemplos palpáveis de reversão de carências e de baixa atividade econômica a partir dos recursos locais. Às novas atividades, juntam-se, também, os projetos de maior envergadura, como o complexo mineral de Carajás, o Pólo Petroquímico da Bahia, o pólo eletro-eletrônico de Manaus, entre outros. Ainda restritos e sem se traduzir em dinamismo de espaços mais abrangentes, esses projetos igualmente ganharão força a partir das novas cadeias produtivas, criando condições para reverter as tendências de concentração do desenvolvimento que ainda se observam.

Visão das Desigualdades

A dupla visão da diversidade regional – a inaceitável e a promissora – até aqui apresentada remete à analise do tratamento que o governo vem dispensando ao assunto. Entre ações compensatórias, incentivos fiscais, políticas econômicas e setoriais concebidas e executadas no âmbito federal, estadual e municipal, são inúmeras e muitas vezes contraditórias as iniciativas oficiais no sentido de homogeneizar o padrão de desenvolvimento do território brasileiro. A complexidade da questão é de tal ordem que não se pode perder de vista o fato de que uma política de caráter global influenciando a dinâmica econômica dos espaços produtivos acaba por minimizar ou mesmo anular os esforços de programas compensatórios ou de incentivos destinados a diminuir as disparidades regionais.

No Brasil, programas compensatórios como a distribuição de gêneros alimentícios já existem desde 1940 (Programa de Comida para os Trabalhadores), mas a referência maior da ação governamental visando a eliminar os desequilíbrios entre regiões é sempre a das Superintendências Regionais, com a criação da SUDENE, seguida da SUDAM e da SUDECO. No modelo das Superintendências, criou-se uma instância de articulação e promoção do desenvolvimento de âmbito regional, cuja ação se fortalecia com a administração de incentivos fiscais (no caso da SUDENE e da SUDAM), por intermédio dos quais o Nordeste e o Norte passavam a deter vantagens comparativas para a instalação de empresas industriais. A ação da SUDENE e da SUDAM já foi objeto de inúmeros comentários, estudos e avaliações, em que, de uma forma geral, se reconhecem os avanços conseguidos e demonstrados na melhora dos indicadores anteriormente mencionados, igualmente ponderam sobre o esgotamento do modelo e sua perda gradativa de eficiência, em face de novas exigências colocadas pela política econômica global.

Ainda no nível federal, a constituição de linhas de crédito especiais no BNDES e a criação, na Constituição de 1988, dos Fundos Constitucionais de Financiamento para a Região Norte, a Nordeste e a Centro-Oeste (FNO, FNE e FCO) foram iniciativas direcionadas ao tratamento diferenciado para regiões menos desenvolvidas. Complementarmente, os governos estaduais instituíram incentivos fiscais com a intenção de direcionar para seus territórios investimentos que promovessem a criação de empregos e imprimissem maior vigor à economia local. Tal prática, disseminada entre governos estaduais de todas as regiões, ficou conhecida como "guerra fiscal", cuja eficácia ainda se discute, em função do balanço entre renúncia de receitas e benefícios alcançados.

Além dessas iniciativas de cunho regional/local, políticas compensatórias de caráter social, patrocinadas pelo governo federal, foram implementadas com a finalidade de erradicar a pobreza em todas as regiões, embora com maior atenção àquelas áreas onde se concentrava. Vilmar Faria (1998) relaciona 20 programas sociais desenvolvidos pelo atual governo e cobrindo os setores de educação, saúde, renda mínima, emprego, habitação, saneamento, alimentação, agricultura e assentamentos e qualificação profissional.

As iniciativas oficiais, conforme assinalado anteriormente, têm sua eficiência muitas vezes comprometida pela dificuldade de combinar a eqüidade desejada com a competitividade exigida pela economia global. Diante desse dilema, freqüentemente, os escassos recursos disponíveis privilegiam investimentos com retorno econômico mais rápido e compatíveis com a integração nacional na economia globalizada do mundo. Mas, o patamar de que se parte nas regiões menos desenvolvidas e camadas sociais mais pobres exige um esforço suplementar, concentrado nesses segmentos e com uma continuidade temporal adequada, para que apresentem resultados palpáveis.

Nessa tarefa, o País necessita da participação da comunidade. Esta, aliás, é uma tendência mundial que se observa desde que as Organizações Não-Governamentais – ONGs, nascidas nos países desenvolvidos, estenderam sua ação para os países do chamado "Terceiro Mundo" e, aqui no Brasil, incentivaram a constituição de grupos locais, que desenvolvem trabalhos de assistência, apoio à pesquisa, assessoramento, desenvolvimento comunitário, entre outros.

Complementarmente, vêm crescendo as ações sociais das empresas, no financiamento de programas que combatem a pobreza, em princípio para usufruir de incentivos fiscais e, mais recentemente, refletindo uma maior consciência social. São as empresas também que vêm buscando diversificar seus investimentos e procurando novos setores e novos espaços, percebendo as novas oportunidades que ali se localizam. Movimentos migratórios cruzam o Brasil e comunidades se estabelecem longe de suas origens, para explorar as vantagens oferecidas no novo espaço. São os paranaenses em Rondônia e no Centro-Oeste, os gaúchos no Oeste baiano, os paulistas no Maranhão. Nesse sentido, o apoio às pequenas e médias empresas tem-se constituído uma tônica. São esses tipos de empreendimentos que se têm mostrado mais ágeis e adequados na formação dos *clusters* e mais eficientes na geração de empregos.

É possível sentir, enfim, que há um sentimento mais presente de compromisso cidadão, quanto à importância de participar de movimentos sociais, de lutar por direitos, de cobrar e assumir responsabilidades. No bojo dessa percepção, as Universidades estão mais integradas às comunidades onde se inserem e às suas necessidades, colaborando com pesquisas, com a acessibilidade a cursos e treinamentos que elevem o padrão da mão-de-obra local. Tais iniciativas refletem o amadurecimento da sociedade em face de seus problemas e a decisão de tomar as rédeas de seu desenvolvimento, como única saída efetiva para alcançar o desenvolvimento harmônico do País.

Perspectivas

A complexidade da questão regional, além dos aspectos anteriormente enfocados, relaciona-se, também, com as desigualdades quanto às condições para a promoção do desenvolvimento. Sem dúvida, a persistência de padrões de desenvolvimento desiguais no Norte e Nordeste, principalmente, está relacionada com carências de infra-estrutura, com o nível de qualificação da mão-de-obra, com dificuldades no manejo dos elementos ambientais.

A questão dos desníveis educacionais, já demonstrada, implica a manutenção de baixos níveis salariais e se constitui uma barreira para investimentos de maior nível de exigência tecnológica. As políticas educacionais ainda são insuficientes e restam inadequadas, na medida em que não se coadunam com as necessidades locais, podendo até produzir resultados opostos aos perseguidos. Não é o caso de queimar etapas: o investimento em educação é, intrinsecamente, de médio e longo prazo. Se o

Nordeste ainda luta contra os baixos índices de alfabetização, o acesso ao ensino fundamental e às universidades, é nesses pontos que há de se concentrarem as políticas e os recursos oficiais.

O *deficit* de infra-estrutura, por outro lado, contribui para concentrar investimentos na Região Sul e na Sudeste e vem sendo apontado como um dos graves impedimentos para o sucesso de iniciativas nas demais regiões, particularmente no Centro-Oeste. Também nesse caso, a especificidade de cada região deve ser considerada, em uma conjuntura de recursos escassos. Prioridades têm de ser estabelecidas para transpor a condição de vantagens comparativas para vantagens competitivas. Se o desenvolvimento do turismo no Nordeste, por exemplo, ressente-se de uma escassa e desarticulada rede de hotéis, cabe dar especial atenção para o setor. Se a produção do Centro-Oeste ou do sub-médio São Francisco alcança preços menos competitivos no Mercado internacional por força dos fretes pagos, há que se concentrarem nesse setor os esforços oficiais. Se o manejo inadequado dos recursos ambientais na Amazônia sinaliza para a degradação de florestas e prejuízo da biodiversidade, são urgentes as medidas para evitar que a riqueza desse espaço e das matérias-primas se perca.

A par de todas essas considerações, é preciso atentar para o fato de que a análise da questão regional não se pode circunscrever às questões espaciais. Não se pode prescindir de uma ponderação quanto ao novo cenário mundial de globalização capitalista, porque as mudanças da estrutura produtiva afetam fortemente a distribuição e o padrão territorial das atividades econômicas. Da mesma maneira, não se pode desprezar a influência da política oficial que privilegiou as decisões de conjuntura e relegou a um plano de importância inferior o planejamento de médio e longo prazo, fundamental quando se trata de buscar o desenvolvimento sustentado de regiões mais carentes.

É certo que a integração do País às exigências da nova ordem econômica impõe-se quase como indispensável à sua sobrevivência no contexto mundial. E, nesse quadro, a dimensão e a velocidade das medidas dessa compatibilização, seguramente, interferem na concentração das atividades econômicas. Se a resposta em termos de rentabilidade e produtividade é mais rápida nas regiões mais bem posicionadas quanto à existência de infra-estrutura, de mão-de-obra qualificada e de disponibilidade tecnológica, a lógica do mercado vai privilegiar os investimentos nesses espaços, aumentando o fosso das desigualdades e, conseqüentemente, as dificuldades para transpô-lo.

É esse o grande significado político da diversidade regional brasileira. O dilema da eficiência com eqüidade pode ser um falso dilema, na medida em que o projeto de desenvolvimento nacional inclua, necessariamente, a busca da homogeneidade do padrão de vida das pessoas e o aproveitamento da diversidade dos espaços. Não se trata de ignorar as lições da experiência e prosseguir encarando a desigualdade regional de acordo com as premissas de um modelo de já ultrapassado, um regionalismo canhestro, que, ao invés de valorizar a cultura e os valores locais, perpetua interesses e persegue o tratamento paternalista das questões regionais, apenas com políticas compensatórias tradicionais. Se o desigual há que merecer tratamento desigual, o tipo de tratamento é fundamental para garantir que não se repitam os erros do passado, que resultaram em exacerbamento dos problemas, deram condições a práticas de corrupção e respondem pela permanência dos desequilíbrios. A opção é, portanto, política. Do governo e da sociedade que o sustentar pela via do voto e pela participação.

QUESTÕES AOS CANDIDATOS À PRESIDÊNCIA DA REPÚBLICA

Considerando que a evolução recente da desigualdade regional no País está relacionada com o crescimento econômico – maior crescimento, maior concentração – como vê a adoção de políticas compensatórias para as regiões menos favorecidas, considerando a escassez de recursos oficiais para investimentos e as exigências da economia globalizada?

A questão das desigualdades regionais, hoje, há que ser vista não apenas na perspectiva das grandes regiões geográficas, mas, igualmente, direcionar-se aos espaços intra-regionais, onde a pobreza e a desigualdade são preocupantes. O que pensa sobre isso?

O desmantelamento do sistema de planejamento vigente nos anos 70 e a opção política de privilegiar as decisões de curto prazo têm sido apontados como fatores que contribuíram para exacerbar as desigualdades regionais. O que pensa sobre o assunto?

Como a visão positiva da diversidade regional brasileira, como existência de múltiplas oportunidades, seria tratada no seu governo?

A extinção da SUDENE e da SUDAM significou, do seu ponto de vista, uma medida positiva ou apenas mais uma demonstração da perda de importância da questão regional no âmbito do governo? Por quê?

O que pensa sobre a questão dos incentivos fiscais e sua importância para a diminuição dos desequilíbrios inter-regionais, considerando a perspectiva de sua extinção constitucionalmente estabelecida?

Notas

1 Trata-se de um índice que, segundo Siqueira e Siffert Filho (2001), "expressa o grau de concentração de um dado conjunto de elementos, podendo ser usado para identificar o grau de concentração de um agrupamento de empresas de um determinado setor ou de um conjunto de regiões de um país, por exemplo. O IHH é o somatório do quadro de participações dos integrantes de um determinado conjunto." Para maiores detalhes, ver Shy (1995).

2 O **Índice de Desenvolvimento Humano – IDH**, criado no início da década de 90 pelo PNUD, consubstancia a mensuração do grau de desenvolvimento humano em um país ou região, com base em indicadores que correspondem às três dimensões básicas desse desenvolvimento: **longevidade,** medida pela esperança de vida ao nascer; **educação,** correspondendo a uma combinação da taxa de alfabetização de adultos e à taxa combinada de matrícula nos níveis de ensino fundamental, médio e superior; **e renda,** baseada no PIB *per capita*. A combinação desses índices resulta em um indicador síntese – o IDH. Quanto mais próximo de 1 o valor desse indicador, maior será o nível de desenvolvimento humano do país ou região. O **Índice de Desenvolvimento Humano Municipal – IDH-M** resultou da adaptação do IDH ao nível municipal. Embora conceitualmente próximo ao IDH, é diferente deste, por não utilizar os mesmos indicadores, de tal forma que os dois índices não são comparáveis, ainda que para uma mesma unidade geográfica. O valor numérico do IDH-M é sistematicamente menor do que o do IDH. O IDH-M foi desenvolvido por pesquisadores da Fundação João Pinheiro e do IPEA; partindo das mesmas dimensões básicas, utiliza os seguintes indicadores: **renda familiar per capita média, número médio de anos de estudo da população adulta (25 anos ou mais), taxa de analfabetismo na população de 15 anos e mais** e **esperança de vida ao nascer.** (PNUD, 1998.)

Anexo

Tabela 1
População Total, Urbana e Rural, por Regiões
1991 e 2000

Brasil/Regiões	1991					2000				
	Total	Urbana	%	Rural	%	Total	Urbana	%	Rural	%
Brasil	146.825.475	110.990.990	76	35.834.485	24	169.799.170	137.953.959	81	31.845.211	19
Norte	10.030.556	5.922.574	59	4.107.982	41	12.900.704	9.014.365	70	3.886.339	30
Nordeste	42.497.540	25.776.279	61	16.721.261	39	47.741.711	32.975.425	69	14.766.286	31
Sudeste	62.740.401	55.225.983	88	7.514.418	12	72.412.411	65.549.194	91	6.863.217	9
Sul	22.129.377	16.403.032	74	5.726.345	26	25.107.616	20.321.999	81	4.785.617	19
Centro-Oeste	9.427.601	7.663.122	81	1.764.479	19	11.636.728	10.092.976	87	1.543.752	13

Fonte: IBGE

Gráfico 1
Participação das Regiões no PIB do Brasil - 1995

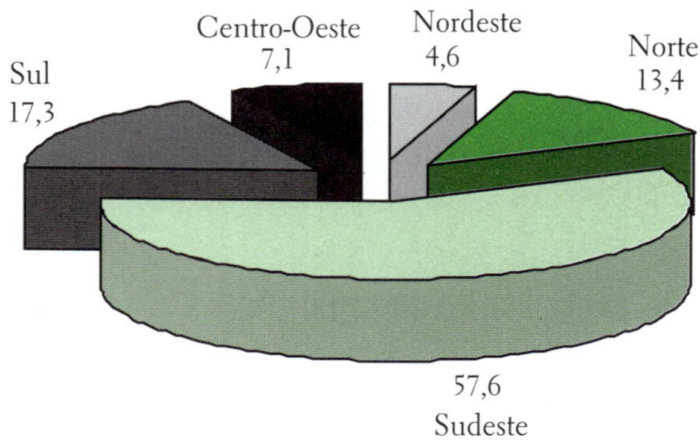

Fonte: IBGE

Tabela 2

Concentração do PIB Intra-Regional – (IHH Observado)
Regiões – 1985, 1990, 1997

Regiões	1985	1990	1997	IHH Ideal
Norte	3.324	3.228	3.030	1.429
Nordeste	2.105	1.981	1.889	1.111
Sudeste	4.316	4.558	4.338	2.500
Sul	3.693	3.629	3.629	3.333
Centro-Oeste	2.811	2.738	2.783	2.500

FONTE: SIQUEIRA & SIFFERT FILHO (2001), Tagore Villarim de, Nelson Fontes – "Desenvolvimento Regional no Brasil: tendências e novas perspectivas". Revista do BNDES, Rio de Janeiro, (pág. 112) V. 8 N. 16, 2001.

Tabela 3

Rendimento Médio Mensal por Regiões– 1999

Brasil/Regiões	Rendimento médio mensal (R$)	Índice de Gini
Brasil	313,00	0,576
Norte (urbano)	244,00	0,554
Nordeste	177,00	0,575
Sudeste	386,00	0,551
Sul	358,00	0,559
Centro-Oeste	341,00	0,591

Fonte: IBGE – PNAD, 1999

Tabela 4
Percentagem de matrículas no ensino superior em relação à população entre 20 e 24 anos, por Regiões – 1998

Regiões	%
Norte	7,8
Nordeste	7,6
Sudeste	18,8
Sul	20,4
Centro-Oeste	15,5

Fonte: CASTRO, Maria Helena Guimarães – "Desigualdades regionais no sistema educacional brasileiro", In HENRIQUES, Ricardo (org.) *Desigualdade e Pobreza no Brasil* p. 425-458, Rio de Janeiro IPEA, 2000.

Tabela 5
Gasto Público Médio por Aluno, em Reais, por Regiões – 1995

Regiões	Ensino Fundamental	Ensino Médio
Norte	302,00	499,00
Nordeste	278,00	502,00
Sudeste	608,00	780,00
Sul	535,00	591,00
Centro-Oeste	457,00	808,00

Fonte: CASTRO, Maria Helena Guimarães – "Desigualdades regionais no sistema educacional brasileiro", In HENRIQUES, Ricardo (org.) *Desigualdade e Pobreza no Brasil* p. 425-458, Rio de Janeiro IPEA, 2000.

Tabela 6
Domicílios por Condições de Saneamento e Luz Elétrica por Regiões Em Percentagem – 1999

Brasil/Regiões	Água canalizada e rede de distribuição	Esgoto e Fossa Elétrica	Lixo Coletado	Luz Elétrica
Brasil	76,1	52,8	79,9	94,8
Norte (*)	61,1	14,8	81,4	97,8
Nordeste	58,7	22,6	59,7	85,8
Sudeste	87,5	79,6	90,1	98,6
Sul	79,5	44,6	83,3	98,0
Centro-Oeste	70,4	34,7	82,1	95,0

(*) exclusive a população rural
Fonte: IBGE

Tabela 7
Indicador de Desenvolvimento Humano do Brasil, por Regiões Desagregados por alguns Componentes – 1970–1996

Unidade	1970 IDH	Índice de Esperança de vida	Taxa de Alfabetização de Adultos	PIB Per capita Ajustado	Índice de Educação	1996 IDH	Índice de Esperança de vida	Taxa de Alfabetização de Adultos	PIB Per capita Ajustado	Índice de Educação
BRASIL	**0,494**	0,461	67,0	2.315	0,611	**0,830**	0,710	85,33	6.403	0,825
Norte	**0,425**	0,484	63,0	1.302	0,567	**0,727**	0,706	79,24	4.705	0,777
Nordeste	**0,299**	0,323	46,1	868	0,433	**0,608**	0,658	71,25	3.805	0,714
Sudeste	**0,620**	0,532	77,1	3.472	0,702	**0,857**	0,730	91,26	6.481	0,875
Sul	**0,553**	0,588	76,5	2.170	0,688	**0,860**	0,753	91,12	6.426	0,870
Centro Oeste	0,469	**0,516**	**67,5**	**1.591**	**0,614**	0,848	**0,726**	**88,42**	**6.435**	**0,860**

Fonte: Relatório de Desenvolvimento Humano no Brasil – IPEA/PNUD, 1998

Quadro1

IDH para Regiões do Brasil e Grupos de Países – 1995(*)

0,911	Países Industrializados
0,897	Alto Desenvolvimento Humano
0,855	Sul
0,853	Sudeste
0,839	Centro-Oeste
0,809	Brasil
0,720	Norte
0,670	Médio Desenvolvimento Humano
0,596	Nordeste
0,586	Países em Desenvolvimento
0,409	Baixo Desenvolvimento Humano
0,344	Países Menos Desenvolvidos

FONTE: Relatório de Desenvolvimento Humano no Brasil – IPEA/PNUD, 1995
(*) valores ajustados

Figura 1

Brasil (Regiões)

Índice Municipal de Desenvolvimento Humano (IDH-M), 1970

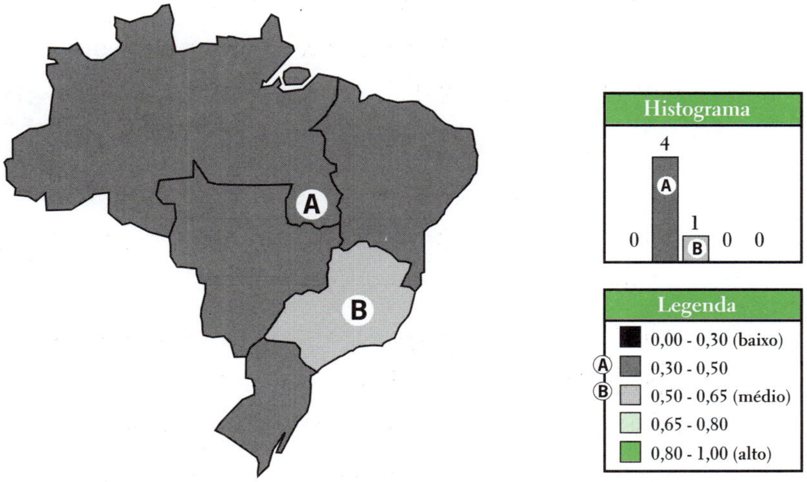

Figura 2

Brasil (Regiões)

Índice Municipal de Desenvolvimento Humano (IDH-M), 1980

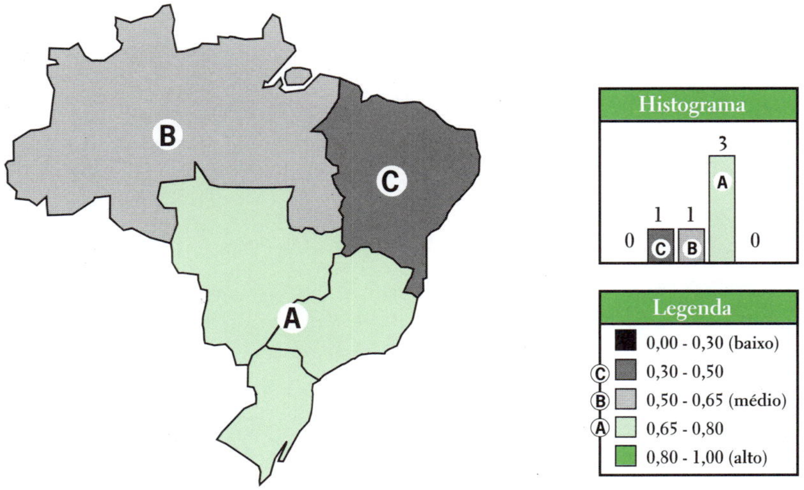

Figura 3
Brasil (Regiões)
Índice Municipal de Desenvolvimento Humano (IDH-M), 1991

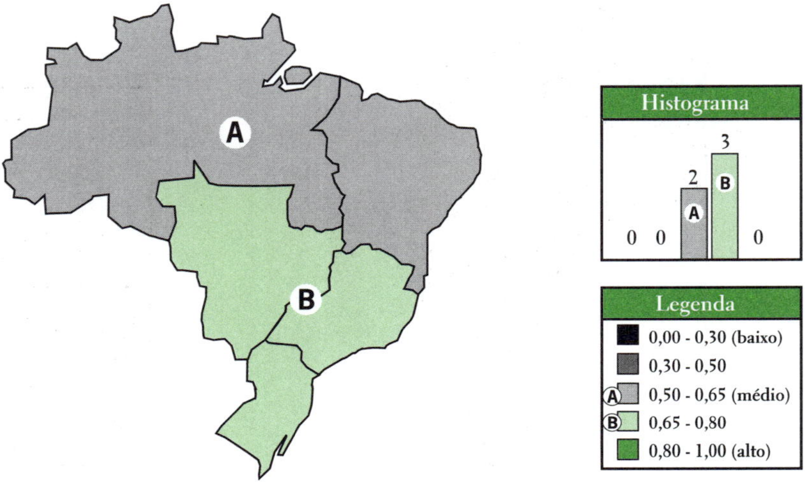

Meio ambiente, desenvolvimento sustentável, Amazônia

Washington Novaes

Marina Silva

Edna Ramos Castro

Marcel Burstyn

19 de junho

Insustentabilidade Social, Ambiental, Econômica e Militar

Washington Novaes

Como jornalista, há 45 anos, venho tentando entender um pouco o que acontece na Amazônia, e tenho uma grave preocupação dentro do panorama que vivemos hoje, no âmbito de uma crise de padrão civilizatório.

Vivemos no mundo hoje uma crise desta dimensão, pois enfrentamos a insustentabilidade econômica – nossos formatos de desenvolvimento não são compatíveis com a sustentabilidade ambiental. Vivemos uma insustentabilidade social, pois os níveis de concentração do consumo e da renda, segundo os relatórios de desenvolvimento humano da ONU, são dramáticos. Vivemos a insustentabilidade social, com um terço da humanidade no nível da indigência. Vivemos a insustentabilidade ambiental, sobre a qual não preciso me estender. E desde o ano passado, vivemos também um insustentabilidade militar.

Vamos ter que reinventar os nossos modos de vida. E também por isso a Amazônia pode ser tão extraordinariamente importante no momento em que precisamos repensar os nosso modos de viver.

Washington Novaes é Advogado e Jornalista. Assina atualmente uma coluna no jornal *O Estado de São Paulo*. Ex-consultor do Primeiro Relatório para a convenção da Diversidade Biológica e dos Relatórios sobre Desenvolvimento Humano da Organização das Nações Unidas (ONU). É um dos responsáveis pela sistematização da Agenda 21 Brasileira – bases para a discussão.

A Amazônia é um espaço onde não é possível implantar os mesmos modelos de exploração predatória e avanço da fronteira agropecuária que têm sido aplicados em outras regiões do pais. E, o que é pior, quer-se estender à Amazônia estes modelos principalmente para exportar a produção para países que não querem arcar com os custos ambientais, energéticos, econômicos e sociais dessa produção.

A Amazônia tem sido o desaguadouro de parte dos problemas gerados pelas desigualdades regionais do Brasil e pelo desemprego. Ela tem sido o escoadouro de forte migração gerada por estes fatores. Basta ver o que tem acontecido nestas últimas décadas. Em 36 anos, do Censo de 60 até a contagem populacional de 96, a região Norte passou de 3,66% da população brasileira para 7,19%. Dobrou a sua participação na população do país. A população urbana, de 37, 38% do total da população, ou seja, pouco mais de um terço da população da região Norte, passou para 62,35% da população total – um violento processo de urbanização, absolutamente desacompanhado de estruturas.

A população amazônica da região Norte passou de 957.000 pessoas para 7 milhões, um crescimento, portanto, de 630%. Nesse período, a taxa de crescimento populacional da Amazônia foi de 2, 44% ao ano. Na última década, o crescimento da população foi de 2,86%, que é mais do que o dobro da taxa de creseimento médio da população brasileira. A taxa de crescimento urbano foi de 4,82% ao ano, o que é uma brutalidade.

Em conseqüência, as áreas urbanas da região Norte têm menos de 10% da população atendidos por redes de esgotos e 43% da população não dispõem sequer de coleta de lixo.

Nesse quadro de crescimento populacional e de avanço da fronteira agropecuária, entre outros fatores, o desmatamento cresceu bastante na Amazônia. E embora tenha caído um pouco nos últimos dados, ainda está próximo de 16 mil quilômetros quadrados por ano. E a Amazônia já tem desmatados quase 600 mil km2, 15% da área de florestas; e quase um terço da área desmatada não tem nenhuma ocupação de ordem econômica.

O que se pergunta hoje é se essa taxa em torno de 15 a 16 mil km2 ao ano já é considerada a "normal", entre aspas, de desmatamento. Isso, em meio a uma discussão sobre se os nossos meios de aferição são realmente capazes de apreender todo o desmatamento que está na Amazônia, ou se o que seria desmatamento seletivo, como é chamado, não é apontado.

Tudo isso gera alguns problemas muito graves, não apenas do ponto de vista amazônico ou brasileiro, mas até globais. Em primeiro lugar porque a forte participação das emissões em função mudanças de uso das terras e das queimadas no total das emissões brasileiras que agravam o efeito estufa leva a um temor de que muito em breve se agravem as pressões sobre o Brasil.

Em segundo lugar, por causa da perda da biodiversidade. O Brasil, segundo o relatório que apresentou na Convenção da Biodiversidade, tem entre 10 a 20% das espécies vivas, isto é, a maior megadiversidade do planeta. E isso representa uma das maiores possibilidades brasileiras de futuro. Sob esse ângulo, a Amazônia, com 40% dos remanescentes de florestas tropicais no mundo, representa um papel da maior importância, no momento em que o mundo continua a perder 150 mil km2 de florestas tropicais por ano.

Há uma pergunta que começa a se feita pelos cientistas: que efeitos o desmatamento e as mudanças no uso da terra na Amazônia têm sobre o sistema hidrológico da região? Não há respostas ainda. Em outros biomas brasileiros, principalmente no Cerrado, já há indicações de que as mudanças no uso da terra estão provocando mudanças climáticas localizadas e afetando a vazão dos mananciais. Neste momento, este assunto apenas começa a ser estudado, pela Agência Nacional de Águas.

Outra pergunta é: que efeitos o que está acontecendo na Amazônia terá sobre os chamados serviços naturais que o IBAMA está tentando quantificar? Ele hoje estima que os serviços naturais no Brasil representem um valor aproximado de quatro trilhões de dólares, – o que seria algumas vezes maior que o PIB brasileiro –, considerando a fertilidade do solo, os serviços proporcionados pelos recursos hídricos, pela biodiversidade e assim por diante.

Mas para que está acontecendo este avanço da fronteira agropecuária na Amazônia, fundamentalmente? Para expandir o sistema exportador brasileiro. A Amazônia hoje produz 20% da soja brasileira, nos estados do Maranhão, Tocantins, Mato Grosso e Rondônia. Soja que basicamente se destina à exportação, com custos ambientais, sociais, energéticos da maior gravidade e que os países importadores se recusam sequer a discutir. Da mesma forma, a região Norte detém hoje 11% do rebanho bovino, 13,5% da produção mineral e quase 7% do PIB brasileiro.

Alguns custos começam a aparecer. Recentemente, a EMBRAPA apontou a existência de uma faixa de degradação intensa de pastagens, que vai do Acre ao Oeste da Bahia, sem que se saiba ainda quais são as causas dessa degradação.

Segundo, a erosão. Na Amazônia este problema provavelmente será bastante acentuado nas áreas de expansão da fronteira, embora se tenha menos informação. Recente estudo da dinâmica biológica de fragmentos florestais, feito pelo INPA e pela Smithsonian Institution, mostrou com toda clareza que o modelo de soja e pastagem não é adequado para a Amazônia. O

Instituto do Homem e do Meio Ambiente da Amazônia também mostrou que pelo menos 83% dos solos amazônicos são inadequados para a expansão da fronteira agropecuária. E os 17% restantes já estão praticamente ocupados.

O mais grave é que a EMBRAPA há pelo menos 15 anos diz o seguinte: o Brasil, para aumentar em 50% a sua produção de grãos e quase dobrar a produção de carne, não precisa ocupar um só hectare de terra a mais, não precisa desmatar nada. Com tecnologias e técnicas adequadas se pode fazer isso. Mas apesar disso tudo temos hoje o Projeto Avança Brasil, que não é outra coisa senão abrir caminho para a fronteira agropecuária no que resta do Cerrado e da Amazônia, com hidrovias e rodovias estimulando esse tipo de atividade.

A hidrovia do Araguaia, por exemplo, continua em implantação, embora tenha dois estudos de impacto ambiental altamente problemáticos, já condenados por uma legião de cientistas,. Como já houve oposição do governo de Goiás, tenta-se agora isolar esse Estado e implantar a hidrovia nos restantes.

Alguns estudos têm mostrado que se estes projetos de hidrovias e de pavimentação de rodovias forem adiante, até o ano 2020 a Amazônia pode perder até 40% da sua cobertura florestal.

Como preocupação adicional, o professor Carlos Nobre, que lidera as pesquisas sobre queimadas e desmatamento no CEPTEC, do INPE diz o seguinte: até 2050, em função não apenas dos fatores locais, mas das próprias mudanças climáticas globais, a Amazônia pode passar a emitir mais carbono do que absorve, – ao contrário do que é hoje, –, porque a oxidação da vegetação rasteira da Amazônia produzirá este efeito.

Neste processo de ocupação da Amazônia em função do modelo exportador, há outro grave problema, que é a expansão da oferta da energia elétrica por meio da implantação de um sistema de hidroelétricas. Está-se dobrando Tucuruí, projetam-se Belo Monte, Santa Isabel; e só em Goiás são 82 novas unidades programadas. Em Mato Grosso, outras tantas e o mesmo para Tocantins. Para quê? Para aumentar a produção dos eletro-intensivos, principalmente alumínio e ferro-gusa, que são produtos que os importadores do Primeiro Mundo não querem mais fabricar por causa dos seus altos custos energéticos, econômicos ambientais e sociais. O Japão produzia 49 mil toneladas de alumínio por ano; reduziu para 5 mil e passou a produzir aqui no Brasil, sem pagar nada por estes custos adicionais. E nós ainda subsidiamos as tarifas de energia elétrica. O último levantamento mostrou que esta área absorve subsídios da ordem de 300 milhões de dólares do Tesouro nacional, que a sociedade brasileira toda paga.

Outro caminho pelo qual a Amazônia se transforma em desaguadouro de problemas nacionais é o da reforma agrária. Um levantamento de 1997, feito por uma comissão externa da Câmara dos Deputados, – o relator era deputado Gilney Viana, do PT de Mato Grosso, –, mostrou que a reforma agrária já era responsável por mais de 50% do desmatamento da Amazônia. Estudos mais recentes mostram que, apesar da proibição de novos assentamentos em áreas de florestas primárias, a reforma agrária continua a responder por mais de 50% do desmatamento, porque ela é feita de uma forma absolutamente descuidada e inadequada. Os assentados não têm outro caminho a não ser o desmatamento. E ela foi feita com tantas intensidade na Amazônia exatamente para fugir à resistência política e empresarial em outras regiões do país.

E quais seriam os caminhos da Amazônia? Fala-se muito do Zoneamento Ecológico e Econômico e o MMA promete que até 2003 este zoneamento estará feito. É preciso saber o que vai ser feito, pois a Amazônia tem muitos sub-sistemas e não é um ZEE que vai resolver isso. É preciso um detalhamento por região.

O recente estudo de ações prioritárias para conservação e utilização sustentável e repartição eqüitativa dos benefícios da biodiversidade, feito pelo Ministério do Meio Ambiente, Instituto Socio-Ambiental, INPA, Conservation International, ISPN, Grupo de Trabalho Amazônico, indicou 385 áreas prioritárias para conservação da biodiversidade. Dessas cerca de 247, ou 64%, são extremamente importantes e 107 são importantes. Gostaria de lembrar que fundamentais serão as áreas indígenas, onde se encontra a maior fração da biodiversidade brasileira. E a área mais ameaçada é o eixo Araguaia-Tocantins – Maranhão, por onde está prevista uma grande parte das ações do Avança Brasil.

Tenho dúvidas se manejo florestal será um caminho adequado para Amazônia. Visitei recentemente grandes projetos e pequenos projetos e tenho dúvidas quanto aos efeitos sobre a biodiversidade em geral.

O Brasil tem-se recusado a sequer discutir a questão do pagamento pela conservação de floresta em pé, como se diz, porque isto envolveria questões de soberania; não se admite que por negociações internacionais haja restrições no uso de áreas.

É possível que alguns caminhos, como a identificação/domesticação de algumas espécies amazônicas e a exploração em alta escala, possa ser viável, como o projeto do INPA de domesticação da pupunha em Manaus. A pupunha hoje já responde por 10% do mercado de nacional de palmito.

Certamente o projeto de corredores ecológicos do MMA, na medida em que permita a preservação de várias áreas e a ligação entre toda a biodiversidade, é um caminho promissor, se tiver recursos e capacidade de implantação.

Algumas informações muito preciosas podem advir do SIVAM. Mas é preciso que haja uma representação da sociedade na gestão das informações do SIVAM. A sociedade não participa. E o SIVAM terá informações estratégicas da mais alta relevância.

Da mesma forma, o Conselho de Gestão do Patrimônio Genético Brasileiro – que não tem representante nem da ciência, nem das populações tradicionais –onde está uma grande parte deste conhecimento.

A ameaça sobre áreas indígenas é muito grave para a Amazônia e para toda esta questão. O Estatuto do Índio continua bloqueado no Congresso e agora há esse projeto do senador Romero Jucá que abre as áreas indígenas para a extração mineral – uma grave ameaça.

Uma pesquisa do WWF e do ISER, com formadores de opinião e com a população rural e urbana, da Amazônia mostrou que a maior porcentagem –, 34% da população – é contra qualquer tipo de desenvolvimento que implique degradação ou perda dos seus recursos e condena o projeto Brasil em Ação.

Que se poderia fazer? No impasse, surge a pergunta instigadora: será que o caminho da Amazônia é o não-fazer? Será que, considerando que tudo que nós valorizamos / e os amazônidas também – ou seja, a biodiversidade, a abundância de recursos hídricos e dos serviços naturais, a diversidade cultural – já existia ali antes da chegada da cultura européia e dos modelos que nós tentamos levar para lá, será que não deveríamos, neste momento de crise, nesse impasse civilizatório que estamos vivendo, não deveríamos pensar, até que consigamos decifrar mais os enigmas de nossa vidas, que o caminho da Amazônia será o não fazer, engajando nisso a sua população e remunerando-a pelas atividade de conservação? Deveríamos perguntar isso, pelo menos.

O caminho do crescimento econômico, puro e simples, não é o caminho para a Amazônia e dificilmente será o caminho em geral. Lembro que o relatório do Programa das Nações Unidas para o Meio Ambiente do ano passado diz o seguinte: considerando o consumo de recursos naturais, de energia e de alimentos, já estamos 42,5 % além da capacidade de reposição da biosfera e aumentando esse déficit 2,5% ao ano; se todos os habitantes da terra tivessem o nível de consumo de americanos ou europeus, precisaríamos de pelo menos três planetas como a Terra. Ou seja, já estamos falidos, num beco sem saída. E o crescimento econômico nos moldes atuais não será a solução. Edward Wilson, considerado o papa da biodiversidade, faz uma conta no seu último livro: hoje o produto bruto mundial é de 32 trilhões de dólares ao ano; se houver um crescimento econômico de 3% ao ano, que é um mínimo que se preconiza, chegaríamos a 2050 com um produto bruto mundial de 158 trilhões de dólares – o que é absolutamente inviável, pois não há recursos físicos para chegar a isso. Não há como seguir por esse caminho.

Estamos numa crise civilizatória e temos que repensar os nossos valores e modos de viver E a Amazônia pode ajudar na construção desse modelo, desse pensamento.

E já que este debate pretende levar questões aos candidatos presidenciais, é preciso afirmar a eles com todas as letras: só caminharemos se levarmos as chamadas questões ambientais para o centro de todas as políticas públicas e todos os planejamentos privados, pois tudo acontece no concreto – no solo, na água, nos alimentos que consumimos, no ar que respiramos, entre os seres vivos E se isso não for considerado desde o início, não haverá solução.

Amazônia, Sustentabilidade e Ética

Marina Silva

É louvável a iniciativa da UnB ao promover este debate. Creio que a presença dos candidatos à Presidência da República na Universidade será muito importante, pois a velocidade da política no cotidiano – a disputa, os compromissos – contribui para impedir que ela assuma a sua total dimensão. Talvez a discussão na Academia seja uma forma de resguardar uma certa atemporalidade, até para que se possam estabelecer, historicamente, os compromissos mais profundos com relação à sociedade.

Não tenho uma elaboração acadêmica sobre o tema do desenvolvimento sustentável da Amazônia, mas, sim, uma experiência vivencial, fruto da luta de muitos anos do movimento de resistência dos seringueiros, do movimento indígena do Estado do Acre, do aprendizado ao lado do Chico Mendes e, depois, como vereadora e deputada estadual. Hoje, o mandato de senadora está na dimensão de uma atuação conjunta representada em mandatos legislativos, nos governos dos estados do Acre e do Amapá, na prefeitura em Belém. São focos que considero como o

Marina Silva é Senadora da República pelo PT-AC. Integra a Comissão de Assuntos Sociais e a Comissão de Educação do Senado Federal. Ex-Deputada Estadual e Ex-Vereadora pelo município de Rio Branco Bacharel em História pela Universidade Federal do Acre em 1985.

início de um pólo de sustentação política das idéias sobre sustentabilidade que começam a ser praticadas na escala institucional do poder público local na Amazônia.

Não tenho a pretensão de fazer uma reflexão neutra. Ela é plasmada nos meus pontos de vista, nos meus interesses, tanto ideológico como político, de alguém que nasceu e viveu na Amazônia, criando-se politicamente dentro da ação marcante de um movimento popular.

Pensar no desenvolvimento da Amazônia é pensar naquilo que na década de 80 foi colocado para a humanidade como o desafio da sustentabilidade. É um dos desafios mais instigantes que podemos nos colocar. Se pudéssemos imaginar tudo o que já foi feito dentro da visão linear e antropocêntrica da relação que estabelecemos com a natureza – nossos projetos desenvolvimentistas, a quantidade de problemas criados para a humanidade e para o planeta com o desaparecimento de espécies, com a poluição do ar e das águas – e se parássemos por alguns instantes e nos déssemos conta de que existe um lugar no planeta em que o devir da história ainda pode ser uma realidade diferente do padrão estabelecido até aqui; e que este espaço não é ficção, é real, existe ainda como possibilidades em disputa; onde se tem a maior diversidade de espécies vivas do planeta, a maior reserva de água doce, a maior floresta tropical, a maior diversidade cultural, a maior sociobiodiversidade do planeta, esse é um desafio apaixonante e muito forte.

Quando nos deparamos com este espaço – a Amazônia –, do qual o Brasil é o maior detentor, temos que levar em conta que este desafio não pode ser percebido apenas como dos amazônidas. É responsabilidade dos 170 milhões de brasileiros e é responsabilidade também da humanidade, diante de situações tão desafiadoras que enfrenta, de riscos de catástrofes ambientais globais. Quando vemos a série de equívocos que vêm sendo cometidos na trajetória humana na relação com o ambiente natural, dando-se ao direito de querer estabelecer uma relação unilateral de poder, como se fosse possível afetar sem ser afetado, podemos alimentar o sonho de contribuir para fazer diferente.

Por outro lado, o que acontece na Amazônia também é produto da responsabilidade imediata dos brasileiros. Não se pode querer fugir a ela diluindo na problemática da humanidade a forma como a tratamos. Em primeiro lugar, a Amazônia brasileira não é objeto de políticas que a vejam como espaço estratégico no desenvolvimento social, cultural e político do país.

Três grandes equívocos ainda permeiam a compreensão da região pelos brasileiros e a ação do poder nacional: a de que é um vazio demográfico; a de que é uma floresta homogênea; a de que é uma região atrasada, não portadora de saber relevante. Daí a idéia de que a Amazônia é desprovida de competência própria para se desenvolver de acordo com uma vocação própria, sendo necessários grandes investimentos para lá implantar o padrão de desenvolvimento vigente. Isso levou aos grandes projetos que, a partir da década de 70, têm grande visibilidade, e vão desde a infra-estrutura – com a construção de estradas – até a exploração dos recursos naturais, especialmente na mineração, com custo muito alto, seja do ponto de vista econômico, seja do social e ambiental.

A ocupação inicial da Amazônia se deu em torno de apenas dois produtos da sua biodiversidade. Durante quase um século a região se viabiliza a partir da seringa e da castanha. Mesmo sem facilidades de comunicação e com meios de transporte precários, a empresa extrativista funcionava já até de forma globalizada, se o conceito existisse naquela época, negociando diretamente com a Europa.

Se com todas as adversidades foi possível estabelecer, a partir de duas espécies vegetais, a economia de uma região, o que não poderíamos fazer hoje, com toda a tecnologia disponível e com o conhecimento de maior variedade de espécies? Durante aquele período, a empresa extrativista funcionava com base nos seringais, com unidades de produção – as colocações de seringa –, cada qual com cerca de 100 a 200 trabalhadores. A partir da década de 70 este projeto entra em falência no Acre e tenta-se introduzir a pecuária, que passa a utilizar os mesmos espaços, não mais com 200 pessoas, mas, com cinco ou seis peões.

O resultado é que a cidade de Rio Branco, capital do Acre, tem hoje 53% da população do estado, Manaus tem mais de 70% da população do estado e esta é uma realidade comum a todos os estados da Amazônia: um grande número de pessoas que antes tinham uma ocupação na floresta e ali produziam a sua existência cultural, espiritual e material, passa a viver na cidades numa situação de subemprego e abandono, do ponto de vista de políticas públicas.

Nos grandes projetos não há incorporação da sociedade. Ao contrário, geram uma gama de injustiças e problemas sociais. Continua a concentração de riqueza na mão de meia dúzia que não investe na própria região, além de ver na Amazônia apenas a última fronteira agrícola, o lugar onde despejar os problemas de reforma agrária e demandas sociais não resolvidas no Sul e Centro-Sul do país. Os projetos estabelecidos de mineração, pecuária e madeira passam a ser tão grandes que a população não os alcança; fica em torno deles, empobrecida, excluída e, como tal, presa fácil para contribuir com mais degradação ambiental.

Há um momento específico em que se estabelece a resistência local a esses grandes projetos, por parte dos índios e seringueiros. Chico Mendes retrata a simbologia dessa luta. E é bom que se lembre que o primeiro encontro dos seringueiros para a criação do Conselho Nacional de Seringueiros, em 85, foi sediado na UnB. O apoio que Chico Mendes encontrou para a realização do encontro foi da Universidade de Brasília, ele que era marginalizado nos espaços da Amazônia, sobretudo com a crítica feroz vinda de governos muitos fortes e poderosos da região. Na UnB se criou o Conselho e se estabeleceu uma aliança, chamada de Aliança dos Povos da Floresta, uma resistência local, especialmente da comunidade seringueira, que estabeleceu parcerias em muitos níveis: com as ONG internacionais, sobretudo as americanas; com acadêmicos e pesquisadores, como a professora e antropóloga Mary Allegretti, do Paraná; com Fernando Gabeira e outros militantes ambientalistas brasileiros; com pessoas da Imprensa, que deram visibilidade às idéias e às denúncias de Chico Mendes.

O movimento de resistência conta com a solidariedade de determinados segmentos da sociedade na sua origem e, independentemente de nossa vontade, passa pelo viés da vitimização, ou seja, o conflito era com algo tão devastador e grandiosos que a oposição ao agressor implicava quase necessariamente assumir o papel de vítima. Tanto é que tivemos nesse movimento de resistência o assassinato de Wilson Pinheiro, Ivair Higino, de Jonas, do próprio Chico Mendes e outros companheiros, e tudo o que acontecia levava as pessoas a nos verem como aqueles que estavam numa luta inglória.

Após todos esses anos, desde a morte de Chico Mendes em 88, mudou o agir político em relação à Amazônia. Antes era moda confrontar a história do Chico Mendes com a distribuição de motosserras aos caboclos. Hoje, os mesmos que faziam isso, propagam suas ações de preservação ambiental. Com alegria, li recentemente numa revista de bordo que o Amazonas é estado com maior preservação ambiental, com apenas 4% de área degradada, uma espécie de cartão postal do ambientalismo na Amazônia. Isso me lembrou quando, em 86, fizemos o famoso empate da fazenda Bordon. O Chico Mendes foi completamente acuado não só pelos fazendeiros e madeireiros do Acre, mas por uma pressão política muito forte de governos da região, de pessoas com algum poder, que tentavam desmoralizá-lo em todos os aspectos. Após 14 anos de sua morte temos a sua vitória no discurso daqueles que antes advogavam o desenvolvimento na Amazônia em detrimento do desenvolvimento da Amazônia, que defendiam, com os grandes projetos, o equívoco do vazio demográfico, da floresta homogênea, e desprezavam os saberes e a cultura amazônicos.

A resistência aqui descrita pauta a Amazônia a partir de si mesma e vê com outro olhar, sem nenhum preconceito, aqueles que ajudam a percebê-la de fora para dentro – brasileiros ou de outros países –, com o olhar comprometido com a sustentabilidade, da Amazônia e do planeta, e com a construção dessa alternativa.

Se tivermos o propósito ético de desenvolvermos a Amazônia mediante critérios de sustentabilidade, com certeza acharemos a respostas técnicas. O grande desafio colocado a todos nós, homens e mulheres, amazônidas ou não, brasileiros ou não, à população brasileira e à humanidade, é, nesse lugar onde o fazer histórico ainda pode ser feito de outra maneia, empreendermos todos os nossos esforços para isso.

No Acre temos a experiência, com o governador Jorge Viana, de assumir o modelo de desenvolvimento sustentável como política de governo, a partir da herança do movimento de resistência dos seringueiros, ribeirinhos e dos índios, fazendo a união de seus saberes milenares com o que há de mais avançado em conhecimento científico de nossa cultura ocidental branca. Temos trabalhado a idéia de que a sustentabilidade, para acontecer na Amazônia, não pode ser apenas uma espécie de panacéia do que seria um modelo efetivo de desenvolvimento sustentável. Para haver sustentabilidade, é preciso aceitar o desafio ético de efetivá-la tanto do ponto de vista econômico – pois, afinal, existem na região mais de 12 milhões de pessoas que precisam se viabilizar economicamente –, do ponto de vista ambiental, por todas as razões que conhecemos; do ponto de vista cultural, que é fundamental, pois a Amazônia é o que é em função da sua diversidade cultural e aqui quero registrar um avanço em nosso país. O último Censo do IBGE informa que a população indígena passou de 300 mil para 700 mil habitantes. E isso não significa apenas um crescimento vegetativo dessa população, mas, também, que um número maior de pessoas está se assumindo como índios, negros. Certamente a Amazônia tem contribuído para isso, criando uma auto-estima amazônida, valorizando um pensar a partir de si mesma e de sua cultura, até mesmo criando novos produtos políticos e formas de articulação social.

Há outro grande elemento desse desafio de um desenvolvimento alternativo, que é a sustentabilidade política. Se não formos capazes de criá-la, todo nosso esforço será em vão. Não se chega a um desenvolvimento sustentável, para a Amazônia, o Brasil ou o planeta, com uma política insustentável.

A política é, assim, um componente essencial do processo que envolve também a sustentabilidade econômica, social, cultural e ambiental, dentro de um novo alinhamento ético.

O que pensamos sobre o futuro da Humanidade? Há um pensador que diz que o século XXI será humanista, feminista, espiritualista, ou não será. Todos esses valores devem fazer parte de nosso alinhamento ético, no sentido de criar uma nova forma de nos relacionarmos com a Natureza, entre nós mesmos e para estabelecermos outros objetivos para o insaciável ego humano.

A Amazônia tem dado uma contribuição para isso. Primeiro, porque foi capaz de, mesmo em situação muito adversa, criar uma identidade e elevar sua auto-estima, contrariando a percepção generalizada de ser uma região atrasada e vazia dentro de um país desenvolvido.

Só que esta relação com o país chega agora também a uma fase de esgotamento, pois não dá para continuar sendo as "vítimas" do progresso, aqueles que foram assassinados, vilipendiados. Também não dá para continuar com uma relação narcisista com o restante do país e do mundo. Temos que colocar em várias dimensões aquilo de que somos capazes de produzir do ponto de vista deste novo ethos social cultural e político na Amazônia.

Em muitos aspectos essas dimensões múltiplas já existem, de forma pulverizada, dentro de várias experiências de comunidades, de governos locais, estaduais ou federal, que precisam ganhar escala para a realização do desafio da sustentabilidade na Amazônia, um desafio dos 170 milhões de brasileiros e também de toda a humanidade. Ali se pode encontrar informações já destruídas em boa parte do planeta, e decodificá-las não apenas do ponto de vista técnico, mas, também, naquilo que a Natureza é capaz de nos ensinar do ponto de vista das relações sociais, espirituais e éticas.

QUESTÕES AOS CANDIDATOS Á PRESIDÊNCIA DA REPÚBLICA

1) Sucessivos governos brasileiros têm apresentado propostas de integração da Amazônia ao desenvolvimento nacional. A maioria delas resultou em fracasso ou sequer foi aplicada

qualquer política, vendo-se a região apenas como reserva de fronteira econômica:

- Qual sua posição a respeito da questão da integração estratégica da Amazônia?
- Quais os principais equívocos das políticas já adotadas?
- Qual a diferença que sua proposta fará para a região?

2) Qual será o tratamento dado ao uso da biodiversidade brasileira?
3) Como vê a polêmica da internacionalização da Amazônia: risco de fato ou mito? Por quê?

Desafios do Desenvolvimento Sustentável na Amazônia

Edna Ramos Castro

Diante de novas dinâmicas socioeconômicas na Amazônia, e das mudanças ambientais delas decorrentes, cabe perguntar se a floresta sobreviverá à intensificação da ação antrópica que conduz ao desmatamento, à extinção de espécies animais e vegetais, à contínua poluição de seus cursos d´água. Parecia longe a época em que se passaria pelas estradas e encontraria por horas a fio, uma paisagem apenas com pasto para o gado, ou com plantação intensiva de uma só cultura. Isso era paisagem do *sul e do sudeste do país*, no imaginário do nortista. Mas esse tempo passou e a Amazônia de hoje é uma síntese da sociedade brasileira, com uma diversidade maior de atores atraídos pelas políticas do Estado, pelos desejos de oportunidades e de mobilidade social ou ainda por novos mercados.

A Amazônia é a parte do planeta de maior diversidade biológica, de rios e floresta e onde se encontram ainda hoje grandes extensões de terras não cultivadas. Mas também uma diversidade cultural que se funda na capacidade de uso de recursos dos

---

Edna Ramos Castro é Doutora em Estudos da Amazônia pela Escola de Estudos em Ciências Sociais de Paris. Professora da Universidade Federal do Pará (UFPA) na área de Sociologia. Pesquisadora da área de Políticas Públicas. Consultora em estudos sobre trabalho, desenvolvimento local e em Programas de pesquisa interdisciplinares sobre Desenvolvimento e Meio Ambiente desde 1977.

complexos e variados ecossistemas naturais. Os processos de adaptação e a produção de conhecimentos de grupos tradicionais tem relação estreita com a história ecológica. Porém, essa biodiversidade tem sido intensivamente colocada em risco e dilapidada em prol de programas desenvolvimentistas, de integração à economia de mercado, por meio de um padrão de apropriação e uso da terra considerado predatório. Permanece a questão de saber se seria possível criar outro modelo de desenvolvimento que fosse capaz de lidar com a biodiversidade e a valorizar, permitir o convívio de tecnologias mais avançadas com os conhecimentos de grupos tradicionais sobre os ecossistemas, sem precisar destruir a riqueza biológica e os conhecimentos humanos sobre os ecossistemas milenarmente experimentados. Resta ainda a pergunta se a Amazônia poderia ser uma região laboratório de inovação tecnológica mais adequada para um novo momento das sociedades, preservando sua floresta tropical que abriga os nichos de espécies animais e vegetais mais ricos do planeta, ora correndo riscos de extinção ainda mais graves.

Certamente a percepção que pretende simplificar a construção contemporânea da relação sociedade e natureza, na qual se enquadra o debate ambiental internacional, ao dicotomizar as ações de atores entre *desenvolvimentistas* e *ambientalistas*, deixa escapar talvez uma das dimensões mais fecundas de nossa época que é a crítica à constituição do ser no mundo, da razão e da possibilidade de pensar a democracia.

Somente numa perspectiva de construção dessa crítica que é possível pensar a preservação da biodiversidade da Amazônia. Ora, a continuidade dos processos de avanço da fronteira econômica e da ocupação que acelerou o desmatamento na Amazônia brasileira, a colocaram no centro do debate ambiental internacional, pois com o desmatamento em corte raso completado com o fogo, processo verificado até então, parte também a riqueza de espécies animais. Em torno da biodiversidade se configuraram alguns interesses da sociedade contemporânea e do mercado, como também acabou se movendo na cena central do movimento ecológico das últimas décadas.

O Estado e suas políticas para a Amazônia

Do ponto de vista do Estado, as respostas que têm sido dadas às mudanças de mercado, vistas como ajustes externos e internos, estão presentes nas estratégias de integração de mercado, investimentos em infra-estrutura para potencializar empreendimentos, na desregulamentação do trabalho. Estratégias estas ancoradas e ao mesmo tempo justificadas na fragilidade da capacidade política de conformação dos Estados nacionais ante forças de mercado. Mas a noção de soberania dos Estados nacionais está mudando, e muitos conflitos observados nos últimos anos, em diferentes países, têm explicação nessas novas dinâmicas, pois certas instituições e organizações-chave apresentam uma tendência à fragilização. Ainda que os Estados permaneçam importantes como estruturas de organização política mundial e na formulação de políticas, a grande diferença é que, em lugar de fazer frente à necessidade de proteger e defender o território, hoje o Estado é chamado a defender a economia, a proteger o *espaço monetário*, como diz Altvater (1996).

Desde os anos 60 e em especial a partir da construção da Belém-Brasília, a política que norteou o avanço da fronteira econômica na Amazônia estruturou-se de forma a permitir a integração do mercado nacional e a acumulação do capital. Foi com mecanismos explícitos de incentivos empresariais – como a

Lei de Incentivos Fiscais – que o Estado procurou atrair capital e empreendedores para diversos setores da economia nas últimas décadas. A literatura sobre fronteira, colonização, migração, grandes projetos e eixos de comunicação, produzida no país, é bastante elucitativa dessas dinâmicas. Para outros grupos que migraram em direção a essa mesma fronteira sem ou com poucos recursos, atraídos por uma política de colonização, o apoio do Estado foi reduzido. As narrativas sobre essa saga dos migrantes compõem capítulos de uma história, para muitos trágica, da ocupação desse território. Muitos projetos não passaram de intenções formuladas em políticas fragmentadas. A Amazônia de hoje, com suas contradições crescentes, reflete as políticas públicas e os programas desenvolvimentistas que potencializaram ao mesmo tempo o crescimento econômico e as desigualdades sociais.

Nos anos 80, experimentou-se, de forma mais visível, uma profunda ruptura no nível dos paradigmas da ação do Estado não somente como regulador, mas como agente de intervenção na cena econômica e social, em nível mundial. Ao longo desse período, as idéias de universalidade, centralidade, integração e intervenção são paulatinamente substituídas por aquelas de pluralidade social, multiplicidade de pontos de referência, coordenação múltipla de atores e participação em redes e em parcerias. Nesse novo padrão, o conceito de participação, relevante na discussão de políticas públicas, encontra seu corolário econômico nos de competitividade e eficácia. Mas em que medida as idéias de pluralidade social e de integração econômica podem ser elucidativas das novas dinâmicas sociais e econômicas? Essa é uma das questões relevantes à compreensão das ações políticas do Estado brasileiro voltadas hoje à Amazônia.

O Estado nacional está sendo levado a ceder uma parte de seu controle político sobre o território às potências econômicas mundiais e, numa primeira percepção, a essas agências que regulam o jogo monetário e o sistema financeiro internacional. Isso impõe a necessidade de repensar o Estado e seu papel de definir e implementar políticas públicas, bem como a análise dessas políticas em relação às mudanças exigidas no próprio aparelho do Estado. Tais transformações não são impulsionadas pela dinâmica interna da sociedade nacional, mas correntemente pelas regulações derivadas da dinâmica global e dos interesses dos grandes grupos e grandes potências mundiais. O tema de políticas públicas, no contexto assim esboçado, exige continuamente uma avaliação da conjuntura mundial e das possibilidades do Estado nacional jogar com as forças internas – atores econômicas e sociais – na condução do desenvolvimento nacional. Qual o nível de liberdade – e seus limites –, pode o Estado construir regulações sobre o território nacional, amazônico?

As políticas estatais atuais não contrariam aquela concepção geopolítica que foi devastadora na Amazônia, com suas estratégias de ocupação de territórios que não consideraram os impactos sociais e ambientais: programas como Polonoroeste, Polamazônia, rodoviais Transamazônica, Cuiabá-Santarém, Perimetral Norte, grandes projetos minerais e programas de colonização. Mas haveria um novo padrão no qual se fundariam as diferença com o modelo anterior? No Plano Plurianual, com seus Eixos Nacionais de Integração, está explícita a intenção de estreitar as relações, sobretudo com os países do norte da América do Sul, na grande fronteira amazônica, uma vez que esse processo é entendido como uma seqüência *natural* à integração do sul, conformando um bloco econômico com maior poder de fogo em face da organização em curso de outros *nichos* de mercado nos diferentes continentes.

A análise os permite constatar que há uma continuidade na formulação das políticas, sendo priorizada a dinâmica econômica.

As matrizes conceituais reais são ultrapassadas do ponto de vista de um desenvolvimento social e ambientalmente coerente e correto. Os impactos do *Plano Brasil em Ação* sobre a destruição da floresta, o aumento de conflitos pelo uso dos recursos naturais, a corrida desenfreada de novos atores, nacionais ou estrangeiros, incentivada pelo Estado, faz-se sentir, aumentando a pressão sobre as populações tradicionais e a exclusão social.

Desmatamento é desafio maior para um novo governo

Os estados que tiveram mais aplicação de políticas desenvolvimentistas desde os anos 70, com programas de colonização, abertura de estradas e incentivos fiscais direcionados à pecuária, mineração e exploração madeireira, inquestionavelmente, são hoje os que têm uma cobertura florestal e, portanto, a biodiversidade, mais afetada. Isso é válido para o Pará, Maranhão, Rondônia e Mato Grosso.

A análise sobre a configuração das *novas fronteiras* na Amazônia, nos leva a perceber uma retomada do impulso e do interesse econômico sobre o território por diversos atores. Os interesses de grandes e médios fazendeiros e de pequenos produtores direcionam-se às áreas ainda preservadas, para o oeste do Pará, e do sul com destino ao norte do Amazonas. São as frentes oriundas de estados com tradição pecuária e madeireira, no país, e já com suas terras esgotadas. É o caso do movimento para o oeste do município de São Félix do Xingu, que já detém a maior taxa de desmatamento do Pará – conquistada pelos processos acelerados de formação de grandes fazendas em pouco mais de uma década –, alimentado por grupos que chegam de Mato Grosso, subindo pela Rodovia Cuiabá–Santarém e dela dirigindo-se, por meio de estradas não-oficiais inexistentes no mapa municipal, para as terras novas da região do Iriri. São essas as últimas fronteiras do Pará.

O estado do Amazonas configura-se na atualidade como o espaço previsto de expansão de novas frentes, o que já se verifica a partir do município de Apuí em direção ao norte. O tempo de avanço de cada frente é menor em relação aos anos 70 e 80 e as técnicas de derrubada da mata mais eficientes, permitindo concluir que a floresta amazônica, caso não sejam tomadas atitudes mais firmes por parte do Estado, de fiscalização contínua e não eventual como ocorre, e uma política que conceba projetos desenvolvimentistas integrados a conservação da riqueza de biodiversidade e da cultura dos grupos tradicionais, não subsistirá por mais 30 anos. Os instrumentos de avaliação quantitativa via satélite precisam inclusive ser aperfeiçoados para dar conta das dinâmicas socioeconômicas e ambientais reais, sem sempre percebidas sem o trabalho de campo.

Esse é o grande desafio, a nosso ver, que se coloca ante os novos gestores do país, pois esta década é decisiva para se frear, se vontade política houver, o avanço desenfreado do desmatamento e do empobrecimento dessa região que é, numa outra escala de valores, um dos maiores bens que a sociedade brasileira possui.

A questão Amazônica:em busca de um *Projeto*

Marcel Burstyn

Uma análise dos resultados de sucessivas políticas e iniciativas governamentais voltadas à Amazônia, ao longo das últimas décadas, revela que a intensificação da ação pública na região dá continuidade e amplifica o padrão histórico de desacertos magníficos. O desconhecimento, a falta de avaliação prévia, o descaso ante possíveis resultados negativos da intervenção humana, são traços que se repetem em diferentes experiências mal-sucedidas.

Nesse início de século 21, há sinais de arrefecimento do ímpeto devastador na região, refletindo um triplo fenômeno: o aumento da consciência ambiental (no sentido da finitude dos recursos e das oportunidades econômicas de uma economia ambientalizada); o esgotamento das fontes de financiamento de grandes obras; e a notável redução da pressão demográfica, resultante da queda na taxa de natalidade no País. A esses três aspectos, soma-se a gradual efetividade de instrumentos de política de meio ambiente.

É uma oportunidade para repensar o modo de intervenção na pública na região, as precauções a serem tomadas, os erros a

Marcel Burstyn é Doutor em Desenvolvimento Econômico e Social. Diretor do Centro de Desenvolvimento Sustentável (CDS) da Universidade de Brasília (UnB). Pesquisador das áreas de Políticas Públicas, Gestão Ambiental e Ambiente Urbano e Exclusão Social. Ex-presidente da Fundação de Apoio à Pesquisa do Distrito Federal (FAP/DF) entre 1996 e 1997.

serem evitados. É tempo de afirmar princípios, reverter práticas equivocadas, aproveitar as lições e traçar opções, de olho no longo prazo e em coerência com o imperativo da sustentabilidade do desenvolvimento.

A questão regional

A literatura acadêmica brasileira sempre enfrentou mal o debate sobre regionalização no Brasil. De uma maneira geral, encontramos notáveis contribuições nos estudos dos geógrafos, há várias décadas, embora prevaleça um enfoque físico-territorial. Assim, o Brasil vem sendo apresentado como um conjunto de regiões fisiográficas, grandes blocos territoriais homogêneos. Há uma certa correspondência entre as regiões da geografia política e as da geografia física. Assim, no Centro-Oeste prevalece o Cerrado, no Nordeste o Semi-Árido e na Amazônia a floresta tropical. Mas há um perigoso reducionismo, conveniente ao desconhecimento por parte das elites intelectuais e políticas dos grandes centros urbanos. O debate sobre *a questão Nordeste*, muito mais antigo e intenso em literatura do que o da Amazônia, pode servir de referência.

Por conveniência ou desconhecimento, o Nordeste foi, por muito tempo, tratado como um todo homogêneo. Afinal, interessava à classe política e às oligarquias (o que ali é quase sinônimo), apresentar a região como "problema" a ser alvo de compensações federais. Mas reduzir uma região tão complexa a um enfoque unificado não ajuda a resolver seus problemas. Assim, dois autores serviram de ponto de partida para nos ajudar a entender aquele território de acordo com suas reais características: na geografia, Manuel Correia de Andrade (1973 e 1977), que revê a tese de um único Nordeste, ao afirmar que a região é um complexo "mosaico geo-climático"; na economia social, Francisco de Oliveira (1977) nos proporcionou o conceito de região associado à lógica da formação econômico-social e às características de cada modo de produção particular. Por trás de ambos, está um vasto cabedal de conhecimentos, legado por autores que penetraram nas entranhas da sociedade local, entendendo seu funcionamento e dinâmica. É claro que Gilberto Freire é referência incontestável, como também o é Josué de Castro. Mas, sem dúvida, a contribuição mais marcante é a de Celso Furtado (1960).

A proposta de um projeto para uma região, no Brasil, está associada a um processo nacional de planejamento do desenvolvimento e suas estratégias. Dali surgiram as agências como a Sudene (1959) e a Sudam (1967). A Sudene materializava um arcabouço organizado de conhecimentos e expectativas de construção de futuro para o Nordeste (ver GTDN, 1959)[1]. Já no caso da Amazônia, a criação da Sudam é muito mais um produto da visão geopolítica do regime militar, aliada à conveniência de se abrir uma fronteira à reprodução do capital do Centro-Sul do País e uma válvula de escape à pressão pela reforma agrária em outras regiões. Embora esta última reproduza um modelo organizacional e se valha de instrumentos semelhantes à primeira (como é o caso dos incentivos fiscais), não contou com uma fundamentação de conhecimentos e demandas legitimamente expressas pela sociedade local. Não foi, nesse sentido, produto de um *projeto* previamente formulado.

Pensar a questão regional brasileira remete a um velho tabu intelectual nacional: a difícil fronteira entre a valorização das particularidades e idiossincrasias e o risco de se estar alimentando teses regionalistas no sentido da ruptura com a nacionalidade. O

Brasil é um caso atípico no contexto das ex-colônias ibéricas, pois logrou manter sua integridade territorial e lingüística, a despeito de seu vasto território, da diversidade de formações sociais, da variedade de sistemas econômicos implantados e do fato de cada "região" econômica da época da colônia estar em sintonia com a metrópole, mas não com as demais "regiões" do País (Oliveira,1977).

O pensamento nacional formado ao longo do século 19 e da primeira metade do século 20 foi, nesse sentido, reducionista, mesmo quando focado em temas regionais. O reflexo político foi a centralização e a concentração, que resultaram em modelos de intervenção e regulação pública de cima para baixo. Assim, em relação ao Nordeste, sempre houve, por parte da esfera federal, uma ação indireta, com a delegação de competências de mando, paralelamente à transferência de verbas públicas, às oligarquias locais, em troca de legitimação política nacional (Bursztyn,1984 e 1990). No caso da Amazônia, a presença federal passa da omissão – que historicamente viabilizou o *patrimonialismo* local – a um intervencionismo planejado, que altera a tradição e viabiliza a emergência de novos atores ao cenário político.

Perguntas e respostas

A relação do Brasil com a Amazônia revela que há muitas perguntas para as quais não se tem resposta seguras e muitas respostas (planos, programas e projetos) que são dadas sem se conhecer as perguntas.

Até hoje não sabemos bem qual é, de fato, a vocação da região. Não conhecemos ao certo quais as potencialidades (sabemos que são muitas...) e quais as limitações (temos certeza de que são preocupantes...). Sabemos que a dinâmica da floresta tem implicações sobre o clima do planeta, mas não sabemos ao certo em que medida e qual é, de fato, a ordem de grandeza das mudanças climáticas globais provocadas pelas alterações físicas do bioma.

Temos plena consciência de que a floresta esconde um imenso potencial de aproveitamento econômico, seja na produção de fármacos, seja na de cosméticos, de alimentos, de minerais e tantos outros produtos. Mas não sabemos como explorá-los de forma racional e sustentável, nem como creditar seus frutos às populações da região. Como evitar que usos potenciais sejam pesquisados, apropriados e patenteados sem reverter em benefícios para as comunidades locais, para a região ou para o País?

Sabemos das vantagens comparativas que representam possuir um gigantesco manancial de água doce, mas não sabemos como explorá-lo economicamente e de forma sustentável. O máximo que conseguimos, até aqui, tem sido gerar energia elétrica, a partir da construção de grandes barragens que provocam degradação ambiental e geram efeitos sociais negativos. Sabemos que os recursos pesqueiros são uma riqueza real e potencial da região, mas não conseguimos transformar esta possibilidade em uso sustentável. Ao contrário, a região já apresenta sintomas de esgotamento de estoques pesqueiros e mesmo conflitos entre pescadores artesanais e industriais. A geração de energia barata, uma sedutora vantagem da região, viabiliza indústrias de transformação mineral intensivas em energia, mas não atende a populações lindeiras às barragens e linhas de transmissão.

Em suma, não aprendemos ainda a usar de forma sustentável as riquezas da região. Seguimos praticando "*dumping* ecológico" como reverso da medalha do crescimento econômico.

Na esfera político-institucional, não se conseguiu ainda responder à questão do modelo de gestão pública da região. Assim, não se logrou, até o momento, integrar as ações de organismos que protagonizam, na prática, a gestão de boa parte do território: IBAMA, INCRA, DNPM e FUNAI[2] operam em extensas áreas, segundo referenciais diversos e muitas vezes conflitantes.

A lista de perguntas sem resposta é longa. E a ela há que se somar as respostas sem pergunta, ou seja, ações que são empreendidas sem o prévio conhecimento do contexto em que se inserem ou sem análise prospectiva de seus resultados. É nesse sentido que uma complexa rede de infra-estrutura tem sido implementada na região, ao longo das últimas três décadas. E, da mesma forma, também incentivos econômicos e uma política de colonização vêm carreando para a Amazônia investimentos e fluxos de migração, provocando efeitos que demandam medidas corretivas: desmatamento, queimadas, conflitos fundiários, falta de saneamento ambiental nas cidades, demanda por serviços públicos em geral.

Respostas sem perguntas, ou ações sem um Projeto para a região, tem sido a tônica da intervenção pública direta e da iniciativa privada espontânea. A ausência de mecanismos regulatórios efetivos tem permitido que, mesmo diante da retração de certos instrumentos – como os incentivos fiscais – a dinâmica de ocupação da fronteira amazônica não tenha arrefecido. Ainda que focos de ocupação desordenada, como foi o garimpo de Serra Pelada e a periferia do Projeto Jarí, não estejam surgindo mais como no passado, persiste a incapacidade pública de disciplinar a ocupação do território. Os esforços de zoneamento não resultaram, até o presente, em ordenamento do uso do solo por parte de agentes privados ou mesmo públicos.

A construção de infra-estrutura viária obedece a uma lógica que ora conflita com as diretrizes da regulação pública em matéria ambiental, ora funciona como validação *a posteriori* de um processo espontâneo e caótico de ocupação de fronteiras econômicas (extrativismo madeireiro, agricultura, pecuária, mineração).

Por mais de uma década a atividade de planejamento governamental em escala nacional vem sendo eclipsada pela prevalência de princípios neoliberais nas esferas decisórias. Ainda assim, a segunda metade da década de 1990 testemunhou a retomada desta prática, com a elaboração do Programa *Brasil em Ação* e seu sucessor, o *Avança Brasil*. Tais programas, entretanto, devem ser devidamente qualificados, em seu caráter marcadamente segmentado ("eixos de desenvolvimento"), essencialmente voltado a obras de infra-estrutura que proporcionem condições de viabilidade à expansão de atividades econômicas e descolamento efetivo em relação ao enfoque ambiental. Voltar a planejar não significou corrigir vícios do passado: a inexistência de um *Projeto Nacional*, com seus desdobramentos regionais, resultou em ausência de resposta às indagações reais da Amazônia.

Na ausência de autênticas respostas endógenas às perguntas sobre a Amazônia, o que se constata é que vêm sendo empreendidas iniciativas que se revelam como "respostas" exógenas. Nesse aspecto, vale assinalar, como exemplos: os planos de desenvolvimento regional promovidos com recursos do Banco Mundial, inicialmente voltados a obras de infraestrutura e atualmente centrados na "agenda verde"; a atuação de grupos missionários estrangeiros junto a populações tradicionais; a intensificação do esforço de pesquisa científica de grupo universitários e de ONGs internacionais, seguindo uma pauta de prioridades temáticas exógena ao planejamento do desenvolvimento científico e tecnológico nacional; a intensa atuação de ONGs ambientalistas dos países do hemisfério Norte junto a comunidades da região; a biopirataria.

Bibliografia

1 ANDRADE, Manuel Correia de. *A Terra e o Homem no Nordeste*. Ed. Brasiliense, 3ª edição, S. Paulo, 1973.

2 ANDRADE, Manuel Correia de. *Geografia Econômica do Nordeste*. Ed. Atlas, 3ª edição, S. Paulo, 1977.

3 BECKER, Bertha. "A fronteira em fins do século XX: oito proposições para um debate sobre a Amazônia". In: BECKER, Bertha, MIRANDA, Mariana e MACHADO, Lia O. *Fronteira Amazônica – questões sobre a gestão do território*. Ed. UnB/Ed. UFRJ, Brasília e Rio.

4 BURSZTYN, Marcel. *O País das Alianças – elites e continuísmo no Brasil*. Ed. Vozes, Petrópolis, 1990.

5 BURSZTYN, Marcel. *O Poder dos Donos – planejamento e clientelismo no Nordeste*. Ed Vozes, Petrópolis, 1984.

6 FURTADO, Celso. *A Operação Nordeste*. Rio, 1960.

7 GTDN. *Uma Política de Desenvolvimento Econômico para o Nordeste*. Relatório Grupo de Trabalho do Desenvolvimento do Nordeste, 1959 (coordenação de Celso Furtado). Minter/SUDENE, 3ª edição, Recife, 1978.

8 OLIVEIRA, Francisco de. *Elegia para uma Re(li)gião*. Ed. Paz e Terra, Rio, 1977.

9 VELHO, Otávio. *Frentes de Expansão e Estrutura Agrária*. Ed. Zahar, 2ª edição, Rio, 1981.

Notas

1 O Grupo de Trabalho para o Desenvolvimento do Nordeste foi criado pelo presidente Kubitschek e teve sua coordenação confiada ao economista Celso Furtado. O relatório final, que configura o arcabouço de um projeto de desenvolvimento para a região, serviu de fundamentação à criação da Sudene. Esse processo, cabe assinalar, foi objeto de forte oposição por parte de elites conservadoras, que temiam a ruptura com o padrão histórico do *patrimonialismo* na região.

2 IBAMA – Instituto Brasileiro do Meio Ambiente e dos Recursos Naturais Renováveis, INCRA 0 Instituto de Colonização e Reforma Agrária, DNPM – Departamento nacional da Produção Mineral e FUNAI – Fundação Nacional do Índio.

Reformas estruturais para o País

3 de julho

Ricardo Varsano
Wilson Cano
Vinícius Carvalho Pinheiro
José Geraldo de Sousa Júnior

Reforma Tributária

Ricardo Varsano

A reforma tributária é necessária

O tema desta palestra é a reforma tributária. É uma das muitas reformas estruturais articuladas que se fazem necessárias para que o Brasil possa retomar e sustentar uma trajetória de crescimento mais rápido do que o que temos experimentado nos últimos 20 anos. A reforma tributária não é pontual, precisa de um período relativamente longo para se completar. Por longo, entendo os próximos cinco anos aproximadamente e não os 20 a 30 anos mencionados na palestra anterior como o período necessário para que certas mudanças estruturais ocorram.

Estamos hoje com uma carga tributária ao redor de 35% do PIB. Essa carga era, desde a reforma que ocorreu na década de 60, da ordem de 25% e se manteve estável, ao redor desse patamar, até a década de 80. Caiu um pouco a partir de meados da década de 80, mas recuperou-se e, após um pico em 1990, em razão do Plano Collor, voltou ao patamar de 25%, ali permanecendo até 1993. Após o Plano Real, com a drástica redução da inflação,

Ricardo Varsano é Doutor em Economia pela Stanford University (Califórnia–EUA). Coordenador de Estudos Tributários da Diretoria de Estudos Macroeconômicos do Instituto de Pesquisa Econômica Aplicada (IPEA). Integra o Grupo de Acompanhamento Conjuntural do IPEA. Autor de vários trabalhos publicados sobre tributação brasileira.

houve um salto para 29%. O que parecia um novo patamar durou cinco anos. A partir de 1999 a carga se elevou continuamente, passando dos 34% do PIB em 2001.

Trata-se de carga tributária muito elevada para um país com o nível de desenvolvimento do Brasil. Contudo, acredito que teremos que conviver com esta carga muito alta ainda por muitos anos. Primeiro, porque temos uma dívida pública cujo serviço precisa ser financiado. Segundo, porque temos de sustentar uma série de ações governamentais no sentido de evitar o que o mercado inexoravelmente faz na economia globalizada de hoje, que é a concentração da renda e da riqueza. Para se contrapor a esta tendência, é preciso uma ação social muito forte do governo e isto, evidentemente, requer. Terceiro, porque precisamos investir para repor a infra-estrutura desgastada e para criar nova, de forma a evitar gargalos que prejudiquem o crescimento.

Para conseguir sustentar por longo tempo um esforço fiscal da ordem de 35% do PIB numa economia com o grau de desenvolvimento do Brasil é preciso que o sistema tributário tenha excelente qualidade. O nosso é muito ruim. Vale dizer, ou melhoramos a qualidade desta carga tributária ou não vamos conseguir sustentar este nível, o que significa que muito antes de completarmos as reformas estruturais de mais longo prazo necessárias teremos a falência do Estado. Portanto, uma reforma tributária se faz necessária e é essencial para que se consiga manter algum crescimento econômico no futuro mais próximo.

As motivações das reformas

É preciso especificar melhor o que vem sendo aqui chamado de qualidade da tributação. Há um conjunto de características associáveis a um sistema tributário que são desejáveis. Quando alguma delas está ausente ou deficiente há motivação para realizar uma reforma.

A primeira das motivações usuais para a reforma é a questão de efeitos alocativos, ou seja, melhorar os efeitos da tributação sobre o sistema produtivo, que sempre são perversos. A idéia é minimizar os malefícios causados pela tributação ao sistema produtivo.

A segunda motivação é a questão da eqüidade. Queremos que a tributação seja justa, que ela tenha um impacto favorável sobre a distribuição de renda. Creio, porém, que a tributação não possa ter, ainda mais em um mundo de intensa mobilidade do capital, grande impacto redistributivo; mas, pelo menos, precisamos fazer que ela não seja regressiva, ou seja, que não onere relativamente mais os mais pobres que os ricos. Isto assegurado, é possível, com os recursos arrecadados, financiar os gastos públicos que beneficiem principalmente os mais pobres. Os gastos, com políticas bem concebidas, focalizadas e executadas, podem ser bastante redistributivos, bem mais que os tributos.

A terceira questão que motiva reformas tributárias é a produtividade da tributação. É necessário extrair da sociedade o total de recursos necessários para que o governo seja apropriadamente financiado. Nesta questão estaria a ampliação das bases tributárias, a de evitar evasão, e a de facilitar a arrecadação de tributos.

A quarta motivação é a questão de simplicidade. O que está envolvido nisso são os custos. De um lado, o custo de administrar tributos, que deve ser minimizado; de outro, o custo do cumprimento das obrigações tributárias por parte do contribuinte. Segundo informam entidades representativas de empresários, as estimativas que fizeram revelam que este custo é altíssimo na atualidade brasileira.

A quinta questão, pertinente somente às federações e países unitários com regimes fiscais descentralizados, é a distribuição dos recursos públicos entre os entes federados. Esta é uma questão que também está sempre em pauta, se cabe atribuir mais ou menos recursos ao governo central e, em contrapartida, menos ou mais aos governos dos estados e municípios.

Uma reforma tributária ampla sempre envolve todas essas questões, mesmo que algumas não estejam explicitamente na agenda das discussões. Mas em cada reforma, há motivações principais e secundárias, enquanto a outros aspectos é atribuída nenhuma ênfase.

Na década de 60 tivemos uma ampla reforma tributária. Nela, a motivação principal era a produtividade da tributação, pois estávamos com um grande buraco nas contas públicas e a solução era aumentar o esforço tributário da sociedade. Isto foi feito muito competentemente. A carga tributária, que no final década de 50 era 18% e havia caído para cerca de 15%, foi ampliada para algo em torno de 25%. Com isso, conseguiu-se não só eliminar o *deficit* público existente como também obter recursos com que o governo autoritário da época comandou um processo de crescimento econômico, que durou pouco mas foi muito forte, o chamado milagre brasileiro. Uma segunda motivação da reforma da década de 60 foi reduzir os efeitos alocativos dos tributos, o que melhorou muito a qualidade da tributação. Na época, tanto os Estados quanto a União dependiam principalmente de tributos cumulativos, o imposto de vendas e consignações no caso dos estados e o imposto de consumo no da União. Estes impostos foram substituídos por tributação do valor adicionado – o ICM, hoje ICMS, e o IPI, respectivamente –, certamente muito melhores em qualidade quanto aos efeitos sobre o sistema produtivo.

À época da elaboração da Constituição de 1988, nova reforma se processou. Sua principal motivação foi certamente a desconcentração dos recursos tributários que haviam sido concentrados, ao longo do regime militar, no governo central. Na verdade, esta desconcentração, já vinha acontecendo em certo grau desde 1983. O que houve, de fato, em 1988 foi a consolidação desse processo de desconcentração, ampliando-se a base tributária estadual e o montante a ser obrigatoriamente transferido pela União a estados e municípios, e assegurando-se às unidades subnacionais total autonomia na escolha de como utilizar os recursos. Houve também nessa reforma objetivos secundários, que eram as questões de efeitos sobre a alocação de recursos e, principalmente, de eqüidade. Previu-se, inclusive, um imposto sobre grandes fortunas, teoricamente muito progressivo, que até aqui não foi colocado em prática. Separou-se a tributação da transmissão onerosa de imóveis da de transmissão por herança ou doação. A tributação da transmissão causa *mortis* ou por doação, que deveria ser bastante redistributiva, jamais foi usada a contento pelos estados. Enfim, a preocupação com a questão de equidade não teve efeitos práticos; mas o principal objetivo, a consolidação da desconcentração de recursos públicos, não obstante reação posterior da União, foi atingido.

As motivações de uma nova reforma

Estamos falando aqui de uma nova reforma tributária. Quais seriam suas motivações?

A principal motivação é adequar a nossa tributação a uma série de mudanças que aconteceram na economia brasileira na década de 90. Especificamente, tivemos uma abertura comercial muito rápida, um processo de integração regional, que resultou no Mercosul — e agora já se fala em ALCA—, e, mais adiante, o processo de estabilização iniciado com o Plano Real. Com isso, mudou completamente o ambiente econômico em que as empresas brasileiras operam. Nesse novo contexto, a questão chave para a sobrevivência do setor produtivo – que antes era o ganho financeiro – passou a ser a competitividade. Assim, se não forem criadas condições propícias à competitividade do sistema produtivo, o País estará condenado à estagnação. E se tais condições não forem criadas com a devida urgência, o nosso desenvolvimento ficará irremediavelmente prejudicado.

Nesse novo ambiente, a boa qualidade da tributação será essencial para evitar prejuízos ao crescimento econômico.

Com a estabilidade monetária, distorções impostas pela tributação de má qualidade, antes pouco importantes em face das enormes disfunções causadas pela inflação, ganharam vulto e se tornaram intoleráveis, precisando ser eliminadas.

Com a abertura econômica, as decisões de produção e investimento passaram a ser processadas em escala mundial, impondo estreitos limites à soberania fiscal do País: ficou eliminada a possibilidade da utilização das exportações como base para a obtenção de receita; e a tributação de movimentos de capital, que são a ela extremamente sensíveis, deve ser cuidadosamente concebida, sobretudo no caso de investimentos na produção, que são sensíveis não só à tributação dos fluxos como também à dos negócios.

A formação de um bloco regional reduziu drasticamente a autonomia da política comercial. A adoção de tarifa externa comum e a supressão do imposto de importação nas transações entre membros do bloco impedem a compensação, com este tributo, feita no passado, de desvantagens competitivas impostas pela tributação interna a produtores nacionais.

Tudo mudou, a soberania fiscal do país se restringiu, mas a tributação não mudou. Melhor dizendo, mudou para pior. A União depois da desconcentração promovida ao longo da década de 80 reagiu, e buscando recuperar receita, criou ou aumentou tributos da pior qualidade que não são partilhados com estados e municípios. De fato, ao final da década de 80, as contribuições cumulativas – PIS e Cofins – correspondiam a cerca de 6% da arrecadação total do País, ao passo que, em 2001, elas – considerada também a CPMF – responderam por nada menos que 19% da receita dos três níveis de governo. Ou seja, em apenas uma década a participação desses tributos na carga tributária, que também aumentou, triplicou. A qualidade do sistema tributário sofreu, portanto, forte deterioração, que foi ainda mais sentida em virtude das mencionadas mudanças no plano macroeconômico.

Se melhorar a competitividade dos produtores nacionais é questão chave para o desenvolvimento do país, a reforma tributária necessária de imediato é a voltada para esse objetivo. Evidentemente que simplicidade também é importante, pois é preciso melhorar o sistema tributário quanto a este ponto; e a questão de eqüidade tem de ser uma preocupação da reforma. Mas minimizar os efeitos perversos dos tributos sobre a competitividade é fundamental para a retomada do crescimento econômico de forma sustentada, sendo, por isso a motivação principal de uma reforma tributária. Assim, a tributação interna que se deseja:

- Não pode inibir a exportação, o investimento e a criação de emprego;

- Tem de assegurar a igualdade de competição no mercado doméstico entre produtores nacionais e entre esses e os estrangeiros;
- Deve ser o mais neutra possível com respeito à escolha de local e método de produção, para não induzir decisões que aumentem o custo do que é produzido; e
- Deve ser passível de harmonização com os sistemas tributários de nossos principais parceiros comerciais.

No atual sistema tributário brasileiro, o que se destaca é uma tributação antagônica ao desenvolvimento, que:

- Impõe desvantagem competitiva ao setor produtivo nacional tanto no mercado externo como no nosso próprio mercado;
- Distorce fortemente as decisões de alocação de recursos, prejudicando a eficiência econômica;
- Onera bens de capital, desestimulando o investimento;
- É complexa, a ponto de dificultar a harmonização tributária internacional;
- Facilita ou mesmo estimula a evasão, gerando iniqüidade e competição desigual; e
- Propicia guerras fiscais, criando conflito na Federação, enquanto o desenvolvimento requer cooperação e harmonia.

As principais pragas tributárias

Em suma, a péssima qualidade do sistema tributário brasileiro requer que ele seja revisto, eliminando-se as maiores deficiências, às quais tenho me referido como as nossas principais pragas tributárias.

A primeira e mais importante praga é a cumulatividade. Ela existe em praticamente todos os sistemas tributários do mundo. Mas, no Brasil, quase um quarto da carga tributária é arrecadada utilizando-se tributação cumulativa, enquanto em todos os outros países com alguma importância econômica ela tem pouca influência. Há hoje consenso de que a cumulatividade precisa ser mitigada. Todos os candidatos à Presidência da República citam em debates a reforma tributária como essencial e o combate a cumulatividade como a medida mais importante.

A segunda praga tributária é a evasão, que cria iniqüidade entre as pessoas – os que recolhem corretamente seus tributos pagam, além de sua justa parte, a dos que sonegam – e desigualdade na competição entre empresas – as que conseguem evadir obtendo vantagem competitiva. É preciso vigoroso combate à sonegação, o que requer principalmente ações da administração fiscal, mas também depende da qualidade das normas legais, que precisam ser concebidas cuidadosamente, para evitar falhas que possam ser utilizadas para evadir os tributos.

Também são pragas tributárias importantes, embora num segundo plano em relação às anteriores, a guerra fiscal, que tem prejudicado bastante as finanças estaduais, e não só por estar a ela associada, mas também por outros deméritos, a sistemática de tributação do comércio interestadual pelo ICMS.

Em um plano mais baixo coloco a excessiva tributação da folha de salário, embora haja a atenuante de que em quase todos os países do mundo ela seja utilizada intensamente como base para financiar a previdência social. Outro ponto que deve merecer consideração é a excessiva tributação da renda das empresas, prejudicando a competitividade do sistema produtivo, que contrasta com a relativamente baixa taxação da renda das pessoas físicas, onde a tributação pode ser graduada de acordo com a capacidade de contribuir, melhorando-se a eqüidade do sistema tributário.

Finalmente, outra praga a considerar é a complexidade da nossa tributação. Temos hoje o ICMS, que é um imposto estadual sobre valor adicionado, e o IPI, federal, que também é um imposto sobre valor adicionado, embora parcial. O ICMS, embora tenha uma lei básica nacional, tem hoje 27 diferentes leis e normas administrativas, uma em cada estado e no Distrito Federal. Somando a legislação do IPI, o contribuinte que opera em todo o país está sujeito a 28 diferentes conjuntos de normas legais que dispõem sobre tributação do valor adicionado. Há casos em que um contribuinte, para satisfazer a legislação de um estado, tem de ferir a legislação de outro. A complexidade é tamanha que muitos julgam que o ICMS deixou de ter características de imposto sobre o valor adicionado. Comparando-se o ICMS com impostos de mesmo tipo utilizados na Europa e na América Latina, verifica-se que tal julgamento não está longe da realidade.

O processo de reforma: fatos recentes

Para fazer uma reforma tributária no Brasil, é necessário trabalhar em três níveis.

O primeiro é o nível constitucional, ou seja, fazer uma emenda à Constituição, posto que uma parcela do que o nosso sistema tributário está nela definida. Nesse nível estão dois dos mais importantes pontos a serem tratados por uma reforma: a eliminação de tributos cumulativos e uma reforma do ICMS que o deixe menos complexo, evite a guerra fiscal e elimine outras deficiências atualmente existentes.

O segundo nível é o das leis, complementares e ordinárias, e regulamentos. Emendas à Constituição requerem a criação ou a alteração de leis. Mas há também os casos em que a reforma pretendida não requer alterações na Constituição, apenas em leis. Este é o caso, por exemplo, de reforma do imposto de renda, que depende de exclusivamente de alterações em leis ordinárias.

O terceiro nível é o da administração fiscal. Sempre é possível e desejável melhorar a qualidade da administração tributária. Portanto, o processo de aprimoramento é contínuo. Contudo, quando ocorre uma reforma de grande porte no sistema tributário, mudanças pontuais nas normas e procedimentos são necessárias para lidar com as alterações na legislação, sendo esta uma boa oportunidade para um salto qualitativo da administração. Importa observar que, por melhor que seja a concepção do sistema tributário, a qualidade da tributação é limitada, na prática, pela aptidão da sua administração.

Toda a discussão de reforma tributária no passado recente considerou apenas o primeiro dos três níveis mencionados. Isto explica a pouca ênfase dada à questão de eqüidade, típica do nível de legislação ordinária, e a concentração da discussão nos efeitos da tributação sobre o setor produtivo, que, como se argüiu anteriormente, é, de fato, a questão mais premente.

Em 1995, o Poder Executivo enviou ao Congresso Nacional uma proposta de emenda à Constituição, a PEC 175/95. A tramitação foi iniciada em uma comissão especial da Câmara dos Deputados, mas logo em seguida descontinuada por falta de apoio ao processo por parte do próprio proponente. Ao invés de buscar a aprovação da PEC, tratou-se de fazer um pouco do que estava nela contida, aprovando-se, em setembro de 1996, a chamada Lei Kandir. Ela promoveu importantes alterações no ICMS, tais como a exoneração das exportações e dos bens de capital, sem, contudo, abordar questões que dependiam de mudança na Constituição, como, por exemplo, a tributação dos fluxos de comércio interestadual.

No final de 1998, um grupo de deputados resolveu chamar a si o encargo de promover uma reforma tributária. No início da legislatura seguinte, foi criada uma nova comissão especial na Câmara dos Deputados que partindo da PEC 175/95, que se limitava ao Capítulo do Sistema Tributário, criou um substitutivo de escopo mais amplo. Nele alteravam-se também as contribuições sociais visando a eliminar tributação cumulativa. O substitutivo apresentado pelo relator foi votado na Comissão e aprovado por 35 a 1. Esta votação reflete não só o apoio de um amplo leque de partidos mas também um grande esforço de negociação, envolvendo mudanças no texto, que resultou no apoio dos municípios e da grande maioria dos estados.

Não obstante todo o esforço político realizado e a superação de um dos maiores obstáculos à reforma – acordo a respeito da distribuição das rendas públicas entre os entes federados –, a proposta não prosperou em virtude da forte oposição a ela por parte do Ministério da Fazenda. Alegava-se que a eliminação da tributação cumulativa poderia ser feita sem recorrer a uma emenda à Constituição e que esta, na forma proposta, punha em risco a arrecadação em meio a um processo de ajuste fiscal. Com isto, perdeu-se oportunidade impar de realizar a reforma.

De fato, uma reforma tributária que seja relevante sempre implica risco para a arrecadação no curto prazo. Não por questões técnicas e administrativas, que são controláveis, mas devido à possibilidade de contestação judicial das mudanças na tributação, com possível interrupção do recolhimento de tributos. Por outro lado, a menos que se corra algum risco, não será possível reduzir os efeitos perversos da tributação sobre o sistema produtivo, o que deverá resultar na impossibilidade de manter a arrecadação no seu nível atual por muito tempo mais. Logo, o dilema entre realizar a reforma e manter o ajuste fiscal é falso. O ajuste fiscal só será duradouro se a reforma for concretizada.

Todos os candidatos à Presidência da República prometem dar início a uma reforma tributária em 2003. Nenhum deles oferece ainda um projeto bem definido para o sistema tributário, tarefa que será realizada provavelmente apenas pelo eleito. Todos, no entanto, já teceram comentários sobre o tema e os poucos traços já mostrados dos sistemas que ainda apenas delineiam são, em todos os casos, compatíveis com o projeto contido no substitutivo aprovado pela Comissão Especial da Câmara dos Deputados, que ora repousa em alguma gaveta da presidência da Casa. O substitutivo parece ser, portanto, senão uma proposta definida a ser votada pelo plenário, pelo menos um bom ponto de partida para a discussão do tema, que se há de fazer após as eleições.

Agenda para um novo Projeto Nacional de Desenvolvimento[1]

Wilson Cano

A questão central deste trabalho decorre do entendimento que o autor tem sobre as radicais mudanças da economia política internacional a partir de fins de 1979, decorrentes da mudança da política fiscal norte-americana, e subseqüente restauração do Dólar como o equivalente geral da economia mundial. A partir daí, os EUA retomava sua hegemonia e, principalmente, instauraria com outras atitudes, o maior *poder imperial* no sistema capitalista de produção.[2]

Recordemos que na década de 1980, os países subdesenvolvidos sofreram os perniciosos efeitos da chamada "Crise da Dívida", que aprofundaram a crise fiscal e financeira do estado nacional, debilitaram sobremodo o crescimento econômico, e ampliaram, de forma estrutural, o rombo financeiro do balanço de pagamentos. Na de 1990, o receituário neoliberal implicou na submissão consentida à Nova Ordem, representada pelos preceitos contidos no chamado Consenso de Washington, com o que abdicaram de suas soberanias nacionais no desenho e implementação de suas políticas econômicas. [3]

Wilson Cano é Professor na área de Economia da Universidade Estadual de Campinas (Unicamp). Foi, até 2001, Presidente do Conselho Curador da Fundação Economia de Campinas. Autor de diversas publicações sobre Desenvolvimento Regional e Política na América Latina. Ex-membro do Conselho Superior da Fundação de Amparo à Pesquisa do Estado de São Paulo (FAFESP).

Este esforço de reflexão tem também como objetivos, de um lado, desmistificar o discurso da direita, que reitera a *não-existência de alternativas possíveis ao modelo neoliberal*, e de que *a esquerda não tem qualquer projeto*. Não ignoro as dificuldades para convencer a opinião pública, tanto sobre a alternativa proposta, como sobre as formas de implementa-la. Mas também não ignoro maiores obstáculos políticos e econômicos (internos e externos) envolvidos na proposta. De outro, mesmo que se possa considerá-la como uma *utopia*, quero com isto ampliar o espaço de discussão do problema e de outras alternativas, ou de eventuais reformulações para minha proposta.

Conteúdo e dinâmica do atual modelo

Já se dispõe de dados e informações suficientes para entendermos que os modelos neoliberais impostos desde o final da década de 1980 à América Latina, resultaram numa considerável piora de nossas condições econômicas, políticas e sociais, já deterioradas na década anterior.[4] O receituário neoliberal está assentado para atender a duas ordens de questões: a financeira e a produtiva. A primeira decorre da crise financeira internacional, que explicitou a supremacia do capital financeiro sobre as outras formas de capital, impondo a quebra da soberania nacional de nossos países, para liberar seu movimento internacional na busca incessante da valorização. A segunda decorre da reestruturação produtiva e comercial feita pelas grandes empresas transnacionais, em suas bases localizadas nos países desenvolvidos, que também exigiria, na década de 1990, reestruturações semelhantes em suas bases localizadas nos subdesenvolvidos.

Destas duas ordens derivaram a necessidade da imposição de um conjunto de reformas institucionais nestes países.

Mas para isto, era preciso desmantelar as estruturas de nossos estados nacionais – o que se fez com a conivência de nossas elites –, e implementar as seguintes reformas: desregulamentação da entrada e saída internacional de capital financeiro e das condições de sua aplicação no país; abertura comercial e financeira; diminuição do tamanho e da ação do estado (eliminação de órgãos públicos, dispensa de funcionários, privatização de ativos públicos, desmantelamento dos sistemas de planejamento); reforma do sistema financeiro nacional; flexibilização das relações trabalho–capital e reforma do sistema previdenciário.

Este quadro de reformas foi complementado por políticas de estabilização que tiveram como *lastro*, uma elevada valorização da moeda nacional ante o dólar, que resultou em forte diminuição dos custos dos importados, debilitamento das exportações, geando grandes deficites comerciais. Por exemplo, no Brasil entre 1989 e 2001 o PIB cresceu 26,4%, nossas importações cresceram 203% e as exportações cresceram 69%.

Parte substancial das entradas de Investimentos Diretos do Exterior (IDE), foi alocada em compras de empresas públicas e privadas nacionais, predominantemente na área de serviços (distribuição de energia, telecomunicações, finanças, etc.). Com isto, de um lado, passaram, a partir daí, a remeter lucros ao exterior e, de outro, como a maior parte delas não gera divisas, são consumidores líquidos de dólares. Seus novos titulares têm melhor acesso ao financiamento externo, como o que ampliou-se não só a dívida externa privada, mas também as remessas de juros. Privatizações, desnacionalização, desmantelamento de empresas prestadoras de serviços e sua liberalização, ampliaram os gastos internacionais com serviços de transporte, financeiros, de engenharia, consultoria, etc. O câmbio barato e desregulamentado ampliou também os gastos com turismo, compras de imóveis no exterior e crescentes remessas não controladas, muitas de escusa procedência.

Com isso, ao buraco da conta de comércio de bens juntou-se o da conta de serviços, aumentando assustadoramente as necessidades de financiamento externo. Atendidas, por entradas crescentes de capitais de toda a ordem, causam novo aumento da dívida externa e da conta de juros. Por sua vez, maiores pagamentos de juros e amortizações crescentes exigem novos (crescentes e permanentes) financiamentos externos, para tapar, além daqueles dois buracos (o chamado déficit em transações correntes), o do lado financeiro do balanço de pagamentos.

Isto faz crescer, cada vez mais, nosso passivo externo (hoje na casa dos US$ 400 bilhões), a dívida externa, e, tanto para pagar os juros de sua fração pública, quanto para enxugar a liquidez gerada pela "enxurrada de dólares", o imenso aumento da dívida pública. Com isto, os juros pagos pelo governo já somam o equivalente a 8% do PIB, no orçamento federal! A desmedida expansão das dívidas e a crescente necessidade de divisas leva o Banco Central a manter elevadas taxas de juros internos. Estes (maus) fundamentos macroeconômicos, debilitam também o sistema de crédito interno.

Assim, as restrições externas e internas ao crescimento aumentam cada vez mais inibindo duplamente o investimento: o público, porque o governo não tem recursos para isso; o privado, tanto pela elevada taxa de juros, quanto pelo aumento da incerteza e pelo baixo crescimento do PIB. É preciso também lembrar que a crescente contaminação dos juros no orçamento público, exige novos e crescentes cortes do gasto corrente, notadamente nos gastos sociais.

Os efeitos líquidos desse conjunto fazem com que o crescimento médio, na América Latina e no Brasil, seja muito baixo. Nos últimos 12 anos, para a maior parte de nossos países, o crescimento alto (de 5% ou mais) só ocorreu em 3 ou 4 anos; o baixo (entre 3% e 5%) em outro tanto, e o débil ou negativo em outros 3 ou 4 anos. Isto se deve a que a dinâmica de alto crescimento gera um aumento mais que proporcional dos gastos externos, levando a uma situação de crise cambial aberta ou latente, que obriga a um freio no crescimento, para "reequilibrar" as contas externas.

Crescimento maior traz aumento nas dívidas, deprimindo também as contas públicas; crescimento baixo ou negativo debilita a receita fiscal, também deprimindo as contas públicas. É por isso que, a despeito de nossa carga tributária ter crescido, no período recente, de 28% para 34%, a penúria fiscal não se resolve, pois todo o aumento dela (8%), praticamente é absorvido pelos juros.

Não é preciso repisar os males sociais advindos dessa dinâmica: aumento do desemprego, queda dos salários reais, corte dos gastos sociais e aumento da violência, hoje presentes em quase todos nossos países e cidades.

Assim, é inerente à dinâmica desse modelo, a corrosão (e não o equilíbrio) dos chamados fundamentos da economia, que, fatalmente, a conduz a um desastre cambial e financeiro. A conhecida rota argentina...

Reformas parciais ou ruptura do modelo?

Minhas pesquisas e reflexões me levam a entender que não cabem alterações ou reformas parciais no modelo. Se baixarmos muito os juros, para torna-los compatíveis com o cálculo empresarial, o capital externo diminui ou foge, implodindo o modelo; se aumentarmos os gastos sociais (e o investimento público), é o orçamento que explode, ante o enorme peso dos juros; os estímulos às exportações esbarram tanto em obstáculos externos (o descarado protecionismo dos países desenvolvidos, queda dos preços, etc.), quanto internos (o problema do financiamento, da carga tributária indireta, etc.). Se pretendermos conter importações, nos defrontamos com Acordos Internacionais assinados, e com a desestruturação causada em parte de nossas cadeias produtivas.

Assim, entendemos que devemos romper com o modelo atual, instaurando uma transição rumo à nossa alternativa, com uso da soberania nacional no manejo da política de crescimento da renda e do emprego mais altos e duradouros, com distribuição de renda e justiça social, com a oferta e a demanda voltadas principalmente (não exclusivamente) para o mercado interno. Nossa vulnerabilidade externa adiciona à nossa proposta, rumos de crescimento poupadores e geradores de divisas, mas longe de qualquer sentido de *autarquia econômica* ou de uma *volta ao protecionismo frívolo*.

O atual modelo ampliou em muito nossos constrangimentos externos, e dificulta a formulação e execução de um novo projeto nacional de desenvolvimento econômico e social, pois:

- *a dívida externa*, dobrou, pressionando ainda mais nosso Balanço de Pagamentos, e exigindo permanente renegociação e ampliação do financiamento externo;
- *a Tríade* nos impôs suas políticas multilateralistas, estreitando nossa capacidade externa de negociação bilateral. A adesão brasileira à Rodada Uruguai e à OMC reforçou ainda mais o comprometimento da economia nacional e de sua soberania;

- as novas *empresas transnacionais*, praticaram a mais alta reconcentração privada de capital, ampliando sobremodo seus poderes monopólicos de mercado, financeiro, tecnológico e de decisão para o investimento interno;
- *as transformações tecnológicas*, entre outros, nos causam os seguintes problemas:

  I substituição de trabalho (principalmente o menos qualificado), fator abundante nos países subdesenvolvidos, e duplicação do desemprego estrutural;

  II substituição de insumos e produtos tradicionais (aço comum, cobre, chumbo, açúcar de cana, etc.), por novos, produzidos pelas novas tecnologias, notadamente nos países desenvolvidos;

  III sucateamento de equipamentos e instalações relativamente novos, estruturados no antigo padrão tecnológico;

  IV necessidade de grandes *investimentos de infra-estrutura* adequada às novas tecnologias;

  V incerteza sobre o futuro de parte de nossa *agricultura*, ante moderna biotecnologia, que poderá eliminar parte de nossas vantagens atuais;

  VI transferência, dos países desenvolvidos para os subdesenvolvidos, de parte da produção de bens causadores de graves danos ecológicos ou que requerem alto consumo de energia, como aço, alumínio, celulose, etc.;

  VII as privatizações e as quebras dos monopólios públicos encolheram ainda mais o Estado, reduzindo seu investimento e fizeram-no perder até a capacidade de, com as empresas estatais, conduzir as principais políticas setoriais e regionais;

VIII o predomínio das decisões pelas transnacionais dirige o progresso técnico para segmentos que são mais compatíveis com a distribuição regressiva da renda ou que a acentua.

Por outro lado, a acumulação dos efeitos perversos da crise da década de 1980 com os do período atual, ampliou o conjunto de **constrangimentos internos** inibitórios ao crescimento:

- nosso velho conhecido *problema da estabilização* não está, de maneira alguma, solucionado, dado que, ao contrário do que apregoam os economistas oficiais, alguns dos fundamentos macroeconômicos são fortemente instáveis, como o câmbio, os juros e a ciclópica dívida pública interna;
- profunda *deterioração do estado*, dada sua fragilidade fiscal e financeira, ineficiência administrativa, corrosão de sua capacidade de planejamento, e a urgente necessidade de readequação qualitativa do funcionalismo público;
- as privatizações e concessões de serviços públicos não foram capazes de anular os efeitos negativos gerados por vinte anos de redução do investimento público,
- deteriorando muitos dos serviços públicos básicos e a própria infra-estrutura, como em energia, transportes e saneamento básico;
- há urgente necessidade de diagnosticar as empresas estatais remanescentes, para readequalas aos novos propósitos de crescimento;
- o atraso tecnológico relativo de vários setores produtivos;
- a debilidade do sistema nacional de financiamento de longo prazo;
- a ausência de capacidade e vontade política das elites, para formular um novo Projeto Nacional de Desenvolvimento.

Estas, em grande parte, se converteram em *rentiers* da dívida pública, beneficiando-se ainda das facilidades concedidas pela livre entrada e saída do capital para o exterior.

Considerados os anos em que estamos ficando à margem da reestruturação tecnológica e o tempo necessário para alocar recursos e investimentos para recuperar o que deixou de ser feito, não é difícil estimar que nosso "atraso" rumo à Terceira Revolução Industrial, contabilizaria um período em torno de 40 anos.

Questões básicas para formular o novo modelo

Contudo, a esse *atraso técnico e material*, há que juntar-se o *atraso cultural e o social*, ampliados durante esse período. Assim, minhas reflexões me levam a pensar como objetivos básicos de médio prazo de nosso projeto: *altas e persistentes taxas de crescimento da renda e do emprego*; implantação de uma *política científica, tecnológica e cultural com maior autonomia, distribuição social de renda e de ativos*, e responsável *conservação ambiental*.

Primeiro, é necessário aprofundar o diagnóstico macroeconômico e social e estudar as perspectivas internacionais, a fim de que se possa implantar uma política de transição que reduza, no curto prazo, alguns dos efeitos mais perversos do atual modelo e possa firmar os parâmetros para a condução ao novo propósito. Esta alternativa, que é progressista e democrática em relação ao atual *fascismo de mercado*, exige que se tenha clara consciência dos problemas a enfrentar e que se esclareça a opinião pública sobre suas dificuldades e seus efeitos.

Essas questões nos levam a entender que:

- há inquestionável e inadiável necessidade de ruptura com o atual modelo, substituindo-o pela alternativa aqui proposta;
- será indispensável *reestruturar das dívidas interna e externa*, para desafogar a crítica situação de nossas finanças públicas e do balanço de transações correntes;
- será imprescindível o *controle do câmbio e dos fluxos de capitais do e para o exterior*, e retirar qualquer veleidade de conversão de nossa moeda;
- é necessária profunda reestruturação dos mecanismos de proteção tarifária e não tarifária bem como rever e eventualmente renegociar alguns de nossos acordos e atuais obrigações internacionais;
- denunciar os previsíveis efeitos decorrentes de eventual criação da ALCA e da proposta para um Acordo Multilateral de Investimentos, que aprofundaria a atual submissão do país e do continente aos EUA.
- é necessária rigorosa reformulação das diretrizes atuais que regem nossas instituições financeiras (BC, BNDES, BB e CEF e demais bancos públicos), para que se possa criar novo sistema financeiro público para a alocação do crédito, especialmente o de médio e de longo .prazo;
- urge fazer profunda revisão das condições vigentes hoje junto às instituições financeiras privadas, para conter a especulação financeira e alocar crédito segundo as prioridades que deverão ser estabelecidas;
- dada a grave restrição interna (pública) e externa de recursos, que poderá piorar após a ruptura, as opções deverão buscar, no início, a *utilização de capacidade ociosa da economia*, minimizando e priorizando as

necessidades de investimentos líquidos, mormente aqueles que demandem elevados recursos externos;

- para a transição, é indispensável a implantação de uma *política emergencial de abastecimento* e, posteriormente, uma *política de segurança alimentar*;
- será impossível a consecução destas proposições, sem que se proceda a uma completa e urgente reformulação dos aparelhos de estado voltados para a implantação das opções e de seu acompanhamento.

É necessário advertir que os propósitos acima poderão desencadear conflitos externos (EUA, FMI. BIRD, OMC, banca internacional, e outros) e internos (elites, partidos à direita, parte dos empresários, sistema financeiro, alguns sindicatos, etc.), o que implica, necessariamente, a prévia construção de um novo e difícil pacto de poder político. Este pacto terá de passar por negociações entre *partidos, classe trabalhadora, empresariado, regiões e setores*, exigindo acurado e afinado preparo político para tal. Sem isto, é difícil pensar em opções dentro dos limites da democracia.

Uma alternativa não neoliberal

Diante dos fortes constrangimentos internos e externos acima vistos, da gravidade da crise social que ora vivemos, e da pluralidade de reivindicações dos diversos temas/setores/regiões, seria impossível para um país como o nosso optar por um único e determinante vetor de crescimento, seja o conhecido "*drive* exportador" ou o do "*mercado interno de massas*".

Por um lado, a exclusiva opção interna afetaria fortemente a capacidade de gasto público dos próximos 20 anos com os requisitos de recursos, ante o acúmulo de investimentos públicos e privados não realizados nos últimos anos. Esse vetor, por outro lado, não evitaria o crescimento de importações de equipamentos e insumos, que poderiam se chocar com as assinaladas restrições externas.

Por outro lado, dadas as condições da economia internacional hoje, seria impossível o crescimento necessário das exportações, para fazer frente a acrescida demanda de importações. Ainda mais se considerarmos que 45% das atuais são constituídas de produtos primários e semi manufaturados, de baixo valor agregado e lento crescimento em sua demanda internacional. Os outros 55% são manufaturados, mas poucos deles têm alto valor agregado ou demanda externa passível de alto crescimento.

Seria preciso contar com produção de alta qualidade, especializada e em grande quantidade, para que pudéssemos transformar nossas exportações na variável determinante da renda e do emprego.[5] A menos que se selecionem determinados setores menos demandantes de importações (ou altamente geradores de exportações), será muito difícil diversificar e dinamizar nossas exportações.

Também não é difícil deduzir que qualquer dos dois vetores nos coloca problemas sérios de financiamento interno e externo, e, eventualmente, de inflação e de balanço de pagamentos. Mas não nos esqueçamos de que o crescimento possível com qualquer deles – isoladamente – é pequeno e insuficiente para dar conta do problema do emprego e, muito menos, de nossa crise social.

Por isso é necessário definir uma estratégia que não tenha peso excessivo num vetor isolado, mas que, ao contrário, utilize "de tudo um pouco". Ela contemplaria vários setores ao mesmo tempo, priorizando a atualização tecnológica de alguns de seus segmentos e escalonando, no tempo, a utilização dos recursos mais escassos (câmbio e finanças públicas). Entretanto, mesmo uma combinação "ótima" de setores/tempo/espaço não evitará maiores necessidades de importações, e isto mais, o acesso a tecnologias modernas, pressionaria nossa capacidade de pagamentos internacionais, obrigando-nos a reforçar, nessa estratégia, a política de exportações.

Há, em suma, a inequívoca e urgente necessidade de se formular uma *estratégia, para um Programa Organizado e Defensivo*.

- *Organizado*, no sentido de não deixar exclusivamente ao mercado a "solução" de problemas econômicos e sociais. Para tanto, é imprescindível reestruturar o Estado, para, com apoio político da sociedade, retomar soberanamente os destinos da Política Econômica e Social do País;
- *Defensivo*, porque ainda somos a maior estrutura industrial do "Terceiro Mundo" e temos, portanto, ainda muito a perder – em termos de Ativos e de Empregos – se permitirmos a continuidade da atual abertura desgovernada e "orientada" exclusivamente pelo mercado.

Para a consecução disso se requer, inquestionavelmente, a elaboração de quatro complexos projetos interdependentes:

1. o primeiro, para evitar que a inflação retome níveis elevados, mas que arbitre as perdas que surjam em decorrência de políticas de estabilização, com critérios de maior justiça social. Tal política tem de ser *implementada simultaneamente com* algumas das reformas para isso exigidas e com *inequívoca sinalização de necessidades e oportunidades de inversão privada*, que reative os mecanismos de crescimento e que impeça a fuga ou a realocação especulativa dos recursos financeiros hoje aplicados em ativos improdutivos. Será necessária uma

política de abastecimento específica para itens de alimentação, cuja demanda crescerá fortemente á medida que o emprego retome níveis elevados. Em praticamente todos os demais bens-salário (têxtil, calçados e confecções, etc.), há capacidade ociosa grande, e o cuidado aqui deveria ser o da fiscalização de seus preços.

2. uma difícil "*engenharia política*" para uma ampla *negociação nacional*, que passe não apenas pelos Partidos Políticos, mas que, sobretudo, examine, discuta, negocie e promova os atendimentos possíveis à população – notadamente às classes médias e baixas – e à economia. Tal negociação, assim, deve "passar a limpo" as relações trabalho/ capital; as da interação e sinergia das pequenas, médias e grandes empresas; as do *tripé*, capital estrangeiro/ capital nacional público/ privado; e a dos interesses e conflitos inter-regionais. Há, portanto, que *repolitizar* a economia.
3. o terceiro projeto compreende amplo conjunto de *reformas estruturais* exigidas para que se possa levar a termo a "arrumação da casa" para a formulação das políticas de curto, médio e longo prazo. É sumamente importante lembrar que estas reformas, em sua maior parte, devem ser *implantadas concomitantemente*, mas, sempre que necessário, escalonar algumas em desdobramentos de curto, médio e longo prazo:
    - *reforma do Estado*, para maior agilização administrativa, readequação e requalificação do funcionalismo público, remontagem do sistema nacional de planejamento e que permita a reintrodução da capacidade seletiva de priorização do gasto e do investimento;

- estudar e propor *pautas adicionais* de exportação e importação que poderão ser criadas, via acordos especiais, com ampla integração comercial com a América Latina e outros países periféricos, principalmente com os três outros países "continentais", a China, a Índia e a Rússia. Estas pautas teriam caráter complementar entre o Brasil e esses países, expandindo trocas de produtos cujas vendas dificilmente poderiam ingressar (ou crescer) nos demais mercados;
- equacionamento do *serviço da dívida externa*, para compatibilizar tanto um orçamento cambial que ampare a retomada do investimento e do crescimento, quanto, principalmente, condicionar nossa capacidade de amortizá-la às disponibilidades fiscais;
- equacionamento da *dívida pública interna*, para o disciplinamento das contas públicas e contenção da pressão estrutural, hoje exercida sobre a taxa de juros. Dado que as três esferas de governo encontram-se financeiramente comprometidas, esse equacionamento deverá abranger a todas.
- *fiscal e tributária, progressiva*, que possa readequar as contas públicas, os níveis regionais e locais de competências, simplificar o sistema tributário nacional e que dê, em suma, as condições financeiras exigidas por um Estado moderno, eficiente e socialmente justo. Deverá ser prioritário o combate à atual guerra fiscal.
- reestruturação do *sistema financeiro nacional* para dificultar a especulação, fortalecer o mercado de capitais e solucionar nosso estrutural estrangulamento do financiamento de longo prazo;

- *reformas sociais (agrária, abastecimento, urbana, saúde pública, previdência social, educacional e ambiental)*, projetadas tanto para ataques emergenciais aos problemas dos mais carentes quanto para se atingir toda a sociedade, numa perspectiva de prazo maior – certamente superior ao de um mandato presidencial;
- *reforma da empresa*, para que possa se adequar aos novos requisitos administrativos, produtivos e financeiros e que permita maior transparência de seus resultados, de sua eficiência e de seu papel social numa sociedade moderna e mais justa.

4. o quarto projeto, é o *desenho estratégico do "modelo"*, cujas margens são definidas, de um lado, pelos limites dos orçamentos cambial e fiscal e da capacidade interna de financiamento e de outro, por um *processo seletivo de priorizações sociais e produtivas*, que atendam aos pressupostos políticos básicos a que nos propomos. É bom lembrar que teremos que alocar recursos em muitas coisas ao mesmo tempo: por exemplo na restauração da infra-estrutura, ampliação das exportações,, substituição de importações, na modernização produtiva e em gastos sociais emergentes. A limitação de recursos contudo, impede-nos de atender a tudo e a todos, ao mesmo tempo.

Por isso, o modelo socioeconômico deveria ter como pressuposto central seletivas priorizações para o crescimento e a distribuição da renda. Há, assim, que se promover uma delicada "engenharia socioeconômica" que combine o maior número possível de áreas-problema, procurando maximizar os recursos com metas claras de *crescimento, modernização e justiça social.*

Tal programa, ao priorizar áreas, terá de desenhar projetos específicos – porque não há recursos para o atendimento geral – que abarquem segmentos *sociais, regionais e setoriais:*

i grupos de empresas que mais exportam ou que têm maior relevância na produção de um setor prioritário – material de construção, por exemplo, para a política habitacional;

ii regionais, objetivando desenvolve-los e manter a unidade e a harmonia nacional, via desconcentração da atividade econômica, mas considerando também o lado social;

iii sociais, tanto emergenciais, como frentes de trabalho, programas especiais de emprego, de atendimento a carentes;, e os de caráter *estrutural* e *permanente*, via reforma agrária, distribuição e acesso a ativos, profunda reformulação dos sistemas de saúde; educação e cultura;

iv de *ciência e tecnologia*, para desenvolver a criatividade e assegurar maior autonomia nacional, diminuindo o atual elevado grau de dependência tecnológica que o país tem para com as empresas transnacionais.

Trata-se também, de produzir *projetos que possam atingir metas múltiplas* como por exemplo, os habitacionais que, simultaneamente, proporcionam altos efeitos positivos diretos e indiretos de emprego, de crescimento e de distribuição de renda.

Em suas linhas gerais (que aqui não cabe detalhar), essa estratégia perseguiria as seguintes metas:

i. área social: crescimento com distribuição; combate à pobreza

Setores como **habitação e saneamento** são áreas de gastos mínimos de divisas, altamente empregadora, mas que também exercem forte demanda de recursos públicos, principalmente de financiamento de longo prazo. A reforma agrária não pode deixar de ser aqui contemplada, tanto pelos menores recursos que exige quanto pelo seu menor investimento por emprego gerado.

A reformulação da saúde e educação públicas, incluirá metas de urgente erradicação do analfabetismo, e de alcançar maior abrangência ou universalização, Programas do tipo renda mínima deverão ser implantados, com previsão de gradativa redução a longo prazo, em função do aumento do emprego, da subseqüente melhoria de salários, de política tributária menos regressiva e de aumento da oferta de bens-salário a custos e preços menores. Uma das políticas de emprego emergencial consistirá no uso intensivo de mão de obra em obras públicas e em sua manutenção, e esta modalidade deverá ser objeto de negociação entre as diversas esferas do poder público, condicionada pelas fontes supridoras de recursos. Aumento real gradativo do salário mínimo.

ii. infra-estrutura

Não poderão ser feitos, nas primeiras etapas, investimentos maciços em poucos setores, mas ao contrário, uma distribuição multissetorial de gastos que possam atenuar a atual carência e a deterioração da área, tornando-a gradativamente apta a dar o apoio à modernização, às exportações e à retomada do crescimento. É área de alta relação capital/produto, mas vários de seus segmentos, podem ser produzidos (e mantidos) com uso mais intenso de trabalho e menos de capital, sendo assim também altamente empregadores. Tendo em vista que teremos de aprofundar nossa inserção comercial com a América Latina, parte de nossos projetos deverá ter esse objetivo em mente.

iii. modernização produtiva

O caráter seletivo (priorização estratégica) deverá aqui ser usado com mais rigor, dado que, teoricamente, a maior parte dos setores do aparelho produtivo teria de ser modernizada. A seletividade deverá contemplar algumas áreas mais prioritárias, como aquelas mais aptas a: a) manter e/ou expandir exportações para as quais estamos hoje capacitados; b) desenvolver segmentos produtivos de *high tech* (para o mercado interno e para diversificação de exportações); c) eliminar "gargalos" para a infra-estrutura e para a área social.

A reestruturação de cadeias produtivas parcialmente destruídas pelas políticas de privatização e de abertura deverá ser objeto de programação especial, tendo em vista não só o crescimento e a economia de divisas com importações, mas também a recomposição da estrutura produtiva.

Considerações sobre possibilidades de expandir exportações

A necessidade de aumentarmos nossas exportações está implícita em qualquer estratégia que venha a ser desenhada e implementada para o Brasil. Dada a diversidade de problemas que atingem os diferentes segmentos de exportação, é necessário estudá-los separadamente. As dificuldades de toda a ordem com que esbarramos ao tentar amplia-las e diversifica-las exigem profunda reflexão sobre a economia internacional, e estas notas procuram dar alguns passos iniciais nesse sentido. Além disso, entendo ser de necessidade imediata uma decidida reformulação de nossa estrutura institucional externa, dotando seus órgãos com os recursos e equipes técnicas suficientes e com uma nova atitude de política externa, exigindo e fazendo cumprir o papel que nos cabe no cenário internacional.

Além das alterações tarifárias e os controles cambiais e dos fluxos de capitais, devemos também implantar uma política de incentivos e de regulamentação às empresas de capital estrangeiro, que, entre outras medidas, proponha condições do tipo: para cada dólar gasto com importações, há que gerar três de exportações; para os lucros não reinvestidos e remetidos, a obrigação de gerar (determinada proporção de) recursos externos, seja em créditos ou em exportações.

A multilateralização das negociações do comércio internacional, antes pelo GATT e hoje pela OMC, é uma faca de dois gumes para países subdesenvolvidos como o Brasil, que avançaram mais pela industrialização. Por um lado, é verdade que simplificou as negociações e deu-lhes uma organicidade maior, tentando evitar formalmente discriminações isoladas. Contudo, o que se vê ao longo de sua existência é que a forte presença dos maiores países líderes nessa instituição ou suas ações (isoladas, como as norte americanas, ou coletivas, como as da CEE) específicas fazem sempre pender a balança para o atendimento maior de seus interesses.

Tais atitudes podem ser tomadas à luz de acordos específicos ou das grandes negociações temporárias. Mas também tomam a forma de acordos parciais, como os acordos para contenção de cotas "voluntárias", bastante praticados pelos EUA com alguns de seus principais fornecedores, de retaliações ameaçadas ou efetivadas (sempre pelos países líderes, é claro), ou de embargo unilateral, como o imposto a Cuba pelos EUA, que inclusive obriga que filiais dos EUA locadas em outros países o cumpram.

É com os blocos – institucionais (como a CEE) ou não, (como os do Japão, ou dos EUA até antes da criação da Nafta) –, contudo, que tais controles, concessões especiais e discriminações têm se multiplicado. Entre os casos atuais mais gritantes estão a política agrícola protecionista da CEE e a específica "liberalização" comercial concedida pelos EUA à China, que de fato discrimina exportações de manufaturas tradicionais de outros países subdesenvolvidos.

As experiências de integração latino-americana (desde 1961 com a Alalc) mostram que a diversidade de situações estruturais, de políticas econômicas e de instabilidades macroeconômicas de seus principais países constitui sério impedimento para uma plena integração. Não é difícil perceber que a proposta de constituição de um mercado para todo o continente americano não tem fundamento, a menos que nos convertamos – todos os países que de certa forma ambicionaram um dia se industrializar – em verdadeiras plataformas de exportação, em produtores de nichos, em maquiladoras em grande escala, mas jamais em países desenvolvidos. E isto, a despeito de que os EUA continuam a ser o principal mercado externo individual para o Brasil.

A integração dos países do chamado Cone Sul começa em 1985-1986 com os acordos setoriais e temáticos assinados entre o Brasil e a Argentina, cujas propostas gerais eram a de atingir um fortalecimento político dos principais devedores (incluindo o México) junto aos bancos credores e a de ampliar uma área de livre comércio entre ambos.

Contudo, a subida de dois presidentes neoliberais (Menem e Collor) precipitou a idéia voluntarista e pouco refletida da imediata constituição de um *mercado comum* entre eles, incluindo o Paraguai e o Uruguai. O prazo anterior de 10 anos para atingir a integração foi encurtado para 4, tempo diminuto, se tomamos o exemplo da CEE, que, em 1986, ao propor para 1993 o projeto do mercado único, já acumulavas uma experiência de 34 anos de integração evolutiva.

Fez-se tudo isto, no Mercosul, sem mesmo se contar com estudos setoriais nacionais que pudessem, pelo menos, aquilatar as diferenças específicas de produtividade, custos, competitividade, salários, estruturas tributárias, etc. Pior do que isso, entretanto, é a decisão sobre a harmonização das políticas macroeconômicas, como se tivesse sido possível harmonizar a "camisa de força" cambial e monetária argentina com o câmbio desvalorizado (salvo entre 7/1994 e 12/1998) do Brasil...

O Brasil tem a ossatura industrial mais completa e a Argentina uma semidestruída, enquanto os outros dois países têm incipiente industrialização. Por isso, e pela dimensão de mercado desses três países, o Brasil não pode ter, no Mercosul, nem a integração nem o mercado de que necessita sua indústria. Mesmo pelo lado da agropecuária, as deficiências brasileiras não foram suficientemente comparadas com as produtividades argentinas, e isso nos causa sérios problemas concorrenciais, pelo menos no que tange a soja, carnes, couros, leite, frutas e a agroindústria desses produtos.

Por essas razões, julgo necessário não só refletir mais e melhor sobre o Mercosul, como também estudar com profundidade e seriedade nossas possibilidades de reorientação comercial, incluindo mais ativamente o restante da América Latina e propondo negociações mais amplas junto aos mercados da Europa Oriental, da ex-URSS, da Índia e da China.

A hipótese é a de que com eles poderíamos formar um sistema "paralelo" de trocas de bens e serviços que gradativamente deixarão de ser produzidos nos países desenvolvidos, nos termos da Segunda Revolução Industrial, desaparecendo a produção de alguns deles ou modificando-se sua forma tecnológica de produzir.

Obviamente, isto não exclui a participação de todos esses países no sistema atual de trocas (o que seria desprovido de sentido), de onde, aliás, teriam de obter o financiamento (ou o *surplus*) necessário à compatibilização das trocas no sistema "paralelo". Esse sistema, naturalmente, teria vida longa (mas extinguível), a menos que as condições internacionais mudassem radicalmente, coisa pouco provável a médio prazo.

Isso permitiria a esses países manter a maior parte de suas atuais estruturas produtivas e evitar sua destruição, modernizando-as numa cronologia adequada às suas disponibilidades dinâmicas de recursos. Enquanto isso, suas necessidades daqueles insumos e bens de capital seriam supridas nesse sistema "paralelo". A razão principal disso é que uma modernização mais intensa e rápida, é cambial e financeiramente inviável para esses países. A opção pela destruição rápida de ativos significa abdicar da industrialização e agravar o subdesenvolvimento, destruindo meios de produção que ainda são capazes de suprir necessidades humanas.

Por outro lado, não tem sentido a destruição enorme de ativos que países como os do Leste, a ex-URSS, China, Índia, Brasil e outros teriam de fazer diante da "necessidade" de uma imediata entrada na Terceira Revolução Industrial. Muito menos diante do flagelo em que se tornou a questão do desemprego tecnológico e que multiplicaria ainda mais a pobreza e a miséria desses países.

A proposta acima não é irreal, mas envolve negociações difíceis e formulações de estratégias nacionais de desenvolvimento, isto sim, um pouco "fora de moda" para o gosto neoliberal. O que me leva a formulá-la é justamente a grandeza do tempo envolvido na assimilação histórica das grandes transformações produtivas, e no que isso representa em termos de novo afastamento dos níveis de riqueza e miséria mundiais. As nações subdesenvolvidas não terão, na verdade, muita chance de escolha se optarem cegamente pela rota da pseudomodernidade. Por outro lado, países como o Brasil, a Índia, a China e a exURSS, por suas próprias dimensões econômicas, capacidade e conhecimento técnicos acumulados e dotação de recursos, poderiam liderar o novo processo, promovendo uma integração complementar (que chamei de sistema "paralelo" de trocas) com muitos países subdesenvolvidos.

A questão das exportações de produtos da Terceira Revolução Industrial não teria maiores dificuldades, desde que aceitássemos as regras do jogo dos países líderes, isto é, abdicar da industrialização soberana e submeter sua estrutura produtiva aos ditames das transnacionais. O difícil será conseguir manter a soberania e dirigir nossa modernização e nossas exportações com negociações. Mas, por mais difícil que isso possa vir a ser, esta via deve ser procurada constantemente, dado que não há outra, uma vez que a violenta reconcentração de capital que as transnacionais fizeram reconcentrou-lhes, também, a tecnologia, o mercado e a finança internacional, alterando (para pior, no nosso caso) as estruturas do poder econômico internacional.

Se corretas as observações contidas nestas "conclusões", penso que a idéia de se formular uma estratégia alternativa para o Brasil, nos moldes aqui propostos, não só fica reforçada, como também se torna inadiável. É a esta tarefa que deveremos dedicar nossos maiores esforços. Mas essas propostas não se tratam, advirta-se, de "simples volta aos anos 30"; pelo contrário, seria algo novo e moderno, na conotação humana que a palavra progresso precisa conter.

Vejamos ainda, resumidamente, algumas questões relevantes que podem se interpor à expansão de nossas exportações, segundo classes de produtos.

i - produtos da agropecuária: para os da agropecuária, a demanda (entre 1974 e 2002) caiu cerca de 30% em preços, e não se espera recuperação alentada. Previsões mundiais apontam baixo crescimento anual das quantidades, entre 1% e 2%, e entre 2,5% e 3,5% para os casos especiais do trigo e soja. A desestruturação das ex-economias socialistas e seu eventual ingresso na CEE, gerará restrições em suas importações e aumento de suas exportações para a própria CEE.

A China, ao contrário, atravessa longa fase de alto crescimento industrial e urbano mas sua agricultura se defronta com sérios problemas, como erosão, escassez de água em várias regiões, e disponibilidade de terras aráveis e irrigáveis restrita. Ela tem alta participação na produção ou no consumo mundial de muitos produtos (35% a 40% no arroz, 25% em algodão, 19% em trigo, 12% em cereais secundários, 9% em óleos vegetais, tortas, rações, etc.). Sua política de auto-suficiência entre 1965 e 1990 teve pleno sucesso em vários produtos (grãos, exceto trigo; arroz; açúcar; carne e laticínios), oscilando em torno de 100% e insucessos em outros, que reverteram, como a lã (52%) e o algodão (80%). Assim, ela poderá representar importante vetor de importações desses produtos.

ii - produtos minerais: salvo gás e petróleo, as séries históricas mostram sério debilitamento da demanda mundial da maior parte desses produtos, tanto pela queda do ritmo de crescimento mundial quanto, principalmente pela substituição que vêem sofrendo, por outros produtos modernos.

iii - produtos manufaturados: a crise internacional, a reestruturação produtiva e "novas" barreiras comerciais dos países da OCED reduziram muito o alto crescimento anterior de nossas exportações, caindo nossa participação no mercado mundial (caiu para 0,6% em têxteis-confecções e para 6,7% em calçados). Nos tradicionais perdemos terreno tanto pelas altas exportações daqueles países (55% das exportações totais de têxteis e confecções e 45% das de calçados), quanto pelo avanço das asiáticas, com China, Hong Kong e Coréia detendo em 1990 mais de 30% das de confecções e de têxteis. A China deve expandir também suas exportações não-tradicionais, o que implicará novas e difíceis negociações, dada a dimensão mundial de sua oferta e demanda. Para nós, a modernização seletiva é imprescindível, pois não será mais possível exportar à custa de trabalho mais barato.

As *commodities industriais* sofrem altos custos energéticos e ambientais e substituição tecnológica: a demanda mundial de *siderúrgicos* e *não ferrosos* continuará caindo. Para a *pasta celulósica* a concorrência aumentou, ante a expansão da capacidade produtiva em países subdesenvolvidos. Por termos competitividade nesses segmentos (25% de nossas exportações totais), ainda poderemos manter nossa participação no mercado, em que pese as restrições dos países desenvolvidos, já mencionadas.

Material de transporte, com alta participação na pauta, tem problema mais delicado, dada a enorme dependência que temos das decisões de suas transnacionais, ainda mais na área do Mercosul. Isto também se dá com os *produtos high tech*. Outros, como *químicos* e *mecânicos*, podem ainda ser objeto de negociações especiais (o *segundo circuito comercial)* com países subdesenvolvidos.

iv - serviços: suas exportações terão duras negociações, restando-nos, se possível, exportar serviços de engenharia pesada e importar os de high tech, além dos financeiros, de transporte e outros.

Notas

1 Desde 1990 o autor tem elaborado e organizado algumas idéias sobre este tema, que ora são apresentadas de forma mais completa e atualizada. O primeiro escrito surgiu em 1990 na Unicamp, suscitando publicação atualizada– em 1992 (*Uma alternativa não neoliberal para a* economia, In Cano (Coord.) São Paulo no Limiar do Século XXI, F.Seade, SP, 1992, v.1). Uma segunda foi inserida mais tarde, ampliada e revista em meu livro *Reflexões sobre o Brasil e a Nova (Des)Ordem Internacional*;, Unicamp, 1995, 4a. ed. e uma terceira, muito resumida, na revista Teoria e Debate n. 45, jul.-set./2000.

2 As principais atitudes e seus maiores efeitos foram, entre outras:— a quebra financeira dos países mais endividados, entre os quais alguns socialistas, dada a brutal elevação da taxa de juros e o corte dos financiamentos externos à periferia mundial; o anúncio do projeto *Guerra nas Estrelas* em 1983, ameaçando militarmente a já combalida capacidade de retaliação da URSS; o desastre político e econômico da *perestroika*;, a partir de 1985-86; a queda do *Muro de Berlim* em 1989 e suas seqüelas: o elevado custo da *reunificação alemã* e a desintegração da URSS e da Comunidade dos países Socialistas a partir de 1991; a desvalorização do Dólar e a subseqüente valorização do IEN. Em resumo, os EUA liquidaram a URSS e as anteriores pretensões de Japão e Alemanha, em tomar-lhes o poder hegemônico no capitalismo.

3 Uma análise desses processos pode ser vista em: Fiori, J.L.(Org.) *Estados e moedas no desenvolvimento das nações*, VOZES, (1999) e Cano, W. *Soberania e Política Econômica na América Latina*, UNESP/UNICAMP (2.000).

4 Ver, no texto acima citado (Cano, 2000), a análise macroeconômica dos sete principais países latino americanos, onde os dados macroeconômicos explicitam seus movimentos de *auge*;, *baixo crescimento e depois a crise*.

5 Ver ao final deste texto, apêndice em que faço algumas considerações sobre as dificuldades para ampliar nossas exportações, mantido apenas o atual quadro de origem-destino de nosso comércio.

Fortalecendo a Previdência Social

Vinícius Carvalho Pinheiro

A reforma dos sistemas de previdência social tem sido um tema recorrente nas agendas políticas e econômicas dos governos em razão da constante necessidade de adequação ao processo de envelhecimento populacional, às modificações nas relações de trabalho e às restrições fiscais.

A experiência nacional e internacional mostra que as dificuldades políticas para realizar mudanças nesta área são enormes, pois das reformas da previdência são iniciativas de realocação do gasto público que têm custos concentrados e benefícios difusos.

As perdas são tangíveis e facilmente identificadas por nomes e endereços da minorias interessadas, que têm grandes incentivos para se mobilizar politicamente bloqueando o processo. Por outro lado, os benefícios prometidos pela reforma, relacionados com a viabilidade financeira e atuarial do sistema, são difusos na população em geral, e mesmo entre gerações, que não estão representadas nas arenas políticas. O equilíbrio atuarial é uma espécie de bem público que interessa a todos, mas ninguém tem

---

Vinícius Carvalho Pinheiro é Secretário de Previdência Social e Secretário-Executivo substituto do Ministério da Previdência e Assistência Social. É responsável pela formulação da Política Previdenciária para os trabalhadores do setor privado e público e da Política de seguro de acidente do trabalho. Mestre em Ciência Política pela UnB.

incentivo individual suficiente para lutar por ele. Ao contrário, a lógica de ação coletiva dos grupos organizados é orientada para conseguir ou manter posição relativa privilegiada.

No Brasil a reforma da previdência compreende um conjunto de mudanças constitucionais e legais que ocorreram no país desde 1998, abrangendo o regime geral de previdência social – RGPS, que cobre os trabalhadores da iniciativa privada até o teto de R$ 1.561,00 os regimes próprios de previdência dos servidores públicos e o regime privado de previdência complementar.

O marco deste processo foi a aprovação da Emenda Constitucional no. 20 em dezembro de 1998, que alterou os três regimes previdenciários e permitiu a discussão no Congresso Nacional de uma série de projetos de leis complementares e ordinárias regulamentando matérias específicas entre os anos de 1999 e 2001. A aprovação destes projetos, em conjunto com a conversão em lei de várias medidas provisórias editadas em 1998[1], conformaram um novo arcabouço jurídico-institucional de organização do sistema previdenciário.[2]

Neste processo ficou claro que o modelo de reforma da previdência brasileiro difere-se substancialmente, até o momento, da tendência de privatização observada nos demais países latino-americanos. Países como o Chile, Argentina, Uruguai, Bolívia, Peru, Colômbia e México optaram por substituir, parcialmente ou integralmente, os sistemas públicos de repartição por sistema privados obrigatórios de capitalização. No Brasil a decisão adotada foi de manter e fortalecer o regime geral de repartição que cobre os proventos integrais de 88% da população ocupada no setor formal privado[3], eliminando-se distorções e regimes especiais, ajustando-o à dinâmica demográfica e do mercado de trabalho e criando mecanismos para aumentar a sua cobertura. Paralelamente, têm-se buscado o desenvolvimento da previdência complementar voluntária e privada, nas modalidades de planos abertos ou fechados, por meio do fortalecimento da capacidade regulatória, flexibilização e democratização do acesso. Finalmente, a estratégia de reforma previu a homogeneização de regras para os futuros servidores públicos e trabalhadores privados e ajustes nas contribuições dos atuais.

No Brasil, a opção de passagem para o regime de capitalização foi considerada inviável no curto prazo, devido às restrições fiscais e ao enorme custo de transição referente ao financiamento dos benefícios em manutenção no sistema repartição e ao reconhecimento das contribuições passadas. Estimativas realizadas por especialistas do Banco Mundial, IPEA e FGV entre 1995 e 1997[4], assim como cálculos mais recentes feitos pela CEPAL[5] apresentaram custos de transição oscilando entre 188% do PIB e 250% do PIB.

Ao mesmo tempo, a decisão de fortalecer o sistema público de repartição foi respaldada pela percepção de que a Previdência é um dos pilares da estabilidade social do país. Todos os meses o INSS paga mais de 20 milhões de benefícios. De acordo com o IBGE, para cada pessoa que recebe uma prestação da Previdência, há mais 2,5 que indiretamente também são beneficiadas[6]. Trata-se, portanto, de um sistema que, direta e indiretamente, chega a 70 milhões de brasileiros, o equivalente a 41,2% da população do país. Conforme estudo do IPEA, as transferências de recursos do INSS são responsáveis por retirar de baixo da linha de pobreza cerca de 18 milhões pessoas.[7] Da mesma forma, em 61% dos municípios brasileiros, os recursos transferidos pelo INSS superam em as transferências constitucionais relativas ao Fundo de Participação Municipal – FPM no ano 2000.[8]

Os pagamentos de benefícios do INSS têm uma importância crucial na garantia de renda dos idosos e no dinamismo econômico, especialmente na área rural. Funcionam como uma espécie de seguro agrícola, mantendo a regularidade da renda em meio à sazonalidade das atividades rurais, contribuindo para gerar empregos e fixar os trabalhadores no campo. Estima-se que os domicílios que têm idosos possuem uma renda per *capita* 15% superior aos demais, sendo que mais de 60% dos rendimentos dos idosos provém da Previdência Social[9].

Neste processo de fortalecimento da previdência pública, o conjunto de medidas implementadas permitiu a reversão de tendência explosiva do *deficit* do RGPS que deverá se estabilizar ao longo dos próximos 20 anos em torno de 1,2% do PIB. Caso não houvesse avanços na área, o *deficit* chegaria a 3,6% do PIB no mesmo período.

Em relação à despesa, as modificações realizadas buscaram fortalecer o caráter contributivo e atuarial do sistema, estreitando-se a relação entre o que os segurados contribuem e o quanto deverão receber em benefícios.

Entre as principais mudanças, estão: a eliminação gradual da aposentadoria proporcional; a restrição à conversão de tempo de serviço especial, trabalhado em condições consideradas penosas, para a aposentadoria por tempo de contribuição; a restrição às aposentadorias especiais e a mudança na regra de cálculo do benefício, com introdução do fator previdenciário.

Estas modificações afetam, principalmente, as aposentadorias por tempo de contribuição (conhecidas antes da reforma como aposentadorias por tempo de serviço), que respondem por cerca de 40% do gasto total com benefícios. A conseqüência imediata da reforma tem sido o aumento da idade média de concessão deste benefício. Entre 1998 e 1999, a idade média aumentou praticamente 3 anos, subindo de 48,9 para

51,8 anos. Em 2001, considerando-se os benefícios concedidos de acordo com as regras da Lei nº 9.876/99,[10] a idade média chegou a 54,1 anos – ou seja, um crescimento de 5,2 anos na média etária da aposentadoria por tempo de contribuição em relação a 1998. Apesar deste avanço, esta idade média ainda é relativamente baixa se compararmos o Brasil com outros países da Europa e América, onde a aposentadoria é concedida com a idade mínima igual ou superior aos 60 anos. Certamente, a elevação da idade na aposentadoria a patamares superiores aos 60 anos para homens e mulheres é uma medida necessária para garantir a viabilidade futura do sistema.

Do lado da receita, enquanto a massa salarial mensurada pela Pesquisa Mensal de Emprego – PME do IBGE diminui 0,1 % entre 2001 e 2000, a arrecadação corrente da previdência aumentou em 5%. Esse descolamento entre a arrecadação previdenciária e a massa salarial foi possível em razão das medidas de reforma da Previdência de aperfeiçoamento dos mecanismos de arrecadação e recuperação de créditos[11], implementadas desde 1999, que, em 2001, significaram um incremento da ordem de R$ 5,1 bilhões nas receitas.

Certamente, novas medidas serão necessárias nos próximos anos. A reforma da previdência deve ser entendida como um processo permanente de ajuste do sistema às modificações socioeconômicas, demográficas e no mercado de trabalho, sujeito às restrições políticas. O que foi feito até o momento representou um alívio em relação à tendência explosiva anterior e, com isso, a sociedade ganhou mais tempo para discutir e acordar mudanças futuras voltadas para o aumento da cobertura no curto prazo e para ajustes no desenho do plano de benefícios no longo prazo.

Apesar do acelerado processo de envelhecimento, o Brasil ainda é um país relativamente jovem. Em 2001, cerca de 8% da população tinha idade igual ou superior a 60 anos. De acordo com dados da *United Nations Population Division*[12] e do IBGE, somente em 2021 o Brasil terá a mesma proporção de idosos que em 2000 tem a Argentina (13,8%). Em 2027, estaríamos equivalentes aos EUA, atuais (16,1%). Em 2038, atingiríamos o percentual da França (20,5%) e, somente em 2045 estaríamos com o mesmo perfil de idosos que a Alemanha e Japão têm atualmente, que é de 23,2%.

Os problemas atuais de financiamento da previdência são explicados, principalmente, pela baixa cobertura do sistema, o que nos remete às modificações que têm ocorrido no mercado de trabalho na última década. Entre 1990 e 2001, a participação dos trabalhadores com carteira assinada na população ocupada caiu de 57,5% para 45,4%. Caso a estrutura do mercado de trabalho se mantivesse a mesma neste período, ao invés de um *deficit* de R$ 12,8 bilhões, estima-se que a Previdência Social seria superavitária em R$ 3,8 bilhões no ano de 2001.

Em 1999, conforme dados da PNAD, havia 40,2 milhões de pessoas (60% da população ocupada no setor privado) não-protegidas pelo sistema previdenciário. Projeções do MPAS indicam que em 2025, mais da metade deste contingente de "sem-previdência" terá mais do que 60 anos e o seu sustento deverá significar aumento dos gastos assistenciais e redução da renda disponível das famílias. Neste sentido, o principal desafio da política previdenciária é desarmar a bomba provocada pela combinação entre a baixa cobertura do sistema e o envelhecimento populacional.

É certo que a incorporação deste contingente depende, em grande parte, do desenvolvimento econômico com elevação da renda dos trabalhadores que atualmente não dispõem de recursos sequer para o consumo mensal – 51% dos "sem-previdência" não contribuem porque ganham menos que o salário mínimo. A incorporação de outra parcela depende de reformas tributária e laboral, que permitam a flexibilização sem precarização das relações de trabalho e a diminuição dos encargos sobre a folha de salários.

Entretanto, à parte as questões estruturais, ainda há bastante espaço para políticas de inclusão social, voltadas para o aumento da cobertura – cerca de 18 milhões de trabalhadores ganham mais que o salário mínimo e estão desprotegidos. Essas políticas devem combinar conscientização, incentivos positivos e negativos à formalização, fiscalização e melhoria gerencial.

Medidas de incentivo à formalização podem tratar de compensações entre contribuições sociais, como, por exemplo, permitir às empresas que deduzam do recolhimento da CPMF ou da COFINS o que for pago de contribuição sobre a folha de salários. Outra possibilidade é a redução da contribuição previdenciária concomitantemente à redução do número e valor dos benefícios. Dessa forma, poderia ser criado um plano de benefícios segmentado e mais acessível para a clientela de menor poder aquisitivo.

De qualquer forma, no longo prazo, é fundamental que haja a revisão do plano de benefícios do RGPS. Entre as medidas importantes a serem consideradas temos: instituição de limite de idade para a aposentadoria por tempo de contribuição; revisão das condições de carência para as aposentadorias por idade e pensões; adequação da fórmula do fator previdenciário de modo a reduzir as taxas de reposição; proibição da acumulação entre benefícios e o condicionamento da pensão à dependência econômica.

Em relação aos servidores públicos, historicamente, a aposentadoria destes sempre foi garantida independentemente de contribuições, pois era tratada como mera extensão do salário. Isso ocorria porque o servidor, ao contrário do trabalhador do setor privado, não rompe o vínculo empregatício com o seu patrão ao se aposentar, permanecendo ligado à política de pessoal do Estado. Nessa perspectiva, não é de se estranhar que até pouco tempo os servidores continuavam recebendo promoções quando se aposentavam e, atualmente, o reajuste dos inativos está atrelado ao dos ativos. O pagamento da aposentadoria corria à conta dos tesouros da União, Estados e Municípios, sendo que a contribuição era exigida somente para o financiamento de pensões e, em alguns casos, assistência médica e financeira.[13]

Para os servidores públicos federais, por exemplo, entre 1938 e 1991, a alíquota de contribuição variou entre 4% e 6% para o financiamento de pensões pecúlio e outros benefícios. Em 1991, com a criação do Regime Jurídico Único, a aposentadoria passou a fazer parte do plano de previdência e, somente em 1993, houve o aumento das alíquotas de contribuições para 9% a 12%, conforme a faixa de remuneração, sendo estas, em 1997, unificadas em 11%.

Ainda em 1991, um grande contingente de empregados públicos nas três esferas de governo, que antes estavam contribuindo para o setor privado e, portanto, aposentar-se-iam sujeitos ao teto do INSS, foram convertidos em estatutários com direito à aposentadoria integral. Na União houve o crescimento de 46,3% do contingente de beneficiários entre 1991 e 1994 para absorver o impacto dessa medida.

Atualmente, estamos pagando os erros do passado. A política de pessoal acabou por se tornar refém da previdenciária. Como os reajustes dos ativos são repassados aos inativos, acabam ficando ambos sem aumento. Mesmo as gratificações de produtividade, fundamentais para o gerenciamento da eficiência dos recursos humanos, têm sido repassadas, por força judicial, aos inativos. União, Estados e Municípios, limitados pela Lei de Responsabilidade Fiscal, encontram-se impossibilitados de realizar novas contratações e de reajustar os salários, enfrentando greves e manifestações. Certamente, a maior prejudicada é a população, com a redução da disponibilidade de "recursos livres" para ações que a beneficiem diretamente, principalmente nas áreas de saúde, educação e segurança pública. Em segundo lugar, perdem os próprios servidores ativos que sofrem as conseqüências das limitações à política de pessoal impostas pela necessidade de manter um sistema previdenciário falido que provavelmente não existirá no futuro para lhes garantir os benefícios prometidos.[14]

A reforma deste sistema deve sinalizar para a unificação ou homogeneização das regras da previdência dos servidores públicos e da iniciativa privada, com o estabelecimento de regras de transição para os servidores ativos.

As medidas das reformas da previdência e administrativa aprovadas até o momento indicam o caminho para se desarmar a bomba para o futuro, pois, por um lado, possibilitam que parcela da próxima geração de servidores seja contratada na modalidade de emprego público, com filiação ao INSS. Por outro lado, as categorias de servidores estatutários das chamadas carreiras típicas de Estado, caso seja aprovado Projeto de Lei Complementar em discussão no Congresso, poderão ter como benefício máximo o equivalente ao teto do INSS, sendo facultativa a complementação do benefício por fundos de pensão privados em regime de capitalização com contribuição definida.

Para o presente, os entes federativos têm tentado reformar seus sistemas por meio de ajustes nas contribuições dos servidores, estabelecimento da contribuição dos inativos e criação de fundos previdenciários parcialmente capitalizados com recursos provenientes da venda de ativos como empresas estatais ou antecipação de *royalties* de exploração de petróleo ou energia.

Entretanto, as regras constitucionais que prevêem aposentadorias e pensões equivalentes ao último salário e reajustes iguais para ativos e inativos, sem possibilidade de contribuição dos inativos, tornam o plano de benefícios demasiado caro em termos atuariais. E como há um limite para o aumento de contribuições[15], a tendência é de que o desequilíbrio do sistema recaia sobre a sociedade.

A implementação da previdência complementar para os futuros servidores e homogeneização de regras em relação aos trabalhadores da iniciativa privada é um passo crucial, mas que só surtirá efeitos para as futuras gerações.

Nos próximos governos, é importante que sejam instituídas medidas direcionadas para a atual geração de servidores ativos e inativos, o que, necessariamente, demandaria uma reforma constitucional que reduzisse a taxa de reposição e desvinculasse os reajustes dos ativos dos inativos. Certamente, como abordado anteriormente, estas medidas devem encontrar enormes resistências entre minorias organizadas, que têm grandes incentivos para atuar bloqueando o processo. Os custos dessa reforma são concentrados em grupos específicos e fortes politicamente e os benefícios difusos entre gerações, o que dilui o incentivo para que se mobilize em favor da reforma. Somente o aumento da transparência fiscal e da conscientização social a respeito de como se opera a distribuição de renda no orçamento público pode romper esta perversa lógica de ação coletiva.

Notas

1 Conforme a legislação brasileira vigente em 1998, as medidas provisórias sobre determinada matéria só poderiam ser editadas e reeditadas enquanto houvesse emenda constitucional sobre a referida matéria tramitando no Congresso. Assim, no momento em que se encerrou a tramitação da Emenda n.º 20, todos os dispositivos das medidas provisórias que continham aspectos relativos à Previdência foram submetidos à aprovação do Congresso.

2 Leis 9703/98, 9711/98 e 9732/98, que instituem mecanismos de aprimoramento a arrecadação e recuperação de créditos; Lei 9719/98, que define regras gerais para a previdência dos servidores públicos; Lei 9796/99, que regulamenta as compensações financeiras entre regimes de previdência; Lei 9876/99, que modifica a regra de cálculo dos benefícios do RGPS e cria incentivos à filiação de novos segurados; Lei 9962/00, que regulamenta a contratação de empregados públicos, filiados ao Regime Geral, pelos governos; Lei 9983/00, que tipifica os crimes contra a Previdência Social; Lei complementar 101/01, que trata da responsabilidade fiscal em relação aos regimes previdenciários; Leis Complementares 08 e 09 de 2001, que regulamentam o regime de previdência complementar; Lei 10056/01, que regulamenta contribuições do setor rural; Medida Provisória 2131/00, que trata da contribuição previdenciária dos militares e Medida Provisória 2023/00, de renegociação de dívidas dos estados e municípios com o INSS.

3 Dados do Cadastro Nacional de Informações Sociais (CNIS) – 2001.

4 Ver Pinheiro, VC. “Instituições Previdenciárias e Modelos de Desenvolvimento no Brasil e Argentina.” Tese de Mestrado apresentada ao Instituto de Ciência Política e Relações Internacionais da Universidade de Brasília, 1998.

5 Ver Uthoff, A. “Perfil de Responsabilidades Fiscales de una Eventual Sustitución hacia un Sistema de Capitalización Individual en Brasil”. In Seminario Conjunto CEPAL-Ministerio de Hacienda, Chile, setembro, 1999.

6 Microdados da PNAD – 1999.

7 Ver MPAS/SPS. “Previdência, Inclusão Social e Combate à Pobreza”. Informe de Previdência Social, julho de 2001.

8 França, AS. “A Previdência Social e a Economia dos Municípios”. ANFIP, Brasília, 2001.

9 Ver Pinheiro, VC. “Aspectos Sociais da Previdência no Brasil: O Desafio de Aumentar a Cobertura .”In: Previdência, Assistência Social e Combate à Pobreza. Coleção Previdência Social, Vol. 03. Ministério da Previdência e Assistência Social: Brasília, 2000.

10 Durante os primeiros meses de 2000, cerca de 50% das aposentadorias por tempo de contribuição foram concedidas de acordo com a regra anterior à Lei n.º 9.876/99. Isso ocorreu devido à garantia do direito adquirido dos segurados que implementaram as condições antes que a Lei entrasse em vigência e se aposentaram posteriormente.

11 Retenção (sub-rogação): A Medida Provisória nº 1.663-15, de 22/10/98, convertida na Lei nº 9.711, de 20/11/98, estabeleceu que as empresas contratantes de serviços executados mediante cessão de mão-de-obra devem reter dos prestadores de serviços 11% do valor bruto registrado na nota fiscal, em substituição ao instituto da solidariedade que até então estava vigente. O próprio contratante é obrigado a recolher o valor retido diretamente ao INSS, cabendo ao prestador, posteriormente, efetuar o acerto das contribuições segundo o que seria devido com base na folha de salários (compensação, restituição ou pagamento complementar). A retenção passou a ser devida para os serviços prestados a partir de fevereiro de 1999, com recolhimento no mês subseqüente.
Justiça do Trabalho: A Emenda Constitucional n.º 20, de 1998, atribuiu à Justiça do Trabalho a competência para executar, de ofício, as contribuições sociais decorrentes de sentenças que proferir ou acordos que homologar. Na legislação anterior, ela somente comunicava ao INSS.
Depósitos Judiciais: A Lei n.º 9.703/98 obriga a retenção de 30% a parcela do crédito previdenciário das pessoas jurídicas que ingressem com ações contra a Previdência.
Certificados da Dívida Pública (CDP): Estes certificados são emitidos pela União para serem utilizados no pagamento ou amortização de dívidas previdenciárias, em permuta por títulos de responsabilidade da Secretaria do Tesouro Nacional – STN ou por créditos decorrentes de securitização de obrigações da União. Os títulos são vendidos em leilão, com deságio, e utilizados para quitar as dívidas com o INSS pelo valor de face.
Programa de Recuperação Fiscal (REFIS): O Programa de Recuperação Fiscal – REFIS (Lei n.º 9.964, de 10/4/00, alterada pela Lei nº 10.189, de 14/02/2001), tem por objetivo promover a regularização de créditos da União, decorrentes de débitos de pessoas jurídicas, relativos a tributos e contribuições administrados pela Secretaria da Receita Federal e pelo Instituto Nacional do Seguro Social – INSS, em razão de fatos geradores ocorridos até 29 de fevereiro de 2000, com a opção até o dia 28 de abril desse ano. A Lei nº 10.002, de 14 de setembro de 2000, reabriu, por 90 dias, o prazo de opção, contado a partir de 15 de setembro de 2000.
Salário-Maternidade: A mudança na sistemática financeira referente à concessão do salário-maternidade também vem gerando impactos positivos na receita. Após a Lei n.º 9.876/99, todos os benefícios de salário-maternidade passaram a ser concedidos e pagos pelo INSS, o que eliminou a possibilidade de as empresas pagarem o benefício e descontarem este valor de sua contribuição patronal. Vale ressaltar que o efeito financeiro total da medida é nulo, uma vez que ocorre também o aumento do gasto com o benefício por parte da Previdência Social.

Regularização de Dívidas Municipais: A renegociação das dívidas previdenciárias com municípios está definida na Medida Provisória n.º 2.187/01. Com esta MP, a Previdência vem procurando facilitar a quitação de dívidas dos municípios mediante redução de juros e parcelamentos a longo prazo, sendo que, para conseguir tais facilidades, os entes ficam obrigados a estar em dia com suas contribuições correntes. A retenção de obrigação previdenciária teve impacto na arrecadação do INSS após a publicação da MP, em setembro de 1999.

12 ONU. "World Population Prospects – The 2000 Revision Highlights." ONU, Nova York, 2001.

13 Pinheiro, VC. "Previdência dos Servidores Públicos: Custos Concentrados e Benefícios Difusos". In Revista Conjuntura Econômica, vol 55, no. 9, FGV, setembro de 2001.

14 Pinheiro, VC. " Previdência e Servidores Públicos", In O Globo de 21 de Novembro de 2001.

15 O Supremo Tribunal Federal – STF, em julgamento de ADIN contra o aumento das contribuições dos servidores públicos federais, entendeu que as alíquotas de contribuições não podem subir a ponto de significarem um confisco da renda. A lei considerada inconstitucional previa um aumento da alíquota pra patamares de até 25% incidente sobre as faixas salariais superiores. Ao analisar ADIN contra o estado do Amazonas, o STF considerou constitucional a alíquota de 14% instituída pela reforma no estado. Desde então, o patamar de 14% tem sido considerado como o limite aceitável juridicamente.

O Social nas Reformas Estruturais para o País

José Geraldo de Sousa

A próxima eleição presidencial abre a oportunidade para colocar no debate político o tema das reformas estruturais para o País.

O tema requer muito cuidado em sua abordagem. De fato, não trata essa discussão tão-somente do problema da reforma do Estado que ganhou centralidade nos anos 1990, sob impulso de sua crise estrutural, considerando o desafio representado pela globalização, cujas repercussões, políticas e econômicas, conduziam a uma limitação da autonomia dos Estados nacionais, ensejando impasses entre tendências de redução do Estado ao mínimo, ou, ao contrário, de sua reconstrução para poder fazer frente às novas realidades do Mercado mundializado.

Basta ver, em ambiente europeu, impulsionado pela agenda dos requisitos de adesão à Unidade Européia, o rigor em estabelecer, exatamente, critérios políticos e econômicos, entretanto convergentes, para monitorar os progressos em reformas, cujo núcleo, no primeiro caso, estabeleceu ênfase na reforma do Judiciário e, no segundo caso, para alcançar economia de Mercado viável e capacidade de resistir à pressão da

José Geraldo de Sousa Júnior é Diretor da Faculdade de Direito da Universidade de Brasília (UnB). Vice-Presidente da Comissão de Ensino Jurídico do Conselho Federal da OAB. Integra a Comissão de Direito do Exame Nacional de Cursos do Ministério da Educação. É Mestre em Direito e Estado pela UnB, onde ingressou como docente em 1985.

concorrência e aumentar competitividade.

O fato é que o debate não é só teórico, mas responde a imperativos de uma lógica que inscreve o tema da reforma do Estado numa dimensão muito mais ampla que é o da própria reforma estrutural do capitalismo em seu mais amplo sentido globalizante. E essa lógica imprimiu à onda reformista uma direção também global e hegemonista segundo um cronograma conduzido por organismos internacionais (Banco Mundial, FMI) que definiram, segundo interesses internacionais, o rumo e as etapas de reformas, cujo elemento econômico e o político suplantaram, em detrimento dos interesses nacionais, sua face social e humana.

Prevaleceu nesse processo, marcado por uma estratégia de privatizações das agências estatais de desenvolvimento e de ajuste de contas públicas, uma plataforma de enxugamento, em nome de uma pretensa eficiência de governo, das atividades estatais em áreas sociais e de gestão de direitos.

Nos últimos dez anos, de fato, viveu-se a ilusão, embalada pelo discurso neoliberal, reforçado pela visibilidade das mobilizações das elites econômicas globais, de que o obstáculo ao desenvolvimento e a prosperidade estava na excessiva presença do Estado na economia impedindo o livre movimento das forças produtivas dos setores privados no espaço do Mercado.

A força operante dessa orientação hegemonista abateu-se com impacto demolidor e com conseqüências cruéis exatamente sobre a infra-estrutura do sistema de proteção social erigida nas quadras antecedentes por esforços de superação das desigualdades mediadas pela ação equilibrada do Estado. Como lembra Rolf Kuntz (e José Eduardo Faria, *Qual o futuro dos direitos? Estado, mercado e justiça na reestruturação capitalista*, Max Limonad, São Paulo, 2002), "onde se tratava de normas legais para contratos e de segurança para o trabalhador, passou-se a ter flexibilização de relações trabalhistas. Onde se lia rede social de proteção, passou-se a ver privatização da previdência e das demais instituições do bem-estar coletivo. Onde se via um setor público empenhado em ativar a economia, sustentar o emprego e difundir a prosperidade, passou-se a encontrar o governo comprometido com o equilíbrio orçamentário a qualquer custo. Onde se encontrava a idéia da justiça pela ação fiscal, passou-se a notar a rejeição do imposto progressivo e o corte dos gastos sociais".

No Brasil, lembra o mesmo autor, as políticas de minimalização do Estado, com a transferência de funções para o Mercado, converteu-se em pauta de campanha eleitoral vitoriosa e programa de governo em sucessão contínua, apoiada, naturalmente, por amplos setores empresariais e com o suporte falaz de exponencial segmento de formadores de opinião. A virada privatizante veio em avalanche. A sua forma mais ostensiva foi a venda de estatais para empresas tanto nacionais quanto estrangeiras; enquanto a sua forma mais perversa foi a paulatina ocupação de espaços por grupos privados mercantilizando os serviços previdenciários, de saúde e de educação.

E essa foi a tradução dramática, no plano efetivo, de um processo que, em suas intenções teóricas, se alimentou visionariamente de uma retórica modernizante contida nos pressupostos do projeto do Conselho da Reforma do Estado e do Ministério da Administração Federal e Reforma do Estado. À interpelação construtivista da dinâmica das transformações possíveis do Estado e Sociedade (L. C. Bresser Pereira, Jorge Wilheim e Lourdes Sola, orgs., *Sociedade e Estado em Transformação*, Editora Unesp, Enap, Imprensa Oficial, São Paulo/Brasília, 2001 ("Como sobreviverá o Estado diante das ameaças representadas pelo neoliberalismo? E como poderá ele tornar a ser parte de um pacto voltado para o desenvolvimento?

Será preciso para isto uma reinvenção solidária e participativa do Estado, ou poderemos continuar a avançar no sentido do individualismo e da exclusão? Quem são os atores da mudança? As elites? Uma sociedade civil entendida de forma ampla, ou uma sociedade civil reduzida ao Terceiro Setor? E o que é necessário defender? Se o século XX foi o século da tecnologia e da violência, foi também o da democracia: logo, como avançar na afirmação dos direitos de cidadania? Além de defender o cidadão contra um Estado poderoso, afirmando os direitos civis especialmente dos pobres e das minorias, não estará na hora de defender o Estado contra a sua captura por interesses particulares, ou seja, afirmar o direito republicado que cada cidadão tem de que a res publica seja utilizada de forma pública? E, nesse processo, não será necessário retomar a luta pelos direitos sociais, que foram enfraquecidos pela crise do Estado e pelo avanço do credo neoliberal?") adveio uma política desestruturante e desfuncional das instituições, canibalizando as resistências e as aspirações sociais em contradição com ela.

As importantes reformas estruturais do País – reforma agrária, reforma tributária, reforma do judiciário, reforma eleitoral, reforma da universidade, reforma da saúde, reforma da previdência – não podem perder de vista a dimensão ética de uma alternativa solidária, como estão a indicar as proposições do Fórum Social Mundial de Porto Alegre, essa formidável articulação em rede de solidariedade propugnando por uma globalização alternativa.

Elas devem-se orientar, na escala impulsionada pelo "*despertar das forças cidadãs e sociais*", para aludir ao movimento percebido da perspectiva de um "*outro Davos*" (François Houtart e François Polet, coord., *O Outro Davos. Mundialização de resistências e de lutas*, Cortez, São Paulo, 2002): "Em um mundo onde a lógica de um capital desenfreado orienta o futuro da humanidade, seguindo suas próprias prioridades, que são articuladas em torno da idéia de lucro máximo em curto prazo, os indivíduos e os povos são subordinados às exigências de alguns grandes operadores mundiais (global payers). O cidadão é negligenciado e até mesmo extorquido por uma classe política que cedeu uma parte considerável de soberania a um mercado cada vez mais livre, cada vez mais alienante, enquanto o consumidor bem cuidado curva-se ao seu bem-estar pessoal. Enquanto a concorrência impiedosa entre companhias, países, cidades e trabalhadores gera exclusão e precariedade para massas e cada vez mais um despertar de forças cidadãs e sociais parece perfilar-se no hemisfério Norte, assim como no Sul. Sua escala é a mesma do mundo, sua ambição é a coesão global das lutas e seus valores são a justiça, a solidariedade e a participação".

Trata-se aí de rejeitar a lógica de exclusão da globalização impulsionada por critérios exclusivamente políticos e econômicos que levam ao sacrifício da experiência democrática e conseqüentemente à precarização alienante da própria vida e à flexibilização do trabalho, retirando-lhe o estatuto de produto e produtor dos direitos e da cidadania com a perda do humano inscrito no caráter dos investimentos competitivos de um capital sem fronteiras e sem limites.

Com efeito, não há como deixar de dar-se conta dos impactos da pós-modernidade e dos efeitos da globalização sobre o trabalho, retirando-o de seu contexto social de centralidade. Centralidade, de resto, fruto da combinação de elementos, econômicos, sociais, políticos, culturais e do protagonismo histórico dos trabalhadores e de suas lutas sociais ao longo do século XIX e da primeira metade do século XX, a partir do que realizou-se a experiência de construção dos direitos e da cidadania. Agora, "flexiblizado", para usar a linguagem neoliberal, o trabalho, como diz Boaventura de Sousa Santos (*Reinventar a democracia*, Cadernos Democráticos 4, Fundação Mário Soares, Gradiva, Lisboa, 1998), "*apesar de dominar cada vez mais os valores das pessoas, está a desaparecer das referências éticas que sustentam a autonomia e a auto-estima dos sujeitos" Nesse contexto crescente de globalização de mercados, "que permite criar riqueza sem criar empregos, a erosão conseqüente dos direitos combinada com o aumento do desemprego estrutural, leva os trabalhadores à perda de seu estatuto de cidadania*".

É para esta nota social que o debate que a UnB vem proporcionando procurou estar atento, no sentido de recuperar a dimensão ético-social das reformas estruturais para o País, ou seja, de procurar inserir, como proposições transformadoras das instituições, na sociedade e no Estado, valores que organizem os princípios de cooperação, solidariedade e participação, por meio dos quais aquela lógica excludente e alienante, que se sustenta no primado da acumulação, se oponha, como prioridade, à disposição democrática que se sustenta no primado de eqüitativa distribuição.

Não espanta, pois, que se insiram nesse debate noções como liberdade, como condição de desenvolvimento humano e como padrão crítico que permite ponderar modelos em confronto. É o que faz, por exemplo, o economista indiano Amartya Sen, com a preocupação de resgatar o pressuposto da justiça para designar o sentido ético do desenvolvimento humano: (*Desenvolvimento como liberdade*, Companhia das Letras, São Paulo, 2000) "o desenvolvimento requer que se removam as principais fontes de privação de liberdade... a ausência de liberdades substantivas relaciona-se diretamente com a pobreza econômica, que rouba das pessoas a liberdade de saciar a fome, de obter uma nutrição satisfatória ou remédios para doenças tratáveis, a oportunidade de vestir-se ou morar de modo apropriado, de ter acesso à água tratada ou saneamento básico".

Um tema recorrente no debate das reformas estruturais tem sido o relativo às mudanças em curso para o Judiciário brasileiro. Num livro do qual fui um dos organizadores (*Ética, justiça e direito. Reflexões sobre a reforma do judiciário*, Pe. José Ernnanne Pinheiro, José Geraldo de Sousa Junior, Melillo Dinis e Plínio de Arruda Sampaio, orgs., Editora Vozes/CNBB, Petrópolis, 2ª edição, 1996) cuidou-se de enfrentar, exatamente essa questão, vale dizer, a de que o Direito e o sistema judiciário têm também de guardar referência ético-democrática no processo de transformação paradigmática que envolve as instituições sociais e os sistemas de poderes num contexto de globalização.

Nesse contexto, efetivamente, os tribunais estão no epicentro do núcleo de diretrizes políticas que balizam o processo de reformas e, para além das expectativas autônomas que orientam os seus programas de refuncionalização democrática, respondem a interpelações nítidas de um monitoramento internacional cujos interesses assumem cortornos já conhecidos. Lembra Boaventura de Sousa Santos (*Os tribunais nas sociedades contemporâneas*, Edições Afrontamento, Porto, 1996; "Os tribunais e a globalização", *O Estado de São Paulo*, São Paulo, 09.11.1996) que "esses objetivos globais são muito simplesmente a criação de um sistema jurídico e judicial adequado à nova economia mundial de raiz neoliberal, um quadro legal e judicial que favoreça o comércio, o investimento e o sistema financeiro".

Agora que se defronta com o desatino de um processo que teve a força avassaladora de um dilúvio e já se fala em "*reviravolta ideológica*" (Janaína Leite, "A mão visível do estado. Enquanto os EUA reforçam o controle sobre o mercado, europeus já falam em reestatização", *Istoé Dinheiro*, Revista Semanal de Negócios, Economia, Finanças & E-Commerce, 10 de julho/2002, nº 254), *"depois de vários escândalos"*, com apelo a que "os governos sejam chamados a assumir os prejuízos", mais que nunca é preciso não perder de vista a dimensão social desse processo, para não permanecer o método de reforma enredado na lógica de fortalecimento do mercado insensível às expectativas de realização dos valores éticos da cidadania.

"O que está em causa – lembra ainda Boaventura de Sousa Santos – é a reconstrução da capacidade reguladora do Estado pós-ajustamento estrutural. Uma capacidade reguladora que se afirma pela capacidade do Estado para arbitrar, por meio dos tribunais, os conflitos entre os agentes econômicos".

Procurando responder à questão *"que Judiciário na Democracia?"* (Jornal do Sindjus-DF, órgão informativo do Sindicato dos Trabalhadores do Poder Judiciário e do Ministério Público da União no DF, ano XI, nº 8, outubro/2001), salientei ser esta, sem dúvida, a questão candente, em nosso País, hoje, quando se coloca em causa o problema de sua democratização e se identifica no Judiciário a recalcitrância que é social e teórica para a realização de mudanças sociais, conferindo à regulamentação jurídica das novas instituições o seu máximo potencial de realização das promessas políticas e constitucionais de reinvenção democrática e solidária.

Por isso lembra, ainda Boaventura de Sousa Santos, a resistência justa dos magistrados contra uma reforma tecnocrática do sistema judicial exclusivamente orientada para as necessidades da economia mercantil, para advertir: "O sistema judicial precisa ser radicalmente reformado para responder às aspirações democráticas dos cidadãos cada vez mais sujeitos ao abuso de poder por parte do Estado e por parte de agentes econômicos muito poderosos. Se essa reforma política e democrática não tiver lugar, o vazio que a sua ausência produzirá será certamente preenchido por uma reforma tecnocrática virada para servir preferencialmente os interesses da economia global".

Trata-se, portanto, de fazer coro à melhor direção de expectativas que decorrem das condições de redescoberta democrática das relações de sociabilidade, na perspectiva de um novo horizonte de sentido para a globalização, inserindo-a na luta articulada não apenas por reformas institucionais, senão por reformas que sejam mediadas pelo eixo dos direitos e, mais propriamente, pelo eixo dos direitos humanos.

A Universidade brasileira

Hélgio Trindade
Édson Franco
Jacques Velloso
Lauro Morhy

17 de julho

Reinventar a universidade: por uma nova reforma universitária

Helgio Trindade

Introdução

A *via crucis* a que foram submetidas as universidades federais nas últimas décadas, está conduzindo as instituições públicas de ensino superior à morte lenta por asfixia financeira. Entre o discurso oficial e ausência de uma política clara por parte do MEC foram-se oito anos sem resultados substantivos.

Apesar da longa permanência de um mesmo Ministro à testa do MEC – somente comparável ao longo ministério de Gustavo Capanema da época de Vargas (que, ao contrário, fundou o sistema nacional público de educação superior – o governo atual transmite uma herança contraditória: a fragilização do sistema público federal e a expansão descontrolada do sistema privado.

Um dos especialistas do governo, apoiando-se no último documento do Banco Mundial, tentou legitimar *ex post* a ação governamental no campo da educação superior: denominando-a "revolução silenciosa da educação superior".[1] Referia-se

---

Helgio Trindade é Doutor em Ciência Política pela Universidade de Paris. Professor na Universidade Federal do Rio Grande do Sul. Coordenador do Centro Interdisciplinar de Pesquisas para o Desenvolvimento da Educação Superior. Autor de vários livros e capítulos de livros publicados nas áreas de Ciência Política, Educação, Ciência e Tecnologia.

naturalmente a uma série de medidas isoladas que não resultaram numa política coerente. Refiro-me, ao contrário, as sucessivas e frustradas tentativas de implantação da "autonomia universitária"; a implantação da nova versão da LDB reformulada por Darcy Ribeiro, o velho (para distinguí-lo de Darcy, o moço, da "Universidade necessária" e da UnB). Todos esses elementos apontam para o verdadeiro eixo da ação governamental: a legitimação da hegemonia crescente do ensino superior privado.

De fato, a engenharia governamental criou novos nichos para a expansão do sistema privado hegemônico: a estratégia midiática do "provão"; a autonomia dos "cursos seqüenciais" e os "centros universitários", que são a antecâmara das futuras universidades privadas. O que sobrou ainda nas públicas é o sistema de pós-graduação, cujos méritos decorrem mais das atividades dos professores-pesquisadores do que da ação governamental.

No recentíssimo e despretensioso livro, "A Era Fernando Henrique Cardoso", editado pelo cientista político Bolívar Lamounier, constata-se que, apesar de seu caráter de balanço quase oficial, no capítulo intitulado Educação há um reconhecimento explícito do fracasso do governo no campo da educação superior. Lê-se o seguinte subtítulo: "A reforma universitária fica para depois". O texto não deixa dúvida de que se trata de uma avaliação crítica: "o MEC deixou tarefa de reformar a universidade para o sucessor de FHC. Para um governo que, em nome da eficiência, se empenhou em vender empresas estatais e promover a reforma gerencial na administração direta, é decepcionante que não tenha tentado desfazer os nós que amarram o ensino nas universidades públicas."

A necessidade de um amplo debate sobre a questão universitária

Os debates em torno da crítica situação em que se encontra o ensino superior federal público introduziram na agenda a urgência de se repensar em profundidade o futuro das universidades brasileiras. A problemática em pauta mostrou que, para além dos salários e dos recursos para a manutenção e recuperação das universidades federais está subjacente uma questão central: qual o modelo de ensino superior que queremos construir para a sociedade brasileira?

Desde a reforma de 1968, elaborada em pleno regime militar, implantaram-se as bases do atual sistema que esgotou sua capacidade inovadora. É urgente que se abra uma discussão nacional sobre tema, reunindo membros da comunidade acadêmica, das sociedades científicas e representantes do governo e da sociedade qualificados pela interface com a universidade, para debater e propor um conjunto de políticas estratégicas para o desenvolvimento do ensino superior e de ciência e tecnologia capazes de projetar, de forma inovadora, a instituição universitária para o futuro.

A deterioração crescente das universidades públicas federais se agudizou, nas últimas décadas, pela crise do financiamento de sua manutenção e expansão pelo MEC e pela redução crescente dos recursos destinados pelas agências de fomento ao desenvolvimento científico e tecnológico. Essa situação crítica das universidades públicas federais não pode, porém, mascarar a necessidade de se repensar o modelo de universidade atual.

Este debate fundamental para o desenvolvimento do país e para futuro da própria instituição universitária, supõe que tenhamos a coragem de diagnosticar os pontos críticos do sistema universitário brasileiro, inclusive reconhecendo que a crise da instituição, em muitos aspectos, ultrapassa os limites de nosso país.

A crise não é apenas um tema recorrente na maioria dos países da América Latina, cujas universidades públicas de massa enfrentam também problemas agudos de financiamento e qualidade, especialmente nas áreas de pesquisa e pós-graduação, como vem sendo objeto de discussão e, até mesmo de reformas, na maioria dos países desenvolvidos.

O problema diz respeito ao conjunto das universidades públicas brasileiras sejam federais ou estaduais que precisam, urgentemente, repensar sua forma burocraticamente complexa implantada pela reforma de 1968 e reformular sua estruturação acadêmico-científica de forma criativa para responder aos desafios de uma sociedade em transformação econômico-social profunda. Se este é um desafio do novo governo, mais do que nunca ele é um desafio da comunidade universitária e de sua capacidade de auto-repensar-se de forma crítica e autônoma.

O destino da universidade pública brasileira, crucial para o nosso projeto de nação, não pode ser decidido unilateralmente pelos intelectocratas do governo ou pelos tecnocratas dos bancos internacionais.

Um ex-secretário executivo do MEC, do atual governo[2], sustentou que "a crise das universidades federais não poderá ser resolvida". Questões substantivas da instituição universitária, num dos seus momentos mais críticos, são analisadas sem nenhuma identidade com o destino desse patrimônio acadêmico-científico nacional ao afirmar, com a maior frieza, que "o país não dispõe de *motivos*, nem de *recursos* para mantê-las."

A questão perturbadora para a tecnocracia globalizada é que, adotado qualquer critério de avaliação no campo do ensino ou da pesquisa, inclusive o "provão", o sistema de universidades públicas revela-se no conjunto indiscutivelmente melhor do que o sistema privado. Esta é a contradição não resolvida pelos seguidores da cartilha de que o mercado é sempre capaz de produzir os melhores resultados. Se algumas universidades privadas americanas de alto prestígio se mantém com importantes doações de seus instituidores, esta não é a regra na Europa. Na Alemanha as dispendiosas universidades de pesquisa são públicas e gratuitas, para não falar da França em que o Estado tem o monopólio das universidades e das "grandes écoles" onde se forma a elite intelectual e política do país.

É preciso contextualizar o debate em termos mais amplos. Como salienta um especialista, as universidades latino-americanas na década dos 80 estavam na confluência "das pressões da demanda social, das possibilidades abertas pela democratização, das restrições financeiras impostas pela reforma do Estado e das transformações da educação superior nos países desenvolvidos". Na década dos 90, porém, "o panorama econômico e político latino-americano pode ser caracterizado, por um lado, em função da generalização continental das políticas de corte neo-liberal, mas, por outro lado, por um certo desencanto e deslegitimação dessas receitas."[3]

Hoje na América Latina, o processo de desmantelamento da universidade pública produz suas próprias metáforas: da "*universidade sitiada*" à "*universidade na encruzilhada*" ou da "*universidade desconstruída*" *à* "*universidade em ruínas*".[4] Esta última, simbolizada pela iconografia clássica da "torre de babel", tem um duplo significado: de um lado, as ruínas *físicas* provocadas pela queda progressiva no financiamento das universidades públicas federais, a partir dos governos da Nova República, que atinge o seu ápice, paradoxalmente, na "república dos professores". De outro lado, as ruínas *institucionais* com seu efeito mais perverso: a erosão do próprio tecido acadêmico que se esgarça progressiva e perigosamente, inclusive por sua privatização interna na captação crescente de recursos externos compensatórios, decorrentes da erosão salarial e da queda no financiamento da pesquisa pelas agências governamentais.

Há, porém, outra dimensão a ser destacada como parte da dinâmica latino-americana e que se está implantando em velocidades diferenciadas: *a privatização crescente do ensino superior*. O Brasil figura como o exemplo mais perverso da hegemonia do setor privado (2/3 do total das matrículas) e o México como a situação oposta, com um processo mais lento de privatização da educação superior (1/3 das matrículas privadas). A precarização do espaço público se expressa, pois, na dupla face de Janus: por um lado, produzindo a corrosão da missão pública das universidades estatais; por outro, induzindo ou estimulando o processo de privatização da educação superior.

Outra dimensão é a penetração das "*universidades globais*" que derivam "da globalização crescente dos sistemas, impulsionados pela globalização da tecnologia e da economia". Essa modalidade tem sido praticada por muitas universidades privadas brasileiras, sobretudo, no campo da pós-graduação a distância e, na Argentina, inclusive o sistema público: as universidades privadas competem com êxito, neste mercado com a assistência internacional", assim como "existem também sistemas de *franchising* pelos quais a universidade matriz transfere programas, apóia com recursos, controla a qualidade e avaliza os títulos de uma universidade local"[5].

O desafio macro político: democratização versus privatização

Os dois traços dominantes na evolução da educação superior na América Latina, na segunda metade do século XX, podem ser resumidos em termos de massificação e privatização. O primeiro se traduz no rápido crescimento da matrícula no ensino superior, e o segundo na tendência generalizada de expansão das instituições privadas.

O principal desafio brasileiro atual, porém, consiste na democratização do acesso ao ensino superior que assegure sua missão pública, o que implica enfrentar, por meio de políticas governamentais, os processos de mercantilização do setor privado e de privatização do setor público.

Entre 1960 e 1980, a educação superior na América Latina experimentou um forte e desigual desenvolvimento, ingressando numa fase de massificação da matrícula. Em 1986, ela atinge a 6 milhões de estudantes e a taxa bruta de escolarização passa de 3% em 1980 para 15% em 1985. Em alguns países a taxa é superior a 20% (Argentina, Equador, Costa Rica e Venezuela); noutros fica entre 15 e 20% (Peru, Uruguai e Chile) e, as taxas mais baixas entre 10 e 20% estão na Bolívia, Brasil, Colômbia e México.

Comparando-se as taxas de crescimento em cinco países representativos da América Latina (Argentina, Brasil, Chile, Colômbia e México) pode-se avaliar o ritmo deste crescimento. O México e a Colômbia apresentam os índices mais altos entre 1970 e 1990: o primeiro, passa de 118.011 para 1.078.90 (índice 573) e o segundo, de 85.560 para 474.787 (índice 555). A Argentina e o Brasil expandem bastante sua população universitária, mas a velocidade é menos intensa do que o México e a Colômbia: de 274.634 (1970) e 1.077.212 (1990) e 430.473

a 1.570.860 com índices de crescimento respectivamente de 393 e 365. Segundo Brunner "a massificação da empresa educativa de nível pós-secundário trouxe consigo vários efeitos combinados: *mesocratização; feminilização; terciarização* e *privatização* da matrícula que atinge a um terço (1984) dos estudantes que estão em instituições privadas de educação superior".

Nos anos 60, a **privatização** se manifesta ainda de forma incipiente: "ainda que tomada em seu conjunto, a expansão universitária foi um processo respaldado por iniciativas e planos de desenvolvimento, o ensino superior privado consolidou sua presença nos sistemas universitários do continente: em 1960, apenas 16,4% da matrícula estava nas instituições privadas, enquanto, em 1970, o percentual superava a 30%, o que representou um crescimento de quase cinco vezes em uma só década." Como ressalta Rodrigues, "a pauta da privatização alcançou níveis notáveis em toda a região e num ritmo muito acelerado. No transcurso da década (90), o percentual de estudantes matriculados em universidades privadas passou de 30% para 45%, o que permite supor que na passagem do ano 2000 esta proporção deva ser equivalente a dos estabelecimentos públicos", tornando a América Latina uma das regiões de "maior percentual no mundo de estudantes universitários dentro da opção privada."[6]

O interessante, porém, é comparar a dinâmica desse crescimento espetacular do número de estudantes e sua incorporação nos setores público e privado do ensino superior. Em termos globais, "a matrícula privada vem incrementando sua participação percentual de forma sustentada. Enquanto em 1960 captavam 15,2% dos inscritos, em 1995 retém 38,1% dos alunos, o que significa estarem 2 milhões e meio de estudantes no setor privado." Nessa expansão que se dá entre as décadas de 70-80, passou de 164 estabelecimentos em 1960 à cifra atual de mais de 5.500. A grande maioria desses são instituições de 'absorção de demanda estudantil' cuja oferta se reduz a carreiras de alta procura e baixos custos operacionais e se comportam como 'empresas lucrativas', exceto algumas universidades confessionais, geralmente católicas e de elite, com ofertas educativas de alta qualidade.[7]

Os cinco países, referidos anteriormente, têm processos de expansão bem diferenciados. No *Brasil, Colômbia e Chile* observa-se que grande parte dessa expansão se faz pela via das instituições privadas. O Brasil é o caso extremo: a matrícula global se inverte: de 40% em 1960, o setor privado atinge 63% das matrículas em 1980 e a partir de 1994 atinge 65%, ficando, em conseqüência, o setor público reduzido a 35% dos estudantes. Somente a República Dominicana (71,2%) e El Salvador (69%) têm um sistema privado comparável ao do Brasil, embora exista forte expansão do setor privado também na Colômbia e Chile: entre 1970 e 1994, a proporção de estudantes em instituições privadas cresce de 45% para 64% na Colômbia e de 34% para 53% no Chile.

Na *Argentina* e no *México*, ainda que a tendência de expansão do setor privado de educação superior tenha se acentuado no período considerado, a importância do setor privado e o ritmo do seu crescimento é comparativamente menor: nos dois países referidos o peso da matrícula nas instituições privadas, em 1990, está num patamar bastante mais baixo: 15% e 17% respectivamente. A evolução mais recente indica uma tendência ao crescimento do setor privado em ambos os países, mas, para o conjunto da América Latina, o exemplo brasileiro é o mais perverso.

Além dos casos da *Colômbia* e *Chile*, o crescimento do ensino privado segue ritmos diferenciados segundo as tradições nacionais. As políticas neoliberais que dominam os países latino-americanos atingem as instituições universitárias públicas, com a reforma do Estado. Em conseqüência, o financiamento das universidades públicas declinou e estimulou a expansão das instituições privadas. Investir em educação superior tornou-se um dos negócios mais rentáveis e, por isso, *o Brasil tornou-se o grande campeão da privatização da educação superior na América Latina*: *no ranking internacional sua posição é a 7° enquanto os Estados Unidos é o 20° na matrícula do setor privado*!

No caso brasileiro é importante ressaltar as diferenças regionais desse processo: quanto mais desenvolvido o Estado maior é o peso do ensino privado superior. No estados do Norte e Nordeste a presença das instituições públicas de educação superior é mais forte que nos Estados do Sudeste, onde a proporção de matrícula pública atinge em São Paulo 88% do total. A dinâmica da privatização, porém, expande-se em todas as regiões, ainda que em ritmos diferentes. A necessidade do rápido crescimento da educação superior é imperiosa para atender à demanda do desenvolvimento nacional e a pressão da expansão da oferta de estudantes de segundo grau. Se não houver nos próximos anos uma forte política de expansão da matrícula públicas, este processo se fará mais uma vez em benefício do setor privado.

Urge, pois, que o próximo governo implemente uma política agressiva de democratização do acesso à educação superior, cujo objetivo não confunda democratização com massificação e marcantilizaçao da educação superior. Torna-se indispensável investir nas universidades públicas para que estas abram espaço para a expansão da demanda, preservando padrões de qualidade acadêmica, e que as instituições privadas respondam às exigências de padrões de referência do sistema público, induzidas a cumprir uma missão pública em benefício da sociedade brasileira.

As variantes dos modelos neoliberal: Chile, México e Brasil

Se examinarmos o impacto do Banco Mundial sobre as políticas de educação superior na América Latina, observa-se que existem, pelo menos, *três tipos básicos de estratégias de implantação do modelo neoliberal*.

O *modelo precursor é o chileno* que integra o conjunto de reformas iniciadas pelos *chicago-boys*, com o suporte do autoritarismo militar de Pinochet. O governo estabeleceu o fim da gratuidade no sistema público de universidades e implantou um sistema compensatório de bolsas, e, ao mesmo tempo, com políticas governamentais, o sistema privado expandiu-se fortemente. O primeiro governo democrático do Chile manteve a política anterior, mas introduziu controles sobre o sistema privado por meio da avaliação dos seus cursos. O financiamento estatal das universidades públicas regrediu a cerca de 25% do total do orçamento universitário e o restante deve ser buscado em outras fontes (mensalidade dos estudantes, pesquisas aplicadas e consultorias especialmente para o setor privado).

O segundo modelo é o mexicano que negocia sua dívida externa e torna-se o primeiro país da América Latina (depois do Chile) a adotar uma política de ajuste econômico, privatizações e de reforma do Estado. Embora a crise mexicana tenha encerrado o período de rápida expansão do sistema universitário público, os efeitos da crise de 1968 na Universidade Autônoma do México (UNAM) e a saturação da capacidade de expansão de sua principal universidade, levou à criação de uma nova instituição na capital federal: a Universidade Metropolitana do México (UAM). No processo de sua implementação, os dirigentes da UAM, sob a hegemonia das áreas das ciências duras[8], estabeleceram os mecanismos internos de avaliação da produtividade dos professores definindo uma tabela diferencial de carreira e salários. Esses mecanismos, internalizados e praticados internamente na UAM sob a influência de organismos internacionais (OCDE), constituíram-se numa estratégia antecipatória interna que serviram de experimento para que o governo federal pudesse estabelecer posteriormente uma política do mesmo tipo a ser aplicada ao conjunto do sistema universitário.

O modelo brasileiro é paradoxalmente original. O regime militar teve uma política para o ensino superior enquanto no Chile, Argentina e Uruguai os militares desmantelaram as universidades públicas. O sonho de criar um "Brasil-potência" fez com que os militares fossem sensíveis às propostas de setores do governo que se articularam com dirigentes e representantes da comunidade científica e universitária para definir políticas para a modernização da universidade e da ciência e tecnologia.

A reforma de 1968 e os substanciosos recursos oferecidos pelas agências de financiamento da pós-graduação e da pesquisa (CAPES, CNPq e FINEP), dentro de sucessivos Planos de Desenvolvimento Científico e Tecnológico, profissionalizaram o sistema universitário, com a implantação dos regimes de tempo integral e de dedicação exclusiva e, sobretudo, implementaram uma consistente política de pós-graduação, com a avaliação pelos pares sob a coordenação da CAPES.

Com recursos para pesquisa, oriundos do Fundo Nacional de Desenvolvimento Científico e Tecnológico (FNDCT) e um amplo sistema de bolsas de pós-graduação no país e no exterior e de iniciação científica para os alunos de graduação, a universidade pública modernizou-se, e a comunidade científica expandiu-se, gerando um crescimento sustentado das sociedades científicas, das associações de pós-graduação e pesquisa em ciências e humanidades.

Todos esses esforços conjugados certamente burocratizaram as universidades, transformadas em pesadas organizações, com complexo sistema de decisão corporativo, mas, ao mesmo tempo, modernizaram e qualificaram o sistema público de educação superior, colocando-o numa posição de liderança na América Latina.

O outro lado da moeda foi a *divisão de trabalho no campo do ensino superior* que se estabeleceu durante o regime militar. A universidade pública se qualificou, mas não se expandiu para atender à forte demanda por educação superior. *Minha hipótese* é que tal fato resultou da *conjugação entre o temor do governo militar com os efeitos políticos de uma universidade pública massificada ao estilo argentino ou mexicano e a posição de resistência de dirigentes e professores das universidades contra uma expansão que pusesse em risco os novos padrões de ensino pós-graduado associado à pesquisa*. Ao não planejar uma política de expansão do ensino privado, o MEC estimulou, com a conivência do Conselho Federal de Educação (CFE) e hoje do CNE, a fragmentação do ensino privado, fazendo que os níveis de exigência para a criação de universidades fossem aviltados pela disseminação descontrolada de "empresas educacionais", cuja baixa qualidade média está a desafiar os sucessivos governos da Nova República.

A dinâmica das tensas relações entre governo e universidades públicas tem se manifestado, não só no Brasil, mas também nos países desenvolvidos e latino-americanos, como resultante de ações governamentais restritivas à forte expansão das universidades decorrente do crescimento demográfico. O pós-guerra favoreceu a massificação das instituições de educação superior, fazendo com que as universidades perdessem seu caráter elitista tradicional, transformando-as em organizações burocráticas e complexas.

Reinventar a forma da universidade

Com a crise econômica dos anos 80, os governos dos países desenvolvidos reduziram o ritmo de expansão das universidades, mantendo, no entanto, níveis aceitáveis de financiamento público. A grande exceção foi a Inglaterra que, a partir de 1981 desenvolveu as drásticas políticas educacionais que se transformaram em modelo neoliberal de referência. A partir de então, se estabelece um grande divisor de águas: de um lado, os governos que se inspiram no modelo thatcheriano, ou/e, mais tarde, se submetem às pressões do Banco Mundial; e de outro lado, os que buscam, apesar da crise fiscal do Estado, manter adequadamente, um sistema de avaliação voltado para a melhoria da qualidade acadêmica, níveis satisfatórios de investimentos para infra-estrutura, equipamentos para laboratórios e financiamento competitivo para pesquisa.

Este é o principal desafio a ser enfrentado: compreender as diferentes dinâmicas universitárias e avaliar as políticas governamentais para buscar novos caminhos. Esta é uma tarefa urgente e uma exigência acadêmica e política. A comunidade universitária e seus dirigentes têm que se mobilizar para debater amplamente a questão e propor alternativas que tornem possível a reforma necessária para garantir o futuro da universidade.

Em nome do salutar corporativismo universitário, que garante a liberdade acadêmica das injunções do poder religioso, político ou econômico, nacional ou internacional, indissociável da idéia de autonomia, não se pode mais retardar a reforma universitária. Tornou-se inadiável que todos os segmentos da comunidade universitária saiam do imobilismo propondo alternativas. Não basta a mera resistência e a postura defensiva.

Elas podem conduzir a um dos objetivos dos governos latino-americanos: tornar obsoletas as estruturas atuais, legitimar a privatização interna, manter a comunidade universitária sob pressão permanente por meio da precarização do espaço público e expandindo o setor privado, o que significaria a hegemonia plena das "políticas salvadoras" neoliberais.

É preciso compreender plenamente a advertência de um lúcido sociólogo: "*Numa sociedade desencantada, o reencantamento da universidade pode ser uma das vias de simbolizar o futuro. (.)Tal papel é uma microutopia. Sem ela, a curto prazo, a universidade só terá curto prazo*".[9]

Notas

1 Simon Schwartzman – A revolução silenciosa da educação superior, Seminário "O sistema de ensino superior brasileiro em transformação", São Paulo, NUPES, março 2000.

2 João Batista Oliveira, "Modelo superado", FSP, 15/6/1998. Para resolver a contradição o nosso "consultor internacional" considera que "o erro de base consiste no chamado principio, só existente no Brasil, da indissociabilidade entre pesquisa, ensino e extensão". Se é verdade que a reforma universitária do governo militar, em 1968, impôs *legalmente* a indissociabilidade, o fato é que sem ela os pesados recursos investidos em pós-graduação e em ciência e tecnologia não teriam transformado o sistema público de educação superior brasileiro no melhor da América Latina.

3 Roberto Rodrigues Gómez, Educación superior y desarrollo en America Latina: un ensayo de interpretación, in Jorge Balan, op.cit, p.46.

4 Alfredo Errandonea, La universidad en la encrucijada: hacia un otro modelo de Universidad, Montevideo, Edit.Nordon-Comunidad, 1998; Luiz Carlos Menezes, Universidade Sitiada: a ameaça de liquidação da universidade brasileira, S.Paulo, Editora Fundação Perseu Abramo, 2000;: José Dias Sobrinho e Dilvo I.Ristoff, Universidade desconstruída: avaliação institucional e resistência, Florianópolis, RAIES/Edit.Insular, 2000; Hélgio Trindade (org), Universidade em ruínas na república dos professores", Editora Vozes/Cipedes, 3°ª ediçao, 2001.

5 Jorge Balan –"Politicas de educación superior: los desafios del futuro", in Jorge Balan (Coord), Politicas de reforma de la educacion superior y la universidadad latinoamericana hacia en final del milenio", Cuernavaca, UNAM/ CESS, 2000, p.13.

6 Roberto Rodrigues Gómez, op.cit. 25 e 49.

7 Luiz Yarzabal – Impactos del Neoliberalismo sobre a Educacion Superior en América Latina, in Avaliação, Ano 6, Vol.6, n° 1 (19), Separata CIPEDES, Março de 2001, p.13.

8 Vide Miguel Angel Casillas Alvarado, *La récomposition du champ universitaire au Méxique,,* Mexico,, EHESS, Tese de Doutorado em Sociologia, Paris, juin-2001.

9 Boaventura dos Santos – Pela mão de Alice: o social e o político na pós-modernidade, Porto. Edit. Afrontamento, 1994, p. 200.

Universidade: casa de idéias

Édson Franco

Desejo afirmar que entendo a Universidade como uma "casa de idéias", na qual a imaginação é tão ou mais importante que o conhecimento à medida que o conhecimento já é e a imaginação busca ser o que ainda não é. Afirmo que, em escola, não há economia de escala na razão direta de que o crescimento representa maior soma de compromissos, não exigidos de quem é pequena. Os encargos se multiplicam em progressão geométrica enquanto os recursos crescem linearmente. A Universidade brasileira carece de ousadia para vencer o convencionalismo e o tradicionalismo que já mostram sua saturação diante dos novos desafios postos aos nossos jovens. Insisto em afirmar, por último, que a lição dos tempos mais atuais nos alerta que, quando se está ganhando, não é hora de recuar, antes de avançar ainda mais para robustecer a vitória por todos desejada. Sinto que a Universidade brasileira, como um todo, está avançando em qualidade e não pode e não deve desestimular-se.

Édson Franco é Reitor da Universidade da Amazônia (UNAMA). Presidente da Associação Brasileira de Mantenedoras de Ensino Superior. Integra a Comissão Assessora de apoio à Secretaria de Ensino Superior para a elaboração de proposta de alteração das normas que regulamentam a oferta de educação a distância. Conselheiro do Conselho Consultivo do Instituto Nacional de Estudos e Pesquisas Educacionais e do Conselho de Reitores das Universidades Brasileiras.

"Universidade de idéias e idéia de universidade", prescreve Boaventura Souza Santos, *in Pelas Mãos de Alice*, registrando compromissos que, no passado, a Universidade jamais teria de cumprir. A idéia do "simples" e do complexo na área empresarial e tributária ilustra a minha afirmação de que, em escola, não há economia de escala. A ousadia, por seu turno, é fruto da criatividade, do inconformismo, da busca do novo e do melhor. "É no reino da desordem que está a magia da criação", assegura-nos William Kennedy. No esporte, na política e na casa do conhecimento, não se compraz a idéia do ganho antecipado, do recuo pela vitória iminente, mas a luta persistente e infinita, daí a perpetuidade da Universidade, de que nos fala Clark Keer.

Nestes oito anos de Governo Fernando Henrique, testemunhamos o avanço quantitativo do ensino em todos os níveis e graus, como mostram robustamente as estatísticas. Testemunhamos, também, os esforços realizados no sentido da promoção da avaliação de qualidade. Testemunhamos o quanto foi capaz o Governo no sentido de nos proporcionar as melhores estatísticas educacionais, estatísticas de que não dispúnhamos, embora não hajam sido, ainda, suficientemente interpretadas pelos nossos estudiosos. Enquanto isto, sentimos na pele o desconforto da instabilidade, fruto de uma certa *legismania*, de uma legislação despejada aos borbotões, que fruiu da tentativa frenética de interpretação da Lei de Diretrizes e Bases. Tal fato exige, agora, um desmedido empenho no sentido da consolidação das normas vigentes, respeitados o princípio da hierarquia das leis e o princípio de que a ninguém é lícito ignorar a Lei.

Quatro expressões vêm à minha mente ao refletir sobre a Universidade brasileira em nossos dias: dicotomia, antropofagia, autonomia e fomento.

Temos de extirpar dos escaninhos mais profundos das nossas mentes e dos nossos corações a dicotomia vigente entre o público e o privado, nefasta dicotomia que impede, não raro, as necessárias parcerias para o desenvolvimento qualitativo do ensino superior. Claro que essa dicotomia se faz mais presente nos porões universitários do que nos campanários das nossas instituições. Sinto que o Governo, por ser o mantenedor maior do ensino superior público, contribui de algum modo para o avanço dessa dicotomia e, muitas vezes, procurando cuidar do abuso, acusa, atemoriza e impede o uso e a salutar ousadia necessária à Universidade moderna, anatematizando experiências que poderiam e que podem vir a ser vitoriosas.

Temos de colocar cobro na antropofagia entre instituições, especialmente privadas, que está grassando em grandes centros do País num desmedido avanço para a grandeza, esquecendo, muitas vezes, que a imagem da marca é mais importante que o ativo das instituições, como bem nos ensinam os publicitários do mundo inteiro. Não cabe trocar a lógica do conhecimento pela lógica do Mercado. Guerras de preços e de espaços mostram o clima antropofágico que está presente em muitas áreas do Brasil. Não se trata de imaginar que sobrarão, dentro de algum tempo, os supermercados da educação e as lojas de conveniências, como aprendemos em recente encontro promovido pela Anup. Trata-se, sim, de um ordenamento fundado na ética e na competência. A grandiosidade das instituições universitárias, sejam elas públicas ou sejam elas particulares, há de ser medida pelo contributo de construção do conhecimento, visto que a globalização no setor educacional favorece muito mais as nações de centro do que os países de periferia do sistema econômico. Em vista dessa antropofagia temo que, em breve, venha a emergir um CADE a intervir no sentido de regular eventuais monopólios que não condizem com um novo tipo de domínio econômico. A antropofagia a que me refiro também ocorre quando se minimizam os tempos de estudos, atropelados por paralisações que, embora fundadas em justos motivos, não têm resultado em modificações efetivas da situação atual. Será que, neste caso, poderíamos falar não de um processo antropofágico, mas de um processo de eutanásia educacional?

Temos de conquistar a autonomia universitária verdadeira que frua do pensamento colegiado da academia e dos idealizadores das instituições universitárias e que resulte na configuração da real identidade das nossas instituições de ensino superior, com a ânsia de buscar a permanente vivência institucional. Autonomia e identidade são expressões que se associam e que exigem sistemática auto-avaliação para corrigir rumos, fazer ajustes e fortalecer instituições. Não pode haver meia autonomia nem a autonomia pode ser interpretada como soberania.

Temos de encontrar para além do que já foi criado nos últimos tempos – especialmente os recursos dos Fundos recém-instituídos – o fomento necessário para vir ao encontro dos esforços qualitativos realizados. Lamento que muito do processo de avaliação promovido nestes últimos tempos tenha sido marcado pelo espírito de ameaça em lugar do fortalecimento do espírito cooperativo e fomentador de maior qualidade das nossas instituições. As camadas populacionais que estão chegando às nossas instituições são geralmente mais pobres, resultam da expansão do ensino médio oferecido pelo Estado e sem, muitas vezes, os recursos para sua manutenção; revelam desníveis culturais que exigem desmedida agregação de valor inicial nos estudos, para que os egressos das nossas Universidades se situem em patamar aceitável de conhecimento e profissionalização, no cada vez mais restrito Mundo do trabalho.

Sou integralmente favorável à expansão quantitativa do ensino superior e ao aperfeiçoamento dos mecanismos de auto-avaliação e avaliação externa, marcos dos tempos mais recentes. A democratização do ensino superior é uma exigência da nossa sociedade. Considere-se, todavia, que o vetor da luta neste campo se inverteu. Faz menos de três décadas que nos era dado assistir à guerra dos "excedentes", gente que esbarrava na limitação de vagas para acesso ao ensino superior. Na virada do milênio, começamos a perceber não uma nova guerra, mas uma caça aos candidatos ao ensino superior. É evidente, pois, que o cursor da busca se inverteu e não será com mera imposição legal que se fará chegar ao patamar universitário gente não suficientemente preparada. Precisamos, sim, criar programas de nivelamento, dispostos em nossos cursos, de tal maneira que, após a realização da liturgia dos ingressos acadêmicos, seja fácil o percurso do aluno no ensino de terceiro grau. O ensino para a camada elitista do conhecimento não pode ser o mesmo ofertado para quem não conseguiu superar as deficiências de uma educação básica e média de qualidade discutível, como vimos testemunhando.

Sou integralmente favorável à avaliação de qualidade promovida pelo Governo, como determina a nossa Constituição. Todavia, estão aí as ISO e as agências credenciadas do Inmetro a demonstrar que não é só do Governo a autoridade e a competência para avaliar. Neste aspecto, algumas medidas parecem ser muito urgentes porque inteiramente oportunas. Primeiro, a responsabilização dos concluintes quanto aos resultados do Exame Nacional de Cursos é uma necessidade evidente. Seus históricos escolares não podem silenciar sobre o que alcançaram os concluintes nesta "prova de Estado". Segundo, é necessário premiar as Escolas e Universidades que alcançaram patamares excepcionais no Exame Nacional de

Cursos. No mundo em que vivemos, o espírito de competição assoma condição ímpar para a peleja por melhores resultados nas avaliações dos concluintes. Não basta premiar individualidades, alunos de excepcional competência. É necessário também, e sobretudo, premiar instituições pelos feitos alcançados. Terceiro, é fundamental apontar caminhos de recuperação e apoio para as instituições de resultados menos favoráveis. Afinal, o objetivo da avaliação não é a punição, mas a elevação de qualidade. Quarto, desafio realmente importante é que se tome a avaliação de qualidade, nas suas mais variadas formas, como instrumento de crescimento qualitativo, sobremaneira numa hora em que não se podem padronizar indicadores para servirem de forma única para instituições tão diversificadas. É indispensável, sim, adequar os indicadores de tal maneira que possam ser mais bem aferidas as identidades das instituições universitárias. A simples ousadia na aplicação das diretrizes curriculares universitárias pode-se constituir, se assim não for procedida a avaliação, em engessamento de formas e em castração de identidades.

Sou integralmente favorável à liberdade de iniciativa das instituições universitárias. Desta maneira, entendo que, no Plano de Desenvolvimento Institucional (PDI), a entidade educacional deve explicitar seu crescimento quantitativo e seu desenvolvimento qualitativo, seja ela portadora da autonomia constitucional, seja ela de menor porte e, portanto, até agora submetida aos cartorários governamentais. Estou muito feliz com este meu pensar, pois já não é somente meu, mas de gente de brilho acadêmico próprio, como é o caso da Professora Eunice Durham, recém-reverenciada pela Universidade de São Paulo pelos seus eméritos procedimentos acadêmicos.

Sou inteiramente favorável à expansão da pós-graduação, até mesmo para que os docentes formados nesse nível possam acompanhar o processo expansionista verificado na graduação e cogito que essa expansão há de ser induzida em áreas do País onde as desigualdades regionais sejam evidentes. Vou além, entretanto, para ressaltar a urgente necessidade de que os programas de pós-graduação não se restrinjam ao âmbito meramente acadêmico, mas avancem na profissionalização de docentes para a sala de aula e na profissionalização de gestores educacionais de terceiro grau. Para isso, há necessidade de vencer pensares encastelados em corporativismos decadentes.

Outro aspecto que imagino deva ser cogitado de forma mais agressiva é o referente, no campo educacional, à educação a distância, de que a UnB tem prevalência de pioneira, incluindo o campo da pós-graduação em sentido lato. Há inegáveis camadas populacionais brasileiras que constituem demanda reprimida, assim como há profissionais que requerem renovação de conhecimentos de modo a garantir o *status* a que chegaram. Não será possível alcançar os patamares previstos no Plano Nacional de Educação sem que tenhamos de recorrer ao ensino à distância na formação específica, na graduação e na pós-graduação. Se formos lerdos neste campo, se o Governo acrescentar barreiras ao desenvolvimento do ensino a distância e se não cuidarmos para que tal ensino acompanhe o desenvolvimento tecnológico disponível, estaremos juntos renunciando ao nosso papel universitário. Embora haja preconceitos contra o ensino a distância, com certeza ele exige deliberação de estudos de parte do alunado muito mais coerente do que muitas vezes requer o ensino presencial, da presença *pro forma*. Por outro lado, no campo do ensino a distância, o processo de globalização parece estar à nossa porta e isso pode inverter a grandeza do nosso esforço educacional em vista de uma possível troca entre a informação disponível e a formação necessária, ainda que a distância.

Assim como foi impossível tapar o sol com a peneira, como se viu na Reforma Universitária de 68, quando se cogitou apenas de dois modelos institucionais – a Universidade como fim e a escola isolada como princípio –, está na hora de revermos o conceito generalizado de indissociabilidade. Há e deve haver Universidades de pesquisa e Universidades de ensino, sem que isso resulte em demérito para uma e em mérito para outras, mas em identidades próprias bem definidas nas missões a que se propõem. Umas e outras podem contribuir decisivamente para a criação da cidadania e para o desenvolvimento nacional. Algo da ousadia a que aludi no começo deste pronunciamento repousa nesta decisão institucional sem que para tanto se tenha de tirar divisas de uma ou adotar mudança de nomes para outras. Não é a nomenclatura que expressa a qualidade, como não é a nomenclatura que define a identidade.

Uma derradeira preocupação me alcança: é relativa à condição econômica para que o estudante possa realizar sua caminhada universitária. O que vimos testemunhando é que o financiamento do estudante de ensino superior resulta num programa impopular para o Governo na medida em que os anseios pelo financiamento ultrapassam as duas centenas de milhares e os aquinhoados são contados em escala muito inferior aos 15% dos pleitos, pela indisponibilidade de recursos para o programa de financiamento. O que se constata é que não basta a gratuidade para o jovem carente. Ela não é suficiente. Imagine-se como é muito pior para o estudante que tem de contribuir com mensalidades escolares. Nesse caso, as dificuldades são maiores ainda. Até aqui, não se encontrou uma forma de ampliação dos recursos e viceja na sociedade a idéia que o Governo se mostra surdo aos anseios dos jovens. Educadores, políticos, economistas e profissionais de orçamentos precisam dar as mãos para encontrar solução para esse problema que vem impedindo quase metade dos egressos de ensino médio de buscarem a Universidade, pela consciência que já têm de que serão incapazes de se manterem no ensino superior. Penso muito que ainda não fomos criativos o suficiente para conceber e desenvolver programas de emprego e renda para os jovens universitários, de sorte a minimizar os efeitos decorrentes das dificuldades financeiras.

Tenho imaginado formas de contemplação do financiamento e penso que há dois momentos especiais para que assim ocorra: antes do ingresso na Universidade, quando, portador de uma carta de crédito, possa o estudante demandar o curso e a instituição que deseje freqüentar, e, quando nela for alcançado por um revés financeiro, possa pleitear a continuidade de seus estudos. Estou seguro que as instituições privadas estão dispostas a colaborar nestas circunstâncias tornando mais equânimes os procedimentos tributários, pelo alcance mais direto dos necessitados, sem que os tributos sofram tantos trâmites que corroboram para o desperdício burocrático.

Estas reflexões são muito modestas, tenho certeza, porém muito importantes para quantos estão freqüentando os páreos eleitorais. Na caminhada eleitoral, é muito comum defrontarem-se os participantes com soluções para todos os males nacionais, verdadeira panacéia, mas, no topo do poder, com certeza, encontrarão óbices para tornarem realidade suas promessas de campanha. Assim, preferi ser mais modesto em meus sonhos do que sonhador de sonhos impossíveis.

Universidade brasileira: traços de um cenário e desafios para a década

Jacques Velloso

A universidade brasileira situa-se, hoje, em cenário que difere bastante, em vários aspectos, do que se desenhava há menos de uma década. No presente texto, esboçamos alguns traços desse cenário e indicamos desafios que se apresentam para a universidade e para as políticas de educação superior.

As atuais políticas para o ensino superior baseiam-se em quadro normativo que pode ser caracterizado por duas grandes dimensões: a da flexibilidade e a da avaliação.

Flexibilidade

Se antes, na reforma universitária de 1968, a universidade foi posta numa camisa de força, na qual se definiram com detalhes a forma de sua organização, hoje, ao contrário, na Lei de Diretrizes

---

Jacques Velloso é Doutor em Educação pela Escola de Educação da Universidade de Stanford (EUA). Professor da Faculdade de Educação da Universidade de Brasília (UnB). Integrou, entre 1996 e 1998, a Câmara de Educação Superior do Conselho Nacional de Educação e, até 2000, foi Vice-Presidente do mesmo órgão. É organizador dos livros: *A pós-graduação no Brasil: formação e trabalho de mestres e doutores no País* e *Formação de doutores no País ou no Exterior? Doutores na pós-graduação de excelência*" (no prelo).

e Bases da Educação – LDB, não há limites normativos para o formato de sua estrutura. Esses amplos graus de liberdade permitem, a cada universidade, organizar-se de acordo com suas prioridades e vocação, assim ampliando as condições para desenvolver suas atividades-fim. Um desafio que se põe para a universidade é, portanto, o de reformar-se internamente quanto à sua organização, de modo a mais bem cumprir suas funções.

Tal desafio está posto especialmente para a universidade privada pois a pública, notadamente a federal, está submetida a restritivos ditames legais do serviço público, inaceitáveis e incompatíveis com sua autonomia, constituindo severos obstáculos à eficiência de sua gestão. Como organização e gestão em geral caminham juntas, as inovações que podem ser introduzidas naquela sofrem os limites impostos às inovações nesta. É bem verdade que a universidade pública, atualmente, no que concerne à inovação em sua organização, dispõe de graus de liberdade mais amplos do que no cenário anterior; porém, muitos dos desafios com que se defronta só poderão ser adequadamente superados quando a instituição contar com a autonomia de gestão de que necessita.

Um outro aspecto relevante da aludida flexibilidade diz respeito aos currículos. Se antes os currículos da graduação aprisionavam a inovação numa outra camisa-de-força – a da rigidez dos conteúdos – hoje as diretrizes curriculares para as várias carreiras e profissões são bastante flexíveis. Os antigos currículos mínimos – de fato máximos, na maioria dos casos, tamanhas eram as exigências que continham – não asseguravam níveis satisfatórios de qualidade e, portanto, tampouco garantiam a pretendida formação básica comum ou comparável. As novas diretrizes curriculares estabelecem orientações básicas para o ensino de graduação em cada carreira ou profissão e fixam conteúdos efetivamente mínimos. O desafio que se põe para a universidade, no espaço aberto pelas diretrizes curriculares, é o de elevar a qualidade do ensino de graduação e o de introduzir, continuadamente, inovações na formação que atendam às constantes mudanças que se sucedem no mundo do trabalho e nas demandas da sociedade de hoje.

Avaliação

A flexibilidade que caracteriza o novo quadro da educação superior tem, como contrapartida, a avaliação. A supervisão do Estado sobre as condições iniciais do processo educativo, antes intensa, porém realizada sobretudo de modo cartorial, foi abrandada, concentrando-se na supervisão sobre os resultados. De fato, como resumiu Cury[1] pouco depois da promulgação da LDB, transitamos *de um modelo que era mais rígido na base e no processo e mais flexível na saída para outro que inverte os termos desta relação.*

Avaliação e indução

No novo quadro, exigiu-se que as universidades tivessem pelo menos 1/3 de mestres ou doutores no seu corpo docente e que contassem com pesquisa institucionalizada.[2] Características como essas geralmente estão presentes nas grandes universidades públicas, mas não costumam ser encontradas nas instituições particulares. Ademais, foi criada a figura do centro universitário, instituição de ensino superior que se situa em patamar intermediário entre uma faculdade e uma universidade,[3] com prerrogativas de autonomia universitária como as de criação de novos cursos, mas sem as exigências quanto à pesquisa. Várias universidades e centros universitários privados foram criados na segunda metade dos anos noventa, o que teria induzido um aumento da demanda por pós-graduados.

Outra exigência do quadro normativo foi o reconhecimento periódico de cursos, necessário para a validade dos diplomas concedidos, o que também teria induzido um crescimento da demanda por pós-graduados. O reconhecimento passou a ser realizado a cada cinco anos e passou a considerar o nível de titulação do corpo docente. Uma outra inovação, o Exame Nacional de Cursos – o conhecido Provão – também pode ter contribuído para a mencionada mudança no perfil da demanda, pois o reiterado desempenho deficiente nesse exame passou a afetar o reconhecimento. É provável que diversos cursos tenham buscado elevar a titulação de seus professores, seja na tentativa de conquistar melhores resultados no Provão, seja para alcançar seu reconhecimento ou para renová-lo.

A avaliação no ensino superior teria, assim, induzido um aumento da procura por pós-graduados no setor privado o que levaria, supõe-se, à uma melhoria das condições para um ensino de melhor qualidade. Esse efeito certamente foi buscado por tais políticas que, lamentavelmente, também estiveram associadas ao virtual congelamento de vagas nas universidades federais.

Pesquisa coordenada no âmbito do Núcleo de Estudos sobre Ensino Superior da UnB (NESUB/CEAM/UnB),[4] na qual foram entrevistados cerca de 8600 mestres e doutores titulados no País na década de noventa, em quinze áreas do conhecimento, obteve dados quanto a evolução do recrutamento de pós-graduados pela universidade particular. Considerando mestres docentes no ensino superior e comparando os que se titularam até 1996 com os que se formaram a partir de 1997, ano seguinte ao da promulgação da LDB, os resultados mostram que, em doze das áreas estudadas, aumentou de 20 a 30 pontos percentuais, ou mais, a proporção dos que atuam em faculdades e universidades particulares. Assim, por exemplo, a parcela dos mestres docentes em Administração, Direito, Economia, Psicologia, recrutados por instituições privadas, que estava em torno de 55%, subiu para aproximadamente 75%; a dos mestres professores em Bioquímica, Engenharia Civil, Engenharia Elétrica e Geociências e Odontologia, contratados por instituições particulares, que girava em torno 25%, cresceu para 50% e mais, sendo que o maior aumento ocorreu na Odontologia, de 24% para 63%.[5] Com efeito, se essa evidência pode, em parte, decorrer do virtual congelamento de vagas nas universidades federais, ela refletiria sobretudo aquele processo de indução de aumento da titulação em instituições privadas e, portanto, de melhoria de condições para a qualidade do ensino oferecido.

Avaliação e o Provão

O Provão, que integra as políticas de avaliação para a educação superior, sem dúvida é um tipo de avaliação meritocrática e classificatória. Mas, estaria cumprindo um de seus papéis: o de ser sinalizador de qualidade relativa do ensino, para a universidade brasileira, para os estudantes universitários, para os candidatos ao ensino superior e para a sociedade em geral?

Uma das críticas freqüentemente feitas ao Provão, no que se refere a seu papel sinalizador de qualidade relativa, é a de que não é possível identificar o valor agregado, ou valor adicionado pelo ensino, ou seja, o que cada curso acrescenta à formação prévia do estudante. Como o Provão não inclui medidas quanto ao nível dos conhecimentos e habilidades com que cada aluno começa o seu curso, em cada instituição, os bons resultados neste ou naquele curso, nesta ou naquela instituição, poderiam refletir, sobretudo, a qualidade da formação prévia dos estudantes. Esta é, seguramente, uma das limitações do Provão.

Entretanto, estudo recente forneceu importantes indicações quanto àquele valor agregado, na comparação entre instituições públicas e particulares.[6] Sabe-se que o desempenho escolar dos alunos está fortemente associado a seu nível socioecônomico ou capital cultural. Essa associação tem sido reiteradamente constatada em pesquisas no Brasil e em todos os países nos quais as duas variáveis foram estudadas. Assim, o nível socioeconômico dos estudantes universitários é indicador da qualidade de sua formação anterior. No estudo brasileiro sobre o Provão, comparou-se o desempenho no exame, em cada curso, em universidades públicas e particulares, de formandos de um mesmo nível socioeconômico. Constatou-se que as diferenças de desempenho favoráveis à universidade pública permanecem dentro de cada segmento de nível socioeconômico. Embora o estudo não tenha identificado, com precisão, a formação prévia de cada formando, a referida associação sugere que diferenças de notas no Provão, no mesmo curso, entre instituições diversas, são indicativas de diferenças na qualidade de ensino oferecida entre as instituições. Assim, os melhores resultados que, sistematicamente, são obtidos pelos formandos dos cursos da universidade pública, quando comparados aos da universidade particular, são indicativos da melhor qualidade de ensino que aquelas oferecem. Em suma, o Provão cumpre relevante papel sinalizador de qualidade relativa do ensino, para a universidade brasileira, para os estudantes universitários, para os candidatos à educação superior e para a sociedade em geral.

A avaliação realizada pelo Provão vem sendo complementada por outro tipo de avaliação dos cursos – a das condições de oferta, igualmente conduzida pelo MEC e que também abrange aspectos importantes para a qualidade do ensino, como titulação do corpo docente, jornada de trabalho dos professores e infra-estrutura dos cursos. Ambas, indispensáveis para adequada supervisão do Estado sobre a educação superior, no entanto, ainda são insuficientes para que a universidade brasileira possa enfrentar o permanente desafio de melhoria da qualidade do ensino.

Os dois tipos de avaliação devem ser coadjuvados pela avaliação institucional, aquela que envolve, em cada universidade, o conjunto das relações entre ensino, pesquisa e extensão na instituição, assim como as relações desta com o Estado e com a sociedade. Esse tipo de avaliação é um processo que permite, à universidade, um autoconhecimento mais amplo de seus problemas, concedendo-lhe condições mais abrangentes de correção e aperfeiçoamento de rumos. Ademais, tal processo tem caráter pedagógico de aprendizagem coletiva por parte dos que dele participam. Uma notável experiência de avaliação institucional no País foi o Programa Institucional de Avaliação das Universidades Brasileiras – PAIUB, levado a cabo na primeira metade dos anos noventa.

Assim, um desafio que se põe para as políticas de educação superior na primeira década do século XXI, no que diz respeito à avaliação é, aperfeiçoando a sistemática do Exame Nacional de Cursos e da avaliação das condições de oferta, estimular a avaliação institucional da universidade brasileira, recuperando experiências como a do PAIUB.

Autonomia e financiamento

A autonomia e o financiamento da universidade pública, especialmente da federal, permaneceu sem equacionamento na segunda metade dos anos noventa. Os recursos destinados à universidade federal permaneceram insuficientes no período, e a universidade pública continuou sujeita a toda sorte de restrições burocráticas que tolhem sua gestão. Essas questões e outras, correlatas,estão abordadas noutros textos da presente coletânea e, por motivos de limitações de espaço, não serão discutidas aqui. De todo modo, cabe ressaltar que a questão da autonomia e do financiamento da universidade pública, notadamente da federal, consiste no maior desafio a ser enfrentado pela política para a educação superior na atual década.

Pós-graduação

A pós-graduação brasileira vem se consolidando ao longo das últimas décadas e teve extraordinário crescimento nos anos noventa. Hoje conta com cerca de 95 mil estudantes e titula 5 mil doutores por ano. Na década passada, especialmente em sua segunda metade, as políticas de avaliação da CAPES acertadamente conduziram ao refinamento da avaliação na busca da excelência acadêmica.

As bolsas no País, ontem e hoje

Em meados dos anos noventa, as bolsas de estudo para mestrado e doutorado no país, 95% delas concedidas pela Capes e pelo CNPq, abrangiam 60% dos estudantes no mestrado e 65% no doutorado.[7] O cenário que se desenha no novo milênio, quanto a bolsas, não é alentador.

Na segunda metade dos anos noventa, as bolsas da CAPES para o mestrado mantiveram-se, aproximadamente, no mesmo nível de meados da década, enquanto as do CNPq para este nível de formação caíam 35%.[8] As bolsas para o doutorado no País, concedidas por ambas as agências, aumentaram no período, valorizando, como deveriam, o nível de titulação maior da formação de cientistas. Entretanto, o resultado líquido foi negativo, pois a expansão da matrícula não foi acompanhada pela das bolsas.

O resultado líquido é, hoje, termos, proporcionalmente, menos bolsas do que antes. Nossas estimativas indicam, para o mestrado no País, que atualmente as bolsas alcançariam cerca de 40% do alunado, comparados aos 60% de ontem; para o doutorado, que as bolsas, hoje, atingiriam cerca de 55% dos estudantes, comparados aos 65% de ontem.[9] Essa tendência caminha na contramão do crescimento do apoio à formação de cientistas que se observa na maioria dos países cientificamente centrais, trazendo prejuízos para a base da formação de nossos cientistas.

Assim, o desafio posto para as políticas de pós-graduação brasileira é a recuperação dos níveis de apoio à formação de cientistas e de quadros de alto nível, acompanhando as tendências de países cientificamente centrais, de investimentos ascendentes em ciência e tecnologia.

Formação de cientistas no País e no Exterior

O debate no País acerca de modelos de formação pós-graduada intensificou-se no começo dos anos noventa, quando já estavam consolidados muitos dos programas de doutorado brasileiros, vários deles ostentando padrões internacionais. Naquela época, estudos sobre lideranças científicas na Bioquímica, Física e Química, no Brasil, sugeriam que o modelo preferencial de formação pós-graduada envolveria o doutoramento num bom programa nacional, seguido de pós-doutorado no Exterior. Esses estudos difundiram-se mais ou menos na época em que as verbas para a Ciência e a Tecnologia sofriam severos cortes, afetando profundamente o orçamento do CNPq, que veio a reduzir a oferta de bolsas de doutoramento pleno no Exterior. Na segunda metade da década, os doutorados no País cresceram aceleradamente e o conjunto das bolsas de doutorado pleno no Exterior, concedidas pelas CAPES e CNPq, continuava em declínio. Dados do Diretório de Grupos de Pesquisa do CNPq mostram que as proporções dos que se doutoraram no Exterior vêm caindo continuadamente. Entre os que se titularam até 1985, quase metade havia feito sua formação em universidades estrangeiras; entre os que obtiveram seu título nos dez anos seguintes, a proporção correspondente diminuiu para 30%; já entre os que se formaram a partir de 1996, menos de 20% fizeram o doutorado fora do Brasil.[10]

A atual política de concessão bolsas de doutorado e de pós-doutorado reflete o desenvolvimento científico no País e os cortes de verbas anteriores. Aparentemente, está calcada em convicções quanto ao modelo preferencial de formação de nossos cientistas. Mas a evidência internacional quanto à formação de quadros de alto nível contrasta com essas convicções, pois registra-se crescente fluxo de jovens, graduados em países recém-industrializados, buscando o doutorado em nações onde se concentra o *mainstream* da ciência e da tecnologia.

Recente evidência colhida no País também oferece contraste análogo. Noutro estudo, igualmente coordenado no âmbito do NESUB,[11] indagou-se sobre possíveis diferenças nos estilos de atuação acadêmica de cientistas que fizeram toda a sua formação no Exterior, comparados aos dos que se titularam no País, mais tarde seguindo pós-doutorado no Exterior. Foram analisados os programas de pós-graduação brasileiros com excelência acadêmica em quatro áreas: Bioquímica, Engenharia Elétrica, Física e Química. Nas análises feitas para os professores seniores desses programas, comparamos as trajetórias profissionais de dois grupos de docentes que haviam seguido pós-doutoramento no Exterior: os obtiveram seu doutorado em universidade estrangeira e os que se titularam no País. Os resultados mostraram que a co-autoria com colegas do Exterior, a participação em comitês editoriais de periódicos indexados e a participação em comitês assessores de agências internacionais em geral está fortemente associada à trajetória na qual o pesquisador faz sua formação básica no Exterior e, mais tarde, segue estágio pós-doutoral também fora do País.[12]

Assim, um desafio que se coloca para a política de pós-graduação, que entre outros objetivos tem em vista a titulação de quadros de alto nível, indispensáveis para a universidade brasileira, é considerar adequadamente a evidência que aponta para relevantes efeitos da formação em centros que se situam no *mainstream* da ciência e da tecnologia.

Mestrados no País, caráter terminal e êxito

Os mestrados na pós-graduação brasileira foram concebidos tendo em vista, principalmente, o aperfeiçoamento e a formação de quadros para a educação superior, e como patamar inicial para o doutorado. Cabe, portanto, indagar se os mestres em geral dirigem-se para o doutorado e quais são suas atividades profissionais: atuam como docentes na educação superior ou vêm sendo recrutados por empresas, pela administração e serviços públicos ou por organizações não-governamentais, devido à crescente demanda, nesses setores, por quadros altamente qualificados?

O estudo anteriormente referido, abrangendo mestres e doutores titulados no País nos anos noventa, revelou que o principal destino profissional dos mestres é o mercado de trabalho fora da academia. Em todas as áreas analisadas, exceto na Física e na Química, metade ou bem menos da metade dos titulados faziam doutorado quando foram entrevistados, sugerindo que o mestrado tem um caráter de formação terminal. Ademais, em dez das quinze áreas analisadas – Administração, Direito, Economia, Clínica Médica, Engenharia Civil, Engenharia Elétrica, Engenharia Mecânica, Geociências, Odontologia e Psicologia – mais da metade dos mestres atuava em empresas, públicas e privadas, na administração e serviços públicos, em consultórios e escritórios;[13] por outras palavras, o principal destino profissional dos mestres não é o trabalho na academia.

O estudo também mostrou que, em todas as áreas analisadas, os mestres avaliam de forma muito positiva a formação teórica e em pesquisa que obtiveram em seus cursos, sinalizando, de modo geral, para o êxito dos mestrados no País. Em torno de 2/3 ou mais dos entrevistados opinaram que ambos os aspectos da formação contribuíam muito para suas atividades profissionais. Mas, em várias áreas, as percepções dos que atuavam na universidade diferiram bastante das opiniões dos que desenvolviam outras atividades. Entre os mestres em Agronomia, Engenharia Civil, Engenharia Elétrica, Engenharia Mecânica, Geociências,

Odontologia e Psicologia, que atuavam fora da academia, a apreciação da formação em pesquisa obtida no curso foi cerca de 20 pontos percentuais menor do que a manifestada pelos docentes universitários.[14]

Assim, o desafio que se põe para a universidade na atual década, ou seja, para a comunidade acadêmica, é repensar a concepção de nossos mestrados que, para boa parte dos titulados, tem caráter efetivamente terminal e, em várias áreas, oferece formação em pesquisa que mereceria estar mais afinada com o destino profissional dos egressos.

Notas

1 C. R. J. Cury, "A Nova Lei de Diretrizes e Bases da Educação Nacional: uma nova reforma educacional?", *in* Cury. C.R. J., Brito, V. L. A. e Horta, J. S., *Medo à Liberdade e Compromisso Democrático* – LDB e o Plano Nacional de Educação, Editora do Brasil, S. Paulo, 1998, p. 109.

2 Artigo 52 da Lei nº 9.394, de 20 de dezembro de 1996,

3 Decreto nº 2'.306, de 1997.

4 A pesquisa foi apoiada pela CAPES, em convênio com a UNESCO.

5 Dados de E. Balbachevsky, H. Sampaio, B. Porto e J. Velloso, "Formação acadêmica e mercado de trabalho, os destinos profissionais de mestres e doutores em Administração"; H. Sampaio e J. Velloso, "Mestres e doutores em Engenharia Civil: da empresa à academia?", C. B. Martins, G. Villas Bôas, M. L. O. Barbosa e Y. Maggie, "Mestres e doutores em Sociologia", todos os textos em J. Velloso (org.) *Formação e Trabalho de Mestres e Doutores no País*: Administração, Agronomia, Bioquímica, Clínica Médica, Engenharia Civil, Engenharia Elétrica, Física, Química e Sociologia, vol. 1, CAPES e UNESCO, Brasília, 2002. Os resultados para outras áreas são apurações especiais dos dados da obra citada e de outros dados, a serem discutidos no vol. 2, em preparo.

6 H. Sampaio, Limonges e H. Torres. "Eqüidade e heterogeneidade Ensino Superior Brasileiro". NUPES e CEBRAP, São Paulo, 2001.

7 J. Velloso, "Aspectos da formação de cientistas no país: evidências, êxitos e desafios", *in* Schmidt, B., Oliveira, R. e Aragon, V. (orgs.), *Entre Escombros e Alternativas:* Ensino Superior na América Latina, p. 77-98, Editora UnB, Brasília, 2000.

8 G. Zancan, *Jornal da Ciência,* ano 14, n. 432, p. 6-7, 31 mar. 2000.

9 J. Velloso, *cit.*

10 R. Guimarães, R. Lourenço e S. Cosac, "O perfil dos doutores ativos em pesquisa no Brasil", *Parcerias Estratégicas*, n. 13, p. 122-150, 2001.

11 Pesquisa apoiada pela CAPES, em convênio com a UNESCO.

12 E. Balbachevsky e J. Velloso, "Atividades editoriais, comitês e trajetórias profissionais: os seniores dos melhores programas do país em quatro áreas", *in* , J. Velloso (org.), *Formação no país ou no exterior? Doutores na pós-graduação de excelência.* Um estudo na estudo na Bioquímica, Engenharia Elétrica, Física e Química no país, p. 201-216, CAPES e UNESCO, Brasília, 2002, no prelo.

13 Dados de S. Weber, "Mestres titulados no período 1990-98: estudo e situação de trabalho", *in* J. Velloso, *cit.*, p. 399-408; os resultados para Direito, Economia, Engenharia Mecânica, Geociências, Odontologia e Psicologia são apurações especiais de outros dados, a serem discutidos no vol. 2, em preparo.

14 H. Sampaio e J. Velloso, "Formação de mestres (e doutores): contribuições para as atividades profissionais", *in* J. Velloso, *cit.*, p. 419-437; os resultados para Geociências, Odontologia e Psicologia são apurações especiais de outros dados, a serem discutidos no vol. 2, em preparo.

A Universidade Brasileira

Lauro Morhy

No ano do descobrimento do Brasil, existiam 62 universidades no mundo. Por volta de 1800, já eram 143. Na América Latina, as primeiras a serem criadas foram as de Santo Domingo (1538), Lima (1551) e México (1551), todas controladas por ordem religiosas (de jesuítas e dominicanos), dedicadas principalmente ao ensino de Teologia e Direito Canônico, e ao trabalho missionário. Ao todo, foram criadas, na fase colonial da América Latina, 20 dessas universidades. Nenhuma no Brasil. Na América do Norte, as primeiras universidades criadas foram as de Harvard (1636), Williamsburg (1693) e Yale (1701). Formavam pastores e administradores. Em 1776, já existiam nove universidades nessa região (Morhy, L. 1997a).

Costuma-se dizer que a universidade brasileira é temporã, já que demorou muito a chegar ao Brasil. A História registra que, em 1592, os jesuítas fundaram e instalaram a primeira universidade brasileira: a Universidade do Brasil. Mas, essa instituição não se consolidou. Consta que não foi reconhecida ou autorizada, nem pelo Papa, nem pelo Rei de Portugal, pelos riscos de emancipação que traria ao Brasil-Colônia, sob o domínio português.

Várias outras tentativas se seguiram, entre as quais registramos: a de Maurício de Nassau (1637-1644); a dos Inconfidentes (1789); a idéia do Instituto Acadêmico, abortada com o regresso de D. João VI a Portugal (D.João VI, 1816); a proposta feita à Assembléia Constituinte e Legislativa do Império, de se criar universidades em São Paulo e em Olinda (1823); as propostas de criação do Instituto Brasílico, com características de universidade (1823) e do Instituto Imperial do Brasil (1826); a da Universidade de Goyana (1847); a da Universidade de Paulino de Souza (1870); a da Imperial Universidade Pedro II (1881); a de Antônio Joaquim Ribas (1883); a da "universidade modelo alemão, em Recife" (1873); a de Elysio Carvalho (1900); a de Gastão Cunha (1903); a de Rodrigues Lapa (1904) e a da Universidade do Paraná (1912), que foi criada pela Lei Estadual nº 1.284, mas depois desautorizada, com a revogação da Lei Rivadávia, pelo Decreto n. 11.530, de março de 1915, que só reconhecia a criação de instituições de ensino superior em cidades com mais de 100.000 habitantes, e Curitiba não atingira essa população...

Após mais de quatro séculos do descobrimento do Brasil, finalmente teve início o funcionamento, em 1920, da primeira universidade no País – a Universidade do Rio de Janeiro/URJ – depois denominada Universidade do Brasil, e, mais tarde, Universidade Federal do Rio de Janeiro – UFRJ. A URJ resultou da reunião da Escola Politécnica, da Faculdade de Medicina e da Faculdade de Direito, então existentes.

Assim sendo, até o final da segunda década do século passado, não havia uma única universidade no Brasil. Enquanto as universidades de Bolonha, Oxford e Paris completavam 700 anos, Harvard, 284 e Yale, 219... Vale ainda observar que, quando a Universidade do Rio de Janeiro foi criada, a taxa de escolarização no ensino superior dos Estados Unidos já era 9,0 e na França 2,0!

Em 1934, foi criada a Universidade de São Paulo, que contou com vários cientistas europeus, vindos da Alemanha, da França e da Itália. Nos anos 40, outras universidades públicas e privadas foram sendo formadas, pela associação de Faculdades existentes, como a Universidade Federal de Minas Gerais (que já vinha funcionando desde 1927, com outra denominação, quando o governo do Estado reuniu as faculdades de Direito, Engenharia, Medicina e Odontologia e Farmácia), a Universidade Federal da Bahia, a Federal Rural de Pernambuco, a Federal Rural do Rio de Janeiro e as Pontifícias Universidades Católicas do Rio de Janeiro, do Paraná e do Rio Grande do Sul.

No início da década de 60, mais de 20 universidades estavam em funcionamento no Brasil. Tomava corpo um movimento de intelectuais e cientistas, ao qual se somava o movimento estudantil – que se organizava em associações bastante ativas. Foram, então, realizados numerosos encontros e debates sobre o papel e a situação das universidades, como, por exemplo, os Seminários Nacionais de Reforma Universitária – organizados pela UNE, em Salvador (1961) e no Paraná (1962). Nessa época, apareceu a idéia da criação da Universidade de Brasília, a UnB, como modelo inovador.

Em 15 de dezembro de 1961, foi, então, instituída a Fundação Universidade de Brasília, com o objetivo de criar e manter a Universidade de Brasília, que foi, de fato, instituída um mês depois, em 15 de janeiro de 1962. Na nova instituição, adotou-se o sistema Institutos/Faculdades/Unidades Complementares. Os Departamentos passaram a ser a unidade didática básica, em substituição à cátedra vitalícia. A nova estrutura evitava, por princípio, a duplicação de meios e recursos destinados ao ensino e à pesquisa. Alunos de diferentes cursos passaram a freqüentar aulas de disciplinas comuns; a biblioteca centralizada também evitava a duplicação de obras (Morhy, L. 1997b; 2001; 2002).

Para reflexão e discussão, observamos que a chegada rejeitada e tardia da universidade no Brasil – e a sua implantação, sob tutela e controle do Estado – podem ser explicações para o modo como são vistas e tratadas, ainda hoje, essas instituições em nosso País. Observe-se que universidades de Estados fortes, ou que vivem sob forte controle oficial, são bastante diferentes daquelas de nações democráticas e que estão assentadas em bases autonômicas evoluídas; podem até atender a demandas sociais, mas não são de linhagem livre. Não possuem alma plena. A universidade brasileira parece ter ficado no meio termo, e com a sociedade distante. Nos Estados Unidos e em países onde as universidades nasceram da livre iniciativa social, mesmo quando caíram nas garras burocráticas do Estado, total ou parcialmente, a sociedade manteve cuidados com a sua universidade, pois, possuindo laços históricos com essas instituições, sabe bem da sua importância para todos. A sociedade brasileira ainda está longe de compreender as universidades em sua real dimensão, e é preciso que trabalhemos nesse sentido. É importante que as universidades públicas compreendam que a sua verdadeira matriz e principal parceira deve ser a sociedade e não apenas o Estado.

Expansão

Em 1950, cerca de 10 universidades estavam em funcionamento no Brasil. No ano 2000, o INEP/MEC registrou a existência de 156 universidades, total de 1.180 instituições de ensino superior, incluindo centros universitários, faculdades integradas, faculdades, escolas, institutos e centros de educação tecnológica. O censo 2000 também registrou 71 universidades públicas (federais, estaduais e municipais); 85 universidades privadas; 50 Centros Universitários, sendo 49 privados; 90 Faculdades Integradas, sendo 88 privadas; 865 Faculdades, Escolas e Institutos Isolados, sendo 782 privados e 19 Centros de Educação Tecnológica, todos públicos.

São raros os dados estatísticos existentes sobre o ensino superior no Brasil, relativos aos anos que antecederam a década de 1970. Mas, os registros referentes aos cursos de Economia, Direito, Engenharia, Filosofia (que incluía várias modalidades) e Medicina mostram uma evolução de matrículas: de 15.943 alunos, em 1932, para 112.641 alunos, em 1964 (RBEP n.101, p.122-123). Em 1968, já estávamos com 278.295 alunos matriculados em cursos de graduação universitária. Em 1975, já tínhamos 1.072.548 alunos universitários. Em 1994, esse número era de 1.661.034 e, em 2000, já alcançava 2.694.245 matrículas (MEC, 2001). Portanto, em 32 anos, as matrículas em cursos de graduação universitária cresceram 968,1%; nos últimos 6 anos, o crescimento foi de 62%. Foi também muito grande a expansão nos cursos de Mestrado e Doutorado, que somaram um total de 96.618 alunos, no ano 2000.

Entretanto, em termos relativos, as estatísticas oficiais registraram 41,6% de matrículas em instituições públicas e 58,4% em instituições privadas, em 1994. No ano 2000, as instituições públicas representavam 32,9% e as privadas 67,1% do total de matrículas. As instituições federais caíram de 21,9% para 17,9% nos últimos seis anos. Consideramos que essa expansão não é compatível com as demandas sociais.

Exames um pouco mais acurados podem mostrar, facilmente, que o quadro universitário brasileiro é ainda bastante insuficiente no geral, tanto em quantidade, quanto em qualidade. Entretanto, em sua heterogeneidade, até dentro de uma mesma instituição, existem setores muito avançados – comparáveis ao que há de melhor no mundo – e outros que são bastante atrasados.

Finalidades

De acordo com a Lei nº 9.394/1996, a Educação Superior tem as seguintes finalidades:

I. estimular a criação cultural e desenvolvimento do ensino científico e do pensamento reflexivo;

II. formar diplomados nas diferentes áreas de conhecimento, aptos para a inserção em setores profissionais e para a participação no desenvolvimento da sociedade brasileira, e colaborar na sua formação contínua;

III. incentivar o trabalho de pesquisa e investigação científica, visando ao desenvolvimento da ciência e da tecnologia e da criação e difusão da cultura e, desse modo, desenvolver o entendimento do homem e do meio em que vive;

IV. promover a divulgação de conhecimentos culturais, científicos e técnicos, que constituem patrimônio da humanidade, e comunicar o saber por meio do ensino, de publicações ou de outras formas de comunicação;

V. suscitar o desejo permanente de aperfeiçoamento cultural e profissional e possibilitar a correspondente concretização, integrando os conhecimentos que vão sendo adquiridos na estrutura intelectual sistematizadora do conhecimento e de cada geração;

VI. estimular o conhecimento dos problemas do mundo presente, em particular dos nacionais e regionais, prestar serviços especializados à comunidade e estabelecer com esta, relação de reciprocidade;

VII. promover a extensão, aberta à participação da população, visando à difusão das conquistas e benefícios resultantes da criação cultural e da pesquisa científica e tecnológica, geradas na instituição.

As finalidades e conceitos sobre as universidades e o seu papel são temas relativamente complexos e, hoje, bastante controversos. A verdade é que, além de algumas propriedades gerais, comuns a todas essas instituições, cada uma delas possui também feições e características próprias, geralmente associadas à região e à sociedade a que pertencem. Essa diversidade contribui muito para a própria dinâmica evolutiva da universidade.

Organização geral

A Educação brasileira, em suas bases legais, pressupõe o trabalho colaborativo integrado e harmonioso dos sistemas de ensino legalmente estabelecidos em todos os níveis: federal, estadual e municipal mantidos pelo poder público e pela iniciativa privada. A Educação superior é aberta a candidatos que tenham concluído o ensino médio ou equivalente e tenham sido aprovados em processo seletivo. Esse assunto tem sido bastante discutido e temos realizado importantes experiências na UnB e no Brasil. É assunto sempre controverso e sempre esbarra, em última instância, no limite de vagas em determinados cursos, sobretudo em universidades públicas.

O Decreto nº 2.306/1997, que regulamentou a Lei de Diretrizes e Bases, definiu, para o sistema federal de ensino superior,5 a seguinte organização acadêmica básica:

I. Universidades: instituições pluridisciplinares de formação de quadros profissionais de nível superior, caracterizadas pela indissociabilidade das atividades de ensino, pesquisa e extensão. Estabeleceu-se que as universidades mantidas pelo poder público gozariam de estatuto jurídico próprio;
II. Universidades Especializadas: organizadas por campo do saber. Com atividades de ensino, pesquisa e extensão;
III. Centros Universitários: instituições pluricurriculares, abrangendo uma ou mais áreas de conhecimento, que devem oferecer ensino de excelência, oportunidade de qualificação do corpo docente e condições de trabalho acadêmico;
IV. Centros Universitários Especializados: com atuação em área de conhecimento específico ou de formação profissional;
V. Faculdades Integradas, Faculdades, Institutos Superiores ou Escolas Superiores e Centros de Educação Tecnológica: Instituições especializadas para qualificar profissionais e realizar pesquisa e desenvolvimento tecnológico;
VI. Institutos Superiores de Educação: destinados à formação inicial, continuada e complementar de docentes da educação básica (não constam no Decreto nº 2.306/1997, mas constam nos artigos 62 e 63 da LDB e na Resolução do CNE/CP nº 1 de 30/9/1999).

Essa organização bastante diversificada apresenta vantagens interessantes e também algumas desvantagens. Entretanto, não é isso o que mais preocupa e, sim, o mercado educacional que se instalou no País, fugindo aos limites éticos necessários.

Ainda quanto a aspectos organizativos legalmente estabelecidos, lembramos que:

- as universidades gozam de autonomia legal para criar, organizar e extinguir, em sua sede, cursos e programas de educação superior, tudo sob as normas gerais da União;
- segundo o art. 52 da LDB, as universidades deverão ter 1/3 do corpo docente em regime de tempo integral;
- pelo art. 57, os professores das instituições públicas devem dar um mínimo de 8 horas de aulas por semana;
- pelo Decreto nº 2.306/1997, os docentes do Sistema Federal de Ensino Superior devem prestar 40 horas semanais de trabalho na mesma instituição, sendo-lhes reservado o tempo de, pelo menos, 20 horas semanais, destinadas a estudos, trabalhos de extensão, planejamento e avaliação (Cavalcante, J. F., 2000).

Autonomia

A autonomia universitária foi concedida pela Constituição Federal de 1988. Entretanto, a sua implementação foi insatisfatória e até desastrosa para o País. Pode-se considerar que a autonomia didático-científica, estabelecida pela Constituição Federal e pela Lei de Diretrizes e Bases, conferiu razoável liberdade de trabalho acadêmico às universidades. Entretanto, essa liberdade está fortemente prejudicada pelas restrições constitucionais e legais existentes, no que diz respeito à administração das instituições universitárias e similares e quanto à gestão financeira e patrimonial dessas instituições. Recentemente, a lei que criou a Procuradoria Geral Federal e os dispositivos que centralizaram as auditorias das universidades, em órgão ligado à Presidência da República, comprometeu ainda mais os princípios autonômicos universitários.

Ensino, Pesquisa e Extensão

Há grande heterogeneidade nos padrões e níveis de ensino, pesquisa e extensão das universidades brasileiras. Em geral, as instituições públicas apresentam melhores resultados nas avaliações do ensino de graduação e pós-graduação, maior produção científica e papel mais importante na extensão. Esse tema é amplo e merece aprofundamento e reflexões. Não teríamos tempo para abordá-lo devidamente nesta ocasião. Entretanto, o assunto pode hoje ser encontrado em numerosas publicações existentes.

Financiamento

A expansão quantitativa, a diversificação e as dificuldades financeiras são as principais tendências comuns nas instituições de ensino superior em todo o mundo. No Brasil, o setor público também foi severamente apenado pela redução relativa de recursos, chegando-se hoje a uma crise bastante grave, especialmente nas Instituições Federais de Ensino Superior/IFES. Há urgentes necessidades de reposição de pessoal docente e técnico-administrativo, de estabelecimento de uma política salarial, corrigindo as defasagens existentes, de recursos para a manutenção básica e para atender às novas demandas decorrentes da própria dinâmica universitária. Até pouco tempo, por exemplo, não se necessitava de computadores, redes e insumos pertinentes. Hoje, há absoluta necessidade disso e os orçamentos institucionais não cobrem as novas despesas. Nada menos do que 90% dos orçamentos institucionais são destinados a cobrir despesas com pessoal. O restante destina-se basicamente a outros custeios e manutenção geral. Seria desejável que ao menos 25% do orçamento tivessem essa destinação.

Modernos mecanismos de gestão podem contribuir para melhorar a eficiência das universidades. Mas a própria introdução desses mecanismos requer investimentos que assegurem, não apenas a sua implantação, mas também a sua continuidade. Não é possível saltar para um patamar de gestão mais avançada, sem uma política salarial compatível, que se assegure a permanência de quadros na instituição.

A criação das Fundações de Apoio, ligadas às universidades, foi um passo importante, visando a contornar as dificuldades burocráticas. De fato, elas ajudaram e ajudam muito. Melhor seria, no entanto, que a autonomia universitária tornasse prescindíveis essas instituições.

As instituições privadas, em geral, tendem a consolidar-se financeiramente, adotando modelos gerenciais e administrativos bastante pragmáticos, que não estão sob as amarras do regime público brasileiro – freqüentemente jurisdicista, burocrático e retrógrado, a nosso ver incompatível com a própria idéia verdadeira de universidade.

Perspectivas

A realidade atual requer uma nova universidade. E parece que uma nova universidade brasileira está nascendo. Não por caminhos diretos ou cartesianos, como somos acostumados a pensar, mas por uma via complexa, nem sempre muito lógica. Sempre digo que um dos nossos equívocos é querer aplicar leis cartesianas num país que parece tender mais para o barroco, talvez porque assim também parece ser a política da sobrevivência. Linhas tortuosas, confusas, com rococós, mas, no final, pode-se chegar a um quadro ou a uma obra interessante e, até, bonita. Precisamos, entretanto, trabalhar mais para acelerar a construção dessa nova universidade para os novos tempos. A nova universidade pública está mais atrasada nessa inovação e reconstrução que a privada, e será necessário um posicionamento político decisivo do novo governo brasileiro, a partir de janeiro de 2003.

Todos estão convencidos da necessidade das mudanças, mas as propostas concretas ainda estão por aparecer. No que diz respeito à universidade pública, algumas propostas estão aparecendo, como diz o povo: "no andar da carruagem e numa estrada tortuosa e bem esburacada". Quanto às instituições privadas, modelos muito diversificados estão sendo introduzidos – que se vão adaptando às demandas do momento.

Não devemos esquecer que os adaptados de ontem são os inadaptados de hoje, e que os adaptados de hoje serão os inadaptados de amanhã... Em matéria de universidade, não precisa ser assim.

Bibliografia

CAVALCANTE, J. F. *Educação Superior*: conceitos, definições e classificações. Brasília: INEP/MEC, 2000, 54p.

MINISTÉRIO DA EDUCAÇÃO. *Fatos sobre a Educação no Brasil 1994–2001*. Brasília, 2001.

MORHY, L. Do Claustro à Universidade Moderna. *Correio Braziliense*, Brasília, 10 dez. 1997a.

____. A Universidade no Brasil. *Correio Braziliense*, Brasília, 29 dez. 1997b.

____. Universidade ontem e hoje...e amanhã? *UnB Revista*, Brasília, p. 74-76. 2001.

____. FUB-UnB, 40 anos! *UnB Revista*, Brasília, p.121-122. 2002.

Impressão e Acabamento:

QUICK PRINTER
IMPRESSOS RÁPIDOS

SIA TRECHO 3 LOTE N° 1760
Fone: (0xx61) 362-0008 / Fax: (61) 362-7476
e-mail: quick@gns.com.br